Mike Wienbracke   **Verwaltungsprozessrecht**

D1665140

JURIQ Erfolgstraining
Herausgegeben von JURIQ® Juristisches Repetitorium, Köln

Verwaltungsprozessrecht

von

Dr. iur. Mike Wienbracke, LL. M. (Edinburgh)
Professor an der Westfälischen Hochschule
Gelsenkirchen, Bocholt, Recklinghausen

2., neu bearbeitete Auflage

 C.F. Müller

Bibliografische Information der Deutschen Nationalbibliothek
Die Deutsche Nationalbibliothek verzeichnet diese Publikation in der
Deutschen Nationalbibliografie; detaillierte bibliografische Daten sind
im Internet über <http://dnb.d-nb.de> abrufbar.

Bei der Herstellung des Werkes haben wir uns zukunftsbewusst für umweltverträgliche
und wiederverwertbare Materialien entschieden. Der Inhalt ist auf elementar chlorfreies
Papier gedruckt.

ISBN 978-3-8114-7080-4

E-Mail: kundenservice@hjr-verlag.de
Telefon: +49 6221/489-555
Telefax: +49 6221/489-410

© 2014 C.F. Müller, eine Marke der Verlagsgruppe Hüthig Jehle Rehm GmbH
Heidelberg, München, Landsberg, Frechen, Hamburg

www.cfmueller-campus.de
www.cfmueller.de

Dieses Werk, einschließlich aller seiner Teile, ist urheberrechtlich geschützt. Jede Verwertung
außerhalb der engen Grenzen des Urheberrechtsgesetzes ist ohne Zustimmung des Verlages
unzulässig und strafbar. Das gilt insbesondere für Vervielfältigungen, Übersetzungen, Mikro-
verfilmungen und die Einspeicherung und Bearbeitung in elektronischen Systemen.

Satz: TypoScript, München
Illustrationen: Mattfeldt & Sänger, München
Druck: Kessler Druck + Medien, Bobingen

Liebe Leserinnen und Leser,

die Reihe „JURIQ Erfolgstraining" zur Klausur- und Prüfungsvorbereitung verbindet sowohl für Studienanfänger als auch für höhere Semester die Vorzüge des klassischen Lehrbuchs mit meiner Unterrichtserfahrung zu einem umfassenden Lernkonzept aus Skript und Online-Training.

In einem ersten Schritt geht es um das **Erlernen** der nach Prüfungsrelevanz ausgewählten und gewichteten Inhalte und Themenstellungen. Einleitende Prüfungsschemata sorgen für eine klare Struktur und weisen auf die typischen Problemkreise hin, die Sie in einer Klausur kennen und beherrschen müssen. Neu ist die **visuelle Lernunterstützung** durch

- ein nach didaktischen Gesichtspunkten ausgewähltes Farblayout
- optische Verstärkung durch einprägsame Graphiken und
- wiederkehrende Symbole am Rand

    ↻   = Definition zum Auswendiglernen und Wiederholen

    (P)   = Problempunkt

    @   = Online-Wissens-Check

Illustrationen als „Lernanker" für schwierige Beispiele und Fallkonstellationen steigern die Merk- und Erinnerungsleistung Ihres Langzeitgedächtnisses.

Auf die Phase des Lernens folgt das **Wiederholen und Überprüfen** des Erlernten im **Online-Wissens-Check**: Wenn Sie im Internet unter **www.juracademy.de/skripte/login** das speziell auf das Skript abgestimmte Wissens-, Definitions- und Aufbautraining absolvieren, erhalten Sie ein direktes Feedback zum eigenen Wissensstand und kontrollieren Ihren individuellen Lernfortschritt. Durch dieses aktive Lernen vertiefen Sie zudem nachhaltig und damit erfolgreich Ihre verwaltungsprozessualen Kenntnisse!

Frage 1 (Punkte: 1)

In welchen Konstellationen ist eine Anfechtungsklage statthaft?

Antwort

Aussagen	Antwort	Aussagerichtigkeit und Kommentar
a) Klage gegen einen VA, der einen Dritten belastet	☑ ✓	**Richtig**, auch dies ist möglich. Z.B. wenn die Ehefrau gegen die gegenüber ihrem Ehemann erlassene Ausweisungsver-fügung klagt - achten Sie aber in solchen Konstellationen besonders auf das Vorliegen einer Klagebefugnis!
b) Klage gegen einen VA, der einen Dritten begünstigt	☑ ✓	**Richtig**, typische Fälle dafür sind: Klage des Nachbarn gegen eine Baugenehmigung, negative Konkurrentenklage.
c) Klage des Adressaten gegen einen belastenden Verwaltungsakt	☑ ✓	**Richtig**, dies ist der typische Fall, z.B. Klage des Adressaten gegen einen polizeirechtlichen Verwaltungsakt.

→ **Richtig**
Punkte für diese Antwort: 1/1.

Schließlich geht es um das **Anwenden und Einüben** des Lernstoffes anhand von Übungs-fällen verschiedener Schwierigkeitsstufen, die im Gutachtenstil gelöst werden. Die JURIQ **Klausurtipps** zu gängigen Fallkonstellationen und häufigen Fehlerquellen weisen Ihnen dabei den Weg durch den Problemdschungel in der Prüfungssituation.

Das **Lerncoaching** jenseits der rein juristischen Inhalte ist als zusätzlicher Service zum Informieren und Sammeln gedacht: Ein erfahrener Psychologe stellt u.a. Themen wie Motivation, Leistungsfähigkeit und Zeitmanagement anschaulich dar, zeigt Wege zur Analyse und Verbesserung des eigenen Lernstils auf und gibt Tipps für eine optimale Nutzung der Lernzeit und zur Überwindung evtl. Lernblockaden.

Inhaltlich widmet sich das vorliegende Skript den wesentlichen verwaltungsprozessualen Fragestellungen. Schwerpunktmäßig werden die Zulässigkeitsvoraussetzungen der Anfechtungs-, Verpflichtungs-, Fortsetzungsfeststellungs-, allgemeinen Leistungs- und (Nichtigkeits-)Feststellungsklage behandelt und dabei – ebenso wie im Rahmen der Darstellung von deren jeweiliger Begründetheit – die Zusammenhänge zum Allgemeinen Verwaltungsrecht sowie dem übrigen Öffentlichen Recht (inkl. des Verfassungs- und Europarechts) aufgezeigt. Ein weiterer Schwerpunkt des Skripts liegt im Bereich des verwaltungsprozessualen vorläufigen Rechtsschutzes gem. §§ 80, 80a und 123 VwGO. Die insbesondere im ersten juristischen Staatsexamen weniger relevanten Rechtsmittel wurden dagegen bewusst nicht weiter thematisiert; eine vertiefende Darstellung des Normenkontrollverfahrens nach § 47 VwGO ist den Skripten zum „Baurecht" vorbehalten.

Um Wiederholungen zu vermeiden, werden im 2. Teil des Skripts sämtliche **Zulässigkeitsvoraussetzungen nacheinander** dargestellt. Aus den Schemata, die unter dem Prüfungspunkt „Statthafte Klageart" zu jeder der vorgenannten Klagearten geliefert werden, ergibt sich dann, welche der Zulässigkeitsvoraussetzungen für die jeweilige Klageart von Bedeutung sind. Hinsichtlich Detailfragen finden sich in den Fußnoten weiterführende Hinweise auf die jeweils einschlägige Rechtsprechung und Literatur.

Die vorliegende **zweite Auflage** wurde vollständig durchgesehen, überarbeitet und aktualisiert.

Auf geht's – ich wünsche Ihnen viel Freude und Erfolg beim Erarbeiten des Stoffs!

Und noch etwas: Das Examen kann jeder schaffen, der sein juristisches Handwerkszeug beherrscht und kontinuierlich anwendet. Jura ist kein „Hexenwerk". Setzen Sie nie ausschließlich auf auswendig gelerntes Wissen, sondern auf Ihr Systemverständnis und ein solides methodisches Handwerk. Wenn Sie Hilfe brauchen, Anregungen haben oder sonst etwas loswerden möchten, sind wir für Sie da. Wenden Sie sich gerne an C.F. Müller, Verlagsgruppe Hüthig Jehle Rehm GmbH, Im Weiher 10, 69121 Heidelberg, E-Mail: kundenservice@hjr-verlag.de. Dort werden auch Hinweise auf Druckfehler sehr dankbar entgegen genommen, die sich leider nie ganz ausschließen lassen.

Recklinghausen, im Juni 2014   *Mike Wienbracke*

JURIQ Erfolgstraining – die Skriptenreihe von C.F. Müller mit Online-Wissens-Check

Mit dem Kauf dieses Skripts aus der Reihe „JURIQ Erfolgstraining" haben Sie gleichzeitig eine Zugangsberechtigung für den Online-Wissens-Check erworben – ohne weiteres Entgelt. Die Nutzung ist freiwillig und unverbindlich.

Was bieten wir Ihnen im Online-Wissens-Check an?

- Sie erhalten einen individuellen Zugriff auf **Testfragen zur Wiederholung und Überprüfung des vermittelten Stoffs**, passend zu jedem Kapitel Ihres Skripts.
- Eine individuelle **Lernfortschrittskontrolle** zeigt Ihren eigenen Wissensstand durch Auswertung Ihrer persönlichen Testergebnisse.

Wie nutzen Sie diese Möglichkeit?

Online-Wissens-Check

Registrieren Sie sich einfach für Ihren kostenfreien Zugang auf **www.juracademy.de/skripte/login** und schalten sich dann mit Hilfe des Codes für Ihren persönlichen Online-Wissens-Check frei.

Ihr persönlicher User-Code: 464541333

Der Online-Wissens-Check und die Lernfortschrittskontrolle stehen Ihnen für die **Dauer von 24 Monaten** zur Verfügung. Die Frist beginnt erst, wenn Sie sich mit Hilfe des Zugangscodes in den Online-Wissens-Check zu diesem Skript eingeloggt haben. Den Starttermin haben Sie also selbst in der Hand.

Für den technischen Betrieb des Online-Wissens-Checks ist die JURIQ GmbH, Unter den Ulmen 31, 50968 Köln zuständig. Bei Fragen oder Problemen können Sie sich jederzeit an das JURIQ-Team wenden, und zwar per E-Mail an: info@juriq.de.

Inhaltsverzeichnis

	Rn.	Seite

Literaturverzeichnis

Bader/Funke-Kaiser/Stuhlfauth/ von Albedyll	Verwaltungsgerichtsordnung, 5. Aufl. 2011
Ehlers/Schoch	Rechtsschutz im Öffentlichen Recht, 2009
Eyermann	Verwaltungsgerichtsordnung, 14. Aufl. 2014
Fehling/Kastner/Störmer	Verwaltungsrecht, 3. Aufl. 2013
Finkelnburg/Dombert/Külpmann	Vorläufiger Rechtsschutz im Verwaltungsstreitverfahren, 6. Aufl. 2011
Gärditz	VwGO, 2013
Gersdorf	Verwaltungsprozessrecht, 4. Aufl. 2009
Hufen	Verwaltungsprozessrecht, 9. Aufl. 2013
Kopp/Schenke	VwGO, 20. Aufl. 2014
Kugele	VwGO, 2013
Pietzner/Ronellenfitsch	Das Assessorexamen im Öffentlichen Recht, 13. Aufl. 2014
Posser/Wolff	Verwaltungsgerichtsordnung, 2. Aufl. 2014
Ramsauer	Die Assessorprüfung im Öffentlichen Recht, 7. Aufl. 2010
Redeker/von Oertzen	Verwaltungsgerichtsordnung, 15. Aufl. 2010
Schenke	Verwaltungsprozessrecht, 13. Aufl. 2012
Schmitt Glaeser/Horn	Verwaltungsprozeßrecht, 15. Aufl. 2000
Schoch/Schneider/Bier	Verwaltungsgerichtsordnung, Stand: April 2013
Sodan/Ziekow	Verwaltungsgerichtsordnung, 4. Aufl. 2014
Tettinger/Wahrendorf	Verwaltungsprozeßrecht, 3. Aufl. 2005
Wolff/Decker	VwGO/VwVfG, 3. Aufl. 2012
Würtenberger	Verwaltungsprozessrecht, 3. Aufl. 2011
Wysk	VwGO, 2011

Lernthema 6
Methoden zum besseren Lernen und Behalten

Viele Lernende stellen sich die Frage, wie sie den umfangreichen Lernstoff noch besser aufnehmen, verstehen und wiedergeben können. In einem ersten Schritt geht es in den Lerntipps um die Erkenntnisse der Lernforschung zum Thema „Lernkanäle". Dann erhalten Sie praktische Tipps zu einer speziellen Lesemethode und einem System des Wiederholungslernens.

Lerntipps

Viele Aufnahmekanäle führen zum Lernen!

Die häufigsten Lernkanäle sind Lesen (Text), Sehen (natürliche Situationen, Abbildungen), Hören (Vorlesung, Diskussion) und Handeln (selbst aufschreiben, anderen erzählen). Über die genaue Nutzungseffektivität der Lernkanäle gibt es wenig gesicherte Erkenntnisse. Dennoch gibt es einen Vorteil, wenn Sie unterschiedliche Kanäle für gleiche Lerninhalte nutzen. Die unterschiedlichen Aufnahmemodi erlauben unterschiedliche Orte der Abspeicherung des gleichen Lerninhalts im Gehirn. Der Lerngegenstand wird mit dem Gehirn damit zum einen „plastischer", und beim Erinnern haben wir zum anderen mehr als eine Zugriffsmöglichkeit auf das Gelernte.

Folgende Tipps dazu zusammengefasst:

- Wenn es nur irgendwie geht, machen Sie sich den Stoff auf unterschiedlichen Kanälen zugänglich.
- Wichtige Begriffe, Definitionen sollten gelesen, gesprochen, geschrieben, gehört und in einen Sinnzusammenhang gebracht werden.
- Sprechen Sie Fragen und Antworten vor sich hin – denken Sie laut!
- Schreiben Sie sich Lernmaterial auf (z.B. Karteikarten).
- Lesen Sie nach bestimmten Methoden (z.B. SQ3R-Methode).
- Nutzen Sie eLearning.
- Hören Sie Argumente, Querverbindungen von Studienkollegen, Dozenten.

Tipps vom Lerncoach

Warum Lerntipps in einem Jura-Skript?

Es gibt in Deutschland ca. 1,6 Millionen Studierende, deren tägliche Beschäftigung das Lernen ist. Lernende, die stets ohne Anstrengung erfolgreich sind, die nie kleinere oder größere Lernprobleme hatten, sind eher selten. Besonders juristische Lerninhalte sind komplex und anspruchsvoll. Unsere Skripte sind deshalb fachlich und didaktisch sinnvoll aufgebaut, um das Lernen zu erleichtern.

Über fundierte Lerntipps wollen wir darüber hinaus all diejenigen ansprechen, die ihr Lern- und Arbeitsverhalten verbessern und unangenehme Lernphasen schneller überwinden wollen.

Diese Tipps stammen von *Frank Wenderoth*, der als Diplom-Psychologe seit vielen Jahren in der Personal- und Organisationsentwicklung als Berater und Personal Coach tätig ist und außerdem Jurastudierende in der Prüfungsvorbereitung und bei beruflichen Weichenstellungen berät.

Wie lernen Menschen?

Die Wunschvorstellung ist häufig, ohne Anstrengung oder ohne eigene Aktivität „à la Nürnberger Trichter" lernen zu können. Die modernen Neurowissenschaften und auch die Psychologie zeigen jedoch, dass Lernen ein aktiver Aufnahme- und Verarbeitungsprozess ist, der auch nur durch aktive Methoden verbessert werden kann. Sie müssen sich also für sich selbst einsetzen, um Ihre Lernprozesse zu fördern. Sie verbuchen die Erfolge dann auch stets für sich.

Gibt es wichtigere und weniger wichtige Lerntipps?

Auch das bestimmen Sie selbst. Die Lerntipps sind als Anregungen zu verstehen, die Sie aktiv einsetzen, erproben und ganz individuell auf Ihre Lernsituation anpassen können. Die Tipps sind pro Rechtsgebiet thematisch aufeinander abgestimmt und ergänzen sich von Skript zu Skript, können aber auch unabhängig voneinander genutzt werden.

Verstehen Sie die Lerntipps „à la carte"! Sie wählen das aus, was Ihnen nützlich erscheint, um Ihre Lernprozesse noch effektiver und ökonomischer gestalten zu können!

SQ3R – Sie werden sich wundern!

Sie erinnern sich an den letzten Roman, den Sie gelesen haben. Drama, Liebe, Spannung, Unterhaltung ... . Einen Roman beginnt man üblicherweise vorn zu lesen, häufig folgt er einem Zeitstrahl, hat Höhepunkte, lebendige Charaktere, erzeugt bei Ihnen Erlebniswelten mit Gefühlen und persönliche Identifikationsmöglichkeiten. Ein Fachbuch greift nicht auf die stilistischen Mittel eines Romanautors zurück, sondern benutzt den „roten Faden der Sachlogik". Trotz allem lesen viele Lernende Fachbücher und -artikel wie Romane von vorne bis hinten (und damit häufig ohne Höhepunkt).

Die Ergebnisse des Lernforschers *Robinson* (Erfinder der Wunderformel SQ3R) zeigen:

- Mit der Romanlesemethode wird bei Fachtexten nur die Hälfte des Gelesenen inhaltlich aufgenommen.
- Das nochmalige Durchlesen nach dieser Methode erbringt kaum Verbesserungen.

Fazit:

Fachtexte müssen mit besonders dafür entwickelten Lesetechniken erarbeitet werden. Dafür wurde die Methode SQ3R von *Robinson* entwickelt. Obwohl sich das kompliziert anhört, ist die Methode aber einfach anzuwenden und sehr effektiv.

Survey – Verschaffen Sie sich den Überblick!

Lesen Sie nicht, sondern erforschen Sie grob, was auf Sie zukommt.

Bei einem Buch, Artikel oder Text können Sie z.B. folgendermaßen vorgehen:

- Titel, Überschriften und Unterüberschriften, Inhaltsverzeichnis lesen
- Zusammenfassungen, Umschlagtexte eines Buches lesen
- Abbildungen, Tabellen und ihre Überschriften ansehen
- Texthervorhebungen gegebenenfalls überfliegen.

Diese Phase dauert nur wenige Minuten. Das weitere Lesen ist nicht mehr orientierungslos, sondern trifft auf eine sinnvolle Struktur. Es wird eine Erwartungshaltung und Neugier erzeugt, welche die Aufnahmebereitschaft begünstigt.

Question – Stellen Sie sich Fragen!

Sie sollten sich jetzt immer noch bremsen mit dem Lesen. Es wurde eine Erwartungshaltung bei Ihnen erzeugt, es tauchen Fragen in Ihrem Kopf auf, Ihr Gehirn ist auf aktive Suche umgeschaltet. Stellen Sie sich jetzt Fragen, die Sie bei Bedarf auch aufschreiben können:

- Was stelle ich mir unter diesem Thema vor?
- Was weiß ich bereits von dem Stoff? Was über den Autor?
- Welche Kapitel und Überschriften werden genannt?
- Welche unbekannten Fachbegriffe tauchen auf?
- Welche Verbindungen sehe ich zu anderen Themen?
- Welche spezifischen Fragen tauchen auf?

Sie werden schneller vorgegebene Strukturen des Textes erkennen, Wesentliches von Unwesentlichem unterscheiden können. Sie lernen immer spezifischer Ihre Sachfragen zu stellen, um diese später gezielter zu beantworten.

Read – Lesen Sie jetzt gründlich Abschnitt für Abschnitt!

Sie sind jetzt gut vorbereitet. Lesen den Text bitte langsam und konzentriert durch und beachten Sie folgende Hinweise:

- Erkennen Sie die vorgegebene Struktur des Textes, beachten Sie Gliederungshierarchien und ordnen Sie danach ein, was Haupt- und Unterpunkte sind.
- Schlagen Sie unbekannte Fachbegriffe direkt nach und klären Sie diese im Kontext.
- Beachten Sie grafische Hervorhebungen im Text besonders (fett, kursiv, Einrückungen).
- Beachten Sie auch sprachliche Hervorhebungen („wesentlich, von zentraler Bedeutung, kritisch ist, wie oben erwähnt, im Gegensatz zu ...").
- Finden Sie die Hauptaussagen der einzelnen Abschnitte.
- Heben Sie zusätzlich für Sie Wesentliches hervor durch Markierungen im Text oder am Seitenrand mit Bemerkungen (z.B. „Theorie, Vergleiche, Kritik, Ergebnis, Bezug").
- Lassen Sie sich anfangs nicht davon verwirren, Sie werden später derartige Worthinweise und Kernideen dann immer schneller finden.

Nach dem Lesen eines Abschnittes machen Sie eine kleine Pause von 3 Minuten.

Survey

Erforschen, Überblick gewinnen: Titel, Kapitel, Überschriften, Zusammenfassungen

Question

Fragen stellen: Was weiß ich bislang zum Thema, Autor?

Was möchte ich gerne wissen?

Read

Langsames Lesen des Textes/Abschnitts mit Hervorhebungen und Bemerkungen

Recall

Wiederholen und schriftliches Zusammenfassen der wichtigsten Inhalte mit eigenen Formulierungen

Review

Nacherzählen und Wiederholen des gesamten Textes mit Querverbindungen, Kritik

Die SQ3R Methode hilft vor allem beim Erlernen von Zusammenhangswissen.

Wiederholen Sie auch Ihr Faktenwissen (z.B. Definitionen) mit System!

Sie kennen vom Vokabellernen vielleicht, dass es für einen aktiven Wortschatz besonders günstig ist, Vokabeln nach individueller Schwierigkeit z.B. auf Karteikarten zu lernen und nicht nach Kapiteln. Erstellen Sie sich analog eine differenzierte Lernkartei für Definitionen, die Sie so regelmäßig wiederholen können. Vielleicht eignet sich das grundlegende Wiederholungssystem auch für Schemata. Probieren Sie es aus!

• Jede neue Definition wird auf eine kleine Karteikarte (ca. 7 x 10 cm) geschrieben. Auf der einen Seite ist der Begriff, auf der anderen Seite die Definition.
• Je nach subjektiv empfundener Schwierigkeit werden die Karten in fünf unterschiedliche Pakete eingeteilt.
• Nehmen Sie einen Karteikasten mit fünf möglichst unterschiedlich großen Fächern.
• Die schwierigsten Karten kommen in das kleinste, die leichtesten in das größte Fach. Sie brauchen auf jeden Fall fünf unterschiedlich schwierige Karteipakete (können auch nummeriert sein).

Recall – Wiederholen Sie und fassen Sie jeden Abschnitt schriftlich zusammen!

Nachdem Sie einen Abschnitt gelesen haben, sind Sie in der Lage, die wesentlichen Inhalte ohne Vorlage wiederzugeben. Sie können die Kernaussagen im Geiste wiederholen. Bei komplexeren Lerninhalten sollten Sie sich aber schriftliche Notizen machen.

Gehen Sie wie folgt vor:
• Schreiben Sie die wichtigsten Begriffe, Kerngedanken kurz auf und gebrauchen Sie dabei Ihre eigenen Formulierungen.
• Beantworten Sie die unter „Question" gestellten spezifischen Fragen.
• Erstellen Sie eigenständig Tabellen, Abbildungen, Gliederungen und Schemata, um komplizierte Inhalte zu veranschaulichen.

Auf diese – erst einmal zeitaufwändige Weise – haben Sie nun eine aussagekräftige Sammlung wesentlicher Inhalte, die Sie möglichst gut auffindbar in Aktenordnern oder auf Karteikarten für die spätere Verwendung dokumentieren können. In der Vorbereitung der Prüfungen und Arbeitsgruppensitzungen können Sie gezielter darauf zurückgreifen.

Review – Wiederholen Sie den gesamten Text mündlich!

Jetzt kommt die Zusammenschau in einer mündlichen Wiederholung. Gehen Sie dafür noch einmal alle Überschriften, Gliederungen, Hervorhebungen und Notizen (zügig) durch, um gut auf Ihre mündliche Nacherzählung vorbereitet zu sein. Stellen Sie sich nun mündlich die wesentlichen Aussagen des Textes vor. Sie können dabei auch Vergleiche, Querverbindungen zu anderen Texten oder ähnlichen Theorien herstellen.

Üben Sie die SQ3R Methode!

Erarbeiten Sie jetzt einen einfachen nicht allzu langen Text nach der SQ3R Methode. Sie werden bei häufigerer Anwendung merken, dass diese Arbeitstechnik genial einfach ist, dank Robinson.

- Täglich werden zehn Definitionen wiederholt, indem aus jedem Fach zwei Karten vom Anfang des Stapels abgefragt werden.
- Wird die Definition gut beherrscht, so wandert sie nach hinten in das nächst größere (leichtere) Fach.
- Die schlecht beherrschten Definitionen wandern ins nächst schmalere (schwierigere) Fach.
- „Mittelprächtig" beherrschte bleiben im gleichen Fach, wandern jedoch wieder ans Ende des Stapels.

Auf diese Weise wiederholen Sie die noch nicht erlernten Definitionen häufiger. Wenn Sie täglich konsequent zehn Definitionen in zehn Minuten wiederholen würden, hätten Sie in einem Vierteljahr ca. 900 Definitionen präsent.

Online-Wissens-Check statt Karteikasten!

Alternativ hierzu können Sie auch den zu diesem Skript gehörenden kostenlosen Online-Wissens-Check nutzen. Dabei nutzen Sie gleich mehrere „Lernkanäle". Sie beantworten einfach die dort gestellten Wiederholungsfragen, erhalten direktes feedback zum Wissensstand und sehen tagesaktuell Ihren indivicuellen Lernfortschritt. Einfach anmelden unter **wwwjuracademy.de/skripte/login**. Den user code finden Sie auf der Codeseite nach dem Vorwort zu diesem Skript.

1. Teil
Einleitung

Im Skript „Allgemeines Verwaltungsrecht" (Rn. 22, 38) wurde dargestellt, über welche Handlungsmöglichkeiten die Verwaltung verfügt. Hat die Verwaltung von einer dieser Möglichkeiten im konkreten Fall Gebrauch gemacht, so muss die betreffende Verwaltungsmaßnahme (z.B. Verwaltungsakt, § 35 S. 1 VwVfG) nach dem in Art. 20 Abs. 3 GG verankerten Grundsatz der **Gesetzmäßigkeit der Verwaltung** in Einklang mit „Gesetz und Recht" stehen; insbesondere darf sie den Bürger nicht in dessen (subjektiven) Rechten verletzen. Ob dies der Fall ist, kann der Betroffene durch die entsprechenden Kontrollinstanzen – namentlich die Verwaltungsgerichte – überprüfen lassen.[1]

1

Verletzung (subjektiver Rechte)

A. Rechtsbehelfe

Die dem Einzelnen durch die Rechtsordnung eingeräumten Befugnisse, in einem Verfahren auf die Überprüfung staatlichen Verhaltens hinzuwirken, lassen sich danach unterscheiden, ob sie form- und fristlos sowie ohne die Geltendmachung der Verletzung eines subjektiven Rechts, d.h. ohne materielle Beschwer, eingelegt werden können (**formlose Rechtsbehelfe**) oder nicht (**förmliche Rechtsbehelfe**).[2]

2

Rechtsbehelf

> „**Rechtsbehelf**" ist jedes von der Rechtsordnung zur Verwirklichung eines Rechts zur Verfügung gestellte Mittel.[3]

3

I. Formlose Rechtsbehelfe

Zu den formlosen Rechtsbehelfen, mittels derer der Bürger eine Kontrolle der Verwaltung „anregen" – nicht aber: „erzwingen" – kann und die häufig als „formlos, fristlos und fruchtlos" verspottet werden, gehört die[4]

4

- **Gegenvorstellung**: Diese richtet sich an dieselbe Behörde, die die Entscheidung erlassen bzw. verweigert hat, mit welcher der Einzelne nicht einverstanden ist und deren Änderung er erstrebt;

5

- **Aufsichtsbeschwerde**: Im Gegensatz zur Gegenvorstellung ist die Aufsichtsbeschwerde nicht an die Ausgangsbehörde, sondern an deren übergeordnete Stelle (die Aufsichtsbehörde) gerichtet. Diese soll das Verhalten der nachgeordneten (weisungsgebundenen) Ausgangsbehörde inhaltlich prüfen und ggf. im Wege der (Rechts-[5] bzw. Fach-[6])Aufsicht

6

---

1 Vgl. *Schenke* Verwaltungsprozessrecht Rn. 1; *Würtenberger* Verwaltungsprozessrecht Rn. 3, 5, 7.

2 *Schenke* Verwaltungsprozessrecht Rn. 1 f., 7.

3 *Tettinger/Wahrendorf* Verwaltungsprozessrecht § 5 Rn. 1; *Würtenberger* Verwaltungsprozessrecht Rn. 714.

4 Hierzu sowie zum gesamten Folgenden siehe *Hufen* Verwaltungsprozessrecht § 1 Rn. 45, 49; *Pieroth/Schlink/Kingreen/Poscher* Grundrechte Rn. 1084, 1086, 1090; *Schenke* Verwaltungsprozessrecht Rn. 2 ff.; *Schmitt Glaeser/Horn* Verwaltungsprozessrecht Rn. 5 ff.

5 Im Rahmen der Rechtsaufsicht wird die **Rechtmäßigkeit** der Verwaltungsmaßnahme geprüft.

6 Im Rahmen der Fachaufsicht wird die **Zweckmäßigkeit** der Verwaltungsmaßnahme geprüft.

korrigieren. Bezieht sich die Beschwerde nicht auf das Ergebnis des Verwaltungshandelns, sondern vielmehr auf das persönliche Verhalten (z.B. Unhöflichkeit) eines Angehörigen des öffentlichen Dienstes (Beamter, Angestellter), so ist die an dessen Dienstvorgesetzten zu adressierende **Dienstaufsichtsbeschwerde** das richtige Kontrollinstrument. Der Dienstvorgesetzte kann u.U. zu disziplinarrechtlichen Maßnahmen gegenüber dem betreffenden Bediensteten greifen;

7 • **Petition**: Dass Petitionen, d.h. auf künftiges Verhalten gerichtete Bitten und gegen vergangenes Verhalten gerichtete Beschwerden, von jedermann einzeln oder in Gemeinschaft mit anderen schriftlich nicht nur an die Volksvertretung (Deutscher Bundestag, Landtage bzw. Bürgerschaften; str.[7] bzgl. Gemeinderäte), sondern darüber hinaus „an die zuständigen Stellen" (v.a. Behörden) gerichtet werden können, ist im GG[8] in Art. 17 grundrechtlich garantiert. Dieses „Petitionsrecht" (Art. 17a Abs. 1 GG) gewährt einen Anspruch nicht nur auf Entgegennahme der Petition, sondern darüber hinaus auch einen Anspruch auf deren Prüfung und Bescheidung, d.h. Mitteilung von der Art der Erledigung, nicht aber auch auf besondere Begründung (str.[9]).

II. Förmliche Rechtsbehelfe

8 Die förmlichen (ordentlichen) Rechtsbehelfe, welche grundsätzlich form- und fristgebunden sind und eine materielle Beschwer voraussetzen, zielen regelmäßig nicht nur auf die Sicherung der objektiven Gesetzmäßigkeit der Verwaltung ab, sondern dienen zusätzlich auch dem **Schutz der subjektiven Rechte des Einzelnen**. Bei Erfüllung der entsprechenden Zulässigkeitsvoraussetzungen hat dieser ein **Recht auf Entscheidung in der Sache** und nicht bloß auf Bescheidung seines Rechtsbehelfs. Entschieden wird über förmliche Rechtsbehelfe **durch die Verwaltung** selbst (Widerspruch) oder durch die **Gerichte** (Klage, Antrag auf Gewährung vorläufigen Rechtsschutzes etc.). Eine Untergruppe der förmlichen Rechtsbehelfe bilden die **Rechtsmittel**,[10] d.h. in der VwGO die Berufung (§§ 124 ff. VwGO), die Revision (§§ 132 ff. VwGO) und die Beschwerde (§§ 146 ff. VwGO). Die beiden Erstgenannten hemmen den Eintritt der formellen Rechtskraft der angefochtenen gerichtlichen Entscheidung (**Suspensiveffekt**) und begründen grundsätzlich die Entscheidungsbefugnis der jeweils höheren Instanz (**Devolutiveffekt**).[11]

---

7 *Pieroth/Schlink/Kingreen/Poscher* Grundrechte Rn. 1086 m.w.N.

8 Darüber hinaus siehe **Art. 24, 227 AEUV, Art. 44 EU-GrCh** sowie auf **landesverfassungsrechtlich**er Ebene etwa Art. 115 Abs. 1 Bay. Verf.

9 Nachweise zum Meinungsstreit bei *Jarass* in: ders./Pieroth, GG Art. 17 Rn. 9.

10 Diese sind **kaum** einmal **klausurrelevant** und werden hier daher nicht weiter behandelt.

11 Die **Beschwerde**, bei welcher der Devolutiveffekt nur im Fall der Nichtabhilfe eintritt (§ 148 Abs. 1 Hs. 2 VwGO), hat nur in den § 149 VwGO genannten Fällen aufschiebende Wirkung. Zum gesamten Vorstehenden siehe *Schenke* Verwaltungsprozessrecht Rn. 7, 1122 ff., 1150; *Tettinger/Wahrendorf* Verwaltungsprozessrecht § 5 Rn. 1; *Würtenberger*, Verwaltungsprozessrecht Rn. 717.

B. Rechtsschutzgarantie

Dass dem Einzelnen, der durch die (vollziehende) öffentliche Gewalt, d.h. die Regierung oder   **9**
die Verwaltung[12], in seinen subjektiven Rechten des öffentlichen oder des privaten Rechts
verletzt wird, der Rechtsweg offensteht, ist verfassungsrechtlich durch **Art. 19 Abs. 4 S. 1 GG**
garantiert, der dem aus dem Rechtsstaatsprinzip folgenden allgemeinen Justizgewährungs-
anspruch als *lex specialis* vorgeht.[13] Dieses Grundrecht verlangt nach einem **lückenlosen**,
umfassenden und **effektiven Rechtsschutz** gegenüber der öffentlichen Gewalt, d.h. nach
einer wirksamen Kontrolle der Verwaltung durch die staatlichen Gerichte in **tatsächlicher**
und rechtlicher Hinsicht.

> **Hinweis**
>
> **Art. 19 Abs. 4 S. 1 GG setzt** die Existenz eines **subjektiven Rechts voraus**, begründet
> dieses aber nicht.[14] Vielmehr kann sich ein solches nur „aus einem anderen Grundrecht
> oder einer grundrechtsgleichen Gewährleistung ergeben, aber auch durch [einfaches]
> Gesetz begründet sein."[15]

Darüber hinaus bedeutet „wirksamer Rechtsschutz" i.S.v. Art. 19 Abs. 4 S. 1 GG auch   **10**
Rechtsschutz, d.h. eine verbindliche gerichtliche Entscheidung, innerhalb **angemessener**
Zeit, vgl. ferner Art. 20 Abs. 3 GG, Art. 6 Abs. 1 S. 1 und Art. 13 EMRK sowie Art. 47 Abs. 2
S. 1 EU-GrCh. Um dies sicherzustellen, hat der Gesetzgeber mit Wirkung vom 3.12.2011
§ 198 GVG eingefügt, der i.V.m. § 173 S. 2 VwGO den Verfahrensbeteiligten im Fall einer
unangemessenen (Gesamt-)Dauer eines Gerichtsverfahrens „von der Einleitung bis zum
rechtskräftigen Abschluss"[16] in Abs. 3 das (präventive) Instrument der **Verzögerungsrüge**
und in Abs. 1, 2 einen kompensatorischen **Entschädigungsanspruch** als „staatshaftungs-
rechtliche[n] Anspruch *sui generis*"[17] an die Hand gibt.

Nicht in Art. 19 Abs. 4 S. 1 GG verbürgt ist demgegenüber ein Anspruch auf **mehr als eine**   **11**
Instanz („Rechtsschutz durch den Richter, nicht aber gegen den Richter"[18]); allein die in
Art. 95 Abs. 1 GG abschließend aufgezählten Gerichte – und damit u.a. das dort genannte
BVerwG – müssen errichtet werden, vgl. ferner Art. 92 GG: „Gerichte der Länder". Andererseits
steht Art. 19 Abs. 4 S. 1 GG der einfach-gesetzlichen Errichtung eines mehrstufigen Aufbaus
der Verwaltungsgerichtsbarkeit freilich auch nicht entgegen.

---

12 D.h. die **Exekutive** (*BVerfGE* 112, 185 [207] m.w.N.), **nicht** dagegen auch die **Judikative** oder die **Legisla-**
    tive, siehe *BVerfGE* 45, 297 (334); 107, 395 (403 f.).
13 Hierzu sowie zum gesamten Folgenden siehe *BVerfGE* 93, 1; *EGMR* NJW 2006, 2389; 2010, 3355; NVwZ
    2013, 47; *Hufen* Verwaltungsprozessrecht § 1 Rn. 18 ff., § 2 Rn. 2 ff., § 4 Rn. 1 f., § 11 Rn. 7 f.; *Jarass* in: ders./
    Pieroth, GG Art. 19 Rn. 32, 34, 36, 42, 49 ff., 55 ff., 73; *Schenke* Verwaltungsprozessrecht Rn. 32; *Voßkuhle/Kai-*
    ser JuS 2014, 312 ff.; *Würtenberger* Verwaltungsprozessrecht Rn. 3, 40 f., 559.
14 *Kopp/Schenke* VwGO § 42 Rn. 136 m.w.N.
15 *BVerfGE* 113, 273 (310).
16 *BVerwG* NJW 2014, 96 (98).
17 *BR-Drucks.* 540/10, S. 25. Zuvor kam als Anspruchsgrundlage allenfalls **§ 839 BGB i.V.m. Art. 34 GG**
    in Betracht, vgl. etwa *BVerfG* NJW 2013, 3630.
18 *BVerfGE* 107, 395 (403) m.w.N.

C. Gerichtsaufbau

12 Die nähere Ausgestaltung des von Art. 19 Abs. 4 S. 1 GG geforderten Rechtsschutzes ist Aufgabe des (Bundes-[19])Gesetzgebers, welcher er namentlich mit der VwGO nachgekommen ist.[20] Gemäß deren § 1 wird die Verwaltungsgerichtsbarkeit durch unabhängige, von den Verwaltungsbehörden getrennte Gerichte ausgeübt, vgl. auch Art. 97 Abs. 1 GG. Diese Gerichte sind in den Ländern die **Verwaltungsgerichte** (VG) und je ein **Oberverwaltungsgericht** (OVG) bzw. Verwaltungsgerichtshof (VGH)[21] sowie im Bund das **Bundesverwaltungsgericht (BVerwG) mit Sitz in Leipzig, § 2 VwGO.** Aufgrund seiner sachlichen Unabhängigkeit ist der Richter nicht verpflichtet, bei der Auslegung der jeweils herrschenden Meinung zu folgen; an die höchstrichterliche Rechtsprechung sind die Instanzgerichte grundsätzlich nur im Rahmen der §§ 121, 130 Abs. 3, 144 Abs. 6 VwGO gebunden.[22]

BVerwG Leipzig

OVG großer Senat

13 Um die Einheitlichkeit der Rechtsprechung zu sichern, ist sowohl bei den OVGen bzw. VGHen als auch beim BVerwG jeweils ein **Großer Senat** (GrS) gebildet, §§ 11 f. VwGO. Dieser entscheidet gem. § 11 Abs. 2 VwGO (ggf. i.V.m. § 12 Abs. 1 S. 1 VwGO) immer dann, wenn ein Senat in einer Rechtsfrage von der Entscheidung eines anderen Senats oder des betreffenden Großen Senats abweichen will (Divergenz). Nicht mit dem Großen Senat (beim BVerwG) zu verwechseln ist der **Gemeinsame Senat der Obersten Gerichtshöfe des Bundes** (GemS-OGB), dessen Funktion nach Art. 95 Abs. 3 S. 1 GG in der Wahrung der einheitlichen Rechtsprechung des Bundesgerichtshofs (BGH), des BVerwG, des Bundesfinanzhofs (BFH), des Bundesarbeitsgerichts (BAG) und des Bundessozialgerichts (BSG) besteht, siehe auch § 1 Abs. 1 des Gesetzes zur Wahrung der Einheitlichkeit der Rechtsprechung der obersten Gerichtshöfe des Bundes.

14 Die **Besetzung** der Spruchkörper, die Vertretung und die **Geschäftsverteilung** wird durch das Präsidium bestimmt, § 4 VwGO i.V.m. § 21e Abs. 1 GVG. Getroffen werden müssen diese Anordnungen hiernach vor dem Beginn des Geschäftsjahres für dessen Dauer. Hintergrund dieser Regelung ist das grundrechtsgleiche Recht des Bürgers auf den gesetzlichen Richter aus Art. 101 Abs. 1 S. 2 GG,[23] welches der Gefahr vorbeugen soll, „dass die Justiz durch eine Manipulation der rechtsprechenden Organe sachfremden Einflüssen ausgesetzt wird. Es soll vermieden werden, dass durch eine auf den Einzelfall bezogene Auswahl der zur Entscheidung berufenen Richter das Ergebnis der Entscheidung beeinflusst werden kann."[24] Diesem Postulat wird nur dann Genüge getan, wenn die richterliche Zuständigkeit nicht einzelfallbezogen, sondern im Voraus nach abstrakt-generellen Kriterien bestimmt wird. Verstöße hiergegen können zur nicht vorschriftsmäßigen Besetzung des Gerichts i.S.v. §§ 132 Abs. 2 Nr. 3, 138 Nr. 1 VwGO (absoluter Revisionsgrund) bzw. § 153 Abs. 1 VwGO i.V.m. § 579 Abs. 1 Nr. 1 ZPO (Wiederaufnahmegrund) führen.[25]

---

19 Vgl. Art. 74 Abs. 1 Nr. 1 GG. Die **Bundesländer** haben durch Bundesgesetz zugelassene Regelungen v.a. in ihren jeweiligen **Ausführungsgesetzen zur VwGO** (AGVwGO) etc. getroffen.

20 *Kopp/Schenke* VwGO § 1 Rn. 8 f., 14.

21 So in **Baden-Württemberg** (§ 1 Abs. 1 S. 1 AGVwGO BW), **Bayern** (Art. 1 Abs. 1 S. 1 Bay. AGVwGO) und **Hessen** (§ 1 Abs. 1 S. 1 HessAGVwGO), jeweils gestützt auf § 184 VwGO. Zum **Sitz** beispielsweise **des OVG NRW und der VG**e in Nordrhein-Westfalen siehe §§ 16 f. JustG NRW.

22 *Stelkens/Panzer* in: Schoch/Schneider/Bier, VwGO § 1 Rn. 47, 49 m.w.N.

23 Vgl. *Tettinger/Wahrendorf* Verwaltungsprozessrecht § 3 Rn. 10; *Würtenberger* Verwaltungsprozessrecht Rn. 87 f., 100. Auch die Nicht-Vorlage an das **BVerfG** (**Art. 100 Abs. 1 GG**) bzw. den **EuGH** (**Art. 267 Abs. 3 AEUV**) kann das Recht aus Art. 101 Abs. 1 S. 2 GG verletzen, siehe *BVerfGE* 109, 13 (22 ff.); 129, 78 (105 f.).

24 *BVerfGE* 95, 322 (327).

25 *Kopp/Schenke* VwGO § 4 Rn. 7, 15 m.w.N.

I. Verwaltungsgerichte

Bei den VGen sind **Kammern** gebildet (§ 5 Abs. 2 VwGO), die vorbehaltlich der Entscheidung **15** durch den **Einzelrichter** grundsätzlich jeweils in der Besetzung von drei Richtern und zwei ehrenamtlichen Richtern entscheiden, § 5 Abs. 3 S. 1 VwGO; bei Beschlüssen außerhalb der mündlichen Verhandlung und bei Gerichtsbescheiden (§ 84 VwGO) wirken die ehrenamtlichen Richter allerdings nicht mit, § 5 Abs. 3 S. 2 VwGO. Gem. § 6 Abs. 1 S. 1 VwGO „soll" die Kammer den Rechtsstreit „in der Regel" einem ihrer Mitglieder als Einzelrichter zur Entscheidung übertragen, wenn die Sache keine besonderen Schwierigkeiten tatsächlicher oder rechtlicher Art aufweist und die Rechtssache keine grundsätzliche Bedeutung hat. Neben in § 87a Abs. 1 VwGO genannten Fällen kann der Vorsitzende im Einverständnis der Beteiligten auch sonst anstelle der Kammer entscheiden (konsentierter Einzelrichter, § 87a Abs. 2 VwGO). Ist ein Berichterstatter bestellt, so entscheidet dieser gem. § 87a Abs. 3 VwGO anstelle des Vorsitzenden.

II. Oberverwaltungsgerichte bzw. Verwaltungsgerichtshöfe

Die Spruchkörper bei den OVGen bzw. VGHen heißen **Senate** (§ 9 Abs. 2 VwGO), die in **16** der Besetzung von drei Richtern entscheiden; jedoch kann die Landesgesetzgebung (z.B. § 109 Abs. 1 S. 1 JustG NRW) vorsehen, dass die Senate in der Besetzung von fünf Richtern entscheiden, von denen zwei auch ehrenamtliche Richter sein können, § 9 Abs. 3 S. 1 VwGO.

III. Bundesverwaltungsgericht

Beim BVerwG sind ebenfalls **Senate** gebildet (§ 10 Abs. 2 VwGO), die gem. § 10 Abs. 3 VwGO **17** in der Besetzung von fünf Richtern, bei Beschlüssen außerhalb der mündlichen Verhandlung in der Besetzung von drei Richtern, entscheiden.

D. Verfahrensgrundsätze

Das Verfahren, in dem die VGe ihre Entscheidungen finden, unterliegt bestimmten **18** Grundsätzen, welche ihrerseits zum größten Teil durch das Verfassungsrecht (v.a. das Rechtsstaatsprinzip) vorgegeben sind.[26] Bei diesen **Verfahrensgrundsätze**n handelt es sich im Einzelnen um den

- **Dispositionsgrundsatz** (bzw. -maxime, Verfügungsgrundsatz). Abweichend vom Straf- **19** prozess, wo das Gericht bzw. ein anderes staatliches Organ (Staatsanwaltschaft) das (Straf-)Verfahren von Amts wegen einleitet, fortführt und über dessen Gegenstand

---

26 Hierzu sowie zum gesamten Folgenden siehe *BVerfGE* 84, 188; 87, 331; 103, 44; *BVerfG* NJW 2013, 1293; *Hufen* Verwaltungsprozessrecht §§ 35, 36 Rn. 32 ff.; *Ehlers* in: ders./Schoch, Rechtsschutz im Öffentlichen Recht § 25 Rn. 28; *Kopp/Schenke* VwGO § 96 Rn. 1, § 108 Rn. 1 f.; *Schenke* Verwaltungsprozessrecht Rn. 18 ff., 1101, 1111 ff.; *Schmitt Glaeser/Horn* Verwaltungsprozessrecht Rn. 514 ff.; 537 ff.; *Tettinger/ Wahrendorf* Verwaltungsprozessrecht § 4; *Würtenberger* Verwaltungsprozessrecht Rn. 87 ff., 558 ff., 593, 633 ff. Der **Verfahrensfairness** dient u.a. § 54 VwGO (i.V.m. §§ 41–49 ZPO), der die Unparteilichkeit des Richters sicherstellen sollen.

bestimmt (Offizialprinzip, -maxime), liegt im Verwaltungsprozess – ebenso wie im Zivilprozess – die Verfahrensherrschaft bei den Beteiligten (§ 63 VwGO) des verwaltungsgerichtlichen Verfahrens, d.h. diese – und nicht etwa das Gericht – entscheiden über den Beginn, den Umfang (Streitgegenstand) und das Ende des Rechtsstreits. Das Gericht wird allein auf Initiative des Klägers bzw. Antragstellers hin tätig (siehe z.B. §§ 42 Abs. 1, 80 Abs. 5 S. 1 VwGO) und darf gem. § 88 VwGO in seiner Entscheidung nicht über das Klagebegehren hinausgehen (*ne ultra petita*; Rn. 37). Der Kläger kann, nachdem er sich zunächst autonom für die prozessuale Durchsetzung seines subjektiven Rechts entschieden hat, die Klage ändern (§ 91 VwGO), wieder zurücknehmen (§ 92 VwGO), auf den mit ihr geltend gemachten Anspruch verzichten (§ 173 S. 1 VwGO i.V.m. § 306 ZPO; vgl. auch § 87a Abs. 1 Nr. 2 VwGO) oder sich mit dem Beklagten vergleichen (§ 106 VwGO) bzw. einseitig oder zusammen mit diesem den Rechtsstreit in der Hauptsache für erledigt erklären, vgl. § 161 Abs. 2 VwGO. Der Beklagte kann den mit der Klage geltend gemachten Anspruch anerkennen, § 173 S. 1 VwGO i.V.m. § 307 ZPO und vgl. §§ 87a Abs. 1 Nr. 2, 156 VwGO;

20   ●   Amtsermittlungs- bzw. **Untersuchungsgrundsatz** (Inquisitionsmaxime). Im Gegensatz zum Zivilprozess, wo der Sachverhalt durch die Parteien beigebracht werden muss (Beibringungs-, Verhandlungsgrundsatz),[27] erforscht das Gericht im Verwaltungsprozess – ebenso wie im Straf-, Finanz- und Sozialgerichtsprozess – den Sachverhalt von Amts wegen, soweit dies für die Entscheidung des Gerichts über das klägerische Begehren erforderlich ist (§ 86 Abs. 1 S. 1 Hs. 1 VwGO), bis zu seiner vollen „Überzeugung", § 108 Abs. 1 S. 1 VwGO.[28] Eingeschränkt wird die grundsätzliche Verantwortung des Gerichts zur Aufklärung sämtlicher entscheidungsrelevanter Tatsachen durch die aus § 86 Abs. 1 S. 1 Hs. 2 VwGO resultierende (Prozessförderungs-)Pflicht der Beteiligten zur Mitwirkung an der Erforschung des Sachverhalts (z.B. muss ein Asylbewerber die Gründe für seine Furcht vor politischer Verfolgung schlüssig vortragen). Erfüllt ein Beteiligter seine Mitwirkungspflicht trotz Möglichkeit und Zumutbarkeit nicht, so hat dies grundsätzlich eine Verringerung des Umfangs der gerichtlichen Sachverhaltsaufklärungspflicht sowie eine Reduzierung des Beweismaßes zur Folge. Auch kann das Gericht hieraus in Abhängigkeit von den konkreten Umständen des Einzelfalls für den betreffenden Beteiligten ungünstige Schlussfolgerungen ziehen (z.B. auf die Nichteignung zum Führen eines Kfz bei Weigerung des Betroffenen, sich einer medizinisch-psychologischen Untersuchung zu unterziehen, § 11 Abs. 8 S. 1 FeV). Vgl. ferner § 155 Abs. 4 VwGO zu möglichen kostenrechtlichen Folgen;

JURIQ-Klausurentipp

Aufgrund des Untersuchungsgrundsatzes haben Formulierungen wie „schlüssiger Klagevortrag" oder „erhebliche Verteidigung des Beklagten" in einer öffentlich-rechtlichen Klausur nichts zu suchen. Vielmehr kann sich „eine nach dem Klagevortrag nicht begründete Klage […] nach gerichtlicher Aufklärung und Rechtsprüfung […] durchaus im Ergebnis als begründet erweisen."[29]

---

27   Danach gilt: *„Da mihi factum – dabo tibi ius"* (lat.: „Gib Du mir die Tatsache – ich werde Dir das [daraus folgende] Recht geben").

28   Anders als im Zivilprozess (§§ 330 ff. ZPO) gibt es im Verwaltungsprozess daher insbesondere **kein Versäumnisurteil**, vgl. § 102 Abs. 2 VwGO.

29   *Jacob* JuS 2011, 511 (512).

- Amtsbetriebs- und Konzentrations**grundsatz**. Nach Ersterem, der den Unter- **21** suchungsgrundsatz ergänzt, erfolgt die Zustellung der Klage (§ 85 VwGO) sowie von Anordnungen und Entscheidungen, durch die eine Frist in Lauf gesetzt wird, von Terminbestimmungen, Ladungen (§§ 56 Abs. 1, 2, 102 VwGO) und des Urteils (§ 116 Abs. 1 S. 2 VwGO) von Amts wegen, d.h. durch das Gericht und nicht etwa durch die Beteiligten im Parteibetrieb. In engem Zusammenhang hiermit steht der **Konzentrationsgrundsatz** (bzw. -maxime), dem zufolge das Gericht den Rechtsstreit möglichst in einer mündlichen Verhandlung erledigen soll, § 87 Abs. 1 S. 1 VwGO. Vgl. auch §§ 87–87b, 92 VwGO;

- **Grundsatz des rechtlichen Gehörs** vor Gericht. Als einfach-gesetzliche Konkretisierung **22** dieses aus Art. 103 Abs. 1 GG folgenden grundrechtsgleichen Rechts bestimmt § 108 Abs. 2 VwGO, dass das Urteil nur auf solche Tatsachen und Beweisergebnisse gestützt werden darf, zu denen die Beteiligten sich äußern konnten. Zudem hat das Gericht die Beteiligten auf solche Gesichtspunkte hinzuweisen, die bisher zwar nicht Gegenstand der Verhandlung waren, die nach Ansicht des Gerichts aber gleichwohl entscheidungsrelevant sind, vgl. § 86 Abs. 3 VwGO;

- Mündlichkeits- und Unmittelbarkeitsgrundsatz. Der Verwirklichung des Rechts auf recht- **23** liches Gehör dient der **Mündlichkeitsgrundsatz**[30] des § 101 Abs. 1 VwGO, wonach das Gericht auf Grund mündlicher Verhandlung entscheidet, soweit nichts anderes bestimmt ist (so aber z.B. §§ 84 Abs. 1 S. 1, 101 Abs. 2, 3 VwGO). In engem Zusammenhang hiermit steht das **Unmittelbarkeitsprinzip**. Danach erhebt das Gericht Beweis in der mündlichen Verhandlung (§ 96 Abs. 1 S. 1 VwGO),[31] so dass alle Mitglieder des Gerichts aufgrund ihres unmittelbaren („unvermittelten") persönlichen Eindrucks sowohl vom Sach- und Rechtsvortrag der Beteiligten als auch von der Beweisaufnahme entscheiden können. Vgl. ferner §§ 108 Abs. 2, 112 VwGO;

- Öffentlichkeitsgrundsatz. Dieser ist in § 55 VwGO i.V.m. § 169 S. 1 GVG verankert und **24** verlangt, dass die Verhandlung vor dem erkennenden Gericht einschließlich der Verkündung der Urteile und Beschlüsse öffentlich erfolgt, vgl. auch Art. 6 Abs. 1 EMRK. Jedermann, also auch die am konkreten Verfahren nicht beteiligten Personen, muss daher im Rahmen der örtlichen und räumlichen Verhältnisse Zutritt zum Gerichtssaal haben. Hierdurch soll insbesondere die Objektivität der Rechtsprechung und ihre Kontrolle durch die Allgemeinheit sichergestellt werden (keine „Geheimjustiz"). Die Verteilung knapper Sitzplätze im Gerichtssaal an Medienvertreter muss nach Kriterien erfolgen, die deren Grundrecht aus Art. 3 Abs. 1 i.V.m. Art. 5 Abs. 1 S. 2 GG auf Gleichbehandlung im publizistischen Wettbewerb, d.h. auf gleiche Teilhabe an den Berichterstattungsmöglichkeiten, Rechnung trägt. Demgegenüber begründet Art. 5 Abs. 1 S. 2 GG keinen Anspruch auf Bild- und Tonübertragung der Verhandlung in einen anderen Saal des Gerichts. Ton- und Fernseh-Rundfunkaufnahmen sowie Ton- und Filmaufnahmen zum Zwecke der öffentlichen Vorführung oder Veröffentlichung ihres Inhalts sind nach § 55 VwGO i.V.m. § 169 S. 2 GVG unzulässig. Der durch diesen Ausschluss der Medienöffentlichkeit bewirkte Eingriff in Art. 5 Abs. 1 S. 2 GG ist zum Schutz des Persönlichkeitsrechts der am Verfahren Beteiligten (Art. 1 Abs. 1 i.V.m. Art. 2 Abs. 1 GG), deren Anspruch auf faires Verfahren (Art. 2 Abs. 1 i.V.m. Art. 20 Abs. 3 GG) sowie die Funktionstüchtigkeit der Rechtspflege (vgl. Art. 92, 97 f. GG) verfassungsrechtlich gerechtfertigt. Der **Ausschluss der Öffentlichkeit** für bestimmte

---

30 **Gegenmodell**: Schriftliches Verfahren mit Entscheidung nach Aktenlage.
31 Siehe allerdings auch § 96 Abs. 2 VwGO und vgl. §§ 87 Abs. 3, 87a Abs. 2, 3 VwGO.

Verfahren oder aus sitzungspolizeilichen Gründen bemisst sich nach § 55 VwGO i.V.m. §§ 171a ff. GVG. Erhebt das Gericht gem. § 96 Abs. 2 VwGO schon vor der mündlichen Verhandlung durch eines seiner Mitglieder als beauftragten Richter Beweis oder ersucht es durch Bezeichnung der einzelnen Beweisfragen ein anderes Gericht um die Beweisaufnahme, so gilt der Grundsatz der Parteiöffentlichkeit. Danach werden (nur) die Beteiligten von allen Beweisterminen benachrichtigt und können der Beweisaufnahme beiwohnen, § 97 S. 1 VwGO.

25 Verstöße gegen die vorgenannten Verfahrensgrundsätze können von den Verfahrensbeteiligten im Wege der Berufung (§ 124 Abs. 2 Nr. 5 VwGO), der Revision (§ 132 Abs. 2 Nr. 3 VwGO) bzw. der Anhörungsrüge (§ 152a VwGO) geltend gemacht werden.

E. Entscheidung des Gerichts

I. Entscheidungsformen des Gerichts

26 Seinen Abschluss findet der unter Beachtung der vorgenannten Verfahrensgrundsätze durchgeführte Verwaltungsprozess regelmäßig mit dem **Urteil**[32] des Gerichts, vgl. § 107 VwGO. Abweichend hiervon sieht § 84 Abs. 1 VwGO aus Vereinfachungsgründen (keine mündliche Verhandlung) die Möglichkeit der Entscheidung durch **Gerichtsbescheid** vor, wenn die Sache keine besonderen Schwierigkeiten tatsächlicher oder rechtlicher Art aufweist und der Sachverhalt geklärt ist. Der Gerichtsbescheid wirkt als Urteil, § 84 Abs. 3 Hs. 1 VwGO. Bei entsprechender ausdrücklicher gesetzlicher Anordnung (z.B. §§ 80 Abs. 7 S. 1, 123 Abs. 4 VwGO) entscheidet das Gericht durch **Beschluss**, vgl. § 122 VwGO.

II. Form, Inhalt und Aufbau des Urteils

27 Form, Inhalt und Aufbau des Urteils als „Regelentscheidungsform des Verwaltungsprozesses"[33] ergeben sich v.a. aus § 117 VwGO. Das **Rubrum** (Urteilskopf; § 117 Abs. 2 Nr. 1, 2 VwGO) eines verwaltungsgerichtlichen Urteils lässt sich in etwa wie folgt darstellen:[34]

---

32 Hinsichtlich der verschiedenen **Arten von Urteilen** kann differenziert werden zwischen Gestaltungs- (z.B. § 113 Abs. 1 S. 1 VwGO), Leistungs- (z.B. § 113 Abs. 5 VwGO) und Feststellungsurteilen (z.B. § 43 Abs. 1 VwGO); Prozess- und Sachurteilen; End- (§ 173 S. 1 VwGO i.V.m. § 300 ZPO) und Zwischen- (§§ 109, 111 VwGO) sowie Voll- und Teilurteilen (§ 110 VwGO). Ferner gibt es Vorbehalts- (§ 173 S. 1 VwGO i.V.m. § 302 ZPO), Abänderungs- (§ 173 S. 1 VwGO i.V.m. § 323 ZPO), Verzichts- (§ 173 S. 1 VwGO i.V.m. § 306 ZPO) und Anerkenntnisurteile (§ 173 S. 1 VwGO i.V.m. § 307 ZPO).

33 *Hufen* Verwaltungsprozessrecht § 38 Rn. 1.

34 Zum Folgenden siehe *Jansen/Wesseling* JuS 2009, 32 ff., 322 ff.; *Martens/Koch* Mustertexte zum Verwaltungsprozess Rn. 341; *Pietzner/Ronellenfitsch* Das Assessorexamen im Öffentlichen Recht Rn. 860; *Ramsauer* Die Assessorprüfung im öffentlichen Recht Rn. 5.12; *Schenke* Verwaltungsprozessrecht Rn. 57d; *Schmitt Glaeser/Horn* Verwaltungsprozessrecht Rn. 520; *Tettinger/Wahrendorf* Verwaltungsprozessrecht § 15 Rn. 16 und Anhang.

28

Aktenzeichen[35]

VERWALTUNGSGERICHT [*Ort*]
Im Namen des Volkes
Urteil[36]

In dem Verwaltungsrechtsstreit[37]
des [*Name, Beruf, Adresse*],

Klägers,

– Prozessbevollmächtigter: Rechtsanwalt [*Name, Adresse*] –

gegen

die Stadt [*Name*],

vertreten durch den Oberbürgermeister [*Adresse*]

Beklagte,

– Prozessbevollmächtigter: Rechtsanwalt [*Name, Adresse*] –
(ggf.: „beigeladen: [*Name, Adresse*])
(ggf.: „beteiligt: Der Vertreter des Öffentlichen Interesses bei dem Verwaltungsgericht [*Ort*]")

wegen
[*Betreff*]

hat die [*Zahl*]. Kammer des Verwaltungsgerichts [*Ort*] auf die mündliche Verhandlung vom [*Datum*][38] durch den Vorsitzenden Richter am Verwaltungsgericht [*Name*], die Richter am Verwaltungsgericht[39] [*Name*] und [*Name*] sowie die ehrenamtlichen Richter [*Name*] und [*Name*]

am [*Datum*]

für Recht erkannt:

Unmittelbar an das Rubrum schließt sich gem. § 117 Abs. 2 Nr. 3 VwGO die Urteilsformel[40] **29** (Tenor) an, welche neben dem (Haupt-)Ausspruch zur Sache auch noch die (Neben-)Entscheidungen über die Kosten (§ 161 Abs. 1 VwGO), zur vorläufigen Vollstreckbarkeit (§ 167 Abs. 1 VwGO i.V.m. §§ 708 ff. ZPO) und ggf. über die Zulassung eines Rechtsmittels (§§ 124a Abs. 1, 134 VwGO) enthält. Im Fall eines erstinstanzlichen, klageabweisenden Urteils lautet der Tenor etwa wie folgt:[41]

---

35 Zu den Registerzeichen siehe etwa den Anhang im *v.Hippel-Rehborn*.
36 Die **Urteilsart** ist zu kennzeichnen.
37 Synonym: Verwaltungsrechtssache, -streitsache, -streitverfahren, verwaltungsgerichtliches Verfahren.
38 Bzw. falls keine mündliche Verhandlung stattgefunden hat: „**ohne mündliche Verhandlung am**".
39 Der Richter auf Probe führt gem. § 19a Abs. 3 DRiG nur die Amtsbezeichnung „**Richter**" (ohne „am Verwaltungsgericht", vgl. § 19a Abs. 1 DRiG). Nach § 29 S. 1 DRiG darf bei einer gerichtlichen Entscheidung nicht mehr als ein Richter auf Probe mitwirken.
40 Die Urteilsformel ist nicht zu verwechseln mit den **Leitsätzen** des Urteils, bei denen es sich um eine Zusammenfassung der wichtigsten Entscheidungsgründe handelt.
41 Zum gesamten Vorstehenden siehe *Hufen* Verwaltungsprozessrecht § 38 Rn. 13; *Ramsauer* Die Assessorprüfung im öffentlichen Recht Rn. 6.01; *Schenke* Verwaltungsprozessrecht Rn. 57b. Zum Folgenden siehe *Kment* JuS 2005, 420 (421).

30 *1. Die Klage wird abgewiesen.*

2. Der Kläger trägt die Kosten des Verfahrens.

3. Das Urteil ist wegen der Kosten vorläufig vollstreckbar. Der Kläger darf die Vollstreckung durch Sicherheitsleistung i.H.v. 110% des zu vollstreckenden Betrages abwenden, wenn nicht der Beklagte vor der Vollstreckung Sicherheit in gleicher Höhe leistet.

31 Im Anschluss an den Tenor folgt gem. § 117 Abs. 2 Nr. 4 VwGO der als solche überschriebene „**Tatbestand**",[42] in welchem der Sach- und Streitstand unter Hervorhebung der gestellten Anträge seinem wesentlichen Inhalt nach gedrängt darzustellen ist, § 117 Abs. 3 S. 1 VwGO.

32 Die nach § 117 Abs. 2 Nr. 5 VwGO auf den Tatbestand folgenden „**Entscheidungsgründe**", welche mit dem zusammenfassenden Gesamtergebnis beginnen (z.B. „Die zulässige Klage ist nicht begründet"), geben diejenigen Gründe an, die für die richterliche Überzeugung leitend gewesen sind, § 108 Abs. 1 S. 2 VwGO. Insoweit ist zunächst auf die Zulässigkeit und – sofern diese bejaht wird – anschließend auf die Begründetheit der Klage einzugehen.

33 Abgeschlossen wird das Urteil durch die **Rechtsmittelbelehrung** (§ 117 Abs. 2 Nr. 6 VwGO) und die **Unterschriften der mitwirkenden (Berufs-)Richter**, § 117 Abs. 1 S. 2, 4 VwGO.[43] Das Urteil wird in der Regel in dem Termin, in dem die mündliche Verhandlung geschlossen wird, verkündet und ist den Beteiligten zuzustellen (§ 116 Abs. 1 VwGO),[44] womit gem. §§ 124a Abs. 2 S. 1, 139 Abs. 1 S. 1 VwGO die Rechtsmittelfristen zu laufen beginnen.

Online-Wissens-Check

Der Antrag des G auf Erteilung einer Gaststättenerlaubnis nach § 2 Abs. 1 S. 1 GastG wurde von der zuständigen Behörde abgelehnt. Daraufhin erhebt G vor dem VG Klage mit dem Antrag, die Beklagte B zu verurteilen, ihn unter Beachtung der Rechtsauffassung des Gerichts zu bescheiden. Das VG ist Auffassung, dass Gründe für die Versagung der Erlaubnis (§ 4 GastG) nicht vorliegen. Wird es B zur Erteilung der Gaststättenerlaubnis an G verpflichten?

Überprüfen Sie jetzt online Ihr Wissen zu den in diesem Abschnitt erarbeiteten Themen. Unter **www.juracademy.de/skripte/login** steht Ihnen ein Online-Wissens-Check speziell zu diesem Skript zur Verfügung, den Sie kostenlos nutzen können. Den Zugangscode hierzu finden Sie auf der Codeseite.

---

42 *Jansen/Wesseling* JuS 2009, 32 (33). Näher hierzu siehe *Preusche* JuS 2000, 170 ff.

43 Die **Streitwertfestsetzung** wird in Klausuren üblicherweise erlassen, siehe *Finger* JA 2008, 635 (640).

44 Entscheidet das Gericht **ohne mündliche Verhandlung**, so wird das Urteil nicht verkündet, sondern nur **zugestellt**, siehe *Hufen* Verwaltungsprozessrecht § 38 Rn. 20.

2. Teil
Verwaltungsgerichtliche Klage

Die in verwaltungsrechtlichen Klausuren anzutreffenden Aufgabenstellungen erfordern regelmäßig die Prüfung der Erfolgsaussicht eines förmliches Rechtsbehelfs, sei es in Form eines Gutachtens im 1. Staatsexamen oder eines entsprechenden gerichtlichen Entscheidungs- oder anwaltlichen Klage-/Antragsentwurfs im 2. Staatsexamen. Ein förmlicher Rechtsbehelf, namentlich die im Folgenden behandelte verwaltungsgerichtliche **Klage**, hat dann **Erfolg** – und nicht nur wie die Verfassungsbeschwerde Aussicht hierauf[1] –, **wenn** sie **zulässig** (Rn. 40 ff.) **und begründet** (Rn. 390 ff.) ist, d.h. wenn alle für die Entscheidung des Gerichts in der Sache erforderlichen (Sachentscheidungs-)Voraussetzungen gegeben sind und nach dem vom Gericht festgestellten Sachverhalt die Anforderungen vorliegen, an die das materielle Recht die Zuerkennung des mit der Klage geltend gemachten Anspruchs knüpft. Damit ist zugleich das Grobschema der Falllösung („1. Zulässigkeit, 2. Begründetheit") vorgegeben.[2]

34

> **JURIQ-Klausurtipp**
>
> Der **abweichende**n **Auffassung**,[3] die wegen § 17a Abs. 2 S. 1 GVG (i.V.m. § 173 S. 1 VwGO) in einer **dreistufige**n **Gliederung** vor der Zulässigkeit und der Begründetheit des Rechtsschutz- begehrens noch die „Eröffnung des Verwaltungsrechtswegs" prüfen will, ist nicht zu folgen. Letztlich sollte der Streit um den zwei- oder dreistufigen Aufbau allerdings nicht überbewertet werden, scheint es in der Prüfungspraxis doch zu einer „friedlichen Koexistenz" beider Konzepte gekommen zu sein.[4] Keinesfalls aber darf der gewählte Aufbau im Gutachten begründet werden.[5]

35

A. Ggf.: Auslegung bzw. Umdeutung des Klagebegehrens

Noch vor Behandlung der Zulässigkeitsvoraussetzungen kann es u.U. erforderlich sein, auf bestimmte prozessuale Fragestellungen (kurz) einzugehen, wozu neben der Rubrumsberichtigung u.a. die **Auslegung bzw. Umdeutung des Klagebegehrens** zählt.[6]

36

---

1 Hierzu siehe *Wienbracke* Einführung in die Grundrechte Rn. 573 f. m.w.N. Vgl. auch *Schübel-Pfister* JuS 2012, 420.

2 Zum gesamten Vorstehenden siehe *Ehlers* in: ders./Schoch, Rechtsschutz im Öffentlichen Recht § 21 Rn. 2; *Gersdorf* Verwaltungsprozessrecht Rn. 1, 17, 64, 82, 99, 116, 128; *Hufen* Verwaltungsprozessrecht § 10 Rn. 1 ff.; *Kopp/Schenke* VwGO Vorb § 40 Rn. 2; *Schenke* Verwaltungsprozessrecht Rn. 58, 62, 155; *Tettinger/ Wahrendorf* Verwaltungsprozessrecht § 6 Rn. 1.

3 Einen Überblick über den Streitstand geben *Fischer* Jura 2003, 748 ff.; *Heidebach* Jura 2009, 172 ff.; *Leifer* JuS 2004, 956 ff.

4 *Hufen* Verwaltungsprozessrecht § 10 Rn. 1.

5 Vgl. *Wolff* in: ders./Decker, VwGO/VwVfG § 40 VwGO Rn. 10 f.

6 Hierzu sowie zu weiteren derartigen Situationen siehe *Bülter* Verwaltungsgerichtliche Urteile und Beschlüsse im Assessorexamen Rn. 267 ff.; *Jansen/Wesseling* JuS 2009, 32 (34 f.); *Ramsauer* Die Assessorprüfung im öffentlichen Recht Rn. 8.12 f. Zum gesamten Folgenden siehe *Decker* in: Wolff/Decker, VwGO/ VwVfG § 88 VwGO Rn. 1, 3; *Kopp/Schenke* VwGO § 88 Rn. 1 ff., 6 ff.; *Schenke* Verwaltungsprozessrecht Rn. 42a.

37 Nach dem im Verwaltungsprozessrecht herrschenden Dispositionsgrundsatz entscheiden die Beteiligten über den Umfang des Rechtsstreits. Folglich ist das Gericht an das Klagebegehren, d.h. an den – ggf. auszulegenden bzw. umzudeutenden – **Antrag des Klägers** (§ 82 Abs. 1 S. 1 VwGO), welcher den Streitgegenstand (mit-)bestimmt, **gebunden**, vgl. § 88 Hs. 1 VwGO. Das Gericht darf dem Kläger daher **weder** quantitativ **mehr** (z.B. Verpflichtung der Behörde zum Erlass eines bestimmten Verwaltungsakts anstatt der beantragten bloßen Verbescheidung des Antrags) **noch etwas anderes** (*aliud*; z.B. Leistung statt bloße Feststellung) zusprechen als beantragt, **wohl aber** – bei (teilweise) unzulässiger oder unbegründeter Klage – **weniger** (z.B. nur Aufhebung des ablehnenden Bescheids anstelle der begehrten Verpflichtung der Behörde zum Erlass eines bestimmten Verwaltungsakts). Folge dieses Verbots, über den gestellten Antrag hinaus zu gehen (*ne ultra petita*) oder dem Kläger etwas anderes zuzusprechen als von diesem beantragt, ist die grundsätzliche Geltung des Verböserungsverbots (Verbot der *reformatio in peius*) im Verwaltungsprozess, vgl. §§ 88, 129, 141 S. 1 VwGO (Ausnahmen z.B.: Widerklage nach § 89 VwGO, Anschlussrechtsmittel nach §§ 127, 141 S. 1 VwGO). Auf eine Klage hin darf das Gericht nicht zum Nachteil des Klägers eine von diesem nicht beantragte (ungünstigere) Entscheidung treffen (z.B. Aufhebung eines Verwaltungsakts insgesamt, d.h. inkl. dessen für den Kläger günstigen Teilregelung, statt wie beantragt nur hinsichtlich des für den Kläger nachteiligen Teils).

38 In der vorbezeichneten Weise gebunden ist das Gericht gem. § 88 Hs. 1 VwGO allerdings nur an das Klagebegehren (Klage- bzw. Rechtsschutzziel), so wie es sich ihm im Zeitpunkt der letzten mündlichen Verhandlung aufgrund des gesamten Prozessvorbringens (inkl. Klagebegründung) darstellt, **nicht** aber auch **an** die ggf. irrtümlich falsch gewählte (Wortlaut-)**Fassung der Anträge**, § 88 Hs. 2 VwGO.

39 Sofern Anhaltspunkte dafür bestehen, dass ein Rechtsbehelf eingelegt werden soll und gegen welche Maßnahme er sich richtet, ist aufgrund des verfassungsrechtlichen Gebots des effektiven Rechtsschutzes (Art. 19 Abs. 4 S. 1 GG) davon auszugehen, dass der Kläger denjenigen Rechtsbehelf einlegen wollte, der ihm im konkreten Fall ein **Maximum an Rechtsschutz** gewährt. Liegen diese Voraussetzungen vor, so kann eine entsprechende Auslegung (§§ 133, 157 BGB analog) bzw. Umdeutung (§ 140 BGB analog) zulässig und geboten sein (z.B. kann die ausdrückliche Anfechtung nur des Erstattungsbescheids i.S.v. § 49a Abs. 1 VwVfG zugleich die konkludente Anfechtung des zugrundeliegenden [Subventions-]Rücknahmebescheids i.S.v. § 48 VwVfG enthalten).[7] Notwendige Voraussetzung eines derartigen Vorgehens gem. § 88 VwGO ist allerdings stets, dass das auf diese Weise erzielte Ergebnis dem vom Kläger in erkennbarer Weise verfolgten Rechtsschutzziel entspricht und von diesem insbesondere nicht bewusst ausgeschlossen wurde. Insoweit ist bei einem von einem Rechtsanwalt gestellten Antrag i.d.R. ein strengerer Maßstab anzulegen als bei einem Rechtsunkundigen. In der Praxis hat bei unklaren Anträgen das Gericht auf eine Erläuterung hinzuwirken, § 86 Abs. 3 VwGO.

---

7 Die **Übergänge zwischen Auslegung** (Ermittlung des vom Kläger tatsächlich verfolgten Zwecks – unabhängig von der gewählten Formulierung) **und Umdeutung** (Ermittlung des hypothetischen Willens des Klägers, wenn Ersterer in der vom Letzteren vorgesehenen Weise nicht zu erreichen ist) **sind fließend**, siehe *Schenke* Verwaltungsprozessrecht Rn. 42a.

B. Zulässigkeit

Das Vorliegen der Zulässigkeitsvoraussetzungen prüft das Gericht **von Amts wegen** und in   **40**
jedem Verfahrensstadium.[8] Sind diese erfüllt, so muss das Gericht zur Sache entscheiden;
sind sie nicht erfüllt, darf das Gericht keine Sachentscheidung treffen und muss die Klage
durch Prozessurteil als unzulässig abweisen, vgl. Art. 20 Abs. 3 GG. Das Gesetz erlaubt eine
Sachentscheidung vielmehr erst dann, wenn alle Zulässigkeitsvoraussetzungen vorliegen.
Deshalb ist die **Zulässigkeit** einer Klage (vgl. z.B. § 42 Abs. 2 VwGO) zwingend **vor** deren
Begründetheit (vgl. z.B. § 113 Abs. 1 S. 1 VwGO) zu prüfen. Insbesondere darf nicht etwa
auf die Prüfung zweifelhafter Zulässigkeitsvoraussetzungen verzichtet und das prozessuale
Begehren als jedenfalls unbegründet abgewiesen werden. Gleichfalls verbietet es sich, eine
Klageabweisung sowohl auf ihre Unzulässigkeit als auch ihre Unbegründetheit zu stützen.
Für die Rechtskraft eines Urteils ist es nämlich von erheblicher Bedeutung, ob eine Klage
durch Prozessurteil als unzulässig oder durch Sachurteil als unbegründet abgewiesen wird.
Allein bzgl. **doppelt relevanter Tatsachen**, d.h. solcher, die sowohl im Rahmen der Zuläs-
sigkeit als auch der Begründetheit von Bedeutung sind (z.B. Streit um die Wirksamkeit der
Auflösung einer juristischen Person), ist anerkannt, die Klage in diesem Punkt (z.B. Beteiligtenfähigkeit, § 61 Nr. 1 Alt. 2 VwGO) als zulässig zu behandeln und erst im Rahmen der
Begründetheit näher zu prüfen, ob die betreffenden Umstände tatsächlich vorliegen
(z.B. § 3 VereinsG).

> **JURIQ-Klausurtipp**   **41**
>
> Ist die Klage unzulässig und ergibt sich aus der jeweiligen Aufgabenstellung nichts Abwei-
> chendes, so ist die Begründetheit in einem **Hilfsgutachten** zu prüfen.[9]

Maßgebender **Zeitpunkt**, zu dem die Zulässigkeitsvoraussetzungen vorliegen müssen, ist   **42**
grundsätzlich[10] derjenige der letzten mündlichen Verhandlung; findet diese nicht statt, so
kommt es auf den Erlass der schriftlichen Entscheidung an. Bis zu diesem Zeitpunkt kann
eine zunächst fehlende Zulässigkeitsvoraussetzung – sofern möglich (Negativbeispiel: Fristversäumnis) – noch nachträglich herbeigeführt werden (z.B. Erlangung der Prozessfähigkeit
gem. § 62 VwGO). Gelingt dies nicht und wird die Klage folglich als unzulässig abgewiesen,
so besteht die Möglichkeit, nach Behebung des betreffenden Mangels eine neue – dann
zulässige – Klage zu erheben. Der Wegfall einer Zulässigkeitsvoraussetzung während des
Rechtsstreits hat unterschiedliche prozessuale Konsequenzen, siehe z.B. einerseits § 173 S. 1
VwGO i.V.m. § 17 Abs. 1 S. 1 GVG (Unbeachtlichkeit der nach Rechtshängigkeit eintretenden
Veränderung der die Zulässigkeit des beschrittenen Rechtswegs begründenden Umstände)
und andererseits § 173 S. 1 VwGO i.V.m. §§ 239, 246 ZPO (Unterbrechung bzw. Aussetzung
des Prozesses bei Wegfall der Beteiligungsfähigkeit).

---

8 Hierzu sowie zum gesamten Folgenden siehe *BVerwG* NVwZ-RR 2012, 86; *Ehlers* in: ders./Schoch,
   Rechtsschutz im Öffentlichen Recht § 21 Rn. 3, 8, 11; *Hufen* Verwaltungsprozessrecht § 10 Rn. 1 ff.; *Kopp/
   Schenke* VwGO, Vorb § 40 Rn. 10 ff.; *Rennert* in Eyermann VwGO § 44 Rn. 4; *Schenke* Verwaltungsprozess-
   recht Rn. 34 ff.; 58 ff., 181, 460; *Schmitt Glaeser/Horn* Verwaltungsprozessrecht Rn. 29 ff., 110; *Tettinger/
   Wahrendorf* Verwaltungsprozessrecht § 6; *Würtenberger* Verwaltungsprozessrecht Rn. 120 ff.
9 *Schenke* Verwaltungsprozessrecht Rn. 68; *Schmitt Glaeser/Horn* Verwaltungsprozessrecht Rn. 30.
10 Vgl. *BVerwG* DÖV 2008, 160 (161). Abweichend hiervon müssen bestimmte Zulässigkeitsvoraussetzungen
   (**Zugangsvoraussetzungen**), wie etwa das Vorliegen eines Verwaltungsakts bei einer Anfechtungsklage,
   ausnahmsweise schon bei Erhebung der Klage erfüllt sein.

43 In welcher **Reihenfolge** die verschiedenen Zulässigkeitsvoraussetzungen untereinander zu prüfen sind, ist vorwiegend eine Frage der Logik bzw. der Zweckmäßigkeit. Für die Klausurpraxis empfiehlt sich der nachfolgende Aufbau, wobei allerdings vor der „schematischen Anwendung des Schemas" in Rn. 46 nachdrücklich zu warnen ist.

---

44   **JURIQ-Klausurtipp**

„Eine gute juristische Arbeit erkennt man nicht zuletzt auch daran, dass sie die **Schwerpunkte bei der Fallbearbeitung richtig setzt**." Nähere rechtliche Ausführungen zu offensichtlich unproblematischen Zulässigkeitsvoraussetzungen können den Wert der Arbeit sogar mindern.[11]

---

45 Stets erwartet werden allerdings – ggf. zumindest knappe – Ausführungen zu den im nachfolgenden Schema **fett** hervorgehobenen Prüfungspunkten.[12]

46

Zulässigkeitsvoraussetzungen der …				
Anfechtungsklage	Verpflichtungs-klage	Fortsetzungsfest-stellungsklage	allgemeinen Leis-tungsklage	allgemeinen Fest-stellungsklage
1. ordnungsgemäße Klageerhebung (Rn. 47 ff.)				
2. deutsche Gerichtsbarkeit (§ 173 S. 1 VwGO i.V.m. §§ 18 ff. GVG)[13]				
3. Eröffnung des Verwaltungsrechtswegs (Rn. 53 ff.)				
4. statthafte Klageart (Rn. 123 ff.)				
5. zuständiges Gericht (Rn. 220 ff.)				
6. Beteiligtenfähigkeit (Rn. 224 ff.)				
7. Prozessfähigkeit (Rn. 240 ff.)				
8. Postulationsfähigkeit (Rn. 247)				
9. Klagebefugnis (Rn. 248 ff.)				
10. richtiger Klagegegner (Rn. 283 ff.)				
11. grds. Vorverfahren (Rn. 295 ff.)			kein Vorverfahren[14]	
12. Klagefrist (Rn. 360 ff.)[15]			keine Klagefrist[16]	

---

11 *Schenke* Verwaltungsprozessrecht Rn. 66, 68.

12 Das nachfolgende Prüfungsschema (nach *Ehlers* in: ders./Schoch, Rechtsschutz im Öffentlichen Recht § 21 Rn. 8; *Hufen* Verwaltungsprozessrecht § 10 Rn. 4; *Schenke* Verwaltungsprozessrecht Rn. 65, 724a; *Tettinger/ Wahrendorf* Verwaltungsprozessrecht § 17 Rn. 26, 28; *Würtenberger* Verwaltungsprozessrecht Rn. 263) verdeutlicht die **„Konvergenz der Zulässigkeitsvoraussetzungen der verschiedenen verwaltungsgerichtlichen Klagearten"**, *Brüning*, JuS 2004, 882.

13 An der internationalen Zuständigkeit der deutschen (Verwaltungs)Gerichtsbarkeit **fehlt** es namentlich im Bereich des **direkte**n **Vollzug**s des EU-Rechts durch die EU-Organe.

14 **Ausnahme: Beamtenrecht**, siehe § 126 Abs. 2 S. 1 BBG bzw. § 54 Abs. 2 S. 1 BeamtStG (Rückausnahme: § 54 Abs. 2 S. 3 BeamtStG i.V.m. z.B. § 104 Abs. 1 S. 1 LBG NRW).

15 Ausnahme: Im Fall der **Fortsetzungsfeststellungsklage** gilt bei **Erledigung** des Verwaltungsakts **vor Klageerhebung** und vor Eintritt von dessen Bestandskraft nach h.M. keine Klagefrist.

16 **Ausnahme: Beamtenrecht**, sofern Vorverfahren durchgeführt, siehe § 126 Abs. 2 S. 1 BBG bzw. § 54 Abs. 2 S. 1 BeamtStG, jeweils i.V.m. § 74 Abs. 1 S. 1 VwGO.

Zulässigkeitsvoraussetzungen der …				
Anfechtungsklage	Verpflichtungs-klage	Fortsetzungsfest-stellungsklage	allgemeinen Leis-tungsklage	allgemeinen Fest-stellungsklage
13. keine anderweitige Rechtshängigkeit (§ 173 S. 1 VwGO i.V.m. § 17 Abs. 1 S. 2 GVG)				
14. keine entgegenstehende rechtskräftige Entscheidung				
15. kein Rechtsschutzausschluss nach § 44a VwGO				
16. allgemeines Rechtsschutzbedürfnis bzw. (**Fortsetzungs-**)**Feststellungsinteresse** (Rn. 367 ff.)				

I. Ordnungsgemäße Klageerhebung

Neben den sich aus **§§ 81 f. VwGO** ergebenden Anforderungen an eine ordnungsgemäße Klageerhebung gehört hierzu auch deren **Unbedingtheit** (Gegenbeispiel: Erhebung einer Klage unter der Bedingung der Gewährung von Prozesskostenhilfe nach § 166 VwGO i.V.m. §§ 114 ff. ZPO, sog. PKH[17]).[18] Wenngleich diese Voraussetzung gesetzlich nicht ausdrücklich normiert ist, so ist ihre Einhaltung gleichwohl zwecks Wahrung der Sicherheit des Rechtsverkehrs zwingend geboten. Zulässig ist demgegenüber die **Eventualklagehäufung**. Zwar wird auch bei dieser ein (Hilfs-)Antrag vom Erfolg (uneigentliche Eventualklage, z.B. Stufenklage nach § 173 S. 1 VwGO i.V.m. § 254 ZPO wie etwa Anfechtungsklage und Annexantrag nach § 113 Abs. 1 S. 2 VwGO) bzw. Misserfolg (eigentliche Eventualklage), d.h. Unzulässigkeit oder -begründetheit, eines anderen (Haupt-)Antrags abhängig gemacht (z.B. Klage auf Feststellung der Genehmigungsfreiheit eines bestimmten Vorhabens, hilfsweise auf Verpflichtung zur Erteilung der Genehmigung hierfür). Doch ist hier nicht die Klageerhebung als solche bedingt, sondern es wird lediglich einer von mehreren Anträgen unter einer zulässigen innerprozessualen Bedingung gestellt. Das Gericht ist an diese vom Kläger vorgegebene Reihenfolge gebunden. Es darf erst dann über den Hilfsantrag entscheiden, wenn die vom Kläger insofern vorgegebene Bedingung – Erfolg(-losigkeit) des Hauptantrags – erfüllt ist.

47

> **JURIQ-Klausurtipp**
>
> Da über den Hilfsantrag erst bei Eintritt der jeweiligen innerprozessualen Bedingung entschieden werden darf, ist in der Klausur **zunächst** der **Hauptantrag** vollständig auf seine Zulässigkeit und Begründetheit hin zu prüfen. Erst im Anschluss daran sind, falls die betreffende innerprozessuale Bedingung eingetreten ist, Zulässigkeit und Begründetheit des **Hilfsantrags** abzuhandeln.[19]

48

---

17 Im Zweifel ist eine derart erhobene Klage allerdings **dahingehend auszulegen**, dass **PKH beantragt** wird **und** die **Klageschrift** die **Anlage zu diesem Antrag** bildet.

18 Hierzu sowie zum gesamten Folgenden siehe *BVerwGE* 59, 302; *v. Albedyll* in Bader/Funke-Kaiser/Stuhlfauth/von Albedyll, VwGO § 44 Rn. 9; *Ehlers* in: ders./Schoch, Rechtsschutz im Öffentlichen Recht § 21 Rn. 13 ff., 157; *Hufen* Verwaltungsprozessrecht § 13 Rn. 13 ff., § 23 Rn. 2 ff.; *Kopp/Schenke* VwGO § 44 Rn. 1, 5, § 82 Rn. 8; *Pietzcker* in: Schoch/Schneider/Bier, VwGO § 44 Rn. 4; *Schenke* Verwaltungsprozessrecht Rn. 39 ff., 71 ff., 547, 554, 614; *Schmitt Glaeser/Horn* Verwaltungsprozessrecht Rn. 106 ff., 116, 398 f.; *Tettinger/Wahrendorf* Verwaltungsprozessrecht § 7, § 12 Rn. 1, § 14 Rn. 6; *Wolff* in: ders./Decker, VwGO/VwVfG § 44 VwGO Rn. 7; *Würtenberger* Verwaltungsprozessrecht Rn. 233 ff.

19 *Wolff* in: ders./Decker, VwGO/VwVfG § 44 VwGO Rn. 13; *Decker* in: Wolff/Decker, VwGO/VwVfG § 81 VwGO Rn. 7.

49   Ebenfalls zulässig ist die **kumulative Klagehäufung** als neben der Eventualklagehäufung weiterem (typischen) Fall der objektiven Klagehäufung i.S.v. § 44 VwGO. Bei der kumulativen Klagehäufung werden mehrere Klagebegehren nebeneinander geltend gemacht (z.B. Klage gerichtet sowohl auf Aufhebung der ausgesprochenen Gewerbeuntersagung als auch auf Erteilung einer Reisegewerbekarte nach § 55 Abs. 2 GewO). Mangels hinreichender Bestimmtheit unzulässig ist hingegen die **alternative Klagehäufung**, bei der es der Kläger dem Gericht anheimstellt, wahlweise über das eine oder das andere Klagebegehren zu entscheiden (z.B. Klage mit dem Antrag, den Beklagten entweder zur Herausgabe einer Sache oder zur Zahlung des Geldwerts der Sache zu verurteilen).

50   Ob der Kläger von der rechtlich damit an sich bestehenden Möglichkeit der objektiven Klagehäufung (Klagenverbindung) auch im konkreten Fall Gebrauch machen darf, richtet sich nach **§ 44 VwGO**. Nach dieser Vorschrift können mehrere Klagebegehren, d.h. mehrere Streitgegenstände (prozessuale Ansprüche) – also entweder mehrere Anträge oder aber ein Antrag, der auf verschiedene Lebenssachverhalte (und nicht bloß auf mehrere rechtliche Gesichtspunkte wie z.B. die formelle und materielle Rechtswidrigkeit des angefochtenen Verwaltungsakts) gestützt wird – vom Kläger in einer Klage zusammen verfolgt werden (**objektive Klagehäufung**),[20] wenn sie

- sich gegen denselben Beklagten richten,
- im (rechtlichen oder – nach der Lebensanschauung bzgl. des Entstehungsgrunds oder des erstrebten Erfolgs – rein tatsächlichen) Zusammenhang stehen und
- dasselbe Gericht zuständig ist.

51   Liegen diese Voraussetzungen vor, so **verhandelt und entscheidet** das Gericht über sämtliche geltend gemachten Klagebegehren grundsätzlich **gemeinsam** (Ausnahmen: Verfahrenstrennung gem. § 93 S. 2 VwGO oder Vorwegentscheidung über einzelne Ansprüche durch Teilurteil nach § 110 VwGO). Andernfalls werden die Klagebegehren lediglich getrennt (§ 93 S. 1 VwGO) bzw. es findet eine Verweisung statt, § 83 S. 1 VwGO i.V.m. §§ 17a Abs. 2 S. 1 GVG. Keinesfalls aber hat eine entgegen § 44 VwGO erfolgte Klageverbindung etwa die Unzulässigkeit der betreffenden Klage(n) zur Folge.

52   **JURIQ-Klausurtipp**

Im Fall der **kumulative**n **Klagehäufung** kann es sich anbieten, die Zulässigkeitsvoraussetzungen der Klagen gemeinsam zu prüfen, sodann auf § 44 VwGO einzugehen und anschließend jeden Antrag für sich auf seine Begründetheit hin zu untersuchen.[21]

II. Eröffnung des Verwaltungsrechtswegs

53   Der Verwaltungsrechtsweg ist eröffnet, wenn entweder eine Spezialvorschrift einschlägig ist, die diese Rechtsfolge vorsieht (**aufdrängende Sonderzuweisung**) oder aber wenn die Voraussetzungen der Generalklausel des § 40 Abs. 1 S. 1 Hs. 1 VwGO erfüllt sind und die Strei-

---

20 Das zusätzliche Klagebegehren kann auch erst **nach Klageerhebung** geltend gemacht werden. Dann liegt regelmäßig eine Klageänderung i.S.v. § 91 VwGO vor, dessen Voraussetzungen dann zusätzlich zu denen des § 44 VwGO erfüllt sein müssen.

21 *Frenz* JA 2011, 433; *Hufen* Verwaltungsprozessrecht § 14 Rn. 14.

tigkeit nicht durch eine **abdrängende Sonderzuweisungsnorm** ausdrücklich einer anderen Gerichtsbarkeit zugewiesen wird.[22]

> ### JURIQ-Klausurtipp · 54
>
> Die Eröffnung des Verwaltungsrechtswegs ist in folgender Reihenfolge zu prüfen:
> 1. **aufdrängende Sonderzuweisung** (Rn. 66 ff.) oder
> 2. Generalklausel des **§ 40 Abs. 1 S. 1 Hs. 1 VwGO** (Rn. 68 ff.) und
> 3. **keine abdrängende Sonderzuweisung** (Rn. 109 ff.).[23]

55 Gegenüber welchen anderen, untereinander gleichwertigen Gerichtsbarkeiten der Verwaltungsrechtsweg abzugrenzen ist, zeigt die auf **Art. 95 Abs. 1 GG** beruhende nachfolgende Übersicht.

Gerichtszweige				
Arbeits-gerichtsbarkeit	**Ordentliche Gerichtsbarkeit**	**Verwaltungs-gerichtsbarkeit**	**Sozial-gerichtsbarkeit**	**Finanz-gerichtsbarkeit**
BAG	BGH	BVerwG	BSG	BFH
LAG	OLG	OVG/VGH	LSG	
	LG			
ArbG	AG	VG	SG	FG
§§ 2, 2a ArbGG	§ 13 GVG	§ 40 VwGO	§ 51 SGG	§ 33 FGO

56 Im Übrigen kann sich die Zulässigkeit des Verwaltungsrechtswegs auch aus der **Anhängigkeit des Verfahrens in der Rechtsmittelinstanz** (§ 173 S. 1 VwGO i.V.m. § 17a Abs. 5 GVG) oder aus dem **Verweisungsbeschluss** des Gerichts eines anderen Rechtswegs (§ 173 S. 1 VwGO i.V.m. § 17a Abs. 2 S. 1 GVG; siehe Übungsfall Nr. 5) ergeben.

57 Ein Verweisungsbeschluss ist für das Gericht, an das der Rechtsstreit verwiesen worden ist, hinsichtlich des Rechtsweges **bindend,** § 173 S. 1 VwGO i.V.m. § 17a Abs. 2 S. 3 GVG. Wird der Verweisungsbeschluss nicht erfolgreich mit der Beschwerde (§ 173 S. 1 VwGO i.V.m. § 17a Abs. 4 S. 3 GVG, §§ 146 ff. VwGO) angegriffen, so regelt er – auch wenn er verfahrensfehlerhaft ergangen oder inhaltlich unrichtig ist – die Rechtswegfrage („hinsichtlich des Rechtsweges"; nicht hingegen: die sachliche, örtliche oder instanzielle Zuständigkeit) endgültig (Ausnahme:

---

22 Hierzu sowie zum gesamten Folgenden siehe *Ehlers* in: ders./Schoch, Rechtsschutz im Öffentlichen Recht § 21 Rn. 34, 129 ff.; *Gersdorf* Verwaltungsprozessrecht Rn. 1 ff., 16; *Hufen* Verwaltungsprozessrecht § 11 Rn. 75 f.; *Kopp/Schenke* VwGO § 40 Rn. 64 f.; *Schenke* Verwaltungsprozessrecht Rn. 62, 85, 88, 150 ff.; *Schmitt Glaeser/Horn* Verwaltungsprozessrecht Rn. 33 f., 69 ff.; *Tettinger/Wahrendorf* Verwaltungsprozessrecht § 2 Rn. 7 ff., § 9 Rn. 2; *Würtenberger* Verwaltungsprozessrecht Rn. 125 ff., 158 ff., 190 ff.

23 *Ehlers* in: ders./Schoch, Rechtsschutz im Öffentlichen Recht § 21 Rn. 34; *Tettinger/Wahrendorf* Verwaltungsprozessrecht § 9 Rn. 28.

offensichtliche Gesetzeswidrigkeit bzw. Willkür), d.h. der Rechtsstreit kann weder zurück- noch an eine dritte Gerichtsbarkeit weiterverwiesen werden; lediglich eine Weiterverweisung innerhalb der gleichen Gerichtsbarkeit an das örtlich oder sachlich zuständige Gericht ist möglich. Das Gericht, an das (ggf. zu Unrecht) verwiesen wird, hat dessen eigenes Verfahrensrecht anzuwenden (z.B. ZPO); materiell hingegen gilt die objektive Rechtslage (z.B. öffentliches Recht).

58 Ob der Verwaltungsrechtsweg nach einer der vorgenannten Bestimmungen eröffnet ist, ist in Bezug auf den konkreten **Streitgegenstand** zu prüfen, wobei die vom Kläger insoweit vorgebrachten tatsächlichen – nicht aber auch: rechtlichen – Behauptungen als wahr zu unterstellen sind (str.; Rn. 78); entscheidend ist die wahre Natur des behaupteten Rechtsverhältnisses. Kann ein einheitlicher prozessualer Anspruch (z.B. auf Herausgabe einer sichergestellten Sache) kumulativ auf mehrere materiell-rechtliche Anspruchsgrundlagen (z.B. aus öffentlich-rechtlicher Verwahrung und aus Folgenbeseitigung, FBA) gestützt werden, für die bei isolierter Betrachtung jeweils unterschiedliche Rechtswege gegeben sind, so entscheidet das Gericht des zulässigen Rechtswegs den Rechtsstreit gem. § 173 S. 1 VwGO i.V.m. § 17 Abs. 2 S. 1 GVG i.d.R. gleichwohl unter allen in Betracht kommenden rechtlichen Gesichtspunkten (Ausnahme: siehe Rn. 62). Diese Regelung **(Rechtsweg kraft Sachzusammenhangs)** dient dazu, die prozessuale Aufspaltung eines einheitlichen Anspruchs durch Konzentration des Rechtsschutzes bei einem Gericht zu vermeiden.

59 Unabhängig von § 173 S. 1 VwGO i.V.m. § 17 Abs. 2 S. 1 GVG kann und muss das VG zudem im Rahmen der Entscheidung über die ihm zugewiesene Streitigkeit **rechtswegfremde Vorfragen**[24] erforderlichenfalls inzident mit klären (z.B. ob der vor dem VG gegen die seinem Nachbarn erteilte Baugenehmigung vorgehende Kläger zivilrechtlich wirklich Grundstückseigentümer ist). Da diese allerdings nicht zum Streitgegenstand gehören, erwächst die Entscheidung hierüber nicht in Rechtskraft. Alternativ besteht für das VG unter den Voraussetzungen des § 94 VwGO die Möglichkeit der Verfahrensaussetzung.

60 Mangels einheitlichen prozessualen Anspruchs **nicht** von § 17 Abs. 2 S. 1 GVG (i.V.m. § 173 S. 1 VwGO) erfasst werden hingegen Fälle **rechtlicher Alternativität** (so z.B. wenn die einzig in Betracht kommende vertragliche Anspruchsgrundlage entweder privatrechtlicher oder öffentlich-rechtlicher Natur ist) sowie solche Konstellationen, in denen **mehrere prozessuale Ansprüche** geltend gemacht werden (z.B. im Rahmen der objektiven Klagehäufung nach § 44 VwGO, der subjektiven Klagehäufung gem. § 64 VwGO i.V.m. §§ 59 ff. ZPO, der Klageänderung i.S.v. § 91 VwGO und der Widerklage gem. § 89 VwGO); insofern ist die Rechtswegeröffnung vielmehr für jeden Anspruch gesondert zu prüfen. Im Fall der **Eventualklagehäufung** richtet sich der Rechtsweg zunächst allein nach dem Hauptantrag. Ist insoweit der Verwaltungsrechtsweg nicht eröffnet, so ist der Rechtsstreit gem. § 173 S. 1 VwGO i.V.m. § 17a Abs. 2 S. 1 GVG ungeachtet des Hilfsantrags an das zuständige Gericht des zulässigen Rechtswegs zu verweisen. Erweist sich der Hauptantrag bei eröffnetem Verwaltungsrechtsweg dagegen als unbegründet, so wird – nach entsprechendem Ausspruch – der Rechtsstreit an das für den Hilfsantrag zuständige Gericht des zulässigen Rechtswegs verwiesen.

---

24 Im Gegensatz zu diesen (nur die aus der Vorfrage resultierenden Rechte und Pflichten sind streitig) steht bei einer **Hauptfrage** das (Nicht-)Bestehen des betreffenden Rechtsverhältnisses selbst im Streit.

Um einen nicht von § 17 Abs. 2 S. 1 GVG (i.V.m. § 173 S. 1 VwGO) erfassten Fall – und nicht **61** wie teilweise[25] vertreten um einen „rechtlichen Gesichtspunkt" i.S.d. Vorschrift bzw. lediglich um eine Vorfrage – handelt es sich nach wohl h.M.[26] auch bei der **Aufrechnung** (§§ 387 ff. BGB) **mit einer rechtswegfremden** (z.B. privatrechtlichen) **Gegenforderung**. Allein dann, wenn die Gegenforderung durch bestandskräftigen Verwaltungsakt bzw. durch rechtskräftiges Urteil festgestellt oder aber unbestritten ist, ist die Aufrechnung mit ihr auch nach der h.M.[27] möglich.

Eine historisch bedingte **Ausnahme** vom Grundsatz des § 17 Abs. 2 S. 1 GVG (i.V.m. § 173 S. 1 **62** VwGO) besteht einzig in den Fällen des Art. 14 Abs. 3 S. 4 GG und des Art. 34 S. 3 GG, wonach allein die ordentlichen Gerichte (§ 12 GVG) – und nicht auch die VGe – über die Höhe einer Enteignungsentschädigung i.S.v. Art. 14 Abs. 3 S. 4 GG bzw. über Amtshaftungsansprüche (§ 839 BGB i.V.m. Art. 34 GG) entscheiden, § 173 S. 1 VwGO i.V.m. § 17 Abs. 2 S. 2 GVG (**Rechtswegspaltung**).

63

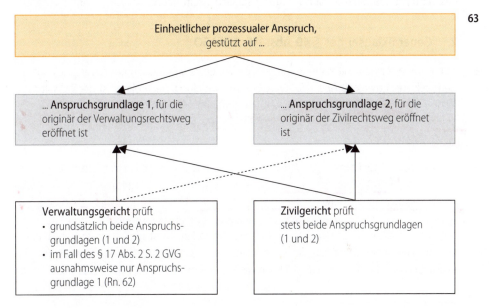

Ist der beschrittene Rechtsweg **zulässig**, so wird dieses Ergebnis durch eine nach Rechtshän- **64** gigkeit eintretende Veränderung der dessen Zulässigkeit begründenden Umstände nicht mehr berührt (*perpetuatio fori*, § 173 S. 1 VwGO i.V.m. § 17 Abs. 1 S. 1 GVG). Hat ein Gericht den zu ihm beschrittenen Rechtsweg rechtskräftig für zulässig erklärt (vgl. § 173 S. 1 VwGO i.V.m. § 17a Abs. 4 S. 3 GVG, §§ 146 ff. VwGO), so sind andere Gerichte an diese Entscheidung gebunden, § 173 S. 1 VwGO i.V.m. § 17a Abs. 1 GVG.

Ergibt die Prüfung dagegen, dass der beschrittene Verwaltungsrechtsweg für die betreffende **65** Streitigkeit **nicht gegeben** ist, so wird die Klage nicht etwa durch Prozessurteil als unzulässig abgewiesen, sondern vielmehr – nach Anhörung der Parteien – dessen Unzulässigkeit von Amts wegen lediglich ausgesprochen und der Rechtsstreit durch Beschluss an das zuständige Gericht des zulässigen Rechtswegs verwiesen, § 173 S. 1 VwGO i.V.m. § 17a Abs. 2 S. 1 GVG (zu den ungeschriebenen Ausnahmen von diesem Grundsatz siehe Rn. 108).

---

25 *Schenke* Verwaltungsprozessrecht Rn. 165 m.w.N.
26 Siehe etwa *Ehlers* in: ders./Schoch, Rechtsschutz im Öffentlichen Recht § 21 Rn. 131 m.w.N.
27 *Rennert* in: Eyermann, VwGO § 40 Rn. 38 m.w.N.

1. Aufdrängende Sonderzuweisung

66   **Aufdrängende Sonderzuweisungen** gehen als *leges speciales* der Generalklausel des § 40 Abs. 1 S. 1 VwGO vor und verdrängen diese.[28] Ist im konkreten Fall der Verwaltungsrechtsweg aufgrund einer solchen – eher seltenen – Spezialvorschrift eröffnet (z. B. § 54 BAföG, § 22 Abs. 5 TierGesG, § 6 Abs. 1 UIG), die sich v. a. auf Klagen von Personen in einem öffentlich-rechtlichen Dienst- und Treueverhältnis bezieht (z. B. § 45 BDG, §§ 83 Abs. 1, 106 BPersVG, §§ 46, 71 DRiG, § 82 Abs. 1, 2 SG), so ist auf die allgemeine Regelung des § 40 Abs. 1 S. 1 VwGO folglich nicht mehr einzugehen. Insbesondere die klausurrelevanten (wortgleichen) Vorschriften der §§ 126 Abs. 1 BBG[29], 54 Abs. 1 BeamtStG[30] sind weit auszulegen.

67   Da der Bund im Bereich der Rechtswegbestimmung mit § 40 Abs. 1 S. 1 VwGO von seiner konkurrierenden Gesetzgebungskompetenz auf dem Gebiet des gerichtlichen Verfahrens nach Art. 74 Abs. 1 Nr. 1 GG abschließend Gebrauch gemacht hat, ist für aufdrängende **landesrechtliche Sonderzuweisungen grundsätzlich**[31] **kein Raum**, vgl. Art. 72 Abs. 1 GG.

2. Generalklausel des § 40 Abs. 1 S. 1 VwGO

68   Sofern im jeweiligen Fall keine aufdrängende Sonderzuweisung einschlägig ist, gelangt die **Generalklausel des § 40 Abs. 1 S. 1 VwGO** zur Anwendung. Nach dieser ist der Verwaltungsrechtsweg in allen öffentlich-rechtlichen Streitigkeiten nichtverfassungsrechtlicher Art gegeben, soweit die Streitigkeiten nicht durch Bundesgesetz einem anderen Gericht ausdrücklich zugewiesen sind.[32]

69   Mit dieser „Schlüsselnorm"[33] des Verwaltungsprozessrechts verwirklicht der Gesetzgeber nicht nur das aus Art. 19 Abs. 4 S. 1 GG resultierende Postulat nach lückenlosem Individualrechtsschutz gegen die „öffentliche Gewalt" i. S. d. Vorschrift, sondern geht mit der Erfassung beispielsweise auch von sog. Innenrechtsstreitigkeiten hierüber sogar noch hinaus. Im Gegensatz zu der vor dem Inkrafttreten der VwGO am 1.4.1960 geltenden Rechtslage, wonach verwaltungsgerichtlicher Rechtsschutz von der Form staatlichen Handelns – namentlich derjenigen des Verwaltungsakts (§ 35 S. 1 VwVfG) – abhängig war, eröffnet **§ 40 Abs. 1 S. 1 VwGO** den Verwal-

---

28 Hierzu sowie zum gesamten Folgenden siehe *Ehlers* in: ders./Schoch, Rechtsschutz im Öffentlichen Recht § 21 Rn. 35 ff.; *Gersdorf* Verwaltungsprozessrecht Rn. 1; *Hufen* Verwaltungsprozessrecht § 11 Rn. 9 ff.; *Schenke* Verwaltungsprozessrecht Rn. 134 ff.; *Schmitt Glaeser/Horn* Verwaltungsprozessrecht Rn. 33; *Tettinger/Wahrendorf* Verwaltungsprozessrecht § 9 Rn. 2; *Würtenberger* Verwaltungsprozessrecht Rn. 126.

29 Das BBG gilt nach seinem § 1 „für die Beamtinnen und Beamten des **Bund**es, soweit nicht gesetzlich etwas anderes bestimmt ist".

30 Das BeamtStG regelt nach seinem § 1 „das Statusrecht der Beamtinnen und Beamten der **Länder**, **Gemeinden** und Gemeindeverbände sowie der sonstigen der Aufsicht eines Landes unterstehenden Körperschaften, Anstalten und Stiftungen des öffentlichen Rechts". Zum **Verhältnis von § 126 Abs. 1 BBG und § 54 Abs. 1 BeamtStG zum** fortgeltenden **§ 126 Abs. 1, 2 BRRG** siehe *Kopp/Schenke* § 40 VwGO Rn. 75 und vgl. *BVerwG* NVwZ-RR 2011, 682; 2014, 676 (677).

31 **Ausnahme**: Bundesrechtliche Ermächtigung der Länder zur Übertragung von Aufgaben auf die Gerichte der Verwaltungsgerichtsbarkeit, § 187 Abs. 1 VwGO. Die Befugnis des Landesgesetzgebers nach § 40 Abs. 1 S. 2 VwGO bezieht sich demgegenüber ausschließlich auf abdrängende Sonderzuweisungen.

32 Zum gesamten Folgenden siehe *Ehlers* in: ders./Schoch, Rechtsschutz im Öffentlichen Recht § 21 Rn. 41 ff.; *ders.* in: Schoch/Schneider/Bier, VwGO § 40 Rn. 1 ff.; *Gersdorf* Verwaltungsprozessrecht Rn. 1 ff.; *Hufen* Verwaltungsprozessrecht § 11 Rn. 4 ff., 13 ff.; *Schenke* Verwaltungsprozessrecht Rn. 82 ff., 142, 171; *Schmitt Glaeser/Horn* Verwaltungsprozessrecht Rn. 33 ff.; *Tettinger/Wahrendorf* Verwaltungsprozessrecht § 8 Rn. 2, § 9; *Würtenberger* Verwaltungsprozessrecht Rn. 125 ff., 197 ff.

33 *Hufen* Verwaltungsprozessrecht § 11 Rn. 4.

tungsrechtsweg nicht enumerativ, sondern vielmehr **generalklausel**artig gegen grundsätzlich jedwedes hoheitliches Verwaltungshandeln (Ausnahmen: Rn. 108). Positiv setzt diese Vorschrift das Vorliegen einer **(Rechts-)Streitigkeit** (Rn. 70 ff.) **öffentlich-rechtlicher Natur** (Rn. 76 ff.) voraus. Negativ darf es sich bei dieser öffentlich-rechtlichen Rechtsstreitigkeit **nicht** um eine solche **verfassungsrechtlicher Art** handeln (Rn. 103 ff.) und es darf **keine abdrängende Sonderzuweisung** Platz greifen (Rn. 109 ff.).

a) Rechtsstreit

Eine **rechtliche Streitigkeit** liegt vor, wenn zwischen mindestens zwei verschiedenen Personen[34] um die Anwendung staatlichen – respektive supranationalen – (Innen- oder Außen-)-Rechts gestritten wird. In der Klausurbearbeitung ist auf dieses Merkmal vornehmlich im Zusammenhang mit folgenden Konstellationen einzugehen:

70

- **Maßnahmen in Sonderstatusverhältnissen** (früher sog. besondere Gewaltverhältnisse). Bei diesen handelt es sich um (Sonder-)Rechtsverhältnisse, in denen der Einzelne in einer engeren Beziehung zum Staat steht als im allgemeinen Staat-Bürger-Verhältnis der Fall (z.B. Beamten-, Soldaten-, Schul- und Strafvollzugsverhältnis). Während vormals die Ansicht vertreten wurde, dass innerhalb einer juristischen Person des öffentlichen Rechts keine Rechtsbeziehungen möglich ("rechtsfreier Raum") und daher Maßnahmen im Sonderstatusverhältnis als "justizfreie Hoheitsakte" einer gerichtlichen Kontrolle entzogen seien (Impermeabilitätstheorie), ist seit der Strafgefangenenentscheidung des BVerfG[35] allgemein anerkannt, dass die (Grund-)Rechte auch innerhalb von Sonderstatusverhältnissen gelten. Sämtliche Streitigkeiten, die sich in Bezug auf Maßnahmen in diesen Rechtsverhältnissen (z.B. Beamtenverhältnis) ergeben, sind daher rechtlicher Natur – auch insoweit, als es nicht um das **Grundverhältnis** (z.B. Statusänderungen wie die Ernennung, Beförderung, Versetzung und Entlassung eines Beamten), sondern um das **Betriebsverhältnis** (z.B. Zuweisung eines anderen Dienstpostens) geht;

71

- **innerkirchliche Streitigkeiten** i.S.v. Art. 140 GG i.V.m. Art. 137 Abs. 3 WRV;

72

- **Beschlüsse parlamentarischer Untersuchungsausschüsse**. Diese sind kraft ausdrücklicher Regelung in Art. 44 Abs. 4 S. 1 GG der richterlichen Erörterung entzogen. Entsprechendes gilt gem. Art. 10 Abs. 2 S. 2 GG i.V.m. § 13 G10-Gesetz hinsichtlich **Beschränkungen des Brief-, Post- und Fernmeldegeheimnisses**, wonach an die Stelle des Rechtswegs die Nachprüfung durch von der Volksvertretung bestellte Organe und Hilfsorgane tritt (siehe §§ 14 ff. G10-Gesetz), vgl. auch Art. 19 Abs. 4 S. 3 GG;

73

- **Regierungsakte**, d.h. staatsleitende Akte oberster Staatsorgane außerhalb des Gesetzgebungsverfahrens wie beispielsweise die Anerkennung eines ausländischen Staats durch den Bundespräsidenten (Art. 59 Abs. 1 GG) oder die Ausübung der Richtlinienkompetenz durch den Bundeskanzler (Art. 65 S. 1 GG);

74

- **Gnadenentscheidungen** (Art. 60 Abs. 2 GG, Art. 59 Abs. 1 LVerf NRW), durch die im Einzelfall eine rechtskräftig erkannte Strafe ganz oder teilweise erlassen, umgewandelt oder ihre Vollstreckung ausgesetzt wird. Abweichend von der sich auch insoweit auf Art. 1 Abs. 3 und Art. 20 Abs. 3 GG berufenden h.M.[36] im Schrifttum vertritt das BVerfG[37] die Auffassung, dass Art. 19 Abs. 4 S. 1 GG für ablehnende Gnadenentscheidungen – im Gegensatz zum Widerruf eines einmal gewährten Gnadenerweises, durch den eine dem Verurteilten zuvor eingeräumte Rechtsstellung verschlechtert wird – nicht gelte ("Gnade vor Recht").

75

---

34 Streitigkeiten innerhalb derselben juristischen Person (**Organstreit**, z.B. Kommunalverfassungsstreit) werden durch dieses Erfordernis allerdings nicht ausgeschlossen, siehe **Übungsfall Nr. 6.**

35 *BVerfGE* 33, 1.

36 Siehe etwa *Schenke* Verwaltungsprozessrecht Rn. 91.

37 *BVerfGE* 25, 352; 30, 108; *BVerfG* NJW 2001, 3771; 2013, 2414 m.w.N.

b)   Öffentlich-rechtliche Streitigkeit

76   Von zentraler Bedeutung im Rahmen der Prüfung der Eröffnung des Verwaltungsrechtswegs gem. § 40 Abs. 1 S. 1 VwGO ist das Tatbestandsmerkmal „**öffentlich-rechtlich**", welches der Abgrenzung zu den bürgerlichen Rechtsstreitigkeiten dient.[38] Letztere gehören, ebenso wie die Strafsachen, vor die ordentlichen Gerichte, § 13 GVG.

77   Eine Streitigkeit ist dann **öffentlich-rechtlich** i.S.v. § 40 Abs. 1 S. 1 VwGO, wenn das Rechtsverhältnis, aus dem der Klageanspruch hergeleitet wird, öffentlich-rechtlicher Natur ist. Dies wiederum ist der Fall, wenn die streitentscheidende Norm eine solche des öffentlichen Rechts ist.[39]

78   Welche Norm für die Entscheidung des jeweiligen Falls ausschlaggebend ist, richtet sich auf der Grundlage des i.d.R.[40] allein vom Kläger bestimmten Rechtsschutzbegehrens nach der **objektive**n („wahren") **Rechtslage**. Auf welche Vorschriften sich der Kläger beruft bzw. welcher Rechtsauffassung die Beteiligten sind, ist dagegen unerheblich. Auch ist irrelevant, welchem Rechtsgebiet etwaige Vorfragen unterfallen (z.B. wer i.S.d. BGB Eigentümer der gem. § 43 Nr. 2 PolG NRW sichergestellten Sache ist); maßgeblich ist vielmehr, ob die Norm, nach welcher sich die Entscheidung der **Hauptfrage** des Rechtsstreits richtet (z.B. die Rechtmäßigkeit der gem. § 43 Nr. 2 PolG NRW erfolgten Sicherstellung), öffentlich-rechtlich ist oder nicht.[41]

79   Die Zuordnung einer Norm entweder zum öffentlichen Recht oder zum Privatrecht wird sich in der Fallbearbeitung oftmals bereits aus dem eindeutig öffentlich-rechtlichen Charakter des **Gesetzes** (z.B. jeweiliges Landes-OBG/SOG bzw. PolG) ergeben, auf dem die betreffende Verwaltungsmaßnahme beruht. Auf die drei nachstehenden **Abgrenzungstheorien** braucht in derartigen Fallgestaltungen klassisch öffentlich-rechtlicher Eingriffsverwaltung nicht weiter eingegangen zu werden. Vielmehr werden diese Theorien nur dann einmal relevant, wenn wirkliche Zweifel am öffentlich- oder privatrechtlichen Charakter der einschlägigen Norm – sofern vorhanden – bestehen (z.B. § 70 GewO).[42]

80   • Nach der von *Ulpian* (römischer Jurist, 170-228 n. Chr.) entwickelten **Interessentheorie** gehören die dem öffentlichen Interesse dienenden Rechtssätze dem öffentlichen Recht und die dem Individualinteresse dienenden Rechtssätze dem Privatrecht an.[43] Diese Theorie wird heute allerdings kaum mehr vertreten, bezwecken doch eine Vielzahl von öffentlich-rechtlichen Vorschriften nicht nur den Schutz des Allgemein-, sondern zugleich auch des Einzelinteresses (z.B. nachbarschützende Vorschriften des Baurechts) bzw. dienen umgekehrt zahlreiche dem Privatrecht zuzuordnende gesetzliche Regelungen auch dem öffentlichen Interesse (z.B. Unterhaltspflicht gem. § 1601 BGB);

---

38 *Ehlers* in: ders./Schoch, Rechtsschutz im Öffentlichen Recht § 21 Rn. 62; *Schenke* Verwaltungsprozessrecht Rn. 99.

39 Vgl. *BVerwGE* 129, 9 (10 f.); *BGH* NVwZ-RR 2010, 502 (503).

40 **Ausnahme**: Bei einer negativen Feststellungsklage ist auch der Vortrag des Beklagten heranzuziehen, siehe *GmS-OGB* BGHZ 102, 280 (284).

41 *OVG Münster* BeckRS 2010, 51956; *Ehlers* in: ders./Schoch, Rechtsschutz im Öffentlichen Recht § 21 Rn. 72, 75, 82; *Hufen* Verwaltungsprozessrecht § 11 Rn. 15; *Schenke* Verwaltungsprozessrecht Rn. 99, 115; *Schmitt Glaeser/Horn* Verwaltungsprozessrecht Rn. 34, 52; *Tettinger/Wahrendorf* Verwaltungsprozessrecht § 9 Rn. 6.

42 Diese sowie die gesamten nachfolgenden Ausführungen (inkl. der Schaubilder) sind – mit Ausnahme der Beispiele – dem Skript „Allgemeines Verwaltungsrecht" Rn. 23 ff. m.w.N. entnommen.

43 „*Publicum ius est quod ad statum rei Romanae spectat, privatum quod ad singulorum utilitatem*".

- die **Subordinations- bzw. Subjektionstheorie** besagt, dass Rechtssätze, die das Verhalten von Hoheitsträgern regeln, dann öffentlich-rechtlich sind, wenn sie ein Über- bzw. Unterordnungsverhältnis betreffen. Auch diese Theorie sieht sich allerdings Einwänden ausgesetzt: So kennt zum einen das öffentliche Recht durchaus nicht nur Über-/Unterordnungs-, sondern auch Gleichordnungsverhältnisse (z.B. öffentlich-rechtlicher Vertrag), und sind zum anderen auch im Privatrecht Subordinationsverhältnisse anzutreffen (z.B. Arbeitsrecht, vgl. § 106 GewO). Ferner hilft diese Theorie namentlich im Organisationsrecht und im Bereich der Leistungsverwaltung nicht weiter; **81**

- nach der von *H.J. Wollff*[44] geprägten Subjektstheorie wird als entscheidend angesehen, ob der betreffende Rechtssatz für jedermann gilt (z.B. § 433 BGB; dann: Privatrecht) oder vielmehr ausschließlich ein Sonderrecht des Staates (oder sonstiger Träger öffentlicher Aufgaben, wie z.B. Gemeinden) begründet (dann: öffentliches Recht). Da Letzterer allerdings auch Adressat von privatrechtlichen Normen sein kann (z.B. §§ 31, 89, 276 ff., 823, 831 BGB), wurde dieser z.T. auch als Zuordnungs-/Sonderrechtstheorie bezeichnete Ansatz nachfolgend dahingehend ergänzt[45] (daher **„modifizierte Subjektstheorie"**), dass eine Rechtsnorm nur dann öffentlich-rechtlich ist, wenn sie einen Hoheitsträger als solchen, d.h. gerade in seiner Eigenschaft als Subjekt hoheitlicher Gewalt, berechtigt bzw. verpflichtet (z.B. §§ 24 ff. BauGB; str. bzgl. Fiskusprivilegien wie § 928 Abs. 2 BGB). An dieser Sichtweise wird insbesondere kritisiert, dass sie im Wege eines Zirkelschlusses den Begriff „öffentliches Recht" der Sache nach durch den des „Hoheitsträgers" erkläre, die Ausübung hoheitlicher Gewalt aber gerade von der Einordnung als öffentlich-rechtlich abhänge. **82**

In der Rechtspraxis[46] werden diese drei Abgrenzungstheorien ungeachtet dogmatischer Einwände nicht exklusiv, sondern vielmehr **nebeneinander** angewandt, um die Rechtsnatur einer Vorschrift zur ermitteln. **83**

JURIQ–Klausurtipp **84**

Die drei vorgenannten Theorien wurden entwickelt, um eine **Norm** entweder dem öffentlichen Recht oder aber dem Privatrecht eindeutig zuordnen zu können. Diese Abgrenzungstheorien sind für die in der Fallbearbeitung zu begutachtende Maßnahme (z.B. im Rahmen von § 35 S. 1 VwVfG) bzw. **Streitigkeit** (z.B. im Rahmen von § 40 Abs. 1 S. 1 VwGO) daher nur relevant, falls diese auch tatsächlich auf einer Norm beruht. Ist Letztere öffentlich-rechtlicher Natur, so ist es ebenfalls die auf ihr beruhende Maßnahme bzw. Streitigkeit.

Ist im konkreten Fall dagegen **keine Rechtsnorm** einschlägig (so z.B. i.d.R. im Bereich der Leistungsverwaltung) oder stehen zwei sich gegenseitig ausschließende Normen des öffentlichen Rechts und des Privatrechts zur Verfügung, ist wie folgt zu verfahren: **85**

Handelt es sich bei der **Organisationsform** der tätig gewordenen Person um ein solche des Privatrechts (z.B. Stadtwerke GmbH), so steht die Rechtsnatur ihrer Handlung als privatrechtlich damit i.d.R. ebenfalls ohne weiteres fest. Denn mit Ausnahme von Beliehenen können natürliche und juristische Personen des Privatrechts nur privatrechtlich, nicht aber öffentlich-rechtlich handeln. **86**

---

44 *Wolff* AöR 76 (1950/51), 205 ff.
45 *Bettermann* NJW 1977, 513 (515); *Bachof* in: FG BVerwG, 1 (9 ff.).
46 Vgl. *GmS-OGB* NJW 1990, 1527; *BVerwG* NVwZ-RR 2010, 682 (683) m.w.N.

87   **Beispiel**[47]   Der Landtag des Bundeslands B hat im Haushaltsplan 15 Mio. € für ein regionales Wirtschaftsförderungsprogramm bereitgestellt. Die Bewilligung der hieraus gespeisten zinslosen Darlehen an einzelne Unternehmen erfolgt durch die zuständige Landesbehörde nach Maßgabe der vom Landeswirtschaftsminister erlassenen Förderrichtlinien in Form eines Verwaltungsakts. Um die knappen personellen Ressourcen der öffentlichen Verwaltung zu schonen, wickelt B die bewilligten Darlehen allerdings nicht selbst ab, sondern hat hierzu einen Geschäftsbesorgungsvertrag (§ 675 BGB) mit der privaten Geschäftsbank G geschlossen. Diese schließt ihrerseits mit den erfolgreichen Antragstellern nach Maßgabe des jeweiligen Bewilligungsbescheids privatrechtliche Darlehensverträge (§ 488 BGB) und zahlt anschließend die Fördergelder auf dieser Grundlage aus (sog. Bankenverfahren), so auch an den Unternehmer U1. Als dieser trotz Fälligkeit des Darlehens dieses nicht an G zurückzahlt, nimmt diese ihn vor dem LG klageweise auf Rückzahlung in Anspruch. Ist der Rechtsweg zu den ordentlichen Gerichten hier eröffnet?

Ja. Der Rechtsweg zu den ordentlichen Gerichten ist vorliegend nach § 13 GVG gegeben. Denn das Rechtsverhältnis von G und U1, aus dem der Rückzahlungsanspruch hergeleitet wird, ist i.S.d. Vorschrift bürgerlich-rechtlicher Natur. Sind an einem streitigen Rechtsverhältnis wie hier mit G und U1 ausschließlich Privatrechtssubjekte beteiligt, so scheidet die Zuordnung des Rechtsstreits zum öffentlichen Recht von vorherein grundsätzlich aus – es sei denn, eine Partei wäre durch Gesetz oder aufgrund eines Gesetzes mit öffentlich-rechtlichen Handlungs- oder Entscheidungsbefugnissen ausgestattet und gegenüber der anderen Partei als i.d.S. „Beliehener" tätig geworden. Das ist hier allerdings nicht der Fall. Gesetzliche Vorschriften, durch die oder aufgrund derer eine solche Beleihung vorgenommen worden sein könnte, sind vorliegend nämlich nicht ersichtlich. Auch die Tatsache, dass G im Rahmen einer in einem staatlichen Förderungsprogramm getroffenen Bewilligungsentscheidung tätig geworden ist, rechtfertigt keine andere Beurteilung der Rechtswegfrage. Denn selbst wenn das Handeln privater Rechtssubjekte, die nicht mit hoheitlichen Befugnissen beliehen sind, der Erfüllung öffentlicher Aufgaben dient, so können sich hieraus zwar für die Gestaltung ihrer Rechtsbeziehungen zu anderen Privaten öffentlich-rechtliche Bindungen ergeben (Verwaltungsprivatrecht); an der Zuordnung diesbezüglicher Rechtsstreitigkeiten zum Zuständigkeitsbereich der ordentlichen Gerichte ändert dieser Umstand allerdings nichts. ◾

88   Vorbehaltlich entgegenstehender gesetzlicher Regelungen (z.B. § 50 Abs. 1 S. 1 BaföG: „Bescheid") haben öffentlich-rechtlich organisierte Verwaltungsträger demgegenüber nach h.M. ein Wahlrecht, entweder als Hoheitsträger öffentlich-rechtlich oder als juristische Person privatrechtlich tätig zu werden.[48] Doch ist der Rechtscharakter der jeweiligen Maßnahme auch insoweit nicht weiter zu problematisieren, als sich der Verwaltungsträger einer **eindeutigen Handlungsform** entweder des öffentlichen Rechts (z.B. „Verwaltungsakt"[49]) oder des Privatrechts (z.B. „Rechnung") bedient hat.

---

47   Nach *BGH* NJW 2000, 1042; *BVerwG* NJW 2006, 2568; *Ziekow* Öffentliches Wirtschaftsrecht § 6 Rn. 69, 73, 76.

48   Hierzu siehe *Wolff/Bachof/Stober/Kluth* Verwaltungsrecht I § 23 Rn. 6 ff. und im Skript „Allgemeines Verwaltungsrecht" Rn. 11, 22 und 55.

49   Siehe ferner *Erbguth* Allgemeines Verwaltungsrecht § 5 Rn. 15; *Jachmann/Drüen* Allgemeines Verwaltungsrecht Rn. 219: „Rechtsverordnung", „Satzung", **Androhung von Zwangsmitteln** und **Rechtsbehelfsbelehrung** als weitere „Signalwörter" öffentlich-rechtlicher Handlungsformen.

Beispiel[50]   Anders als im vorstehenden Beispielsfall wickelt B die Darlehensvergabe nun-   **89**
mehr ohne Einschaltung Dritter selbst ab. Als U2 nach durch die zuständige Landesbehörde erfolgter Darlehensbewilligung (Verwaltungsakt) und nach daraufhin erfolgtem
Abschluss eines privatrechtlichen Darlehensvertrags (§ 488 BGB) mit B das erhaltene
Darlehen zweckwidrig verwendet, erging gegenüber U2 ein auf § 49a Abs. 1 L-VwVfG
gestützter „Bescheid", durch den er zur Rückzahlung des Darlehens aufgefordert wurde.
Wie der von U2 nunmehr eingeschaltete Rechtsanwalt R mitteilt, sei dieser Bescheid
jedoch allein schon deshalb rechtswidrig, weil der darin geltend gemachte Rückzahlungsanspruch nicht dem öffentlichen Recht, sondern vielmehr dem Privatrecht, ange-
höre und daher nicht durch „Bescheid", d.h. in Form eines Verwaltungsakts, hätte geltend gemacht werden dürfen. Vor welchem Gericht wird R Klage auf Aufhebung des
Bescheids erheben?

R wird vor dem VG Klage auf Aufhebung des Rückforderungsbescheids erheben, da es
sich bei der Frage nach dessen Rechtmäßig- bzw. -widrigkeit um eine öffentlich-rechtliche Streitigkeit nichtverfassungsrechtlicher Art i.S.v. § 40 Abs. 1 S. 1 VwGO handelt und
eine Sonderzuweisung nicht einschlägig ist. Die Behörde hat gegenüber U2 einen
„Bescheid" erlassen, d.h. sich – wenn auch ggf. in rechtswidriger Weise – einer öffentlich-
rechtlichen Handlungsform bedient, vgl. § 35 S. 1 L-VwVfG. Dass sie dies möglicherweise
nicht hätte tun dürfen, ist zwar für die Rechtmäßigkeit dieser Maßnahme von Bedeutung,
ändert aber nichts an deren Rechtsnatur. ◾

> ### Hinweis   **90**
>
> Ob die von der Verwaltung gewählte Handlungsform rechtmäßig ist, d.h. ob die Verwal-
> tung nach dem Gesetz auch so handeln durfte bzw. musste, wie sie tatsächlich gehandelt
> hat, ist im vorliegenden Zusammenhang ohne Bedeutung. Denn die Frage nach der
> Rechtsnatur einer Verwaltungsmaßnahme ist von derjenigen nach ihrer Rechtmäßigkeit
> streng zu trennen.[51]

Sofern sich die Verwaltung im konkreten Fall auch nicht einer eindeutigen Handlungsform   **91**
bedient haben sollte, ist das Rechtsregime anhand von **Indizien** wie dem Sachzusammenhang des Verwaltungshandelns und dessen Ziel und Zweck zu ermitteln.

So erfolgt **fiskalisches Handeln** wie die Bedarfsdeckung des Staates (z.B. Einkauf von Büro-   **92**
materialien), die Verwaltung staatlichen Vermögens (z.B. Verkauf ausrangierter Dienstfahr-
zeuge) sowie die staatliche Teilnahme am allgemeinen wirtschaftlichen Verkehr (z.B. unter-
nehmerisches Auftreten des Staates als Anbieter am Güter- und Dienstleistungsmarkt) jeweils
in privatrechtlicher Form.

Namentlich im Rahmen der **Leistungsverwaltung** (z.B. Subventionsvergabe, Benutzung   **93**
öffentlicher Anstalten und Einrichtungen) ist nach der von *H.P. Ipsen*[52] entwickelten **Zwei-
Stufen-Theorie** zwischen der stets als öffentlich-rechtlich zu qualifizierenden Bewilligung
bzw. Zulassung auf der ersten Stufe (dem „Ob") und der entweder öffentlich-rechtlich (Indiz:

---

50 Nach *BVerwG* NJW 2006, 536; *Schenke* Verwaltungsprozessrecht Rn. 113 f.
51 Vgl. *Ehlers* in: ders./Schoch, Rechtsschutz im Öffentlichen Recht § 21 Rn. 65; *Schenke* Verwaltungspro-
    zessrecht Rn. 113.
52 *Ipsen* Öffentliche Subventionierung Privater 1956, S. 62 ff.

Benutzungsordnung als „Satzung" ergangen) oder[53] privatrechtlich (Indiz: Benutzungsordnung als „Allgemeine Geschäftsbedingungen" ergangen) ausgestalteten Abwicklung auf der zweiten Stufe (dem „Wie") zu unterscheiden; siehe auch Übungsfall Nr. 4.[54]

94

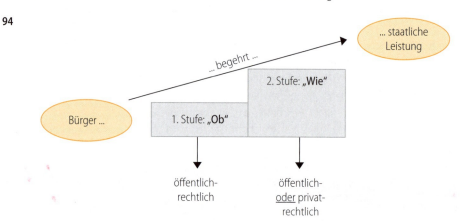

95 Beispiel[55] Auf eine öffentliche Ausschreibung der Gemeinde G betreffend den Neubau von Verkehrssignalanlagen hin gibt Unternehmer U fristgerecht ein Angebot ab. Hierauf teilte G dem U mit, sein Angebot könne nicht gewertet werden. Dagegen erhebt U Klage zum VG mit dem Begehren, G aufzugeben, unter Beachtung der Auffassung des Gerichts erneut über die Erteilung des Zuschlags im Vergabeverfahren zu entscheiden. U macht u.a. geltend, dass der Verwaltungsrechtsweg vorliegend nach der Zwei-Stufen-Theorie gegeben sei. Zu Recht, wenn der von G ausgeschriebene Auftrag nicht die Schwellenwerte nach § 2 VgV erreicht?[56]

Nein. Denn die Zwei-Stufen-Theorie ist nämlich nur dann zur rechtlichen Bewertung eines Vorgangs angemessen, wenn dieser durch eine Mehrphasigkeit der Aufgabenwahrnehmung gekennzeichnet ist. Das wiederum ist typischerweise dann der Fall, wenn die Entscheidung über das „Ob" einer öffentlichen Leistung durch Verwaltungsakt erfolgt, während deren Abwicklung – das „Wie" – mittels eines privatrechtlichen Vertrages durchgeführt wird. Hiervon unterscheidet sich die Entscheidung über die Vergabe eines öffentlichen Auftrags jedoch wesentlich. Das Vergabeverfahren ist seiner Struktur nach nämlich gerade nicht zweistufig. Vielmehr erfolgt die Entscheidung über die Auswahl zwischen mehreren Bietern i.d.R. unmittelbar durch Abschluss eines privatrechtlichen Vertrags mit einem der Bieter durch Zuschlag, vgl. § 28 Nr. 2 Abs. 1 VOB/A a.F. Folglich fehlt es an einem Anknüpfungspunkt für eine „erste Stufe", auf der eine – nach öffentlichem Recht zu beurteilende – selbstständige „Vergabeentscheidung" fallen könnte. Die öffentlichrechtlichen Bindungen, denen die öffentliche Hand bei der Vergabe öffentlicher Aufträge unterliegt (v.a. Art. 3 Abs. 1 GG), zwingen nicht zur (künstlichen) Annahme einer „ersten

---

53 Das auf der zweiten Stufe grundsätzlich bestehende Handlungsformwahlrecht der Verwaltung wird mitunter **gesetzlich eingeschränkt** (so z.B. durch § 28 Abs. 2 S. 2 BauGB zugunsten des Privatrechts, nämlich der §§ 463 ff. BGB; demgegenüber erfolgt das „Ob" der Ausübung des gemeindlichen Vorkaufsrechts „durch Verwaltungsakt", siehe § 28 Abs. 2 S. 1 BauGB).

54 Demgegenüber werden **verlorene Zuschüsse**, d.h. Geldleistungen, die vom Bürger nicht zurückgezahlt werden müssen, i.d.R. einstufig durch Verwaltungsakt oder öffentlich-rechtlichen Vertrag bewilligt und auf dieser Grundlage vollzogen, d.h. durch öffentlich-rechtlichen Realakt tatsächlich ausbezahlt, vgl. den **Übungsfall** Nr. 4 im Skript „Allgemeines Verwaltungsrecht".

55 Nach *BVerwGE* 129, 9 (str.) m. Anm. *Burgi* NVwZ 2007, 737. Vgl. auch *Druschel* JA 2008, 514.

56 Wäre dies der Fall, so würde der Rechtsstreit § 104 Abs. 2 S. 1 GWB unterfallen.

Stufe" bei der Auftragsvergabe in Form einer gesonderten „Vergabeentscheidung". Denn diese öffentlich-rechtliche Überlagerung der privatrechtlichen Auftragsvergabe kann ohne weiteres nach den Grundsätzen des Verwaltungsprivatrechts bewältigt werden, indem die ordentlichen Gerichte über die Ergänzungen, Modifizierungen und Überlagerungen des Privatrechts durch öffentlich-rechtliche Bindungen mit zu befinden haben. ■

Wird die öffentliche Einrichtung (z.B. i.S.v. § 10 Abs. 2 S. 2 GemO BW, Art. 21 Abs. 1 S. 1 bay. GO, § 8 Abs. 2 GO NRW) von einer juristischen Person des Privatrechts betrieben (z.B. Stadthallen-GmbH), deren Anteile sich mehrheitlich in der Hand beispielsweise einer Gemeinde befinden, kann das Benutzungsverhältnis (zweite Stufe) nur privatrechtlich ausgestaltet sein; wird die Zulassung (erste Stufe) versagt, hat der Bürger einen dahingehenden Anspruch gegenüber der **Gemeinde als Gesellschafterin**, dass diese **auf die privatrechtlich organisierte Gesellschaft** so **einwirkt**, dass Letztere dem Bürger den Zugang verschafft.[57] **96**

Realakte wie die Dienstfahrten eines Beamten sind nach der Rechtsprechung[58] dann als öffentlich-rechtlich zu beurteilen, wenn sie zur Wahrnehmung hoheitlicher Aufgaben erfolgen (z.B. Bürgermeister fährt zu einer dienstlichen Besprechung). Erfolgt die Fahrt dagegen aus fiskalischen Gründen (z.B. Bürgermeister fährt zu einem Gewerbetreibenden, um mit diesem über den Verkauf seines Grundstücks an die Gemeinde zu verhandeln), so ist sie als privatrechtlich zu beurteilen. Entsprechendes gilt ebenfalls hinsichtlich des Anspruchs des Bürgers auf Widerruf bzw. Unterlassung ehrverletzender Äußerungen eines Beamten bzw. von Informationen, Warnungen etc. einer Behörde sowie hinsichtlich Ansprüchen des Staates gegenüber dem Bürger auf Rückzahlung von zu Unrecht gewährten Geldleistungen; wiederum ist jeweils der Zusammenhang des Tätigwerdens bzw. die Rechtsnatur des zugrundeliegenden Leistungsverhältnisses ausschlaggebend. Bei Streitigkeiten betreffend die wirtschaftliche Tätigkeit von Gemeinden ist zwischen dem – öffentlich-rechtlichen – „Ob" (vgl. z.B. §§ 102 ff. GemO BW, Art. 86 ff. bay. GO, §§ 107 ff. GO NRW) und dem – privatrechtlichen – „Wie" (siehe die Vorschriften des GWB und des UWG) des Wettbewerbs zu differenzieren. **97**

Beispiel[59] In einer gemeindlichen Ratssitzung ergriff Oberbürgermeister O das Wort und bezeichnete im Zusammenhang mit einer öffentlichen Auftragsvergabe den sich um diese bewerbenden Bauunternehmer B als Betrüger. Als dieser hiervon aus der Presse erfährt, beauftragt er Rechtsanwalt R damit, rechtliche Schritte gegen O zu ergreifen, um das bis dahin gute Ansehen des Bauunternehmens in der Öffentlichkeit wiederherzustellen. Vor dem Gericht welchen Rechtswegs wird R Klage gegen O auf Widerruf von dessen Äußerung erheben? **98**

---

57 Nach *Kramer/Bayer/Fiebig/Freudenreich* JA 2011, 810 (818) bestehe aufgrund von *BVerfGE* 128, 226 (unmittelbare Grundrechtsbindung nach Art. 1 Abs. 3 GG von durch die öffentliche Hand beherrschten [vgl. §§ 16 f. AktG] gemischtwirtschaftlichen Unternehmen in Privatrechtsform) ein **Direktanspruch gegen das Unternehmen**, so dass es für eine verwaltungsgerichtliche allgemeine Leistungsklage gegen die Gemeinde auf Einwirkung am notwendigen allgemeinen Rechtsschutzbedürfnis fehle. Zu den **gesellschaftsrechtlichen Grenzen** der Weisungsbefugnis siehe *BVerwG* NJW 2011, 3735; *OVG Münster* NVwZ 2007, 609.

58 *BGHZ* 29, 38; *BGH* DÖV 1979, 865. **A.A.** *Maurer* Allgemeines Verwaltungsrecht § 3 Rn. 30: Dienstfahrten seien nur bei der Inanspruchnahme von Sonderrechten gem. § 35 StVO als öffentlich-rechtlich zu qualifizieren.

59 Nach *Frenz* JA 2010, 328 (329).

Mangels einschlägiger Sonderzuweisung wird R vorliegend dann nach § 40 Abs. 1 S. 1 VwGO den Verwaltungsrechtsweg beschreiten, wenn es sich bei der hiesigen Streitigkeit nichtverfassungsrechtlicher Art um eine solche des öffentlichen Rechts handelt. Das setzt voraus, dass die streitentscheidende Norm diesem Rechtsgebiet zuzuordnen ist. Als solche kommt hier allerdings nicht nur der öffentlich-rechtliche Folgenbeseitigungsanspruch, sondern alternativ auch § 823 bzw. § 1004 BGB in Betracht. Letztlich entscheidend ist insoweit folgende Überlegung: Als *actus contrarius* zu der zu widerrufenden Äußerung (hier: Bezeichnung des B als Betrüger) teilt der Widerrufsanspruch deren Rechtsnatur. Diese wiederum bemisst sich nach dem Sachzusammenhang, in dem sie gefallen ist. Das ist hier die gemeindliche Ratssitzung, in der sich O in seiner Eigenschaft als Oberbürgermeister im Zusammenhang mit einer öffentlichen Auftragsvergabe – und somit öffentlich-rechtlich – geäußert hat. Der auf den Widerruf dieser Äußerung gerichtete Anspruch ist folglich ebenfalls öffentlich-rechtlich und mithin vor dem VG geltend zu machen. ▪

99 Die Rechtsnatur des **Hausverbot**s wird in Rechtsprechung[60] und Schrifttum[61] nach unterschiedlichen Kriterien ermittelt. Während Erstere auf den Zweck des Besuchs abstellt (Einreichung eines Bauantrags: öffentlich-rechtlich; Fotograf im Standesamt: privatrechtlich), rekurriert Letzteres auf den öffentlich-rechtlichen Zweck des Hausverbots, nämlich die Erfüllung der öffentlichen Aufgaben im Verwaltungsgebäude sicherzustellen.

100 Führen auch die vorgenannten Indizien zu keinem Ergebnis, ist im Zweifel von einer **Vermutung** zugunsten des öffentlich-rechtlichen Charakters des Verwaltungshandelns auszugehen. Denn mit dem öffentlichen Recht steht der Verwaltung ein Sonderrecht zur Erfüllung ihrer Aufgaben zur Verfügung, von dessen Gebrauchmachen so lange auszugehen ist, als der Wille, in privatrechtlicher Handlungsform tätig zu werden, nicht deutlich in Erscheinung tritt.

101 Dass die Zuordnung einer Maßnahme zum öffentlichen Recht bzw. zum Privatrecht nicht stets exklusiv erfolgt, sondern u.U. ein und dieselbe Maßnahme durchaus sowohl öffentlich-rechtlich als auch privatrechtlich einzustufen sein kann (**Doppelqualifikation**), wird insbesondere von der Rechtsprechung[62] vertreten. So wird etwa das Ausstrahlen einer Sendung durch eine öffentlich-rechtliche Rundfunkanstalt wegen der damit verbundenen Erfüllung des Programmauftrags gegenüber den Beitragszahlern als öffentlich-rechtlich, hinsichtlich der in einer solchen Sendung etwaig in ihrer Ehre gekränkten Personen dagegen als privatrechtlich qualifiziert. Diese Auffassung wird vom Schrifttum[63] nicht geteilt, könne doch ein und dasselbe Rechtsverhältnis nicht sowohl dem öffentlichen als auch dem privaten Recht angehören. Eine privatrechtliche Norm könne öffentlich-rechtliches Verhalten weder ver- noch gebieten, da dies dem Sonderrechtscharakter des öffentlichen Rechts widerspreche.

---

60 *BGH* NJW 1967, 1911; *BVerwGE* 35, 103 (106 ff.). A.A. *OVG Münster* NJW 2011, 2379.
61 *Beaucamp* JA 2003, 231 (233) m.w.N. Ferner siehe *Stelkens* Jura 2010, 363 ff. Dort auch zur Frage der **Ermächtigungsgrundlage** zum Erlass eines Hausverbots als belastender Verwaltungsakt, falls ausdrückliche Vorschriften wie z.B. Art. 40 Abs. 2 S. 1 GG, §§ 68 Abs. 3, 89 VwVfG, § 51 Abs. 1 GO NRW oder §§ 176 f. GVG fehlen (z.T.: Analogie hierzu; a.A.: vorkonstitutionelles Gewohnheitsrecht [so auch *BVerwG* NJW 2011, 2531]; a.A.: Annex zur Sachkompetenz). Gegenüber Störungen von außen kann sich der Verwaltungsträger grundsätzlich auf die privatrechtlichen Störungsabwehransprüche der **§§ 861 ff., 1004 BGB** als Besitzer bzw. Eigentümer berufen (str.), nach einhelliger Literaturmeinung jedoch nicht auf § 859 Abs. 1 BGB.
62 *BGHZ* 66, 182 (185 ff.); *BVerwG* NJW 1994, 2500.
63 *Ehlers* in: Erichsen/Ehlers, Allgemeines Verwaltungsrecht § 3 Rn. 50.

102

Abgrenzung: Öffentliches Recht ↔ Privatrecht		
Abgrenzungskriterien:	**Öffentliches Recht**	**Privatrecht**
1. Rechtsnorm eindeutig	z.B.: PolG, OBG	z.B.: BGB, HGB
2. Organisationsform des Handelnden	öffentlich-rechtlich; privatrechtlich nur bei Beleihung	öffentlich-rechtlich; privatrechtlich
3. Handlungsform eindeutig	z.B.: „Verwaltungsakt"	z.B.: „Allgemeine Geschäftsbedingungen"
4. Sachzusammenhang	z.B.: das „Ob" einer staatlichen Leistung	z.B.: das „Wie" einer staatlichen Leistung
5. Abgrenzungstheorien	Interessen-, Subordinations- und modifizierte Subjektstheorie	Interessen-, Subordinations- und modifizierte Subjektstheorie
6. Vermutung	öffentlich-rechtlich	–

c)   Nichtverfassungsrechtlicher Art

103 Zu den öffentlich-rechtlichen Streitigkeiten i.S.v. § 40 Abs. 1 S. 1 VwGO gehören grundsätzlich auch solche **verfassungsrechtliche**r Art. Da über diese nach dem Willen des Gesetzgebers jedoch nicht die allgemeinen VGe, sondern vielmehr die entsprechend qualifizierten Verfassungsgerichte des Bundes bzw. der Länder entscheiden sollen, wird diese Art von **Streitigkeiten** aus der Rechtswegzuweisung des § 40 Abs. 1 S. 1 VwGO explizit wieder ausgeklammert.[64]

104 Allerdings ist das zu diesem Zweck in § 40 Abs. 1 S. 1 VwGO eingefügte Negativmerkmal „nichtverfassungsrechtlicher Art" nach h.M.[65] **nicht** etwa in dem (**formalen**) **Sinn** zu verstehen, dass hierunter die – z.B. nach § 13 BVerfGG – den Verfassungsgerichten vorbehaltenen Streitigkeiten fielen. Denn für Rechtsstreitigkeiten, die den Verfassungsgerichten zugewiesen sind, wäre der Verwaltungsrechtsweg gem. § 40 Abs. 1 S. 1 Hs. 2 VwGO ohnehin schon nicht gegeben. Eine Auslegung aber, die das in den Wortlaut des § 40 Abs. 1 S. 1 VwGO eigens aufgenommene Merkmal „nichtverfassungsrechtlicher Art" letztlich überflüssig machen würde, ist mit der gesetzgeberischen Intention nicht vereinbar. Die Richtigkeit dieses Ergebnisses wird untermauert durch einen Umkehrschluss aus § 47 Abs. 3 VwGO, in dessen Rahmen es – im Gegensatz zu § 40 Abs. 1 S. 1 VwGO – gerade ausdrücklich auf die gesetzlich vorgesehene Nachprüfbarkeit ausschließlich durch das jeweilige Landesverfassungsgericht ankommt.

---

64 Hierzu sowie zum gesamten Folgenden siehe *Ehlers* in: ders./Schoch, Rechtsschutz im Öffentlichen Recht § 21 Rn. 57 ff.; *Gersdorf* Verwaltungsprozessrecht Rn. 12; *Hufen* Verwaltungsprozessrecht § 11 Rn. 49 ff., 75; *Schenke* Verwaltungsprozessrecht Rn. 124 ff., 155; *Schmitt Glaeser/Horn* Verwaltungsprozessrecht Rn. 53 ff.; *Tettinger/Wahrendorf* Verwaltungsprozessrecht § 9 Rn. 25 ff.; *Würtenberger* Verwaltungsprozessrecht Rn. 161 ff.

65 *Schenke* Verwaltungsprozessrecht Rn. 126.

105 Auch ist eine Streitigkeit **nicht** etwa schon dann verfassungsrechtlicher Art, **wenn** zu ihrer Beantwortung **Vorschriften des Verfassungsrechts herangezogen werden müssen**, d.h. wenn um deren Anwendung gestritten wird (z.B. wenn der Hauseigentümer die ihm gegenüber ergangene Abrissverfügung unter Hinweis auf sein Eigentumsgrundrecht aus Art. 14 Abs. 1 GG anficht). Vielmehr ist im Gegenteil Verwaltungsrecht der Sache nach oftmals nichts anderes als einfachgesetzlich konkretisiertes Verfassungsrecht, bei dessen Auslegung und Anwendung die VGe insbesondere die Grundrechte und das Rechtsstaatsprinzip zu beachten haben, siehe Art. 1 Abs. 3 und Art. 20 Abs. 3 GG. Zudem wird aus § 90 Abs. 2 S. 1 BVerfGG bzw. dem Grundsatz der Subsidiarität der Verfassungsbeschwerde abgeleitet, dass nicht sämtliche Streitigkeiten über Bundes-/Landesverfassungsrecht zugleich auch solche „verfassungsrechtlicher Art" i.S.v. § 40 Abs. 1 S. 1 VwGO sind.

106 Vielmehr liegt nach der überwiegend vertretenen **Theorie der doppelten Verfassungsunmittelbarkeit** eine Streitigkeit verfassungsrechtlicher Art dann vor, wenn
- die Streitigkeit – auf beiden Seiten – unmittelbar am Verfassungsleben beteiligte Rechtsträger betrifft und
- sich inhaltlich im Kern auf unmittelbar in der Verfassung geregelte Rechte und Pflichten bezieht,[66]

wobei unter „Verfassungsrecht" nur das i.S.d. Grundgesetzes und der Landesverfassungen, d.h. das Staatsverfassungsrecht (im Gegensatz zu dem in der jeweiligen GemO/KrO geregelten Kommunal„verfassungsrecht"), zu verstehen ist.

107 Die vorgenannten Voraussetzungen sind beispielsweise in Bezug auf Organstreitigkeiten i.S.v. Art. 93 Abs. 1 Nr. 1 GG sowie hinsichtlich Bund-Länder-Streitigkeiten nach Art. 93 Abs. 1 Nr. 3 GG erfüllt. **Nicht** als Streitigkeit verfassungsrechtlicher Art zu qualifizieren sind dagegen namentlich **Grundrechtsstreitigkeiten zwischen Staat und Bürger** sowie Kommunal„verfassungs"streitigkeiten, siehe den Übungsfall Nr. 6.

108 Wird in einem Rechtsstreit verfassungsrechtlicher Art gleichwohl Klage vor dem VG erhoben, so ist diese durch (Prozess-)Urteil als unzulässig abzuweisen. Eine **Verweisung** nach § 17a Abs. 2 S. 1 GVG (i.V.m. § 173 S. 1 VwGO) kommt aus systematischen Gründen sowie angesichts des besonderen Statuts der Verfassungsgerichte **nicht** in Betracht.

3. Keine abdrängende Sonderzuweisung

109 Sind die Voraussetzungen des § 40 Abs. 1 S. 1 Hs. 1 VwGO im konkreten Fall erfüllt, d.h. liegt eine öffentlich-rechtliche Streitigkeit nichtverfassungsrechtlicher Art vor, so ist der Verwaltungsrechtsweg gleichwohl dann nicht eröffnet, wenn der betreffende Rechtsstreit durch Gesetz (**abdrängende Sonderzuweisung**) einem anderen Gericht zugewiesen wird.[67]

---

66 Kritisch zu dieser „Faustformel" *Bethge* JuS 2001, 1100. In jüngerer Zeit wird hingegen **mitunter allein** auf das **letztgenannte** materiell-rechtliche **Kriterium** abgestellt, siehe *BVerwG* NVwZ 2009, S. 599 (599 f.). **A.A.** *Ehlers* in: ders./Schoch, Rechtsschutz im Öffentlichen Recht § 21 Rn. 60: „**Lediglich** auf den **Rechtsschutzgegner** kommt es an".

67 Hierzu sowie zum gesamten Folgenden siehe *Ehlers* in: ders./Schoch, Rechtsschutz im Öffentlichen Recht § 21 Rn. 101 ff.; *ders.* in: Schoch/Schneider/Bier, VwGO § 40 VwGO Rn. 520; *Gersdorf* Verwaltungsprozessrecht Rn. 13 ff.; *Hufen* Verwaltungsprozessrecht § 11 Rn. 53 ff.; *Kopp/Schenke* VwGO § 40 Rn. 72; *Reimer* in Posser/Wolff, Verwaltungsgerichtsordnung § 40 VwGO Rn. 173 f., 177; *Schenke* Verwaltungsprozessrecht Rn. 134 ff.; *Schmitt Glaeser/Horn* Verwaltungsprozessrecht Rn. 61 ff.; *Tettinger/Wahrendorf* Verwaltungsprozessrecht § 9 Rn. 3, 28 ff.; *Würtenberger* Verwaltungsprozessrecht Rn. 167 ff.

a)　§ 40 Abs. 1 S. 1 Hs. 2 VwGO

Gem. § 40 Abs. 1 S. 1 Hs. 2 VwGO können öffentlich-rechtliche Streitigkeiten nichtverfas- **110** sungsrechtlicher Art durch (formelles, auch vorkonstitutionelles) Bundesgesetz einem anderen Gericht ausdrücklich zugewiesen werden. Als Beispiel hierfür findet sich auf verfassungsrechtlicher Ebene **Art. 14 Abs. 3 S. 4 GG**, wonach wegen der Höhe der Entschädigung für eine Enteignung (nicht dagegen: deren Rechtmäßigkeit) im Streitfall der Rechtsweg vor den **ordentlichen Gerichte**n offensteht. Einfachgesetzliche Zuweisungen an die Zweige der besonderen Verwaltungsgerichtsbarkeit finden sich etwa in **§ 33 Abs. 1 FGO** betreffend die **Finanz-** und in **§ 51 SGG** hinsichtlich der **Sozialgerichte**. Ein Beispiel für eine bundesrechtliche Sonderzuweisung an die ordentlichen Gerichte auf einfachgesetzlicher Ebene ist § 49 Abs. 6 S. 3 VwVfG, der für Streitigkeiten über die Entschädigung im Fall des Widerrufs eines begünstigenden rechtmäßigen Verwaltungsakts den ordentlichen Rechtsweg eröffnet. Bei einem Einspruch gegen einen Bußgeldbescheid entscheidet gem. **§ 68 Abs. 1 S. 1 OWiG** das Amtsgericht.

Zu den klassischen Problemfeldern im Bereich der abdrängenden Sonderzuweisungen **111** gehört der Rechtsschutz gegen Strafverfolgungsmaßnahmen der **Polizei** nach **§ 23 Abs. 1 EGGVG**, dem – im Gegensatz zu § 35 S. 1 VwVfG – nicht nur (**Justiz-)Verwaltungsakt**e, sondern auch (Justiz-)Realakte unterfallen. Mit Blick auf diese Vorschrift ist wie folgt zu differenzieren:

- Handelt die Polizei **präventiv**, d.h. zur Gefahrenabwehr (i.d.R. nach dem jeweiligen PolG, **112** aber auch etwa gem. § 81b Alt. 2 StPO), so ist der Verwaltungsrechtsweg nach § 40 Abs. 1 S. 1 VwGO eröffnet;

- werden die Polizeikräfte demgegenüber in ihrer Eigenschaft als Ermittlungspersonen der **113** Staatsanwaltschaft zum Zweck der Strafverfolgung, d.h. **repressiv**, tätig (vgl. § 152 Abs. 1 GVG, § 163 StPO; z.B. nach § 81b Alt. 1 StPO), so liegt ein Fall des § 23 Abs. 1 EGGVG vor;

- umstritten ist die Rechtslage dagegen bei **doppelfunktionalen Maßnahmen** der Polizei, **114** d.h. bei solchen (z.B. Beschlagnahme), die sowohl repressiv der Strafverfolgung (z.B. gem. §§ 94 ff. StPO) als auch präventiv der Gefahrenabwehr (z.B. gem. § 33 BWPolG) dienen bzw. bei denen sich eine eindeutige Zuordnung zu einem der beiden vorgenannten Bereiche nicht ohne weiteres bewerkstelligen lässt. Während die h.M.[68] insoweit auf den objektiven Schwerpunkt der Maßnahme abstellt, seien nach der Gegenmeinung[69] in Wahrheit zwei Akte gegeben. Sofern innerhalb dieser Gegenauffassung die Anwendbarkeit von § 17 Abs. 2 S. 1 GVG verneint wird (andernfalls: Wahlrecht des Betroffenen zwischen Verwaltungsrechtsweg und demjenigen nach § 23 Abs. 1 EGGVG), muss der Betroffene zur Erlangung umfassenden Rechtsschutzes sowohl den Verwaltungs- als auch den Rechtsweg nach § 23 Abs. 1 EGGVG beschreiten.[70] Letztere Vorgehensweise ist unstreitig immer dann geboten, wenn sich ein Geschehensablauf aus verschiedenen Handlungen zusammensetzt (Maßnahmenbündel), von denen die eine der Gefahrenabwehr (z.B. Räumung eines besetzen Hauses) und die andere der Strafverfolgung (z.B. Feststellung der Identität der Hausbesetzer) dient.

68　Nachweise bei *VGH München*, BayVBl 2010, 220; *OVG Münster* NWVBl 2012, 364; *Schoch* Jura 2013, 1115 (1118).

69　Vgl. etwa *Ehlers* in: ders./Schoch, Rechtsschutz im Öffentlichen Recht § 21 Rn. 125.

70　*Schenke* Verwaltungsprozessrecht Rn. 140.

115 Soweit die ordentlichen Gerichte allerdings bereits auf Grund anderer Vorschriften als derjenigen des § 23 Abs. 1 EGGVG angerufen werden können (z.B. gem. §§ 766, 793 ZPO sowie § 98 Abs. 2 S. 2 und § 304 StPO), behält es hierbei gem. **§ 23 Abs. 3 EGGVG** sein Bewenden. Der Antrag nach § 23 Abs. 1 EGGVG, über den gem. § 25 Abs. 1 EGGVG das OLG entscheidet, ist mithin subsidiär.

b)   § 40 Abs. 1 S. 2 VwGO

116 Gem. § 40 Abs. 1 S. 2 VwGO können öffentlich-rechtliche Streitigkeiten auf dem Gebiet des Landesrechts einem anderen Gericht auch durch Landesgesetz zugewiesen werden (so z.B. § 43 Abs. 1 OBG NRW im Hinblick auf die nach dieser Vorschrift vor den ordentlichen Gerichten geltend zu machenden Entschädigungsansprüche, z.B. wegen rechtmäßiger Inanspruchnahme als Nichtstörer).

c)   § 40 Abs. 2 S. 1 Hs. 1 VwGO

117 Nach § 40 Abs. 2 S. 1 Hs. 1 VwGO ist der ordentliche Rechtsweg gegeben

*   für **vermögensrechtliche Ansprüche aus Aufopferung für das gemeine Wohl** (Var. 1). Soweit Aufopferungsansprüche gesetzlich nicht ausdrücklich positiviert sind (so aber z.B. § 51 BPolG, § 60 IfSG; §§ 1 ff. StrEG; insoweit existieren häufig auch spezialgesetzliche Rechtswegbestimmungen), sind sie zumindest gewohnheitsrechtlich anerkannt und gewähren in Anlehnung an die §§ 74, 75 EinlPrALR jedenfalls immer dann eine Entschädigung, wenn durch einen Hoheitsakt in die durch Art. 2 Abs. 2 GG geschützten, nicht-vermögenswerten Rechte auf Leben, körperliche Unversehrtheit oder Freiheit eingegriffen und dadurch dem Betroffenen ein besonderes, für ihn mit einem Vermögensschaden verbundenes Opfer zu Gunsten der Allgemeinheit auferlegt wird. In der Rechtsprechung[71] werden auch Ansprüche aus enteignendem und enteignungsgleichem Eingriff unter den Begriff des Aufopferungsanspruchs i.S.v. § 40 Abs. 2 S. 1 Hs. 1 Var. 1 VwGO subsumiert (str.). Eindeutig nicht gegeben ist der ordentliche Rechtsweg nach der expliziten Anordnung in **§ 40 Abs. 2 S. 1 Hs. 2 VwGO** allerdings für Streitigkeiten über das Bestehen und die Höhe eines Ausgleichsanspruchs im Rahmen des Art. 14 Abs. 1 S. 2 GG, d.h. über Ansprüche aus ausgleichspflichtigen Inhalts- und Schrankenbestimmungen des Eigentums;

118 *   für **vermögensrechtliche Ansprüche aus öffentlich-rechtlicher Verwahrung** (Var. 2). Eine solche liegt vor, wenn die Verwaltung eine Sache in Erfüllung einer öffentlichen Aufgabe in Obhut nimmt (z.B. Beschlagnahme oder Sicherstellung von Gegenständen im Rahmen der Strafverfolgung oder auf Grundlage des Polizei- und Ordnungsrechts bzw. im Wege der Pfändung nach dem Verwaltungsvollstreckungsrecht). Ob sich die Verwaltung hierbei der Hilfe eines Privaten (z.B. Abschleppunternehmer) bedient ist ebenso unerheblich wie die Frage nach der Rechtmäßigkeit der konkreten Verwahrung, welche nicht nur auf einem Verwaltungsakt i.S.v. § 35 S. 1 VwVfG, sondern auch auf einem öffentlich-rechtlichen Vertrag i.S.v. § 54 VwVfG beruhen kann. Nach h.M.[72] erfasst § 40 Abs. 2 S. 1 Hs. 1 Var. 2 VwGO neben Geldleistungsansprüchen auf Schadens- und Aufwendungsersatz auch sonstige Ansprüche aus dem öffentlich-rechtlichen Verwahrungsverhältnis, wie namentlich denjenigen auf Rückgabe der verwahrten Sache (siehe aber Rn. 120);

---

71 *BGHZ* 90, 17 (31); 91, 20 (28). **A.A.** *Hufen* Verwaltungsprozessrecht § 11 Rn. 69.
72 Siehe etwa *Redeker/von Oertzen* Verwaltungsgerichtsordnung § 40 Rn. 44 m.w.N.

- für **Schadensersatzansprüche aus der Verletzung öffentlich-rechtlicher Pflichten**, die 119 nicht auf einem öffentlich-rechtlichen Vertrag i.S.v. § 54 VwVfG beruhen (Var. 3). Mit dieser Regelung erfüllt der Gesetzgeber das aus Art. 34 S. 3 GG folgende Verfassungsgebot,[73] wonach namentlich für den Anspruch auf Schadensersatz wegen Amtspflichtverletzung (§ 839 BGB) der ordentliche Rechtsweg nicht ausgeschlossen werden darf. Darüber hinaus erfasst § 40 Abs. 2 S. 1 Hs. 1 Var. 3 VwGO auch sonstige Ansprüche aus nicht-vertraglichen verwaltungsrechtlichen Schuldverhältnissen (kraft Gesetzes, Verwaltungsakts oder rein tatsächlicher Inanspruchnahme), die auf einer analogen Anwendung der BGB-Vorschriften über die Nicht- oder Schlechterfüllung beruhen (z.B. aus öffentlich-rechtlicher positiver Forderungsverletzung, Geschäftsführung ohne Auftrag oder einem entsprechenden Benutzungsverhältnis; str.). Die in dieser Vorschrift enthaltene Rückausnahme betreffend Schadensersatzansprüche aus der Verletzung eines öffentlich-rechtlichen Vertrags wird von der Rechtsprechung[74] dahingehend verstanden, dass Ansprüche aus der Verletzung von Pflichten im Zuge der Anbahnung eines öffentlich-rechtlichen Vertragsverhältnisses (§ 62 S. 2 VwVfG i.V.m. §§ 280 Abs. 1, 311 Abs. 2 BGB; früher: *culpa in contrahendo*, c.i.c.) dann auf dem Zivilrechtsweg geltend zu machen sind, wenn sie in engem Zusammenhang mit Ansprüchen aus Amtshaftung stehen. Die hiervon abweichende Meinung in der Literatur[75] argumentiert dagegen mit dem gesetzgeberischen Telos der Rechtswegbündelung sowie dem öffentlich-rechtlichen Sachzusammenhang, die insoweit beide stets für die Eröffnung des Verwaltungsrechtswegs sprächen.

Als Ausnahmevorschrift zu § 40 Abs. 1 S. 1 VwGO ist **§ 40 Abs. 2 S. 1 Hs. 1 VwGO** nach allge- 120 meiner juristischer Methodik eng auszulegen und erfasst in Anbetracht seiner Entstehungsgeschichte sowie wegen des systematischen Zusammenhangs mit Amtshaftungsansprüchen ebenso wie diese **nur Ansprüche des Bürgers gegen den Staat**, die **auf Geld**zahlung (oder auf Leistung anderer vertretbarer Sachen, nicht aber auf Folgenbeseitigung, Naturalrestitution etc.) gerichtet sind.

§ 40 Abs. 2 S. 2 Alt. 1 VwGO[76] stellt zwecks Auflösung der Normkonkurrenz zwischen auf- 121 drängender (§ 126 Abs. 1 BBG, § 54 Abs. 1 BeamtStG) und abdrängender (§ 40 Abs. 2 S. 1 VwGO) Sonderzuweisung klar, dass Erstere von Letzterer grundsätzlich unberührt bleibt (Ausnahme: Art. 34 S. 3 GG).

---

73 *Jarass* in: ders./Pieroth, GG Art. 34 Rn. 24.
74 *BGH* NJW 1986, 1109 (1109 f.); *BVerwG* NJW 2002, 2894 (2894 f.).
75 Siehe etwa *Hufen* Verwaltungsprozessrecht § 11 Rn. 72 m.w.N.
76 **§ 40 Abs. 2 S. 2 Alt. 2 VwGO** bezieht sich auf die mittlerweile aufgehobene Vorschrift des § 48 Abs. 6 VwVfG a.F. und **läuft** daher heute auf Bundesebene **leer**, siehe *Wolff* in: ders./Decker, VwGO/VwVfG § 40 VwGO Rn. 128.

122

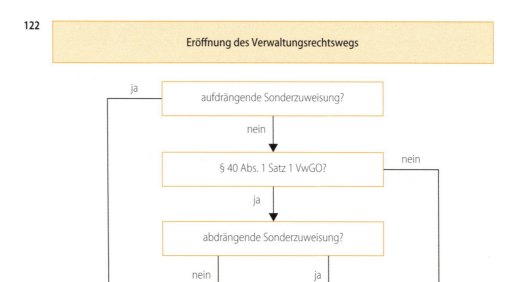

Online-Wissens-Check

Philantroph P stellt bei der nach dem einschlägigen L-StiftG zuständigen Behörde B einen Antrag auf Anerkennung der Rechtsfähigkeit „seiner" Stiftung nach § 80 Abs. 2 BGB. Welcher Rechtsweg steht P offen, wenn B diese Anerkennung verweigert?

Überprüfen Sie jetzt online Ihr Wissen zu den in diesem Abschnitt erarbeiteten Themen. Unter **www.juracademy.de/skripte/login** steht Ihnen ein Online-Wissens-Check speziell zu diesem Skript zur Verfügung, den Sie kostenlos nutzen können. Den Zugangscode hierzu finden Sie auf der Codeseite.

III. Statthafte Klageart

123 Ist der Verwaltungsrechtsweg für die betreffende Streitigkeit eröffnet, so bestimmt sich die statthafte Klageart – und einhergehend mit dieser die ggf. zu wahrenden rechtsschutzformabhängigen (besonderen) Zulässigkeitsvoraussetzungen (z.B. §§ 68 Abs. 1 S. 1, 74 Abs. 1 S. 1 VwGO) – nach dem ggf. auszulegenden/umzudeutenden klägerischen Begehren (Rn. 36 ff.), § 88 VwGO. Abhängig von diesem hält die VwGO im Wesentlichen die folgenden **Klagearten** bereit:[77]

---

77 Hierzu sowie zum nachfolgenden **Schaubild** siehe *Hufen* Verwaltungsprozessrecht § 13 Rn. 1 ff., 5. Siehe auch die Einteilung nach **Gestaltungs-, Leistungs- und Feststellungsklagen** bei *Martini* Verwaltungsprozessrecht, S. 34.

Begehr (§ 88 VwGO)		statthafte Klageart
Abwehr...	... eines (belastenden) VA	Anfechtungsklage (Rn. 126 ff.)
	... eines Realakts	allgemeine Leistungsklage (Rn. 190 ff.)
Leistung...	... eines (begünstigenden) VA	Verpflichtungsklage (Rn. 142 ff.)
	... eines Realakts	allgemeine Leistungsklage (Rn. 190 ff.)
Feststellung...	... der Rechtswidrigkeit eines erledigten VA	Fortsetzungsfeststellungsklage (Rn. 162 ff.)
	... der Nichtigkeit eines VA	Nichtigkeitsfeststellungsklage (Rn. 202 ff.)
	... des (Nicht-)Bestehens eines Rechtsverhältnisses	allgemeine Feststellungsklage (Rn. 202 ff.)
	... der Gültigkeit einer untergesetzlichen Rechtsnorm	verwaltungsgerichtliche Normenkontrolle (§ 47 VwGO)

124

allgemeine Feststellungsklage
allgemeine Leistungsklage

Wie die vorstehende Übersicht verdeutlicht, ist der verwaltungsgerichtliche Rechtsschutz keinesfalls auf denjenigen gegen Verwaltungsakte (§ 35 S. 1 VwVfG) beschränkt. Vielmehr wirkt die Einordnung einer behördlichen Maßnahme als Verwaltungsakt unter der Generalklausel des § 40 Abs. 1 S. 1 VwGO nicht rechtsschutzeröffnend („Ob"), sondern lediglich klageartbestimmend („Wie"). Konsequenz dieser verfassungsrechtlich (Art. 19 Abs. 4 S. 1 GG) gebotenen Absage an das Enumerationsprinzip früherer Zeiten ist, dass in denjenigen Fällen, in denen die in der VwGO geregelten Klagearten keinen ausreichenden verwaltungsgerichtlichen Rechtsschutz gewährleisten, **notfalls atypische Klagearten** *(sui generis)* **anzuerkennen** sind.[78] „Für jede hoheitliche Handlung, die in die Rechte eines Bürgers eingreift, muss eine statthafte Klageart zur Verfügung stehen"; Art. 19 Abs. 4 S. 1 GG und § 40 Abs. 1 S. 1 VwGO verhindern einen *numerus clausus* der Klagearten im Verwaltungsprozess, deren Kreis mithin nicht abgeschlossen ist.[79] Eines näheren Eingehens auf die umstrittene Frage nach der Anerkennung weiterer, von der VwGO nicht ausdrücklich geregelter Klagearten bedarf es bei extensiver Handhabung der vorhandenen verwaltungsprozessualen Klagearten i.d.R. allerdings nicht, vgl. Übungsfall Nr. 6.

125

Hinweis

Allein aus der etwaigen **Unstatthaftigkeit** der gewählten Klageart darf keinesfalls auf die **Unzulässigkeit** der verwaltungsgerichtlichen Klage insgesamt geschlossen werden. Dies wäre nach zutreffender Sichtweise ein schwerer Fehler. Vielmehr ist in einem solchen Fall an eine Auslegung bzw. Umdeutung des Klageantrags in den Grenzen des § 88 VwGO zu denken, wobei in der Praxis das Gericht auf die Stellung eines Antrags i.S.d. statthaften Klageart hinwirkt, § 86 Abs. 3 VwGO.[80]

Auslegung bzw. Umdeutung des Klageantrags

---

78 Zum gesamten Vorstehenden siehe *Hufen* Verwaltungsprozessrecht § 13 Rn. 1; *Schenke* Verwaltungsprozessrecht Rn. 173; *Tettinger/Wahrendorf* Verwaltungsprozessrecht § 14 Rn. 5.

79 *Hufen* Verwaltungsprozessrecht § 13 Rn. 2, 4. **A.A.** *BVerwGE* 100, 262.

80 *Ehlers* in: ders./Schoch, Rechtsschutz im Öffentlichen Recht § 24 Rn. 1; *Hufen* Verwaltungsprozessrecht § 13 Rn. 1, § 20 Rn. 7 f.; *Schenke* Verwaltungsprozessrecht Rn. 171; *Würtenberger* Verwaltungsprozessrecht Rn. 375.

§42 I Alt 1 VwGO

1. Anfechtungsklage

gerichtliche
Aufhebung
= Kassation

126 Begehrt der Kläger die gerichtliche Aufhebung (Kassation) eines Verwaltungsakts, so ist die Anfechtungsklage nach § 42 Abs. 1 Alt. 1 VwGO statthaft.[81] Wie sich aus § 113 Abs. 1 S. 1 VwGO ergibt („soweit"), kann mittels dieser Klageart auch lediglich ein Teil eines Verwaltungsakts angegriffen werden, sofern dessen isolierte Aufhebung nicht offenkundig von vornherein ausscheidet (logische Teilbarkeit; z.B. Anfechtung eines Gebührenbescheids i.H.v. insgesamt 1000 € nur i.H.e. Teilbetrags von 250 €).

> **Hinweis**
>
> Da der Verwaltungsakt nach wie vor die ganz überwiegende Handlungsform der Verwaltung ist, ist die auf dessen gerichtliche Aufhebung gerichtete **Anfechtungsklage** die in der Praxis – und auch der Klausur – **am häufigsten vorkommende Klageart** („Klassiker"[82]). Dem Verwaltungsakt kommt damit eine wichtige Schnittstellenfunktion zwischen dem Allgemeinen Verwaltungsrecht und dem Verwaltungsprozessrecht zu.[83]

127 Entsprechend dieser Zielrichtung – die Beseitigung der Wirksamkeit (§ 43 VwVfG) eines belastenden Verwaltungsakts („Rückkehr zum *status quo ante*"[84]) – handelt es sich bei der Anfechtungsklage um eine **prozessuale Gestaltungsklage**, welche auf die unmittelbare Umgestaltung der Rechtslage durch das VG gerichtet ist. Aus diesem Grund sind Anfechtungsurteile einer Vollstreckung weder bedürftig noch zugänglich, vgl. § 167 Abs. 2 VwGO.

128 **Beispiele** Klage des Gastwirts gegen die Aufhebung der ihm zuvor erteilten Gaststättenerlaubnis; Klage der Ehefrau gegen die gegenüber ihrem Ehemann erlassene Ausweisungsverfügung; (sog. negative Konkurrenten-)Klage des Taxiunternehmers gegen den seinem Konkurrenten erteilten Subventionsbescheid. ■

129 **Voraussetzung** für die Statthaftigkeit der Anfechtungsklage ist mithin, dass im Zeitpunkt der Klageerhebung ein **Verwaltungsakt** vorliegt. Ob der verwaltungsprozessuale Verwaltungsakt-Begriff des § 42 Abs. 1 Alt. 1 VwGO stets an den verwaltungsverfahrensrechtlichen Verwaltungsakt-Begriff des Bundes-VwVfG anknüpft (§ 35 S. 1 VwVfG) oder ob bei Handeln einer Landesbehörde (vgl. § 1 Abs. 3 VwVfG, § 1 Abs. 1 VwVfG NRW) vielmehr auf den Verwaltungsakt-Begriff des jeweiligen Landes-VwVfG abzustellen ist (z.B. § 35 S. 1 VwVfG NRW), ist streitig, kann aufgrund der inhaltlichen Übereinstimmung beider Begriffe letztlich aber dahingestellt bleiben.

130 Ob es sich bei der mit der Klage angegriffenen Maßnahme tatsächlich um einen Verwaltungsakt handelt, ist allein nach **objektiven Kriterien** zu bestimmen. Auf die bloße Behauptung des Klägers, dass dies der Fall sei, kommt es ebenso wenig an wie auf die Frage, in welcher Form

---

81   Zum gesamten Folgenden siehe *Decker* in: Wolff/Decker, VwGO/VwVfG § 79 VwGO Rn. 7 f.; *Ehlers* in: ders./ Schoch, Rechtsschutz im Öffentlichen Recht § 22 Rn. 4 ff.; *Frenz* JA 2011, 433 ff.; *Gersdorf* Verwaltungsprozessrecht Rn. 18 ff., 59 ff.; *Hufen* Verwaltungsprozessrecht § 14 Rn. 1 ff., § 28 Rn. 6 ff.; *Schenke* Verwaltungsprozessrecht Rn. 175 ff., 274; *Schmitt Glaeser/Horn* Verwaltungsprozessrecht Rn. 136 ff.; *Tettinger/Wahrendorf* Verwaltungsprozessrecht § 15 Rn. 1 ff.; *Wolff* in: ders./Decker, VwGO/VwVfG § 42 VwGO Rn. 31, 35; *Würtenberger* Verwaltungsprozessrecht Rn. 269 ff., 384.

82   *Frenz* JA 2011, 433.

83   *Ehlers* in: ders./Schoch, Rechtsschutz im Öffentlichen Recht § 22 Rn. 1; *Hufen* Verwaltungsprozessrecht § 14 Rn. 3.

84   *Hufen* Verwaltungsprozessrecht § 14 Rn. 13.

die Behörde rechtmäßiger Weise hätte handeln müssen. Wählt diese im konkreten Fall eine falsche Handlungsform (z.B. Verwaltungsakt statt Realakt), so ist dieser „Formenmissbrauch"[85] allein im Rahmen der Begründetheit der Klage relevant, nicht jedoch für die Bestimmung der statthaften Klageart (im Beispiel: Anfechtungsklage); Letztere richtet sich nämlich ausschließlich nach der objektiv erkennbaren Rechtsnatur der behördlichen Tätigkeit.

131
Unabhängig vom Vorliegen der in § 35 S. 1 VwVfG genannten materiellen Voraussetzungen ist eine regelnde behördliche Maßnahme allerdings auch bereits dann als Verwaltungsakt zu qualifizieren und mithin die Anfechtungsklage nach § 42 Abs. 1 Alt. 1 VwGO gegen sie statthaft, wenn sie äußerlich in die Form eines Verwaltungsakts gekleidet ist (**formeller Verwaltungsakt**; z.B. Bezeichnung als „Bescheid", „Verfügung" etc., Anordnung der sofortigen Vollziehung nach § 80 Abs. 2 S. 1 Nr. 4 VwGO, Androhung von Zwangsmitteln, Rechtsbehelfsbelehrung).[86] Denn „[a]us dem Gebot des effektiven Rechtsschutzes (Art. 19 Abs. 4 [S. 1] GG) folgt, dass eine behördliche Entscheidung in der Weise angegriffen werden kann, in der sie sich äußerlich für den Adressaten darstellt."[87] Entsprechend ist die Anfechtungsklage[88] ebenfalls gegen einen **nichtig**en (§ 44 Abs. 1, 2 VwVfG) **Verwaltungsakt** statthaft (vgl. § 43 Abs. 2 S. 2 VwGO), geht doch auch von diesem der Rechtsschein der Verbindlichkeit aus (str.[89]).

> **JURIQ-Klausurtipp**   **132**
>
> Bestehen in der Klausur **Zweifel am Verwaltungsaktcharakter** der jeweiligen behördlichen Maßnahme und liegt auch kein Fall des Verwaltungsakts kraft Form vor (ist Letzteres der Fall, kann im Rahmen von § 42 Abs. 1 Alt. 1 VwGO das Vorliegen der Merkmale des § 35 S. 1 VwVfG dahingestellt bleiben), so ist bereits innerhalb des Gliederungspunkts „statthafte Klageart" – und nicht erst in der Begründetheit – zu prüfen, ob die Voraussetzungen des § 35 S. 1 VwVfG erfüllt sind.[90] Diese werden im Skript „Allgemeines Verwaltungsrecht" (Rn. 39–74) näher dargestellt.

133
Da ein Verwaltungsakt allerdings erst mit der **Bekanntgabe** (§ 41 VwVfG) an (irgend-)einen Adressaten oder Betroffenen – dies muss nicht der Anfechtungskläger sein – rechtlich existent wird (äußere Wirksamkeit; zuvor liegt lediglich ein bloßes Verwaltungsinternum vor), muss diese bereits zwingend erfolgt und darf nachträglich auch keine Aufhebung (Rücknahme, Widerruf) oder Erledigung[91] (§ 43 Abs. 2 VwVfG; siehe auch § 113 Abs. 1 S. 4 VwGO) eingetreten sein, damit die Anfechtungsklage statthaft ist (z.B. kann Nachbar N gegen die Bauherrn B erteilte Baugenehmigung ab deren Bekanntgabe an B auch ohne Bekanntgabe

---

85 *Erbguth* Allgemeines Verwaltungsrecht § 5 Rn. 15.

86 **A.A.** *Schenke* Verwaltungsprozessrecht Rn. 233.

87 *VGH Mannheim* BeckRS 2014, 49685.

88 Anstatt mittels der Anfechtungsklage kann der Kläger freilich auch im Wege der **Nichtigkeitsfeststellungsklage** nach § 43 Abs. 1 Alt. 2 VwGO gegen den nichtigen Verwaltungsakt gerichtlich vorgehen. Gem. **§ 44 Abs. 5 VwVfG** kann die Behörde die Nichtigkeit jederzeit von Amts wegen feststellen; auf Antrag ist sie festzustellen, wenn der Antragsteller hieran ein berechtigtes Interesse hat.

89 So die h.M., siehe etwa *Ehlers* in: ders./Schoch, Rechtsschutz im Öffentlichen Recht § 22 Rn. 17. **A.A.** *Hufen* Verwaltungsprozessrecht § 14 Rn. 11.

90 *Gersdorf* Verwaltungsprozessrecht Rn. 19 f.; *Schmitt Glaeser/Horn* Verwaltungsprozessrecht Rn. 141.

91 „[M]it einer Klage, die einen Dauerverwaltungsakt zum Gegenstand hat, [kann] zugleich dessen **Aufhebung** (in Ansehung von **Gegenwart und Zukunft**) als auch die **Feststellung** seiner **Rechtswidrigkeit** (in Ansehung der **Vergangenheit**) begehrt werden", *BVerwG* NVwZ 2012, 510 (511).

an sich [N] selbst Anfechtungsklage nach § 42 Abs. 1 Alt. 1 VwGO erheben). Schließlich ist die Anfechtungsklage auch gegen einen gesetzlich **fingierte**n **Verwaltungsakt** (vgl. § 42a VwVfG) statthaft.

134 Ist vor Erhebung der Anfechtungsklage ein Vorverfahren nach § 68 Abs. 1 S. 1 VwGO durchgeführt worden, d.h. wurde ein Widerspruchsbescheid erlassen, der als weiterer Verwaltungsakt neben den Ausgangsbescheid tritt (vgl. auch § 113 Abs. 1 S. 1 VwGO: Aufhebung des „Verwaltungsakt[s] und de[s] […] Widerspruchsbescheid[s]"), so ist gem. § 79 Abs. 1 Nr. 1 VwGO der ursprüngliche Verwaltungsakt (Ausgangsbescheid) in der Gestalt, d.h. mit dem Inhalt und mit der Begründung, die er durch den Widerspruchsbescheid erfahren hat, **Gegenstand der Anfechtungsklage** (Einheitsklage). Andernfalls (kein Widerspruchsverfahren; Fälle des § 68 Abs. 1 S. 2 VwGO) ist denknotwendig allein der Ausgangsbescheid Gegenstand der Anfechtungsklage.

135 Durch diese Regelung des **§ 79 Abs. 1 Nr. 1 VwGO** werden der **Ausgangs- und** der **Widerspruchsbescheid** zu einer prozessualen Einheit miteinander verschmolzen. Dies macht Sinn, da bei Aufhebung allein des Widerspruchsbescheids der Ausgangsbescheid – und damit die in diesem enthaltene Belastung – wieder aufleben würde. Folge dieser „Verschmelzung" von Ausgangs- und Widerspruchsbescheid ist, dass eine Anfechtungsklage dann keinen Erfolg hat, wenn der im Ausgangsbescheid enthaltene rechtliche Fehler durch den Widerspruchsbescheid behoben wurde bzw. umgekehrt eine Anfechtungsklage dann erfolgreich ist, wenn der Ausgangsbescheid zwar noch rechtmäßig war, nunmehr aber der Widerspruchsbescheid einen relevanten Rechtsfehler enthält.

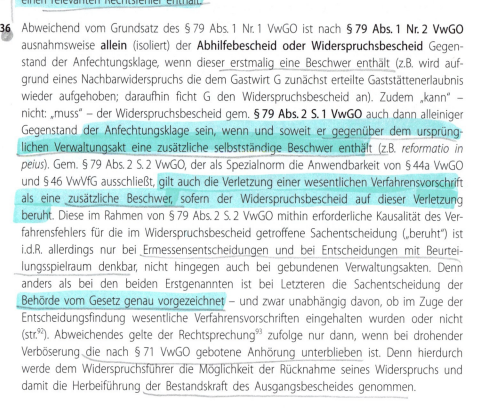

136 Abweichend vom Grundsatz des § 79 Abs. 1 Nr. 1 VwGO ist nach **§ 79 Abs. 1 Nr. 2 VwGO** ausnahmsweise **allein** (isoliert) der **Abhilfebescheid oder Widerspruchsbescheid** Gegenstand der Anfechtungsklage, wenn dieser erstmalig eine Beschwer enthält (z.B. wird aufgrund eines Nachbarwiderspruchs die dem Gastwirt G zunächst erteilte Gaststättenerlaubnis wieder aufgehoben; daraufhin ficht G den Widerspruchsbescheid an). Zudem „kann" – nicht: „muss" – der Widerspruchsbescheid gem. **§ 79 Abs. 2 S. 1 VwGO** auch dann alleiniger Gegenstand der Anfechtungsklage sein, wenn und soweit er gegenüber dem ursprünglichen Verwaltungsakt eine zusätzliche selbstständige Beschwer enthält (z.B. *reformatio in peius*). Gem. § 79 Abs. 2 S. 2 VwGO, der als Spezialnorm die Anwendbarkeit von § 44a VwGO und § 46 VwVfG ausschließt, gilt auch die Verletzung einer wesentlichen Verfahrensvorschrift als eine zusätzliche Beschwer, sofern der Widerspruchsbescheid auf dieser Verletzung beruht. Diese im Rahmen von § 79 Abs. 2 S. 2 VwGO mithin erforderliche Kausalität des Verfahrensfehlers für die im Widerspruchsbescheid getroffene Sachentscheidung („beruht") ist i.d.R. allerdings nur bei Ermessensentscheidungen und bei Entscheidungen mit Beurteilungsspielraum denkbar, nicht hingegen auch bei gebundenen Verwaltungsakten. Denn anders als bei den beiden Erstgenannten ist bei Letzteren die Sachentscheidung der Behörde vom Gesetz genau vorgezeichnet – und zwar unabhängig davon, ob im Zuge der Entscheidungsfindung wesentliche Verfahrensvorschriften eingehalten wurden oder nicht (str.[92]). Abweichendes gelte der Rechtsprechung[93] zufolge nur dann, wenn bei drohender Verbösung die nach § 71 VwGO gebotene Anhörung unterblieben ist. Denn hierdurch werde dem Widerspruchsführer die Möglichkeit der Rücknahme seines Widerspruchs und damit die Herbeiführung der Bestandskraft des Ausgangsbescheides genommen.

---

92 So die h.M., z.B. *BVerwG* NVwZ 1999, 641; *Brenner* in: Sodan/Ziekow, VwGO § 79 Rn. 51. **A.A.** etwa *Schenke* Verwaltungsprozessrecht Rn. 244.

93 *BVerwG* NVwZ 1999, 1218 (1219).

Ist der angefochtene Verwaltungsakt (z.B. Gebührenbescheid) schon vollzogen, so kann der **137** Kläger neben dessen Aufhebung zudem noch im Wege der objektiven Klagehäufung (§ 44 VwGO) den gerichtlichen Ausspruch beantragen, dass und wie die Verwaltungsbehörde die Vollziehung rückgängig zu machen hat, § 113 Abs. 1 S. 2 VwGO (**Annexantrag**, z.B. Rückzahlung der zu Unrecht erhobenen Gebühr). Im Vergleich zu der dem Kläger durch § 113 Abs. 1 S. 2 VwGO unbenommen Möglichkeit, den **Vollzugsfolgenbeseitigungsanspruch** als Unterfall des allgemeinen Folgenbeseitigungsanspruchs (FBA) erst zu einem späteren Zeitpunkt – nämlich nach Rechtskraft des Aufhebungsurteils – mittels gesonderter (Verpflichtungs- bzw. allgemeiner Leistungs-)Klage gerichtlich durchzusetzen, besteht der Vorteil des darüber hinaus an keine weiteren Zulässigkeitsvoraussetzungen[94] geknüpften Annexantrags gerade darin, dass der Anspruch auf Rückgängigmachung des vollzogenen Verwaltungsakts aus prozessökonomischen Gründen gleichzeitig mit dessen Anfechtung geltend gemacht werden kann, d.h. der Anfechtungskläger sich die Führung eines zweiten Prozesses erspart. Ob zur Rückgängigmachung der Vollziehung die Vornahme eines Realakts (z.B. Rückgabe der zu Unrecht beschlagnahmten Sache) oder der Erlass eines Verwaltungsakts erforderlich ist, ist für die Zulässigkeit des Antrags nach § 113 Abs. 1 S. 2 VwGO ohne Bedeutung.

Beispiel[95]   Antrag des Hauseigentümers an das Gericht, die behördlicherseits erfolgte Ein- **138** weisung eines Obdachlosen aufzuheben (Aufhebungsantrag i.S.v. § 113 Abs. 1 S. 1 VwGO) und die Behörde zu verpflichten, gegenüber dem Obdachlosen eine Räumungsverfügung zu erlassen (Annexantrag i.S.v. § 113 Abs. 1 S. 2 VwGO). ◾

Ob der vom Kläger gem. § 113 Abs. 1 S. 2 VwGO geltend gemachte **Vollzugsfolgenbeseiti-** **139** **gungsanspruch tatsächlich besteht**, bemisst sich nicht etwa nach dieser Vorschrift selbst, welche die Existenz des Vollzugsfolgenbeseitigungsanspruchs voraussetzt, sondern vielmehr nach dem **materiellen Recht**.

Geht es dem Kläger nicht um die Rückgängigmachung des Vollzugs des angefochtenen Ver- **140** waltungsakts (z.B. Entlassung eines Beamten), sondern um die Gewährung sonstiger Leistungen (z.B. Besoldungszahlung), so kann er einen Antrag nach **§ 113 Abs. 4 VwGO** stellen. Nach dieser Vorschrift ist, falls neben der Aufhebung eines Verwaltungsakts eine Leistung verlangt werden kann, im gleichen Verfahren auch die Verurteilung zur Leistung zulässig.

---

94 *Brosius-Gersdorf* JA 2010, 41 (42). **A.A.** *Wolff* in: ders./Decker, VwGO/VwVfG § 113 VwGO Rn. 61, dem zufolge neben dem Vollzug des angefochtenen Verwaltungsakts und dem Vorliegen eines Antrags nach § 113 Abs. 1 S. 2 VwGO auch noch die **Spruchreife** gem. **§ 113 Abs. 1 S. 3 VwGO** Voraussetzung für die gerichtliche Folgeentscheidung sei.

95 Nach *Schenke* Verwaltungsprozessrecht Rn. 250.

PRÜFUNGSSCHEMA

141 Anfechtungsklage

A. Zulässigkeit

 I. Eröffnung des Verwaltungsrechtswegs
   öffentlich-rechtliche Streitigkeit (Rn. 76 ff.)

 II. Statthaftigkeit der Anfechtungsklage, § 42 Abs. 1 Alt. 1 VwGO
   Verwaltungsaktqualität der angegriffenen Maßnahme (Rn. 129 ff.)

 III. Beteiligtenfähigkeit, § 61 VwGO

 IV. Prozessfähigkeit, § 62 VwGO

 V. Klagebefugnis, § 42 Abs. 2 VwGO
   subjektiv-öffentliches Recht des Klägers (Rn. 250 ff.)

 VI. richtiger Klagegegner, § 78 VwGO

 VII. Vorverfahren, § 68 Abs. 1 VwGO
   Entbehrlichkeit des Vorverfahrens (Rn. 318 ff.)

 VIII. Klagefrist, § 74 Abs. 1 VwGO
   Fristberechnung (Rn. 362 f.)

B. Begründetheit
  siehe Rn. 392 ff.

2. Verpflichtungsklage

142 Begehrt der Kläger die Verurteilung zum vollständigen oder teilweisen (vgl. § 113 Abs. 5 S. 1 VwGO: „soweit"; z.B. Klage auf Leistungsbescheid nur über einen Teilbetrag) Erlass eines abgelehnten oder unterlassenen Verwaltungsakts, so ist gem. § 42 Abs. 1 Alt. 2 VwGO die **Verpflichtungsklage** die statthafte Klageart.[96]

143 Gemäß dieser Zielrichtung des Klägers, gegenüber seiner ursprünglichen Lage „ein Mehr" – nämlich einen begünstigenden Verwaltungsakt – zu erlangen, handelt es sich bei der Verpflichtungsklage um eine **besondere Form der Leistungsklage**. Anders als bei der Anfechtungsklage vermag der Kläger dieses Rechtsschutzziel aber selbst im Fall seines Erfolges vor Gericht nicht allein durch dessen entsprechende Entscheidung zu erreichen. Denn auch soweit die Ablehnung oder Unterlassung des Verwaltungsakts rechtswidrig, der Kläger dadurch in seinen Rechten verletzt und die Sache spruchreif ist, spricht das Gericht gem. § 113 Abs. 5 S. 1 VwGO lediglich die – vollstreckbare (§ 172 S. 1 VwGO) – Verpflichtung der Behörde aus, den begehrten Verwaltungsakt zu erlassen; nicht hingegen erlässt das Gericht diesen selbst. Denn nach dem Gewaltenteilungsgrundsatz des Art. 20 Abs. 2 S. 2 GG ist die Judikative auf eine Kontrolle der Exekutive beschränkt, übt selbst jedoch keine Verwaltungstätigkeit aus.

144 **Beispiele** Klage des Grundstückseigentümers auf Erteilung einer Baugenehmigung; (sog. positive Konkurrenten-)Klage des Taxiunternehmers auf Erteilung eines Subventionsbescheids auch an ihn; Klage der Ehefrau auf Erteilung einer Aufenthaltserlaubnis für ihren Ehemann; Klage des Nachbarn auf Aufhebung der dem Bauherrn erteilten Baugenehmigung. ■

---

96 Zum gesamten Folgenden siehe *Ehlers* in: ders./Schoch, Rechtsschutz im Öffentlichen Recht § 22 Rn. 24; § 23 Rn. 1 ff., § 24 Rn. 13; *Frenz* JA 2011, 917 ff.; *Gersdorf* Verwaltungsprozessrecht Rn. 65 ff., 75; *Hufen* Verwaltungsprozessrecht § 14 Rn. 13 ff.; § 15 Rn. 1 ff.; *Schenke* Verwaltungsprozessrecht Rn. 178, 256 ff., 347; *Schmitt Glaeser/Horn* Verwaltungsprozessrecht Rn. 288 ff.; *Tettinger/Wahrendorf* Verwaltungsprozessrecht § 16 Rn. 1 ff.; *Würtenberger* Verwaltungsprozessrecht Rn. 319 ff.

Voraussetzung für die Statthaftigkeit der Verpflichtungsklage ist mithin, dass es sich bei der erstrebten Maßnahme um einen **Verwaltungsakt** i.S.v. § 35 S. 1 VwVfG handelt. Insoweit gelten die obigen Ausführungen zur Anfechtungsklage (Rn. 129 ff.) auch hier. Entsprechendes trifft auf § 79 VwGO (Rn. 134 ff.) zu, sofern die Ablehnung des beantragten Verwaltungsakts Gegenstand eines Vorverfahrens war. Hinsichtlich der **Abgrenzung** der Verpflichtungsklage **zur** `145`

- **Anfechtungsklage** gilt: `146`
  - Besteht das Rechtsschutzbegehren des Klägers in der **Abwehr** eines belastenden Verwaltungsakts (z.B. Gewerbeuntersagung), so ist gem. § 42 Abs. 1 Alt. 1 VwGO grundsätzlich die Anfechtungsklage statthaft. Für die in einem solchen Fall an sich auch denkbare Klage auf Verpflichtung der Behörde zum Erlass eines Aufhebungsbescheids (z.B. nach § 48 VwVfG) würde es dem Kläger hingegen regelmäßig am erforderlichen Rechtsschutzbedürfnis fehlen. Denn bei Erfolg der Anfechtungsklage wird der angegriffene Verwaltungsakt unmittelbar durch das Gericht aufgehoben, wohingegen bei Erfolg der Verpflichtungsklage die Behörde erst noch einen entsprechenden Aufhebungsbescheid erlassen müsste; käme sie dieser Verpflichtung von sich aus nicht nach, bedürfte es zudem noch der Urteilsvollstreckung gem. § 172 VwGO. Abweichend vom Vorstehenden ist allerdings dann die Verpflichtungs- (und nicht die Anfechtungs-)Klage statthaft, wenn der Verwaltungsakt, dessen Aufhebung der Kläger begehrt, bereits formell bestandskräftig ist (str.[97]). Der dem Kläger in einer solchen Konstellation materiell-rechtlich zustehende Anspruch auf Wiederaufgreifen des Verfahrens (im engeren Sinn nach § 51 Abs. 1–3 VwVfG oder im weiteren Sinn nach § 51 Abs. 5 VwVfG bzw. u.U. unmittelbar auf Aufhebung des Verwaltungsakts (§§ 48 Abs. 1, 49 Abs. 1 VwVfG) ist prozessual nämlich mittels der Verpflichtungsklage geltend zu machen;
  - wird der **Erlass** eines begünstigenden Verwaltungsakts (z.B. Baugenehmigung) begehrt und lehnt die Behörde diesen ab, so ist gem. § 42 Abs. 1 Alt. 2 VwGO im Grundsatz allein die Verpflichtungsklage (in Gestalt der Versagungsgegenklage) die statthafte Klageart. Dieses Rechtsschutzziel könnte der Kläger mit einer allein gegen den ablehnenden Bescheid (z.B. Ablehnung der beantragten Baugenehmigung) erhobenen Anfechtungsklage dagegen nicht erreichen. Denn selbst im Falle des Erfolgs dieser **isolierten Anfechtungsklage** würde lediglich der ablehnende Bescheid aufgehoben, nicht aber würde der Kläger den von ihm erstrebten Verwaltungsakt erlangen. Hierfür müsste vielmehr eine gesonderte (Verpflichtungs-)Klage erhoben werden. Die isolierte Anfechtungsklage ist daher nur dann statthaft, wenn sich das klägerische Begehren in der Aufhebung des Ablehnungsbescheids erschöpft. Das für die Zulässigkeit einer solchen Klage erforderliche Rechtsschutzbedürfnis liegt ausnahmsweise dann vor, wenn der Ablehnungsbescheid über die Versagung des begehrten Verwaltungsakts hinaus negative Folgen hat (z.B. Erlöschen der Fiktion nach § 81 Abs. 3 S. 1 AufenthG); `147`

Beispiel[98] Auf den Widerspruch des Nachbarn N hin wird die dem Grundstückseigentümer G zunächst erteilte Baugenehmigung durch Widerspruchsbescheid später wieder aufgehoben. Da G unbeirrt an seinem genehmigungspflichtigen Bauvorhaben festhält, wendet er sich hilfesuchend an Rechtsanwalt R. Zu welcher Klageart wird R dem G raten? `148`

---

97 Nach **a.A.** sei eine solche Klage **unzulässig**, da andernfalls die Fristen der §§ 70, 74 VwGO ausgehöhlt würden, siehe die Nachweise bei *Schenke* Verwaltungsprozessrecht Rn. 278.

98 Nach *Frenz* JA 2011, 917 (918); *Hufen* Verwaltungsprozessrecht § 14 Rn. 18; *Schenke* Verwaltungsprozessrecht Rn. 281a.

G begehrt (§ 88 VwGO) eine Baugenehmigung, d.h. den Erlass eines Verwaltungsakts. Dieser wurde hier zunächst erteilt und erst später wieder aufgehoben. Statthafte Klageart ist damit die Anfechtungsklage nach § 42 Abs. 1 Alt. 1 VwGO, gerichtet auf Kassation des die ursprüngliche Baugenehmigung beseitigenden Widerspruchsbescheids. Denn dringt G mit dieser Klage durch, so lebt infolge der dann rückwirkenden „Aufhebung ihrer Aufhebung" die ursprünglich erteilte Baugenehmigung wieder auf. ■

149   – zur **Konkurrenten(verdrängungs)klage** als „Dauerbrenner in Klausuren und Praxis"[99] vgl. Übungsfall Nr. 4; zum **Rechtsschutz gegen Nebenbestimmungen** siehe Übungsfall Nr. 1;

150   ● **allgemeinen Leistungsklage** gilt: Die Verpflichtungsklage ist immer dann die statthafte Klageart, wenn es sich bei der vom Kläger begehrten behördlichen Maßnahme um einen Verwaltungsakt handelt. Ist diese dagegen als Realakt zu qualifizieren, so ist grundsätzlich die allgemeine Leistungsklage statthaft. Abweichendes gilt allerdings dann, wenn dem schlichten Verwaltungshandeln eine regelnde behördliche Entscheidung darüber vorgeschaltet ist, ob der Realakt vorgenommen wird oder nicht (z.B. Ausgleich des Vermögensnachteils nach erfolgter Rücknahme eines rechtswidrigen Verwaltungsakts, § 48 Abs. 3 S. 4 VwVfG).[100] In einem solchen Fall ist allein die Verpflichtungsklage statthaft. Die Frage, ob in derartigen Konstellationen analog § 113 Abs. 1 S. 2 bzw. Abs. 4 VwGO mit dem Verpflichtungsbegehren (gerichtet z.B. auf den Erlass eines Bewilligungsbescheids) zugleich ein Annexantrag auf die den Verwaltungsakt vollziehende schlichthoheitliche Leistung (z.B. Geldzahlung) verbunden werden kann, ist str.[101];

151   **Beispiel**[102]   Zeitungsverlag Z beantragt bei der zuständigen Behörde die Einsichtnahme in die dort geführten Akten über Abwassereinleitungen des Industrieunternehmens I. Nach unter Hinweis auf § 8 Abs. 1 Nr. 2 UIG erfolgter Ablehnung dieses Antrags fragt Z nunmehr nach seinen Rechtsschutzmöglichkeiten.

Welche Rechtsschutzmöglichkeit Z vorliegend zur Verfügung steht, richtet sich nach der Rechtsnatur des begehrten behördlichen Handelns, d.h. hier die Gewährung der Einsichtnahme in die Akten. Dabei handelt es sich um einen Realakt, so dass Z an sich eine allgemeine Leistungsklage vor dem zuständigen VG (§ 6 Abs. 1 UIG) erheben müsste. Wie sich allerdings aus §§ 5 Abs. 1 S. 4, 6 Abs. 2 UIG ergibt, geht der Zugänglichmachung von Umweltinformationen als schlicht-hoheitlichem Verwaltungshandeln eine behördliche Entscheidung über deren „Ob" und „Wie" (Umfang) in Gestalt eines Verwaltungsakts voraus. Nach erfolgloser Durchführung eines ordnungsgemäßen Widerspruchsverfahrens gem. §§ 68 ff. VwGO ist hier daher die Verpflichtungsklage nach § 42 Abs. 1 Alt. 2 VwGO die statthafte Klageart. Hat diese Erfolg, d.h. wird die Verwaltung zum Erlass eines positiven Bescheids gegenüber Z verpflichtet, so kassiert das Verpflichtungsurteil zugleich den vorausgegangenen Ablehnungsbescheid. ■

99 *Uerpmann-Wittzack/Edenharter* JA 2013, 561 (564).
100 Ist der Vornahme eines Realakts (z.B. Anfertigung erkennungsdienstlicher Unterlagen) ein Verwaltungsakt vorgeschaltet, so gilt dies nach der *actus contrarius*-Theorie auch im Fall seiner späteren Beseitigung (z.B. Vernichtung erkennungsdienstlicher Unterlagen), siehe *Würtenberger* Verwaltungsprozessrecht Rn. 380.
101 Bejahend *Kopp/Schenke* VwGO § 113 Rn. 86, 177, verneinend *Wolff* in: Sodan/Ziekow, VwGO § 113 Rn. 392.
102 Nach *BVerwGE* 110, 17; *Ehlers/Vorbeck* Jura 2014, 34 (38, 40).

*W
Ausnahmegenehmigung
↑ VA + Einschränkung*

3.   Übungsfall Nr. 1[103]

„Ein Teufelskerl im Teufelsrohr"   152

Nachdem der äußerst erfahrene Wassersportler W mit seinem Kanu jahrzehntelang auf sämtlichen großen Wildflüssen der Welt unterwegs war, möchte er nunmehr seine Touren auf das Gebiet des heimischen Sauerlands (NRW) beschränken. Gefallen findet er insbesondere an der dortigen „Teufelsrohr"-Passage, in der v.a. die weniger erfahrenen Kanuten leicht verunglücken können. Aufgrund ihrer steil abfallenden Felsformationen und ihrer schroffen, weit in die Strömung hineinreichenden Klippen darf diese Stelle des Flusses nur mit einer Ausnahmegenehmigung befahren werden, welche nach der einschlägigen gesetzlichen Vorschrift in Gestalt eines Verwaltungsakts ergeht. Auf Antrag des W hin erteilt ihm die zuständige Behörde einen entsprechenden „Bescheid", allerdings mit der „Einschränkung", dass W bei Befahren des Teufelsrohrs eine näher bezeichnete Rettungsweste sowie einen Helm tragen muss. W ist empört und möchte wissen, mittels welcher Klageart er diese für ihn ja wohl nicht notwendige „Einschränkung" beseitigen kann.

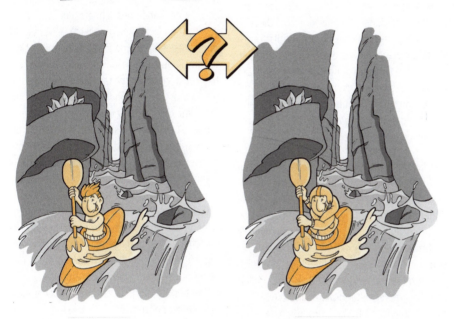

Lösung   153

Die statthafte Klageart richtet sich nach dem Begehren des Klägers, vgl. § 88 VwGO. Hier verfolgt W das Ziel, eine Ausnahmegenehmigung zum Befahren des „Teufelsrohrs" zu erlangen, die nicht durch das Erfordernis des Tragens einer Rettungsweste sowie eines Helms eingeschränkt ist.

Als mögliche Klageart zur Erreichung dieses Ziels kommt einerseits eine (Teil-)Anfechtungsklage nach § 42 Abs. 1 Alt. 1 VwGO gegen die in der Form eines Verwaltungsakts („Bescheid") ergan-

gene Ausnahmegenehmigung in Betracht, „soweit" (vgl. § 113 Abs. 1 S. 1 VwGO) diese Genehmigung durch das Rettungswesten- und Helm-Erfordernis eingeschränkt wird. Andererseits könnte W sein Begehren möglicherweise aber auch dadurch erreichen, indem er gem. § 42 Abs. 1 Alt. 2 VwGO eine Verpflichtungsklage auf Erteilung einer uneingeschränkten Ausnahmegenehmigung – diese ergeht nach der einschlägigen Rechtsvorschrift in Gestalt des Verwaltungsakts – erhebt.

Den Weg der letztgenannten Klageart müsste W dann beschreiten, wenn es sich bei der ihm

---

103 Nach *Burgi/Wienbracke*, NWVBl 2002, 283.

erteilten Ausnahmegenehmigung qualitativ um etwas anderes (ein *aliud*) handelt als das, was er beantragt hat, d.h. der Verwaltungsakt „Ausnahmegenehmigung" noch gar nicht erlassen wurde, vgl. § 42 Abs. 1 Alt. 2 VwGO. Nicht eine „modifizierende Auflage", sondern vielmehr eine Nebenbestimmung i.S.v. § 36 VwVfG (NRW) liegt dagegen vor, wenn nach dem materiellen Gehalt der Regelung diese sich lediglich akzessorisch auf den Hauptverwaltungsakt bezieht, ohne selbst integrale Inhaltsbestimmung dessen zu sein.

Vorliegend hat W mit Erteilung der Ausnahmegenehmigung sein Ziel, das „Teufelsrohr" befahren zu dürfen, bereits erreicht. Die Einschränkung, hierbei eine bestimmte Rettungsweste anzulegen sowie einen Helm zu tragen, macht die Genehmigung im Vergleich zum Antrag des W nicht zu etwas anderem. Vielmehr nimmt der Rettungswesten- und Helm-Zusatz lediglich Bezug auf die Genehmigung, ohne diese inhaltlich zu verändern.

Handelt es sich bei dem Rettungswesten- und Helm-Erfordernis mithin um eine Nebenbestimmung i.S.v. § 36 VwVfG (NRW), so war früher streitig, auf welchem prozessualen Wege gegen eine solche vorzugehen ist. Die Rechtsprechung vertrat die Ansicht, dass es sich nur bei Auflagen und Auflagenvorbehalten um selbstständige und damit isoliert anfechtbare Verwaltungsakte handle (vgl. § 36 Abs. 2 VwVfG (NRW): „verbunden werden mit"), im Falle von Bedingung, Befristung und Widerrufsvorbehalt hingegen die Verpflichtungsklage die richtige Klageart sei. Das Schrifttum war gespalten. Während manche allein die Anfechtungsklage und manche einzig die Verpflichtungsklage für die statthafte Klageart hielten, differenzierten andere zwischen Ermessens-Verwaltungsakten (dann: Verpflichtungsklage) und gebundenen Entscheidungen (dann: Anfechtungsklage).

Mittlerweile besteht jedoch weitgehend Einigkeit darüber, dass im Rahmen der Ermittlung der statthaften Klageart allein auf die logische Teilbarkeit des jeweiligen Verwaltungsakts abzustellen ist. Danach ist in der Regel gegen alle Nebenbestimmungen die Anfechtungsklage gem. § 42 Abs. 1 Alt. 1 VwGO statthaft.[104] Ob diese im Ergebnis auch zur isolierten Aufhebung der Nebenbestimmung führt, wird dagegen grundsätzlich als eine Frage der Begründetheit der Klage angesehen und „hängt davon ab, ob der begünstigende Verwaltungsakt ohne die Nebenbestimmung sinnvoller- und rechtmäßiger Weise bestehen bleiben kann"; nur wenn eine „isolierte Aufhebbarkeit offenkundig von vornherein ausscheidet", ist hiervon eine Ausnahme zu machen.[105]

Hier wurde W das Befahren des „Teufelsrohrs" nur unter der Voraussetzung gestattet, dass er zuvor eine näher bezeichnete Rettungsweste sowie einen Helm anlegt. Allerdings verfügt W über ausgeprägte Erfahrungen und Fähigkeiten im Kanusport, so dass er aller Voraussicht nach auch ohne die genannten „Einschränkungen" das „Teufelsrohr" bezwingen könnte. Erscheint das Tragen einer besonderen Weste sowie eines Helms also nicht zwingend notwendig, so verlöre die Ausnahmegenehmigung nicht offenkundig dadurch ihren Sinn, wenn W eine einschränkungslose Ausnahmegenehmigung erteilt wird. Da auch keine Anhaltspunkte dafür vorliegen, dass eine gegenüber W nebenbestimmungsfrei ausgesprochene Ausnahmegenehmigung offenkundig (materiell) rechtswidrig wäre, besteht hier keine Ausnahme vom o.g. Grundsatz, dass Nebenbestimmungen[106] mit der Anfechtungsklage anzugreifen sind.

Also kann W im Wege der Anfechtungsklage nach § 42 Abs. 1 Alt. 1 VwGO gegen das Rettungswesen- und Helm-Erfordernis vorgehen.

---

104 Wurde die streitige **Nebenbestimmung** dem (Haupt-)Verwaltungsakt erst **nach** dessen Erlass beigefügt, so wirkt sie i.d.R. wie eine (Teil-)Aufhebung des zunächst nebenstimmungsfrei erlassenen (Haupt-)Verwaltungsakts. Dann ist der Rechtsschutz ohnehin stets über die Anfechtungsklage zu suchen, siehe *Schenke* Verwaltungsprozessrecht Rn. 292.

105 *BVerwGE* 112, 221 (224) m.w.N.

106 Deren **genaue Qualifikation** (Auflage oder Bedingung) ist für die hiesige Falllösung **unerheblich**.

Ist im konkreten Fall die Verpflichtungsklage die statthafte Klageart, so lässt sich weiter **154** zwischen den folgenden Arten bzw. **Formen der Verpflichtungsklage** differenzieren:

- Begehrt der Kläger die Verurteilung zum Erlass eines von der Behörde zuvor abgelehnten **155** Verwaltungsakts (vgl. § 42 Abs. 1 Alt. 2 VwGO), so wird die insofern statthafte Verpflichtungsklage als **Versagungsgegenklage** bezeichnet. Entgegen dieser Bezeichnung richtet sich freilich auch die Versagungsgegenklage nicht lediglich gegen die Versagung (Ablehnung) des begehrten Verwaltungsakts, sondern ist vielmehr darüber hinaus auf die Verpflichtung der Behörde zu dessen Erlass gerichtet. Insoweit, als der ablehnende Bescheid dem Verpflichtungsausspruch entgegensteht, ist der Antrag auf Aufhebung der Ablehnung in der Versagungsgegenklage mit enthalten, d.h. ein diesbezüglicher Anfechtungsantrag muss nicht gesondert gestellt werden. Hintergrund dessen ist, dass aufgrund der Tatbestandswirkung des ablehnenden Bescheids das Gericht eine Verurteilung zum Erlass des vom Kläger begehrten Verwaltungsakts nur dann aussprechen kann, wenn es Ersteren zuvor aufhebt. Das wiederum erfolgt aufgrund des im Rahmen der Verpflichtungsklage grundsätzlich maßgeblichen Zeitpunkts der letzten mündlichen Verhandlung i.d.R. mit bloßer *ex nunc*-Wirkung. Nur sofern der Kläger eine darüber hinausgehende Aufhebung des Versagungsbescheids mit Wirkung *ex tunc* bzw. die Feststellung seiner Rechtswidrigkeit verlangen sollte, muss er zusätzlich noch einen entsprechenden Antrag stellen.

Beispiel[107] Grundstückseigentümer G hat bei der zuständigen Behörde einen Antrag auf **156** Erteilung einer Baugenehmigung für ein Wochenendhaus gestellt, der allerdings abschlägig beschieden wurde. G will sich hiermit nicht zufrieden geben und sucht daher Rechtsschutz vor dem zuständigen VG. Welche Klageart ist vorliegend statthaft? Muss G (auch) einen Antrag auf Aufhebung der Ablehnung der Baugenehmigung stellen?

G begehrt (§ 88 VwGO) den Erlass einer Baugenehmigung, d.h. eines Verwaltungsakts. Statthafte Klageart ist damit die Verpflichtungsklage nach § 42 Abs. 1 Alt. 2 VwGO. Eines gesonderten (Anfechtungs-)Antrags gerichtet auf Aufhebung des Ablehnungsbescheids bedarf es daneben nicht mehr. Denn dieser ist im Verpflichtungsantrag bereits konkludent mit enthalten (Versagungsgegenklage) – ebenso wie im Erfolgsfall das nach § 113 Abs. 5 S. 1 VwGO ergehende Verpflichtungsurteil den vorausgehenden Ablehnungsbescheid zumindest stillschweigend aufhebt. ■

JURIQ-Klausurtipp

157

Ungeachtet der bei Erfolg der Versagungsgegenklage vom Gericht auszusprechenden Aufhebung des Ablehnungsbescheids enthält diese Klage **nicht** etwa **auch** dessen **Anfechtung**, sondern ist ausschließlich eine Verpflichtungsklage. „Das ergibt sich aus §§ 42 Abs. 1, 113 Abs. 5 VwGO. Ist die Ablehnung eines Verwaltungsakts rechtswidrig und der Kläger in seinen Rechten verletzt, so hat das Gericht die Verpflichtung der Verwaltungsbehörde auszusprechen, den beantragten Verwaltungsakt zu erlassen bzw. den Kläger unter Beachtung der Rechtsauffassung des Gerichts neu zu bescheiden. Es muss also ein Leistungsurteil und kein Gestaltungsurteil ergehen."[108] Es wäre daher ein schwerer Fehler, wenn in der Klausurbearbeitung insoweit neben der Verpflichtungs- noch eine Anfechtungsklage geprüft würde.[109]

---

107 Nach *Dietlein/Dünchheim* Examinatorium Allgemeines Verwaltungsrecht, Nr. 189; *Würtenberger* Prüfe Dein Wissen „Verwaltungsprozessrecht" Nr. 243 f.

108 *Stern/Blanke*, Verwaltungsprozessrecht in der Klausur Rn. 268.

109 Vgl. *Gersdorf* Verwaltungsprozessrecht Rn. 66; *Hufen* Verwaltungsprozessrecht § 15 Rn. 4; *Schmitt Glaeser/ Horn* Verwaltungsprozessrecht Rn. 291, 302.

158 • richtet sich die Verpflichtungsklage dagegen auf die Verurteilung zum Erlass eines solchen Verwaltungsakts, den der Kläger bei der Behörde zuvor zwar beantragt hat, ist diese aber gleichwohl untätig geblieben und hat über den Antrag überhaupt nicht entschieden, d.h. den begehrten Verwaltungsakt weder erlassen noch dessen Erlass abgelehnt, so spricht man von einer **Untätigkeitsklage**. Bzgl. deren weiterer Zulässigkeit trifft § 75 VwGO eine Sonderregelung gegenüber § 68 Abs. 2 i.V.m. Abs. 1 S. 1 VwGO betreffend das Vorverfahren. Allein mit Blick auf dieses ist die Qualifizierung einer Klage als Untätigkeitsklage daher von Bedeutung, so dass die Voraussetzungen des § 75 VwGO folglich erst dort näher zu thematisieren sind;

159 • begehrt der Kläger einen bestimmten Verwaltungsakt (z.B. Baugenehmigung), auf dessen Erlass er einen rechtlich gebundenen Anspruch zu haben geltend macht (materielles subjektiv-öffentliches Recht, z.B. gem. § 58 Abs. 1 S. 1 LBO BW, Art. 68 Abs. 1 S. 1 BayBO, § 75 Abs. 1 S. 1 BauO NRW), d.h. der weder im Ermessen der Behörde steht noch bzgl. dessen diese über einen Beurteilungsspielraum verfügt, so wird der Kläger bei Gericht einen Antrag auf Verpflichtung der Behörde auf Vornahme genau der beantragten Amtshandlung stellen (**Vornahmeklage**, § 113 Abs. 5 S. 1 VwGO);

160 • steht dem Kläger nach dem jeweils einschlägigen materiellen Recht hingegen lediglich ein Anspruch gegen die Verwaltung auf beurteilungs- bzw. ermessensfehlerfreie Entscheidung zu (formelles subjektiv-öffentliches Recht, z.B. nach § 31 Abs. 2 BauGB bzgl. der Befreiung von den Festsetzungen des Bebauungsplans), so wird er nur einen Antrag auf Verpflichtung der Behörde zur (Neu-)Bescheidung unter Beachtung der Rechtsauffassung des Gerichts stellen (**Bescheidungsklage**, § 113 Abs. 5 S. 2 VwGO). Würde demgegenüber auch in einem solchen Fall fehlender Spruchreife die weitergehende Vornahmeklage erhoben – der Antrag auf bloße Bescheidung ist in dieser als „Minus" mit enthalten –, so wäre sie teilweise unbegründet und der Kläger müsste insoweit die Kosten tragen, § 155 Abs. 1 VwGO.

PRÜFUNGSSCHEMA

161   **Verpflichtungsklage**

A. Zulässigkeit
  I. Eröffnung des Verwaltungsrechtswegs
      öffentlich-rechtliche Streitigkeit   **(Rn. 76 ff.)**

  II. Statthaftigkeit der Verpflichtungsklage, § 42 Abs. 1 Alt. 2 VwGO
      Verwaltungsaktqualität der begehrten Maßnahme   **(Rn. 129)**

  III. Beteiligtenfähigkeit, § 61 VwGO

  IV. Prozessfähigkeit, § 62 VwGO

  V. Klagebefugnis, § 42 Abs. 2 VwGO
      subjektiv-öffentliches Recht des Klägers   **(Rn. 250 ff.)**

  VI. richtiger Klagegegner, § 78 VwGO

  VII. Vorverfahren, § 68 Abs. 2 VwGO
      Entbehrlichkeit des Vorverfahrens   **(Rn. 318 ff.)**

  VIII. Klagefrist, § 74 Abs. 2 VwGO
      Fristberechnung   **(Rn. 362 f.)**

B. Begründetheit
  siehe Rn. 452 ff.

4. Fortsetzungsfeststellungsklage

Hat der Kläger eine Anfechtungsklage nach § 42 Abs. 1 Alt. 1 VwGO erhoben, hat sich der mit dieser angegriffene Verwaltungsakt aber „vorher" durch Zurücknahme oder anders erledigt, so spricht das Gericht gem. § 113 Abs. 1 S. 4 VwGO auf Antrag durch Urteil aus, dass der Verwaltungsakt rechtswidrig gewesen ist, wenn der Kläger ein berechtigtes Interesse an dieser Feststellung hat (**Fortsetzungsfeststellungsklage**, FFK).[110]

162

Aus der Stellung von § 113 Abs. 1 S. 4 VwGO im 10. Abschnitt der VwGO über „Urteile und andere Entscheidungen" sowie der inneren Systematik von § 113 Abs. 1 VwGO folgt, dass sich die im Gesetzestext ausdrücklich enthaltene zeitliche Bestimmung „vorher" auf die gerichtliche Entscheidung über das Anfechtungsbegehren bezieht. Da das Ergehen eines Urteils jedoch notwendigerweise eine rechtshängige Klage voraussetzt (§ 90 Abs. 1 VwGO), erfasst § 113 Abs. 1 S. 4 VwGO in seiner unmittelbaren Anwendung nur solche Fälle, in denen sich der Verwaltungsakt **nach Erhebung der Anfechtungsklage und vor Urteilsverkündung erledigt**.

163

164

Beispiel[111] Veranstalter V plant für den 3.10. eine Demonstration, deren Durchführung von der zuständigen Behörde bereits am 17.6. verboten wurde. Über die hiergegen kurze Zeit später erhobene Anfechtungsklage wird erst am 9.11. entschieden. In der an diesem Tag stattfindenden mündlichen Verhandlung beantragt V die gerichtliche Feststellung, dass das Versammlungsverbot rechtswidrig war. Hierbei handelt es sich um einen typischen Anwendungsfall von § 113 Abs. 1 S. 4 VwGO. ■

165

Mit dieser Regelung in § 113 Abs. 1 S. 4 VwGO trägt der Gesetzgeber dem Umstand Rechnung, dass mit Erledigung des angegriffenen Verwaltungsakts das mit der Anfechtungsklage primär verfolgte Rechtsschutzziel, nämlich die zu dessen Unwirksamkeit führende gerichtliche Aufhebung, nicht mehr erreicht werden kann. Ein **erledigter Verwaltungsakt** ist nämlich bereits **kraft Gesetzes unwirksam**, § 43 Abs. 2 VwVfG. Infolge dessen wird die ursprüngliche Anfechtungsklage mit Erledigungseintritt unzulässig,[112] so dass es nicht mehr zu einer Entscheidung des Gerichts über die (Un-)Rechtmäßigkeit des Verwaltungsakts käme. An einer gerichtlichen Feststellung der Rechtswidrigkeit auch eines erledigungsbedingt unwirksamen Verwaltungsakts kann der Kläger in bestimmten Konstellationen aber durchaus ein berech-

166

---

110 Zum gesamten Folgenden siehe *BVerfGE* 96, 27; *BVerwGE* 72, 38; *BVerwG* NVwZ 2014, 736; *Ehlers* in: ders./Schoch, Rechtsschutz im Öffentlichen Recht § 26 Rn. 1 ff.; *Gersdorf* Verwaltungsprozessrecht Rn. 82 ff.; *Hufen* Verwaltungsprozessrecht § 18 Rn. 36 ff.; *Kopp/Schenke* VwGO § 113 Rn. 95, 118; *Ogorek* JA 2002, 222 ff.; *Rozek* JuS 1995, 414 ff., 598 ff., 697 ff.; *Schenke* Verwaltungsprozessrecht Rn. 306 ff., 610, 665 f., 703; *R.P. Schenke* JuS 2007, 697 ff.; *Schmitt Glaeser/Horn* Verwaltungsprozessrecht Rn. 143 ff., 352 ff.; *Tettinger/Wahrendorf* Verwaltungsprozessrecht § 20 Rn. 1 ff.; *Wolff* in: ders./Decker, VwGO/VwVfG § 113 VwGO Rn. 92; *Würtenberger* Verwaltungsprozessrecht Rn. 633, 640 ff.

111 Nach *Wolff* in: ders./Decker, VwGO/VwVfG § 113 VwGO Rn. 91.

112 Nach **z.T.** vertretener Auffassung bereits wegen **Unstatthaft**igkeit, nach **a.A.** aufgrund **fehlenden Rechtsschutzbedürfnis**ses, siehe die Nachweise bei *Gersdorf* Verwaltungsprozessrecht Rn. 83.

tigtes Interesse haben. Den prozessualen Weg zu dieser von Art. 19 Abs. 4 S. 1 GG geforderten Feststellungsmöglichkeit eröffnet § 113 Abs. 1 S. 4 VwGO, wobei es sich beim Übergang von der Anfechtungs- zur Fortsetzungsfeststellungsklage gem. § 173 S. 1 VwGO i.V.m. § 264 Nr. 2 ZPO nicht um eine Klageänderung handelt.

> **Hinweis**
>
> Eine **andere Möglichkeit** des Klägers, einer erledigungsbedingten Abweisung der Anfechtungsklage zu entgehen, besteht darin, die **Hauptsache für erledigt zu erklären**. Das Gericht entscheidet dann gem. § 161 Abs. 2 S. 1 VwGO nur noch über die Kosten des Verfahrens (bei beiderseitiger/übereinstimmender Erledigungserklärung) bzw. stellt bei tatsächlich eingetretener Erledigung diese nach gem. § 173 S. 1 VwGO i.V.m. § 264 Nr. 2 bzw. 3 ZPO erfolgter Klageänderung fest, § 43 Abs. 1 VwGO (Fall der einseitigen Erledigungserklärung). Bei einer **Klagerücknahme** (§ 92 VwGO) würde der Kläger hingegen gem. § 155 Abs. 2 VwGO mit den Verfahrenskosten belastet.[113]

167 Vor diesem Hintergrund erhellt, dass es sich bei der Fortsetzungsfeststellungsklage der Rechtsnatur nach richtigerweise um eine fortgesetzte Anfechtungsklage handelt. Da aufgrund der Erledigung des Verwaltungsakts allerdings nicht mehr dessen Aufhebung (§§ 42 Abs. 1 Alt. 1, 113 Abs. 1 S. 1 VwGO), sondern nur noch die Feststellung von dessen Rechtswidrigkeit verlangt werden kann, wird die Fortsetzungsfeststellungsklage plakativ auch als „amputierte Anfechtungsklage" bezeichnet (a.A.: besondere Form der Feststellungsklage bzw. eigene Klageart [*sui generis*]).

168 Über den vergleichsweise schmalen Anwendungsbereich hinaus, der § 113 Abs. 1 S. 4 VwGO bei unmittelbarer Anwendung damit zukommt (Erledigung des mit einer *Anfechtungsklage* angegriffenen Verwaltungsakts *nach* Klageerhebung und *vor* Urteilsverkündung), gibt es allerdings auch noch eine Reihe weiterer gesetzlich nicht geregelter Fallkonstellationen, in denen aufgrund vergleichbarer Interessenlage eine **entsprechende Anwendung** dieser Norm angezeigt ist.

169 Dies gilt zum einen im Hinblick auf die ursprünglich erhobene **Klageart** („Eingangsklage"). Da es für den Rechtsschutzsuchenden keinen Unterschied macht, ob er durch einen erledigten belastenden Verwaltungsakt oder durch eine versagte bzw. unterlassene[114] Begünstigung in seinen Rechten verletzt wird, ist allgemein anerkannt, dass § 113 Abs. 1 S. 4 VwGO auf die Fälle der Erledigung eines **Verpflichtungsbegehren**s nach Klageerhebung analog anzuwenden ist. Auch insoweit besteht daher die Möglichkeit für den Kläger, die Rechtswidrigkeit der Ablehnung bzw. Unterlassung des begehrten Verwaltungsakts gerichtlich feststellen zu lassen. Eine analoge Anwendung des verwaltungsaktbezogenen § 113 Abs. 1 S. 4 VwGO auf „erledigtes" schlichthoheitliches Handeln (Realakte; z.B. Beseitigung eines mittlerweile an eine andere Stelle verbrachten Müllcontainers) kommt nach h.M.[115] dagegen nicht in Betracht. Einschlägig ist insofern vielmehr die allgemeine Feststellungsklage nach § 43 Abs. 1 VwGO.

---

113 *Deckenbrock/Dötsch* JuS 2004, 689 (691) m.w.N. auch zur **a.A.**; *Schmitt Glaeser/Horn* Verwaltungsprozeßrecht Rn. 352.

114 Str. Nach **a.A.** käme im Fall der erledigten Untätigkeitsklage (§ 75 VwGO) die **allgemeine Feststellungsklage** nach § 43 Abs. 1 VwGO zur Anwendung, siehe etwa *Ehlers* in: ders./Schoch, Rechtsschutz im Öffentlichen Recht § 26 Rn. 32.

115 Siehe die Nachweise bei *Heinze/Sahan* JA 2007, 805 (810). **A.A.** etwa *Hufen* Verwaltungsprozessrecht § 18 Rn. 44 f.

Beispiel[116] Mit Bescheid vom 1.3. wurde der Antrag des Schaustellers S auf Zulassung sei- **170**
nes Autoscooter-Fahrgeschäfts zu dem nach §§ 60b Abs. 2, 69 Abs. 1 GewO für den 1.6.
festgesetzten gemeindlichen Volksfest abgelehnt. S hält diese Entscheidung mit Blick auf
§ 70 Abs. 1 GewO für rechtswidrig. Da das VG über die von ihm daraufhin in zulässiger
Weise erhobene Verpflichtungsklage bis zum 1.6. allerdings noch nicht entschieden hat
und S befürchtet, auch im nächsten Jahr nicht zum jährlich stattfindenden Volksfest
zugelassen zu werden, kann er in der am 1.9. stattfindenden mündlichen Verhandlung
analog § 113 Abs. 1 S. 4 VwGO einen Fortsetzungsfeststellungsantrag stellen. ◼

Zum anderen wird § 113 Abs. 1 S. 4 VwGO von der h.M.[117] ebenfalls in **zeitlich**er Hinsicht ana- **171**
log angewandt. Weil die Art des Rechtsschutzes nicht von dem mehr oder weniger zufälligen Zeitpunkt des Erledigungseintritts abhängig sein könne, müsse § 113 Abs. 1 S. 4 VwGO
auch auf diejenigen Fälle erstreckt werden, in denen die Erledigung des belastenden
(Anfechtungssituation) bzw. begünstigenden (Verpflichtungssituation) Verwaltungsakts
jeweils schon **vor** – und nicht erst nach – **Klageerhebung** eintritt.

Beispiele[118] Veranstalter V plant für den 3.10. eine Demonstration, deren Durchfüh- **172**
rung von der zuständigen Behörde am 2.10. mit für sofort vollziehbar erklärter Verfügung verboten wurde. Am 4.10. erhebt V Klage vor dem VG mit dem Antrag festzustellen, dass das Versammlungsverbot rechtswidrig gewesen ist. Der Antrag ist nach
§ 113 Abs. 1 S. 4 VwGO analog statthaft (Erledigung des Anfechtungsbegehrens vor
Klageerhebung).

Nach rechtswidriger Ablehnung des von Grundstückseigentümer G bei der zuständigen **173**
Behörde gestellten Antrags auf Erteilung einer Baugenehmigung ändert sich die Eigenart
der näheren Umgebung zum Nachteil des G, so dass sein § 34 Abs. 1 BauGB unterfallen-
des Bauvorhaben zum jetzigen Zeitpunkt nicht mehr genehmigungsfähig ist. Nunmehr
erhebt G Fortsetzungsfeststellungsklage vor dem VG mit dem Antrag festzustellen, dass
ursprünglich ein Anspruch auf Erteilung der Baugenehmigung bestand. Die Klage ist in
doppelt analoger Anwendung von § 113 Abs. 1 S. 4 VwGO statthaft (Verpflichtungssituation mit Erledigungseintritt vor Klageerhebung). ◼

Dieser Auffassung (Rn. 171) wird allerdings **teilweise**[119] mit dem Hinweis darauf entgegen **174**
getreten, dass es für eine analoge Anwendung des § 113 Abs. 1 S. 4 VwGO auch in zeitlicher
Hinsicht an der für jede Analogie notwendigen planwidrigen Regelungslücke fehle. Denn bei
der Frage, ob die Behörde dazu berechtigt war, den erledigten Verwaltungsakt zu erlassen
(Anfechtungssituation) bzw. den begehrten Verwaltungsakt zu versagen bzw. zu unterlassen
(Verpflichtungssituation), handele es sich um ein Rechtsverhältnis i.S.v. § 43 Abs. 1 VwGO, dessen (Nicht-)Bestehen im Wege der **allgemeine**n **Feststellungsklage** zu klären sei. Diese
Sichtweise hatte zwischenzeitlich durch das Urteil des BVerwG vom 14.7.1999[120] Auftrieb
erfahren. Nachfolgend[121] hat sich das BVerwG von dieser Rechtsprechung jedoch wieder dis-
tanziert, so dass entgegen anderslautenden Stimmen in der Literatur insoweit letztlich doch

116 Nach *VGH München* BeckRS 2013, 58784; *Rozek* JuS 1995, 414 (415 f.).
117 Nachweise bei *Schenke* Verwaltungsprozessrecht Rn. 323.
118 Nach *Ehlers*, in: ders./Schoch, Rechtsschutz im Öffentlichen Recht § 26 Rn. 28 ff.; *Rozek* JuS 1995,
     414 (415); *Schenke* Verwaltungsprozessrecht Rn. 336.
119 Siehe etwa *Pietzcker* in: Schoch/Schneider/Bier, VwGO § 42 Abs. 1 Rn. 86.
120 *BVerwGE* 109, 203.
121 Vgl. *BVerwG* NJW 2009, 98.

nicht von einer Kehrtwende gesprochen werden kann. Folgt man der h.M.[122], so ergibt sich die nachfolgende Übersicht über den **Anwendungsbereich der Fortsetzungsfeststellungsklage** gem. § 113 Abs. 1 S. 4 VwGO:

175

§ 113 Abs. 1 S. 4 VwGO			
Anwendung	unmittelbar	analog	analog	doppelt analog[1]
„Eingangsklage"	Anfechtungsklage		Verpflichtungsklage	
Erledigungszeitpunkt	nach Klageerhebung	vor Klageerhebung	nach Klageerhebung	vor Klageerhebung

1 „Doppelt analog", da (1) Erledigung vor (und nicht nach) Klageerhebung und (2) Anwendung auf Verpflichtungs-(und nicht Anfechtungs-)klage.

176 Die in jedweder, d.h. sowohl in unmittelbarer als auch in (doppelt) analoger Anwendung von § 113 Abs. 1 S. 4 VwGO erforderliche **Erledigung**[123] des Verwaltungsakts ist in der **Anfechtungssituation** zu bejahen, wenn der angegriffene Verwaltungsakt keine Regelungswirkung mehr entfaltet, vgl. § 35 S. 1 VwVfG („Wegfall der Beschwer"). Die Gründe hierfür können sowohl tatsächlicher als auch rechtlicher Natur sein. Als Beispiele für Letztere werden in § 43 Abs. 2 VwVfG die Rücknahme (§ 48 VwVfG; siehe auch § 113 Abs. 1 S. 4 VwGO), der Widerruf (§ 49 VwVfG) und die anderweitige Aufhebung genannt. Tatsächlich kann sich ein Verwaltungsakt u.a. durch Wegfall des Regelungsobjekts (z.B. vollständige Zerstörung des abzureißenden Gebäudes durch einen Brand) oder durch Zeitablauf erledigen, § 43 Abs. 2 VwVfG. Dieser Fall liegt dann vor, wenn sich der Verwaltungsakt auf einen mittlerweile abgelaufenen Zeitpunkt bzw. -raum bezieht und sein Bestand auch nicht Voraussetzung für die Rechtmäßigkeit von noch andauernden Folgemaßnahmen ist.

177 **Grundsätzlich nicht** zur Erledigung eines Verwaltungsakts führt dessen **Vollziehung** bzw. freiwillige Befolgung, da der Verwaltungsakt hierfür Rechtsgrund bleibt; Entsprechendes gilt nach h.M.[124] auch im Fall der Vollstreckung eines Verwaltungsakts. Dies kommt auch in § 113 Abs. 1 S. 2 VwGO zum Ausdruck, wonach die Rückgängigmachung der Vollziehung des Verwaltungsakts frühestens mit dessen gleichzeitiger Aufhebung verlangt werden kann (z.B. kann der Bürger erst dann mit Erfolg die Herausgabe seiner von der Polizei beschlagnahmten Sache verlangen, wenn die Beschlagnahmeanordnung aufgehoben ist). Besteht ein solcher Vollzugsfolgenbeseitigungsanspruch hingegen nicht – etwa weil unumkehrbare Tatsachen geschaffen wurden –, so führt der Vollzug eines Verwaltungsakts ausnahmsweise sehr wohl zu dessen Erledigung (z.B. wenn der Hauseigentümer die ihm gegenüber erlassene Abrissverfügung befolgt hat).

178 Die in § 43 Abs. 2 VwVfG schließlich noch erwähnte **Erledigung** des Verwaltungsakts „**auf andere Weise**" als in den vorgenannten Fällen ist zu bejahen, sofern die Aufhebung des keine Wirkungen mehr entfaltenden Verwaltungsakts sinnlos geworden ist – sei es, weil bei-

---

122 Siehe etwa *Schenke* Verwaltungsprozessrecht Rn. 325 m.w.N.

123 Nach **z.T.** vertretener Auffassung (*Hufen* Verwaltungsprozessrecht § 18 Rn. 41; *Schenke* Verwaltungsprozessrecht Rn. 326) sei **§ 113 Abs. 1 S. 4 VwGO auch dann analog** anzuwenden, **wenn** sich der Verwaltungsakt **zwar nicht erledigt** hat, seine gerichtliche Aufhebung **aber** gleichwohl ausscheidet, z.B. infolge Heilung (§ 45 VwVfG) oder Unbeachtlichkeit (§ 46 VwVfG) eines Verfahrensfehlers.

124 *BVerwG* NVwZ 2009, 122.

spielsweise dessen Regelungsobjekt untergegangen ist (z.B. die an die Behörde herauszuge- bende Sache) oder weil bei Höchstpersönlichkeit des Verwaltungsakts, d.h. fehlender Rechts- nachfolge, dessen Adressat verstorben ist (Wegfall des Regelungsadressaten).

> **JURIQ-Klausurtipp**   **179**
>
> Bevor in der Klausurbearbeitung die Erledigung eines Verwaltungsakts bejaht wird, sollte zur **Kontrolle** die Überlegung angestellt werden, ob dessen Aufhebung aus Sicht des Klägers noch Sinn macht. Ist dies unter jedem denkbaren Aspekt zu verneinen, so wird regelmäßig vom Erledigungseintritt auszugehen sein.[125]

Beispiel[126]   Behörde B hat gegenüber Einwohner E einen gem. § 80 Abs. 2 S. 1 Nr. 1 VwGO   **180** sofort vollziehbaren Gebührenbescheid i.H.v. 1000 € erlassen. Nach erfolgloser Einlegung eines Widerspruchs hiergegen erhebt E Anfechtungsklage. Da E allerdings die Vollstre- ckung des Gebührenbescheids fürchtet, zahlt er noch während des laufenden Prozesses die 1000 € und begehrt nunmehr anstelle der Aufhebung des Gebührenbescheids die Feststellung von dessen Rechtswidrigkeit.

Der Fortsetzungsfeststellungsantrag nach § 113 Abs. 1 S. 4 VwGO ist unzulässig, da der Verwaltungsakt (Gebührenbescheid) sich ungeachtet der Zahlung durch E nicht erledigt hat. Vielmehr wirkt dieser Bescheid als Rechtsgrundlage (*causa*) für das behördliche Behaltendürfen der 1000 € weiterhin fort. Auch kann er immer noch aufgehoben und die Erfüllungshandlung, d.h. die Zahlung des Geldbetrags, wieder rückgängig gemacht werden. ■

Von der Erledigung eines **Verpflichtungsbegehrens** ist namentlich dann auszugehen,   **181** wenn „das Rechtsschutzziel aus Gründen, die nicht in der Einflußsphäre des Klägers liegen, in dem Prozessverfahren nicht mehr zu erlangen ist, weil es entweder bereits außerhalb des Prozesses erreicht wurde [z.B. Behörde erlässt den begehrten Verwaltungsakt] oder überhaupt nicht mehr erreicht werden kann"[127] (z.B. weil der Jahrmarkt, zu dem Schausteller S erfolglos die behördliche Zulassung seines Fahrgeschäfts erstrebt hatte, im Zeitpunkt der gerichtlichen Entscheidung hierüber bereits stattgefunden hat) oder aber zum maß- geblichen Entscheidungszeitpunkt eine Änderung der Sach- bzw. Rechtslage in Bezug auf den beantragten Verwaltungsakt eingetreten ist, aufgrund derer der Kläger diesen nicht mehr beanspruchen kann (z.B. weil sich nach erfolgloser Beantragung einer Baugenehmi- gung die nähere Umgebung während des verwaltungsgerichtlichen Verfahrens so verän- dert hat, dass die Genehmigung für das § 34 Abs. 1 BauGB unterfallende Bauvorhaben nicht mehr erteilt werden kann). War die Sache im Erledigungszeitpunkt noch nicht spruchreif, so kann analog § 113 Abs. 1 S. 4 VwGO die Feststellung begehrt werden, dass der Beklagte zur Bescheidung verpflichtet war.

---

125 *Ogorek* JA 2002, 222 (224).
126 Nach *Ehlers* in: ders./Schoch, Rechtsschutz im Öffentlichen Recht § 26 Rn. 4, 17.
127 *BVerwG* NVwZ 1989, 48.

182

> **Hinweis**
>
> Speziell in Bezug auf **beamtenrechtliche Konkurrentenklagen** sind folgende Besonderheiten zu beachten:[128] Zwar gewährt Art. 33 Abs. 2 GG jedem Deutschen ein grundrechtsgleiches Recht (Art. 93 Abs. 1 Nr. 4a GG) auf gleichen Zugang zu jedem öffentlichen Amt nach Eignung, Befähigung und fachlicher Leistung, vgl. auch § 9 BBG, § 9 BeamtStG. Daraus folgt der Anspruch eines Beförderungsbewerbers auf beurteilungs- und ermessensfehlerfreie Entscheidung über seine Bewerbung. Ist ein Konkurrent unter Verstoß gegen diesen Bewerbungsverfahrensanspruch zum Beamten ernannt worden, so kann seine Ernennung allein aus diesem Grund nach den einschlägigen beamtenrechtlichen Vorschriften regelmäßig aber nicht wieder rückgängig gemacht werden (**Grundsatz der Ämterstabilität**; Ausnahme: ein herkömmlicher gesetzlicher Rücknahmetatbestand wie § 14 BBG bzw. § 12 BeamtStG ist erfüllt). Eine hiergegen erhobene Anfechtungsklage des unterlegenen Bewerbers – bei der Ernennung des Konkurrenten handelt es sich um einen diesen begünstigenden Verwaltungsakt mit belastender Drittwirkung – hätte daher keinen Erfolg. Doch auch mit einer auf die eigene Ernennung gerichteten Verpflichtungsklage würde der Mitbewerber ab dem Zeitpunkt der Ernennung des Konkurrenten nicht durchdringen, da für eine seiner Bewerbung entsprechende Entscheidung dann mangels verfügbarer Stelle kein Raum mehr ist. Ein Amt darf nämlich nur zusammen mit der Einweisung in eine besetzbare Planstelle verliehen werden (siehe z.B. § 49 Abs. 1 BHO), so dass die ausgeschriebene Planstelle mit ihrer Besetzung durch den Konkurrenten nicht mehr zur Verfügung steht. Auch ist der zugeordnete Dienstposten nicht mehr frei, weil der Ernannte einen Rechtsanspruch auf ein seinem statusrechtlichen Amt entsprechendes abstrakt und konkret funktionelles Amt hat.
>
> Erledigt sich der um eine Beförderungsauswahl geführte Rechtsstreit demnach grundsätzlich mit der endgültigen Besetzung der ausgeschriebenen Stelle, so lässt sich der vorgenannte Bewerbungsverfahrensanspruch **regelmäßig** nur vor der Ernennung des ausgewählten Konkurrenten mittels einer einstweiligen Anordnung nach **§ 123 Abs. 1 S. 1 VwGO** absichern. Der abgelehnte Bewerber muss vorbeugenden vorläufigen Rechtsschutz in Anspruch nehmen mit dem Ziel, dem Dienstherrn die Ernennung des ausgewählten Bewerbers gerichtlich einstweilen zu untersagen. Durch einen diesem Antrag stattgebenden Beschluss wird die Stelle bis zu einer abschließenden Entscheidung über den Bewerbungsverfahrensanspruch freigehalten und die ansonsten mit der Ernennung des ausgewählten Konkurrenten eintretende Schaffung von vollendeten Tatsachen verhindert. Im beamtenrechtlichen Konkurrentenstreit übernimmt damit das Verfahren des vorläufigen Rechtsschutzes regelmäßig die Funktion des Hauptsacheverfahrens, weshalb Ersteres nach Prüfungsmaßstab, -umfang und -tiefe auch nicht hinter Letzterem zurückbleiben darf, d.h. ausnahmsweise keine nur summarische Prüfung, sondern umfassende tatsächliche und rechtliche Überprüfung der Bewerberauswahl.
>
> Vom Vorstehenden **Abweichend**es gilt im Hinblick auf das Gebot effektiven Rechtsschutzes (Art. 19 Abs. 4 S. 1 GG) allerdings dann, wenn die Verwaltung durch ihr Verhalten rechtzeitigen vorläufigen Rechtsschutz verhindert (z.B. weil der Dienstherr den unterlegenen Bewerbern die Auswahlentscheidung nicht mindestens zwei Wochen vor der Ernennung mitteilt) oder sich über dessen erfolgreiche Inanspruchnahme hinweggesetzt hat (z.B. weil der Dienstherr den Konkurrenten ungeachtet einer anderslautenden einstweiligen Anordnung des Gerichts gleichwohl ernennt). In einem solchen Fall kann der verfassungsrechtlich gebotene Rechtsschutz allein mittels einer **Anfechtungsklage** (§ 42 Abs. 1 Alt. 1 VwGO) gegen die Ernennung des ausgewählten Bewerbers nachgeholt werden. Verstößt diese gegen die Rechte des unterlegenen

---

128 Zum gesamten Folgenden siehe *BVerfG* NVwZ 2007, 1178; 2008, 70; *BVerwGE* 80, 127; 118, 370; 138, 102; *Schenke* Verwaltungsprozessrecht Rn. 277 ff.; 358, 524.

Bewerbers aus Art. 33 Abs. 2 GG, so ist sie mit Wirkung für die Zukunft (*ex nunc*) aufzuheben. Der Grundsatz der Ämterstabilität steht dem nicht entgegen, hätte es der Dienstherr andernfalls doch in der Hand, das Grundrecht der unterlegenen Bewerber aus Art. 19 Abs. 4 S. 1 GG durch vorzeitige Ernennungen kurzerhand auszuschalten, vgl. auch den in § 162 Abs. 2 BGB zum Ausdruck kommenden allgemeinen Rechtsgedanken. Hierdurch drohende Gefährdungen der Funktionsfähigkeit von Justiz oder Verwaltung kann der Dienstherr vermeiden, indem er die Anforderungen der Rechtsschutzgarantie beachtet.

Was die **besonderen Zulässigkeitsvoraussetzungen** der Fortsetzungsfeststellungsklage anbelangt, so ist wie folgt zu differenzieren:

- Wie dargestellt, handelt es sich bei der Fortsetzungsfeststellungsklage im Ausgangspunkt,   **183**
  d.h. bei unmittelbarer – und nicht analoger – Anwendung des § 113 Abs. 1 S. 4 VwGO, um die Fortsetzung einer zunächst erhobenen Anfechtungsklage, bei der sich der angefochtene Verwaltungsakt **nach Klageerhebung** erledigt hat. War aber bereits die Anfechtungsklage unzulässig, so kann auch für die Fortsetzungsfeststellungsklage nichts anderes gelten; eine unzulässige Klage darf nicht fortgeführt werden. Deshalb müssen in solchen Konstellationen, in dem sich die Fortsetzungsfeststellungsklage als nichts anderes als die Fortführung der ursprünglichen Anfechtungsklage darstellt, die besonderen Zulässigkeitsvoraussetzungen der Anfechtungsklage (namentlich diejenigen des § 68 Abs. 1 und des § 74 Abs. 1 VwGO) erfüllt sein, damit die Fortsetzungsfeststellungsklage zulässig ist. Dasselbe trifft auf den Fall der Erledigung eines Verpflichtungsbegehrens nach Klageerhebung zu (§ 113 Abs. 1 S. 4 VwGO analog);

> **Hinweis**   **184**
>
> „Allein die Erledigung kann […] **aus** einer vor Erledigung **unzulässigen Anfechtungs- oder Verpflichtungsklage keine zulässige Fortsetzungsfeststellungsklage** […] machen."[129]

Beispiel[130] Veranstalter V plant für den 1.5. eine Demonstration, deren Durchführung von   **185**
der zuständigen Behörde jedoch am 21.3. verboten wird. Der entsprechende Bescheid, dem eine ordnungsgemäße Rechtsbehelfsbelehrung beigefügt ist (statthafter Rechtsbehelf ist danach der Widerspruch), wird V am 24.3. bekannt gegeben.

Nach Ablauf der einmonatigen Widerspruchsfrist des § 70 Abs. 1 S. 1 VwGO ist nicht nur eine – etwa am 30.4. – gegen das Demonstrationsverbot erhobene Anfechtungsklage unzulässig, sondern hat auch ein auf die Feststellung von dessen Rechtswidrigkeit gerichteter Antrag nach § 113 Abs. 1 S. 4 VwGO – beispielsweise vom 2.5. – keinen Erfolg. ◼

- nichts anderes gilt ferner dann, wenn die Erledigung zwar **vor Klageerhebung** (§ 113 Abs. 1   **186**
  S. 4 VwGO [doppelt] analog) aber **nach Ablauf der Widerspruchsfrist** eingetreten ist. Auch insoweit dürfen die besonderen Zulässigkeitsvoraussetzungen der Anfechtungs- bzw. Verpflichtungsklage nicht umgangen werden. Insbesondere wenn diese gem. § 68 Abs. 1 S. 1 (ggf. i.V.m. Abs. 2) VwGO nur nach vorheriger Durchführung eines ordnungsmäßen Widerspruchsverfahrens zulässig war, die Widerspruchsfrist des § 70 VwGO bzw. die Frist des § 58 Abs. 2 VwGO aber versäumt wurde, ist auch eine Fortsetzungsfeststellungsklage unzulässig. Äußerst umstritten ist dagegen die Beurteilung der Fälle der Erledigung vor Klageerhebung und **vor Ablauf der** noch offenen **Widerspruchsfrist**. Näher hierzu im Übungsfall Nr. 2.

---

129 *Rozek* JuS 1995, 697 m.w.N.
130 Nach *Würtenberger* Verwaltungsprozessrecht Rn. 650.

5.   Übungsfall Nr. 2[131]

187   „Über den Wolken…"

Ihr soeben mit hervorragendem Erfolg bestandenes Referendarexamen wollen die drei Freunde A, B und C aus München mit einem Kurztrip nach Hamburg zelebrieren. Nachdem sie bei der deutschen Fluggesellschaft F entsprechende Flugtickets erworben hatten, bestiegen sie am 16.11. eine von deren Maschinen, die unter deutschem Staatszugehörigkeitszeichen fliegt und in die deutsche Luftfahrzeugrolle eingetragen ist. An Bord der Maschine befindet sich auch der nicht uniformierte Luftsicherheitsbegleiter L der Bundespolizei.

Unter Missachtung des von der Stewardess S sofort nach dem Einstieg ins Flugzeug gegenüber sämtlichen Passagieren ausgesprochenen Hinweises, dass die Benutzung von Mobiltelefonen an Bord untersagt sei und diese ausgeschaltet werden müssten, ruft A an Bord seinen Studienfreund F an, um mit diesem den weniger glücklichen Verlauf von dessen mündlicher Staatsexamensprüfung ausgiebig zu diskutieren. Auch der persönlich gegenüber A ausgesprochenen Aufforderung der S, das Telefonat umgehend zu beenden und das Mobiltelefon unverzüglich auszuschalten, schenkt dieser keine Beachtung. Daraufhin greift L kurzentschlossen in das Geschehen ein, gibt sich als Luftsicherheitsbegleiter zu erkennen und nimmt A das Telefon weg, um es sodann auszuschalten.

In Hamburg angekommen, händigt L dem A dessen Mobiltelefon wieder aus. Erbost über die „rechtsstaatswidrigen" Vorkommnisse an Bord der Maschine beabsichtigt A nach erfolglos durchgeführtem Vorverfahren am 6.12. des Jahres beim zuständigen VG Klage gegen den Bund zu erheben mit dem Antrag, die Rechtswidrigkeit der „Wegnahme" seines Telefons feststellen zu lassen. Wäre eine solche Klage zulässig?

188   Lösung

Die Klage des A wäre zulässig, wenn die Sachentscheidungsvoraussetzungen der §§ 40 ff. VwGO erfüllt sind.

I.   Eröffnung des Verwaltungsrechtswegs

Der Verwaltungsrechtsweg ist gem. § 40 Abs. 1 S. 1 VwGO bei Vorliegen einer öffentlich-rechtlichen Streitigkeit nichtverfassungsrechtlicher Art eröffnet, sofern keine Sonderzuweisung einschlägig ist. Ob eine öffentlich-rechtliche Streitigkeit vorliegt, bemisst sich nach der jeweils streitentscheidenden Norm. Dies ist hier § 47 BPolG, der die Bundespolizei zur Sicherstellung

einer Sache ermächtigt, d.h. einseitig einen Hoheitsträger berechtigt, und der dem besonderen Ordnungsrecht zuzuordnen ist. Damit ist die Streitigkeit öffentlich-rechtlicher Natur. Die weiteren Voraussetzungen des § 40 Abs. 1 S. 1 VwGO sind ebenfalls erfüllt, so dass der Verwaltungsrechtsweg mithin eröffnet ist.

II.   Statthafte Klageart

Die statthafte Klageart richtet sich nach dem Begehren des Klägers, § 88 VwGO. Vorliegend begehrt A mit seiner Klage vom 6.12. die nachträgliche Feststellung der Rechtswidrigkeit des ihn belastenden Handelns des L vom 16.11. Abhängig von der Rechtsnatur dieses

---

131 Nach *Ronellenfitsch/Glemser* JuS 2008, 888.

Handelns könnte demnach entweder eine Fortsetzungsfeststellungsklage nach § 113 Abs. 1 S. 4 VwGO (ggf. analog) oder eine allgemeine Feststellungsklage nach § 43 Abs. 1 VwGO in Betracht kommen. Letztere gelangt dann zur Anwendung, wenn es um die Feststellung des Bestehens oder Nichtbestehens eines Rechtsverhältnisses geht; Erstere hingegen setzt voraus, dass sich ein Verwaltungsakt erledigt hat.

Bei der „Wegnahme" des Mobiltelefons handelt es sich um eine Sicherstellung, bei der mittels Ge- bzw. Verbot einseitig Rechtsfolgen in einem Unter-/Überordnungsverhältnis gesetzt werden. Ein Verwaltungsakt liegt damit vor, vgl. § 35 S. 1 VwVfG.

Dieser könnte sich durch die beim Verlassen des Flugzeugs erfolgte Rückgabe des Mobiltelefons mittlerweile auch wieder erledigt haben. Ein Verwaltungsakt hat sich dann erledigt, wenn er sich durch ein außerprozessuales Ereignis nachträglich inhaltlich erschöpft hat und alle seine in die Zukunft weisenden Rechtswirkungen weggefallen sind. Hiervon zu unterscheiden ist die bloße Vollziehung eines Verwaltungsakts. Selbst wenn diese erfolgt ist, muss sich der betreffende Verwaltungsakt dadurch noch nicht zwingend erledigt haben. Vielmehr kann er weiterhin den Rechtsgrund für den Vollzugsakt darstellen und daher sehr wohl noch Rechtswirkungen entfalten. Derartige Rechtswirkungen sind hier allerdings nicht mehr vorhanden. Insbesondere liegt seit der Rückgabe des Mobiltelefons kein Verwahrungsverhältnis mehr vor, so dass die Sicherstellung auch keinen Rechtsgrund für die nicht länger vorhandene Verwahrung darstellt. Vielmehr ist mit der Rückgabe des Telefons jedwede rechtliche und/oder tatsächliche Beschwer des A entfallen. Der Verwaltungsakt „Sicherstellung" hat sich daher i.S.v. § 113 Abs. 1 S. 4 VwGO erledigt.

Fraglich jedoch ist, wie sich der konkrete Zeitpunkt der Erledigung auf die statthafte Klageart auswirkt. Dem Wortlaut von § 113 Abs. 1 S. 4 VwGO zufolge ist die Fortsetzungsfeststellungsklage nämlich nur dann statthaft, wenn sich der Verwaltungsakt „vorher", d.h. nach Klageerhe-

bung und vor Erlass des Urteils erledigt hat (vgl. die systematische Stellung von § 113 VwGO im 10. Abschnitt der VwGO über „Urteile und andere Entscheidungen"). Hier ist die Erledigung der Sicherstellung allerdings noch am 16.11. und damit vor Erhebung der Klage am 6.12. eingetreten. Hat sich der Verwaltungsakt mithin nicht – wie von § 113 Abs. 1 S. 4 VwGO verlangt – „nach", sondern „vor" Klageerhebung erledigt, so ist umstritten, ob die Fortsetzungsfeststellungsklage ebenfalls in einem derartigen Fall statthaft ist oder ob insofern nicht vielmehr die allgemeine Feststellungsklage nach § 43 Abs. 1 VwGO zur Anwendung gelangt.

Ganz herrschend war insoweit lange Zeit die Lösung über eine Analogie zu § 113 Abs. 1 S. 4 VwGO.[132] Diese Auffassung wurde allerdings im Jahr 1999 vom 6. Senat des BVerwG in Frage gestellt. In dem entsprechenden Urteil[133] äußerte das Gericht nämlich Sympathien für die in Teilen des Schrifttums[134] vertretene Ansicht, den Rechtsschutz in Konstellationen der vorgenannten Art über die allgemeine Feststellungsklage nach § 43 Abs. 1 VwGO zu bewerkstelligen.

Zugunsten dieser Meinung spricht, dass im Fall der Fortsetzungsfeststellungsklage der Verwaltungsakt keine Rechtswirkungen mehr entfaltet und nur noch nachträglich die Rechtmäßigkeit des Handelns der Verwaltung festgestellt werden soll. Die Feststellung der Rechtmäßigkeit einer schlicht-hoheitlichen Handlung ist aber gerade der „Paradefall" der allgemeinen Feststellungsklage. Demgegenüber lässt sich zugunsten einer analogen Anwendung von § 113 Abs. 1 S. 4 VwGO insbesondere anführen, dass die Art des Rechtsschutzes und die damit jeweils verbundenen besonderen Zulässigkeitsanforderungen nicht von dem mehr oder weniger zufälligen Zeitpunkt des Erledigungseintritts abhängig sein kann (Erledigung vor Klageerhebung: § 43 Abs. 1 VwGO; Erledigung nach Klageerhebung: § 113 Abs. 1 S. 4 VwGO). Sprechen die

---

132 Siehe etwa *BVerwGE* 26, 161 (165); 81, 226 (227) m.w.N.

133 *BVerwGE* 109, 203 (209).

134 Siehe etwa *Gerhardt* in: Schoch/Schneider/Bier, VwGO § 113 Rn. 99.

Übungsfall Nr. 2

besseren Argumente mithin für eine analoge Anwendung des § 113 Abs. 1 S. 4 VwGO, so ist hier die Fortsetzungsfeststellungsklage die statthafte Klageart.[135]

III. Beteiligten- und Prozessfähigkeit

Kläger A (§ 63 Nr. 1 VwGO) ist gem. § 61 Nr. 1 Alt. 1 VwGO beteiligten- und nach § 62 Abs. 1 Nr. 1 VwGO prozessfähig. Die Beteiligtenfähigkeit des Bundes als Beklagter (§ 63 Nr. 2 VwGO) folgt aus § 61 Nr. 1 Alt. 2 VwGO, für den gem. § 62 Abs. 3 VwGO der gesetzliche Vertreter handelt.

IV. Klagebefugnis

Die analog § 42 Abs. 2 VwGO ebenfalls im Rahmen der Fortsetzungsfeststellungsklage erforderliche Klagebefugnis liegt vor, wenn der Kläger geltend machen kann, durch den erledigten Verwaltungsakt möglicherweise in einem seiner subjektiv-öffentlichen Rechte verletzt worden zu sein. Als Adressat des belastenden Verwaltungsakts „Sicherstellung" besteht die Möglichkeit, dass A durch diesen jedenfalls in seinem Grundrecht aus Art. 2 Abs. 1 GG verletzt worden ist. Also ist A auch klagebefugt.

V. Richtiger Klagegegner

Der Bund ist analog § 78 Abs. 1 Nr. 1 VwGO richtiger Klagegegner.

VI. (Kein) Vorverfahren

Während es im Fall der Erledigung des Verwaltungsakts nach Klageerhebung zur Zulässigkeit der Fortsetzungsfeststellungsklage – vorbehaltlich § 68 Abs. 1 S. 2 VwGO – unstreitig der ordnungsgemäßen Durchführung eines Vorverfahrens bedarf, ist im hier gegebenen Fall der vorprozessualen Erledigung des Verwaltungsakts noch während des Laufs der Widerspruchsfrist hingegen umstritten, ob § 68 Abs. 1 S. 1 VwGO entsprechende Anwendung findet oder nicht.

Die Rechtsprechung[136] hält die Durchführung eines Vorverfahrens in diesem Zusammenhang nicht nur für nicht erforderlich,

sondern sogar für unstatthaft. Eine Aufhebung des Verwaltungsakts komme hier nämlich aufgrund von dessen Erledigung nicht mehr in Betracht.

> **Hinweis**
>
> Grundsätzlich gibt es **kein**en Fortsetzungsfeststellungswiderspruch (str.[137]).

Dem wird von Teilen des Schrifttums[138] entgegengehalten, dass die Widerspruchsbehörde die Rechtswidrigkeit des Verwaltungsakts sowie eine hierdurch begründete Rechtsverletzung durchaus noch feststellen könne, so dass das Vorverfahren auch in dieser Konstellation sowohl seine Rechtsschutzfunktion als auch die Funktionen der verwaltungsinternen Kontrolle sowie der Entlastung der Gerichte zu erfüllen in der Lage sei. Dass derartige Feststellungen der Verwaltung nicht ungewöhnlich seien, werde durch § 44 Abs. 5 VwVfG belegt.

Eine Streitentscheidung kann im vorliegenden Fall allerdings dahingestellt bleiben. Zwar liegt hier kein Fall des § 68 Abs. 1 S. 2 VwGO vor. Doch selbst wenn man der letztgenannten („strengeren") Auffassung folgen würde, so beabsichtigt A die Klage doch erst nach dem bereits erfolglos durchgeführten Vorverfahren zu erheben. Ihre Zulässigkeit scheitert daher nicht an § 68 Abs. 1 S. 1 VwGO.[139]

---

135 **A.A.** bei entsprechender Argumentation vertretbar.

136 *BVerwGE* 26, 161 (166); 81, 226 (228 f.).

137 Nachweise bei *Würtenberger* Verwaltungsprozessrecht Rn. 648 f. **Ausnahme**: Beamtenrechtliche Streitigkeiten, bei denen – vorbehaltlich Rückausnahmen wie § 54 Abs. 2 S. 3 BeamtStG i.V.m. z.B. § 104 Abs. 1 S. 1 LBG NRW – vor allen Klagen ein Vorverfahren nach §§ 68 ff. VwGO durchzuführen ist, siehe § 126 Abs. 2 S. 1 BBG, § 54 Abs. 2 S. 1 BeamtStG.

138 Siehe etwa *Schenke* Verwaltungsprozessrecht Rn. 666.

139 **Dass** bei Zugrundlegung der von der Rechtsprechung vertretenen Ansicht der von A erhobene **Widerspruch unstatthaft** war, **ist für die Zulässigkeit** der **Fortsetzungsfeststellungsklage unschädlich**, vgl. *Ehlers*, in: ders./ Schoch, Rechtsschutz im Öffentlichen Recht § 26 Rn. 48.

VII.　(Keine) Klagefrist

Ebenfalls Uneinigkeit besteht hinsichtlich der weiteren Frage, ob im Fall des vorprozessualen Eintritts des erledigenden Ereignisses die Erhebung der Fortsetzungsfeststellungsklage fristgebunden ist oder nicht.

Insbesondere früher wurde insoweit vertreten, dass aufgrund der Rechtsnatur der Fortsetzungsfeststellungsklage als verlängerte Anfechtungsklage die für diese geltenden Klagefristen des § 74 Abs. 1 S. 1 VwGO (bei vorheriger Durchführung des Widerspruchsverfahrens) bzw. des § 74 Abs. 1 S. 2 VwGO (falls die vorherige Durchführung des Widerspruchsverfahrens nach § 68 Abs. 1 S. 2 VwGO nicht erforderlich war) entsprechend anwendbar seien; sofern es an einer fehlerfreien Rechtsbehelfsbelehrung fehlte, wurde die Jahresfrist des § 58 Abs. 2 VwGO herangezogen.[140]

Nach der neueren Rechtsprechung[141] gilt im Fall der Erledigung vor Klageerhebung und vor Eintritt der formellen Bestandskraft[142] dagegen überhaupt keine Klagefrist. Deren Sinn und Zweck, die Bestandskraft des Verwaltungsakts zu schützen, komme bei einem erledigten Verwaltungsakts nämlich von vornherein nicht zum Tragen. Auch die mit Widerspruch und Klage nach § 80 Abs. 1 S. 1 VwGO regelmäßig eintretende aufschiebende Wirkung könne in diesen Fällen nicht mehr erreicht werden. Einem etwaigen Missbrauch des Klagerechts noch nach „Jahr und Tag" könne mit dem Institut der Verwirkung begegnet werden.

Gegen den ihm am 16.11. bekannt gegebenen Verwaltungsakt „Sicherstellung" plant A bereits am 6.12. des Jahres, d.h. binnen drei Wochen, Klage beim zuständigen VG zu erheben. Hat er damit aber sogar die strengsten der vorgenannten Anforderungen erfüllt, so bedarf es vorliegend keiner Stellungnahme zum dargestellten Fristenstreit. Auch unter diesem zeitlichen Gesichtspunkt begegnet die Zulässigkeit der Klage des A daher keinen durchgreifenden Bedenken.

VIII.　Fortsetzungsfeststellungsinteresse

Als besondere Ausprägung des allgemeinen Rechtsschutzbedürfnisses verlangt § 113 Abs. 1 S. 4 VwGO (analog) schließlich noch, dass der Kläger ein „berechtigtes Interesse" an der gerichtlichen Feststellung der Rechtswidrigkeit des erledigten Verwaltungsakts hat. Dieses Fortsetzungsfeststellungsinteresse liegt insbesondere dann vor, wenn Wiederholungsgefahr besteht, der Kläger über ein Rehabilitationsinteresse verfügt oder die Fortsetzungsfeststellungsklage der Vorbereitung eines zivilrechtlichen Schadensersatzprozesses dient.[143]

Letzterer Aspekt scheidet hier allerdings bereits von vornherein aus, kommt die Präjudizialität des Fortsetzungsfeststellungsurteils doch nur für den vorliegend nicht gegebenen Fall der Erledigung nach Klageerhebung in Betracht. In der hiesigen Situation der Erledigung vor Klageerhebung ist dagegen überhaupt noch keine verwaltungsprozessuale Vorarbeit geleistet worden, die es für ein anderes (Zivil-)Verfahren zu bewahren gälte. Hinsichtlich einer etwaigen Wiederholungsgefahr ergeben sich aus dem mitgeteilten Sachverhalt keine Anhaltspunkte, so dass ein Fortsetzungsfeststellungsinteresse des A unter dem Gesichtspunkt des Rehabilitationsinteresses zu prüfen bleibt.

Dieses ist dann zu bejahen, wenn ein Verwaltungsakt zusätzlich zu seiner erledigten belastenden Wirkung einen nicht unerheblichen diskriminierenden, ehrenrührigen Inhalt aufweist, der dem Ansehen des Betroffenen abträglich ist. Insbesondere polizeiliche Maßnahmen gehören zu dieser Fallgruppe, in der sich der Kläger von Negativbeurteilungen, beispielsweise als Störer i.S.d. Polizeirechts, befreien will.

140　Nachweise bei *Gersdorf* Verwaltungsprozessrecht Rn. 91.

141　Vgl. *BVerwGE* 109, 203 (206 f.).

142　Wurde die **Klagefrist** dagegen **versäumt**, so ist die **Klage unzulässig**, siehe *Ehlers* in: ders./ Schoch, Rechtsschutz im Öffentlichen Recht § 26 Rn. 64 Fn. 122.

143　Zur weiteren Fallgruppe des „**tiefgreifende**n **Grundrechtseingriff**s" bzw. des „**sich typischerweise kurzfristig erledigende**n **Verwaltungsakt**s" siehe Rn. 385.

Eben eine solche Qualifizierung des A als Störer beinhaltet auch die von L vor den Augen aller übrigen Passagiere sowie des Bordpersonals durchgeführte Sicherstellung des Mobiltelefons, vgl. § 17 Abs. 1 BPolG. Mit der beabsichtigen Klage versucht A nunmehr, sich von dieser Negativbeurteilung zu befreien, welche auch im Zeitpunkt der Entscheidung noch fortwirkt. Damit verfügt A über ein „berechtigtes Interesse" i.S.v. § 113 Abs. 1 S. 4 VwGO.

Sonstige Bedenken an der Zulässigkeit der Klage des A bestehen nicht. Folglich wäre diese zulässig.

PRÜFUNGSSCHEMA

6. Allgemeine Leistungsklage

Abweichend von den übrigen in Rn. 124 genannten Klagearten ist die **allgemeine Leistungsklage** in der VwGO zwar nicht ausdrücklich geregelt, doch wird sie an mehreren Stellen erwähnt (z.B. in § 43 Abs. 2 S. 1 und § 111 S. 1 VwGO) und ist als eigene Klageart mittlerweile gewohnheitsrechtlich anerkannt.[144]

190

Die allgemeine Leistungsklage ist statthaft, wenn das klägerische Begehren auf die gerichtliche Verurteilung des Beklagten zu einer bestimmten **Leistung**[145] (Handeln, Dulden oder Unterlassen, vgl. § 241 Abs. 1 BGB) gerichtet ist, **die nicht** – wie bei der Verpflichtungsklage als spezielle Form der Leistungsklage der Fall – **im Erlass eines Verwaltungsakts** oder dessen Beseitigung (dann: Anfechtungsklage), sondern vielmehr in einem rein tatsächlichen Verhalten **besteht** (Realakt). Demgemäß kann mit der allgemeinen Leistungsklage als

191

---

144 Hierzu sowie zum gesamten Folgenden siehe *OVG Lüneburg* BeckRS 2014, 49981; *Ehlers* in: ders./ Schoch, Rechtsschutz im Öffentlichen Recht § 24 Rn. 1 ff.; *Frenz* JA 2010, 329 ff.; *Gersdorf* Verwaltungsprozessrecht Rn. 99 ff.; *Hufen* Verwaltungsprozessrecht § 16 Rn. 1 ff., § 17 Rn. 1 ff.; *Schenke* Verwaltungsprozessrecht Rn. 226 ff., 343 ff., 1087 ff.; *Schmitt Glaeser/Horn* Verwaltungsprozessrecht Rn. 313, 377 ff.; *Sennekamp* in: Quaas/Zuck, Prozesse in Verwaltungssachen § 3 Rn. 99; *Tettinger/Wahrendorf* Verwaltungsprozessrecht § 18 Rn. 1 ff.; *Wolff* in: ders./Decker, VwGO/VwVfG Anh zu § 43 Rn. 30, 32; *Würtenberger* Verwaltungsprozessrecht Rn. 375 ff., 479 ff., 711 ff.

145 Der Leistungsanspruch kann **gegenwärtig** bestehen oder auch erst in der **Zukunft** liegen, vgl. § 173 S. 1 VwGO i.V.m. § 257 ff. ZPO. Bestand der Anspruch dagegen nur in der Vergangenheit, so ist nach h.M. die allgemeine Feststellungsklage (§ 43 Abs. 1 VwGO) statthaft.

„Auffangklage"[146] bzw. „prozessuale ‚Mehrzweckwaffe'"[147] nicht nur vom Bürger ein Verhalten eines Hoheitsträgers (z.B. Folgenbeseitigung), sondern umgekehrt auch von einem Hoheitsträger als Kläger ein bestimmtes Verhalten des Bürgers verlangt werden (z.B. Abgabenzahlung; vgl. aber Rn. 370 zum Rechtsschutzbedürfnis). Schließlich ist die allgemeine Leistungsklage auch im Verhältnis verschiedener Träger hoheitlicher Gewalt sowie ebenfalls bei Innenrechtsstreitigkeiten, d.h. zwischen Organ(teil)en derselben juristischen Person des öffentlichen Rechts, statthaft (z.B. Kommunalverfassungsstreit; str.[148]). Ebenso wie bei der Verpflichtungsklage gestaltet das Gericht auch bei der allgemeinen Leistungsklage im Fall des Obsiegens des Klägers die Rechtslage allerdings nicht selbst um, sondern verurteilt den Beklagten vielmehr zu einer entsprechenden Leistung.

192 **Beispiele** Klage auf Widerruf einer von einem Amtsträger geäußerten Tatsachenbehauptung, auf Auszahlung einer von der Behörde bewilligten Geldleistung, auf Reparatur einer Straße, auf Rückgängigmachung der Umsetzung eines Beamten, auf Verurteilung des Bürgers zur Leistung gemäß dessen Verpflichtung aus einem öffentlich-rechtlichen Vertrag, auf Kostenerstattung zwischen verschiedenen öffentlich-rechtlichen Körperschaften, auf Rückgängigmachung des Ausschlusses eines Gemeinderatsmitglieds von zukünftigen Sitzungen durch den Bürgermeister. ■

193 Hinsichtlich der **Abgrenzung** der allgemeinen Leistungsklage zur **Anfechtungsklage** nach § 42 Abs. 1 Alt. 1 VwGO gilt: Wendet sich der Bürger gegen ein tatsächliches hoheitliches Handeln, das einen Verwaltungsakt vollzieht (z.B. Beschlagnahme einer Sache), so kann die tatsächliche Leistung (z.B. Herausgabe der Sache) frühestens mit der zeitgleichen Aufhebung des zugrundeliegenden Verwaltungsakts verlangt werden. Allerdings kann sich im Wege der Auslegung bzw. Umdeutung ergeben, dass mit der Klage auf Rückgängigmachung der Vollziehung zugleich die Anfechtung des zugrundeliegenden Verwaltungsakts begehrt wird. Zur Abgrenzung der allgemeinen Leistungsklage zur **Verpflichtungsklage** (§ 42 Abs. 1 Alt. 2 VwGO) siehe Rn. 150.

194 **Beispiele**[149] In dem in Rn. 180 gebildeten Beispielsfall bereut E es jetzt, die 1000 € gezahlt zu haben und möchte daher eine auf Rückzahlung der 1000 € gerichtete Leistungsklage vor dem VG erheben. Wäre diese erfolgreich?

Nein. Zwar wäre die allgemeine Leistungsklage hier statthaft, weil es sich bei der von E begehrten Handlung, der Zahlung der 1000 €, um einen Realakt handelt. Doch wäre eine solche Klage vorliegend deshalb ohne Erfolg, weil in Gestalt des Gebührenbescheids (Verwaltungsakt) ein Rechtsgrund (*causa*) für die erfolgte Vermögensverschiebung besteht. Richtigerweise müsste E diesen daher nach § 42 Abs. 1 Alt. 1 VwGO anfechten, wobei er gem. § 113 Abs. 1 S. 2 VwGO zugleich einen Annexantrag auf Rückzahlung des Geldes stellen könnte. ■

195 Entsprechend dem jeweiligen klägerischen Begehren kann typologisch zwischen solchen allgemeinen Leistungsklagen differenziert werden, mit denen der Kläger die Verurteilung des Beklagten zu einem Tun (**Vornahmeklage**; z.B. Entfernung einer Straßenlaterne), zu

---

146 *Hufen* Verwaltungsprozessrecht § 17 Rn. 1.
147 *Steiner* JuS 1984, 853.
148 Siehe die Nachweise bei *Schenke* Verwaltungsprozessrecht Rn. 228. Demgegenüber tendiert die h.M. dazu, bei Innenrechtsstreitigkeiten die **allgemeine Feststellungsklage** als statthaft anzusehen, siehe *Hufen* Verwaltungsprozessrecht § 21 Rn. 12 und vgl. Übungsfall Nr. 6.
149 Nach *Wolff* in: ders./Decker, VwGO/VwVfG Anhang zu § 43 VwGO Rn. 14.

einem Unterlassen (vgl. § 169 Abs. 2 VwGO; **Unterlassungsklage**, z.B. Unterlassen des künftigen Betriebs der Straßenlaterne) oder zu beidem erstrebt (z.B. Klage sowohl auf Widerruf einer getätigten ehrverletzenden Äußerung als auch auf deren zukünftiges Unterlassen). In den beiden letztgenannten Fällen ist v.a. im Hinblick auf den Prüfungspunkt des allgemeinen Rechtsschutzbedürfnisses die weitere Unterscheidung zwischen den verschiedenen Erscheinungsformen der Unterlassungsklage als quasi „negativer Leistungsklage"[150] von Relevanz: Ist das Verwaltungshandeln, dessen Abwehr der Kläger begehrt,

- bereits eingetreten, d.h. geht es um dessen Beendigung (z.B. Unterlassen andauernder Immissionen), so spricht man von einer **allgemeinen Unterlassungsklage**; **196**

- noch nicht eingetreten, d.h. droht dieses erst in der Zukunft, so spricht man von einer **vorbeugenden Unterlassungsklage**. Hat das drohende Verwaltungshandeln **197**

  - **Verwaltungsakt**qualität (z.B. angekündigtes Beschäftigungsverbot nach § 21 Abs. 1 GastG), so wurde namentlich früher bereits die Statthaftigkeit einer derartigen „Verwaltungsaktsverhütungsklage"[151] in Frage gestellt.[152] Denn nach der Entscheidung des Gesetzgebers gewähre die VwGO grundsätzlich nur nachträglichen (repressiven) Rechtsschutz gegen bereits ergangene hoheitliche Maßnahmen (vgl. §§ 42, 68 ff. VwGO), was in Anbetracht der Rückwirkung der Aufhebung eines Verwaltungsakts (vgl. § 113 Abs. 1 S. 1 VwGO), des grundsätzlichen Suspensiveffekts von Widerspruch und Anfechtungsklage (§ 80 Abs. 1 S. 1 VwGO), der Möglichkeit der behördlichen Aussetzung der Vollziehung (§ 80 Abs. 4 VwGO) sowie der gerichtlichen Anordnung bzw. Wiederherstellung der aufschiebenden Wirkung (§ 80 Abs. 5 S. 1 VwGO) den sich aus Art. 19 Abs. 4 S. 1 GG ergebenden Anforderungen an einen effektiven Rechtsschutz i.d.R. auch genüge. Würde man dagegen auch solche Klagen zulassen, mit denen der Bürger vorbeugenden (präventiven) Rechtsschutz gegen den erst in der Zukunft drohenden Erlass eines bestimmten Verwaltungsakts begehrt, so würden hierdurch die besonderen Zulässigkeitsvoraussetzungen der §§ 42, 68 ff., 74 VwGO ausgehöhlt und über dies in einen noch nicht abgeschlossenen Entscheidungsprozess der Verwaltung eingegriffen, d.h. gegen das grundgesetzliche Gewaltenteilungsprinzip (Art. 20 Abs. 2 S. 2 GG) verstoßen. Da allerdings auch mittels der vorgenannten, allesamt nachträglichen Instrumentarien in bestimmten Fällen ein i.S.v. Art. 19 Abs. 4 S. 1 GG wirksamer Rechtsschutz ausnahmsweise nicht erlangt werden kann (so z.B. regelmäßig gegen eine unter Verletzung von Art. 33 Abs. 2 GG erfolgte Beamtenernennung), ist die Statthaftigkeit der (vorbeugenden) Unterlassungsklage – als Unterfall der allgemeinen Leistungsklage – gegen den bevorstehenden Erlass eines Verwaltungsakts heute gleichwohl weitgehend anerkannt.[153] Im Ergebnis zulässig ist eine solche Klage freilich insbesondere nur dann, wenn der Kläger über ein qualifiziertes Rechtsschutzbedürfnis verfügt; **198**

  - **kein**e **Verwaltungsakt**qualität, sondern schlicht-hoheitlicher Natur, so können die vorgenannten Bedenken von vornherein nicht greifen. Denn selbst bei erst nachträglichem Rechtsschutz hiergegen (z.B. **Realakt** wie drohender lebensmittelrechtlicher Warnhinweis) wäre dann mangels Vorliegens eines Verwaltungsakts nicht **199**

---

150 *Hufen* Verwaltungsprozessrecht § 16 Rn. 3.

151 *Würtenberger* Verwaltungsprozessrecht Rn. 482, 484.

152 Siehe etwa *Schmitt Glaeser/Horn* Verwaltungsprozessrecht Rn. 313.

153 Siehe beispielsweise *Ehlers* in: ders./Schoch, Rechtsschutz im Öffentlichen Recht § 24 Rn. 24.

die Anfechtungsklage nach § 42 Abs. 1 Alt. 1 VwGO statthaft, so dass deren besondere Zulässigkeitsvoraussetzungen auch nicht durch eine vorbeugende Unterlassungsklage umgangen werden. Zu beachten ist freilich auch insoweit der Vorrang der Anfechtungsklage: So muss etwa der Nachbar eines genehmigungsbedürftigen Vorhabens Anfechtungsklage gegen die immissionsrechtliche Genehmigung erheben und kann sich nicht mit der Unterlassungsklage gegen die von der Genehmigung umfassten faktischen Beeinträchtigungen zur Wehr setzen. Geht es dem Kläger darum, den zukünftigen Erlass einer untergesetzlichen Rechtsnorm (Rechtsverordnung, Satzung) zu verhindern, so ist für eine solche „Normunterlassungsklage" als *actus contrarius* zur „Normerlassklage" ebenfalls die allgemeine Feststellungsklage nach § 43 Abs. 1 VwGO statthaft (str.[154]).

200   Unabhängig von der Rechtsnatur des drohenden Verwaltungshandelns muss dieses freilich bereits stets derart **bestimmt** (konkret) sein, dass es einer gerichtlichen Überprüfung zugänglich ist.

---

154 So z.B. *Würtenberger* Verwaltungsprozessrecht Rn. 711. **A.A.** etwa *Hufen* Verwaltungsprozessrecht § 16 Rn. 11 (allgemeine Leistungsklage); *Schenke* Verwaltungsprozessrecht Rn. 1089 ff. (generelle Bedenken gegenüber dem vorbeugenden Rechtsschutz gegen untergesetzliche Rechtsnormen).

7.   (Nichtigkeits-)Feststellungsklage

Gem. § 43 Abs. 1 VwGO kann durch Klage die Feststellung des Bestehens[155] oder Nichtbestehens[156] eines Rechtsverhältnisses (**allgemeine Feststellungsklage**) oder der Nichtigkeit eines Verwaltungsakts (**Nichtigkeitsfeststellungsklage**) begehrt werden, wenn der Kläger ein berechtigtes Interesse an der baldigen Feststellung hat.[157]   **202**

Anders als die Anfechtungsklage bewirkt die Feststellungsklage **keine unmittelbare Rechtsänderung** und verschafft dem erfolgreichen Kläger **auch nicht** – wie bei der Verpflichtungs- und der allgemeinen Leistungsklage der Fall – einen auf ein bestimmtes Tun, Dulden oder Unterlassen gerichteten **vollstreckbaren Titel**; ein Feststellungsurteil ist nur hinsichtlich der Kosten vollstreckbar. Vielmehr handelt es sich bei ihr um einen rein prozessualen Rechtsbehelf, von dem typischerweise bei unklarer Rechtslage Gebrauch gemacht wird und der allein auf die verbindliche Feststellung des Rechts gerichtet ist.   **203**

Beispiele   Klage auf Feststellung, dass es für eine bestimmte Tätigkeit nicht einer gewerberechtlichen Erlaubnis bedarf; Klage auf Feststellung, dass die auf Fällung eines bereits umgestürzten Baumes gerichtete Verfügung nichtig ist. ■   **204**

> „**Rechtsverhältnis**" i.S.v. § 43 Abs. 1 Alt. 1 VwGO sind „die rechtlichen Beziehungen [...], die sich aus einem konkreten Sachverhalt auf Grund einer öffentlich-rechtlichen Norm für das Verhältnis von (natürlichen oder juristischen) Personen[158] untereinander oder einer Person zu einer Sache ergeben."[159]   **205**

An sich ist diese Standarddefinition rechtstheoretisch insoweit nicht haltbar, als sie von der Existenz öffentlich-rechtlicher Beziehungen von einer **Person zu einer Sache** ausgeht. Denn Rechtsbeziehungen können nur zwischen Rechtssubjekten bestehen. Sie lässt sich aber dann aufrechterhalten, wenn man die Formulierung „rechtlichen Beziehungen einer Person [...] zu einer Sache" als Verkürzung für die Vielzahl personaler Rechtsbeziehungen in Ansehung einer Sache (z.B. einer öffentlichen Straße) versteht.[160]   **206**

Stehen nur **einzelne** sich aus einem Rechtsverhältnis (z.B. Beamtenverhältnis als einem „Bündel von Rechten und Pflichten") ergebende **Rechte und Pflichten** (z.B. zur Tragung von Dienstkleidung) in Streit, so können auch diese alleiniger Gegenstand der allgemeinen Feststellungsklage sein. **Nicht** feststellungsfähig sind demgegenüber **unselbstständige Elemente, Tatbestandsmerkmale oder Vorfragen** eines Rechtsverhältnisses wie etwa die Eigenschaften einer Person (z.B. Zuverlässigkeit i.S.v. § 4 Abs. 1 Nr. 1 GastG) oder einer Sache   **207**

---

155 Sog. **positive Feststellungsklage**.

156 Sog. **negative Feststellungsklage**.

157 Zum gesamten Folgenden siehe *BVerwGE* 111, 276; 136, 54; *BVerwG* NVwZ 2007, 1311; *Ehlers* in: ders./ Schoch, Rechtsschutz im Öffentlichen Recht § 24 Rn. 1, § 25 Rn. 1 ff.; *Geis/Schmidt* JuS 2012, 599 ff.; *Gersdorf* Verwaltungsprozessrecht Rn. 116 ff.; *Hufen* Verwaltungsprozessrecht § 18 Rn. 1 ff.; *Kopp/Schenke* VwGO § 43 Rn. 26; *Schenke* Verwaltungsprozessrecht Rn. 374 ff., 1064 ff.; *Schmitt Glaeser/Horn* Verwaltungsprozessrecht Rn. 326 ff.; *Tettinger/Wahrendorf* Verwaltungsprozessrecht § 19 Rn. 1 ff.; *Würtenberger* Verwaltungsprozessrecht Rn. 396 ff., 438 ff.

158 Einschließlich der einem **Organ**(teil) einer juristischen Person des öffentlichen Rechts im Verhältnis zu deren anderen Organen zustehenden Rechte.

159 *BVerwGE* 136, 54 (57).

160 *Ehlers* in: ders./Schoch, Rechtsschutz im Öffentlichen Recht § 25 Rn. 10; *Schenke* Verwaltungsprozessrecht Rn. 378 f.

(z.B. die Bebaubarkeit eines Grundstücks), sofern mit ihnen keine unmittelbaren Rechte oder Pflichten verbunden sind (so aber z.B. bei der Staatsangehörigkeit). Auch ein **Verwaltungsakt** ist selbst kein Rechtsverhältnis, sondern kann nur entweder auf einem solchen beruhen oder aber dieses begründen, verändern oder beenden; es ist zwischen der Regelung (vgl. § 35 S. 1 VwVfG) und der von ihr ausgehenden rechtlichen Beziehung (Rechtsverhältnis) zu differenzieren. Eine über bloße **Tatsachen** geführte Streitigkeit (z.B. bezüglich der Echtheit einer Urkunde) betrifft schließlich ebenfalls kein „Rechts"verhältnis i.S.v. § 43 Abs. 1 Alt. 1 VwGO.

208   Voraussetzung für die Existenz einer sich aus einer öffentlich-rechtlichen Rechtsnorm ergebenden rechtlichen Beziehung zwischen Personen (ggf. in Ansehung einer Sache) ist das Vorhandensein zumindest eines **subjektiv-öffentlichen Rechts**. Dieses muss sich aus der Anwendung einer bestimmten Norm auf einen **konkreten** (überschaubaren) **Sachverhalt** ergeben. Die allgemeine Feststellungsklage ist keine „allgemeine ‚Auskunftsklage' über die Rechtslage ohne konkreten Anlass. Notwendig ist immer ein konkreter ‚Auslöser'"[161], der die Rechtsfrage verdichtet. Deshalb können rein **abstrakte** („akademische"[162]) **Rechtsfragen nicht** Gegenstand einer allgemeinen Feststellungsklage sein (z.B. Bedeutung des Merkmals „Unzuverlässigkeit" in § 35 Abs. 1 S. 1 GewO).

209   Aus dem Vorstehenden folgt ferner, dass im Rahmen von § 43 Abs. 1 Alt. 1 VwGO die (Un-)**Wirksamkeit eines Gesetzes** nicht unmittelbar, sondern nur **inzident** als Vorfrage geltend gemacht werden kann – nämlich insofern, als um die Frage gestritten wird, ob sich aus der Anwendung der betreffenden Vorschrift auf einen konkreten Fall Rechte oder Pflichten für den Kläger ergeben, d.h. das streitige Rechtsverhältnis besteht (z.B. Klage auf Feststellung des Nichtbestehens der Mitgliedschaft in einer öffentlich-rechtlichen Körperschaft mit der Begründung, dass das diese Zwangsmitgliedschaft begründende Gesetz ungültig sei). Das ist dann nicht der Fall, wenn die jeweilige Norm wegen Verstoßes gegen höherrangiges Recht unwirksam ist, worüber bei Gesetzen im nur materiellen Sinn (Rechtsverordnungen und Satzungen) – anders als bei nachkonstitutionellen Parlamentsgesetzen (dann: Vorlage an das betreffende Verfassungsgericht gem. Art. 100 Abs. 1 GG) – das jeweilige VG selbst entscheidet. Die Ausschöpfung dieser Möglichkeit der inzidenten Normenkontrolle ist nach der Rechtsprechung des BVerfG zum Grundsatz der Subsidiarität der Verfassungsbeschwerde regelmäßig (Ausnahme z.B. straf-/bußgeldbewehrte Norm) Zulässigkeitsvoraussetzung einer nachfolgenden (Rechtssatz-)Verfassungsbeschwerde gem. Art. 93 Abs. 1 Nr. 4a GG, §§ 13 Nr. 8a, 90 ff. BVerfGG. Keinesfalls aber darf die in § 47 VwGO eigens vorgesehene abstrakte bzw. prinzipale Normenkontrolle dadurch umgangen werden, dass mittels einer auf einen nur erdachten oder noch ungewissen zukünftigen Sachverhalt gestützten allgemeinen Feststellungsklage die Gültigkeit einer Rechtsnorm geklärt werden soll. Dasselbe gilt für Klagen, die auf Feststellung der Unanwendbarkeit einer Rechtsnorm wegen Verstoßes gegen das Europarecht gerichtet sind.

210   Die insbesondere von der Rechtsprechung[163] zusätzlich zum Vorstehenden im Rahmen der Statthaftigkeit noch geforderte **Streitigkeit des Rechtsverhältnisses** ist richtigerweise erst beim Feststellungsinteresse zu verorten. Namentlich ist das subjektiv-öffentliche Recht, welches das Rechtsverhältnis i.S.v. § 43 Abs. 1 Alt. 1 VwGO begründet, nicht davon abhängig, ob es bestritten wird oder nicht. Im Übrigen liegt dann, wenn es an einem Meinungsstreit fehlt, bereits keine „Streitigkeit" i.S.v. § 40 Abs. 1 S. 1 VwGO vor.

---

161   *Hufen* Verwaltungsprozessrecht § 18 Rn. 11.
162   *Kopp/Schenke* VwGO § 43 Rn. 14.
163   *BVerwGE* 136, 54 (58).

Da § 43 Abs. 1 Alt. 1 VwGO keine weitergehenden Anforderungen an das festzustellende **211** Rechtsverhältnis stellt, kann es sich bei diesem sowohl um ein **Außenrechtsverhältnis** zwischen Staat und Bürger bzw. verschiedenen Verwaltungsträgern als auch um ein **Innenrechtsverhältnis** handeln (zum Kommunalverfassungsstreit siehe Übungsfall Nr. 6). Ferner muss das Rechtsverhältnis i.S.v. § 43 Abs. 1 Alt. 1 VwGO nicht – wie jedoch regelmäßig der Fall – **zwischen Kläger und Beklagtem**, sondern kann ebenfalls **zwischen dem Beklagten und einem Dritten** bestehen (Drittrechtsverhältnis; z.B. Klage des Unternehmers U auf Feststellung, dass der von der Stadt S mit seinem Konkurrenten K geschlossene öffentlich-rechtliche Subventionsvertrag unwirksam ist). Im letztgenannten Fall ist allerdings besonderes Augenmerk auf die weiteren Zulässigkeitsvoraussetzungen der Klagebefugnis, des richtigen Klagegegners sowie des Feststellungsinteresses zu legen. „Eine Feststellungsklage gegen den Normgeber kommt […] nur dann in Betracht, wenn die Rechts[norm] unmittelbar Rechte und Pflichten der Betroffenen begründet, ohne dass eine Konkretisierung oder Individualisierung durch Verwaltungsvollzug vorgesehen oder möglich", d.h. i.d.S. *self-executing*", ist.[164]

Unerheblich für die Statthaftigkeit der allgemeinen Feststellungsklage ist schließlich auch, ob **212** das Rechtsverhältnis ein solches der **Vergangenheit** (erledigter Realakt; z.B. Klage auf Feststellung, dass die im vergangenen Jahr durchgeführte Observation durch die Polizei rechtswidrig war), der **Gegenwart** oder der **Zukunft**[165] ist (z.B. Klage des Beamten auf Feststellung, dass im Fall seines Vorversterbens seine Ehefrau einen Anspruch auf Versorgungsbezüge hat; siehe aber noch Rn. 389 zum Feststellungsinteresse).

Allerdings kann nach § 43 Abs. 2 S. 1 VwGO die Feststellung des Bestehens oder Nichtbestehens **213** eines Rechtsverhältnisses nicht begehrt werden, d.h. die allgemeine Feststellungsklage ist unstatthaft, soweit der Kläger seine Rechte durch Gestaltungs- oder Leistungsklage verfolgen kann oder hätte verfolgen können. Der Sache nach handelt es sich bei dieser **Subsidiaritätsklausel** um eine spezielle Ausprägung des Rechtsschutzbedürfnisses, das der Gesetzgeber jedoch bereits mit der Statthaftigkeit der allgemeinen Feststellungsklage verknüpft hat, vgl. § 43 Abs. 2 S. 1 VwGO („kann nicht begehrt werden"). Hierdurch hat er das Verhältnis dieser Klageart zur Anfechtungs-, Verpflichtungs-, Fortsetzungsfeststellungs- und allgemeinen Leistungsklage (str.; Rn. 216) geregelt. Dies war notwendig, weil unter den weiten Begriff des „Rechtsverhältnisses" i.S.v. § 43 Abs. 1 Alt. 1 VwGO u.a. auch Rechte und Pflichte aus einem Verwaltungsakt sowie Ansprüche auf Leistung (inkl. Unterlassung) fallen. Wegen der prinzipiellen Gleichwertigkeit der unterschiedlichen Rechtswege gilt die Subsidiaritätsklausel rechtswegübergreifend auch im Verhältnis zu solchen Gestaltungs- und Leistungsklagen, die vor anderen als den allgemeinen VGen (z.B. den Zivilgerichten) erhoben werden können, was praktisch allerdings kaum einmal von Bedeutung sein dürfte. Nicht zur Anwendung gelangt § 43 Abs. 2 S. 1 VwGO dagegen im Verhältnis zur Nichtigkeitsklage natürlicher oder juristischer Personen gem. Art. 263 Abs. 4 AEUV. Denn die Subsidiaritätsklausel bezieht sich nur auf den nationalen Rechtsschutz. Zuständig für Entscheidungen im ersten Rechtszug über Klagen nach Art. 263 Abs. 4 AEUV ist aber das (europäische) Gericht, Art. 256 Abs. 1 S. 1 AEUV. Deutsche Gerichte sind hingegen nicht befugt, über die Gültigkeit von EU-Recht zu entscheiden.

---

164 *BVerwGE* 136, 54 (59 f.).

165 „Ein zukünftiges Rechtsverhältnis ist dann gegeben, wenn ein subjektives Recht derzeit noch nicht besteht, sondern von Umständen abhängt, deren zukünftiger Eintritt wahrscheinlich ist", *Schenke* Verwaltungsprozessrecht Rn. 406.

214   Hintergrund der Regelung in § 43 Abs. 2 S. 1 VwGO ist zum einen ein prozessökonomischer. Da mittels der allgemeinen Feststellungsklage lediglich ein Recht festgestellt werden kann, nicht aber die Rechtslage unmittelbar verändert und auch kein vollstreckbarer Titel geschaffen wird, würde es eine unnötige **doppelte Inanspruchnahme der Gerichte** bedeuten, wenn der die Aufhebung bzw. den Erlass eines bestimmten Verwaltungsakts begehrende Kläger zunächst lediglich auf die Feststellung der fehlenden staatlichen Befugnis bzw. der bestehenden staatlichen Verpflichtung zum Erlass dieses Verwaltungsakts und – falls der unterlegene Beklagte nicht freiwillig dazu bereit ist, die entsprechenden Konsequenzen aus einem solchen, nicht vollstreckbaren Feststellungsurteil zu ziehen – erst im Anschluss daran in einem weiteren Prozess auf die gerichtliche Aufhebung bzw. Verurteilung zum Erlass des Verwaltungsakts klagen würde. Vielmehr soll der Rechtsstreit auf das eine Verfahren konzentriert werden, welches für den Kläger am rechtsschutzintensivsten ist (so z.B. die Verpflichtungsklage auf Verurteilung zur Erteilung einer Baugenehmigung im Vergleich zur Klage auf bloße gerichtliche Feststellung, dass die Behörde zur Genehmigungserteilung verpflichtet ist). Bietet die allgemeine Feststellungsklage (z.B. auf Feststellung des Nichtbestehens der Mitgliedschaft in einer öffentlich-rechtlichen Körperschaft) dem Kläger im konkreten Fall allerdings **ausnahmsweise** ein „Mehr" an Rechtsschutz (z.B. zu keinem Zeitpunkt Mitgliedsbeiträge zahlen zu müssen) als eine Gestaltungs- oder Leistungsklage (z.B. gegen jeden einzelnen Beitragsbescheid), so ist sie unter dem Gesichtspunkt der Vermeidung einer Vielzahl von Prozessen sehr wohl statthaft. Dasselbe trifft zu, wenn das Anliegen des Klägers im Rahmen einer Gestaltungs- oder Leistungsklage lediglich als – der Rechtskraft nicht fähige – Vorfrage behandelt würde.

215   Zum anderen **verhindert** § 43 Abs. 2 S. 1 VwGO, **dass die besonderen Zulässigkeitsvoraussetzungen** der Anfechtungs- und Verpflichtungsklage (§§ 68 ff., 74 VwGO) durch Erhebung einer allgemeinen Feststellungsklage **umgangen werden** (bei der behördlichen Befugnis zum Erlass eines Verwaltungsakts handelt es sich um ein Rechtsverhältnis i.S.v. § 43 Abs. 1 Alt. 1 VwGO). Konsequenterweise greift die Subsidiaritätsklausel auch dann, wenn die an sich statthafte spezielle Klageart im konkreten Fall – z.B. wegen Verfristung – nicht mehr zulässig ist, vgl. § 43 Abs. 2 S. 1 VwGO („hätte verfolgen können"; z.B. Klage auf Feststellung der Unzulässigkeit der bestimmungsgemäßen Nutzung eines Luftverkehrslandeplatzes nach Verstreichenlassen der Anfechtungsfrist der vorangegangenen luftverkehrsrechtlichen Genehmigung). Ergibt sich die Möglichkeit einer Gestaltungs- oder Leistungsklage dagegen erst nach Erhebung der allgemeinen Feststellungsklage, so scheitert deren Zulässigkeit nicht an § 43 Abs. 2 S. 1 VwGO.[166]

216   Entgegen dem Wortlaut von § 43 Abs. 2 S. 1 VwGO, der neben Gestaltungsklagen ausdrücklich auch die **allgemeine Leistungsklage** erfasst, hält das BVerwG[167] – im Anschluss an die Rechtsprechung der Zivilgerichte zu § 256 Abs. 1 ZPO – die Subsidiaritätsklausel insoweit nicht für anwendbar, als sich die allgemeine Feststellungsklage gegen eine juristischen Person des öffentlichen Rechts richtet (Folge: Wahlmöglichkeit des Bürgers zwischen diesen beiden Klagearten). Denn besondere Zulässigkeitsvoraussetzungen, deren Umgehung im Wege der allgemeinen Feststellungsklage durch § 43 Abs. 2 S. 1 VwGO verhindert werden soll, gebe es bei der allgemeinen Leistungsklage nicht und es könne aufgrund der Gesetzesbindung der Verwaltung (Art. 20 Abs. 3 GG) davon ausgegangen werden, dass diese sich auch ohne

---

166   So die h.M., etwa *Schmidt Glaeser/Horn* Verwaltungsprozessrecht Rn. 338. **A.A.** *Hufen* Verwaltungsprozessrecht § 18 Rn. 7.
167   Siehe nur *BVerwGE* 36, 179 (181 f.); *BVerwG* NJW 1997, 2534 (2535); NVwZ 2001, 1057 m.w.N.

den von einem vollstreckbaren Leistungstitel ausgehenden Druck entsprechend der bloßen gerichtlichen Feststellung der Rechtslage verhalten werde ("Ehrenmanntheorie"). Dass dieses Argument des durchweg rechtstreuen Verhaltens der Verwaltung letztlich jedoch nicht verfängt, ist im Schrifttum[168] herausgearbeitet worden: Nicht nur nehmen in der Rechtswirklichkeit juristische Personen des öffentlichen Rechts typischerweise die Beklagtenrolle einer allgemeinen Feststellungsklage ein, so dass eine insoweit erfolgende teleologische Reduktion der Subsidiaritätsklausel zu ihrem weitgehenden Leerlauf führen würde. Vielmehr belegt darüber hinaus die Existenz des die Vollstreckung von Urteilen gegen eine juristische Person des öffentlichen Rechts regelnden § 170 VwGO, dass der Gesetzgeber gerade nicht von deren stets freiwilliger Befolgung gerichtlicher Entscheidungen ausgeht, vgl. ferner § 172 VwGO. Doch auch die Annahme, dass sich die Funktion von § 43 Abs. 2 S. 1 VwGO darauf beschränke, die Umgehung der besonderen Zulässigkeitsvoraussetzungen der Anfechtungs- und Verpflichtungsklage zu verhindern, sei nicht zutreffend. Denn wäre dies der Fall, hätte es ausgereicht, die Subsidiarität allein bzgl. dieser beiden Klagearten anzuordnen. Da der Gesetzgeber mit der Normierung von § 43 Abs. 2 S. 1 VwGO aber eine darüber hinausgehende Regelung zum Rechtsschutz treffen wollte, ist in dieser Vorschrift allgemein von "Gestaltungs-" und "Leistungsklagen" die Rede.

Hinsichtlich der **Nichtigkeitsfeststellungsklage** (§ 43 Abs. 1 Alt. 2 VwGO) gilt, dass es im Rahmen ihrer Statthaftigkeit allein auf das objektive Vorliegen eines Verwaltungsakts ankommt (Rn. 129 ff.). Ob dieser tatsächlich nichtig ist (§ 44 Abs. 1, 2 VwVfG), ist allein eine Frage der Begründetheit der Nichtigkeitsfeststellungsklage. Ebenfalls unerheblich für deren Statthaftigkeit ist, dass § 44 Abs. 5 VwVfG die Möglichkeit eröffnet, die Nichtigkeit eines Verwaltungsakts durch die Behörde feststellen zu lassen. Der besonderen Erwähnung der Nichtigkeitsfeststellungsklage in § 43 Abs. 1 Alt. 2 VwGO bedurfte es deshalb, weil ein Verwaltungsakt selbst kein Rechtsverhältnis i.S.v. § 43 Abs. 1 Alt. 1 VwGO ist. **217**

Die **Subsidiaritätsklausel** des § 43 Abs. 2 S. 1 VwGO findet nach dem ausdrücklichen Wortlaut von § 43 Abs. 2 S. 2 VwGO auf die Nichtigkeitsfeststellungsklage keine Anwendung, d.h. der Kläger hat insoweit ein Wahlrecht zwischen Erhebung der Anfechtungs- oder der Nichtigkeitsfeststellungsklage. Im Gegensatz zur kumulativen Erhebung dieser Klagen, die nach § 173 S. 1 VwGO i.V.m. § 17 Abs. 1 S. 2 GVG in Bezug auf denselben Verwaltungsakt unzulässig wäre, können Nichtigkeitsfeststellung- und Anfechtungsantrag als Haupt- bzw. Hilfsantrag gestellt werden. Die Vorschriften über das **Widerspruchsverfahren** (§§ 68 ff. VwGO) und die **Klagefrist** (§ 74 VwGO) finden auf die Nichtigkeitsfeststellungsklage grundsätzlich keine Anwendung (Ausnahme: Beamtenrecht, § 126 Abs. 2 S. 1 BBG bzw. § 54 Abs. 2 S. 1 BeamtStG). **218**

> ### Hinweis
>
> Grund dafür, dass der Kläger im Hinblick auf den verwaltungsgerichtlichen Rechtsschutz gegen **nichtige Verwaltungsakte** nach h.M. ein **Wahlrecht** zwischen der **Anfechtungsklage** nach § 42 Abs. 1 Alt. 1 VwGO und der **Nichtigkeitsfeststellungsklage** nach § 43 Abs. 1 Alt. 2 VwGO hat, ist, dass sich vielfach – insbesondere in den Fällen des § 44 Abs. 1 VwVfG – nur schwer beurteilen lässt, ob ein Verwaltungsakt "bloß rechtswidrig" oder darüber hinaus sogar nichtig ist. "Hier ist dem Adressaten […] **dringend zu raten**, Widerspruch einzulegen und **Anfechtungsklage zu erheben**, weil unsicher ist, ob das Gericht seine Einschätzung der

---

168 Statt vieler siehe *Ehlers* in: ders./Schoch, Rechtsschutz im Öffentlichen Recht § 24 Rn. 1, § 25 Rn. 39 m.w.N.; *Schenke* Verwaltungsprozessrecht Rn. 420.

Nichtigkeit des Verwaltungsakts auch teilt; ist dies nämlich nicht der Fall und nimmt das Gericht bloß Rechtswidrigkeit des Verwaltungsakts an, würde der Adressat [...] Widerspruchs- und Klagefrist versäumen und der [Verwaltungsakt] nach Ablauf dieser Fristen in Bestandskraft erwachsen."[169]

219 Allgemeine Feststellungsklage/Nichtigkeitsfeststellungsklage

Online-Wissens-Check

Trotz fehlender örtlicher Zuständigkeit erlässt die Bauaufsichtsbehörde B gegenüber Grundstückseigentümer G eine Abbruchverfügung. Welche verwaltungsgerichtlichen Rechtsschutzmöglichkeiten stehen G hiergegen zur Verfügung? Sind diese jeweils fristgebunden?

Überprüfen Sie jetzt online Ihr Wissen zu den in diesem Abschnitt erarbeiteten Themen. Unter **www.juracademy.de/skripte/login** steht Ihnen ein Online-Wissens-Check speziell zu diesem Skript zur Verfügung, den Sie kostenlos nutzen können. Den Zugangscode hierzu finden Sie auf der Codeseite.

---

169 *Würtenberger* Verwaltungsprozessrecht Rn. 272 m.w.N. Vgl. auch *ders.* a.a.O. Rn. 408.

IV. Zuständiges Gericht

Welches Gericht der gem. § 2 VwGO **dreistufig** aufgebauten Verwaltungsgerichtsbarkeit für **220** die Entscheidung über die konkrete Klage zuständig ist, ergibt sich insbesondere aus den §§ 45 ff. VwGO, die das Recht auf den gesetzlichen Richter (Art. 101 Abs. 1 S. 2 GG) präzisieren.[170] Die dort geregelten Zuständigkeitsvorschriften differenzieren zwischen der sachlichen (Rn. 221), instanziellen (Rn. 222) und örtlichen (Rn. 223) Zuständigkeit und sind – abweichend vom Zivilprozessrecht – **ausschließlich**. Die VwGO kennt weder Gerichtsstandsvereinbarungen (Prorogation, vgl. § 38 ZPO) noch eine Zuständigkeit infolge rügeloser Einlassung (vgl. § 39 ZPO). Das angerufene Gericht prüft seine Zuständigkeit **von Amts wegen**. Hält es sich für örtlich oder sachlich unzuständig,[171] **verweist** es gem. § 83 S. 1 VwGO i.V.m. §§ 17 bis 17b GVG den Rechtsstreit mit bindender Wirkung an das zuständige Gericht.

1. Sachliche Zuständigkeit

Die Vorschriften betreffend die **sachliche Zuständigkeit** beantworten die Frage, welche **221** Gerichte der Verwaltungsgerichtsbarkeit für das jeweilige Verfahren zuständig sind. Im Regelfall sind dies die VGe, die OVGe bzw. VGHe und das BVerwG. Abweichendes gilt hingegen etwa in Bezug auf das Normenkontrollverfahren gem. § 47 VwGO, für welches die OVGe, nicht aber die VGe, sachlich zuständig sind.

2. Instanzielle Zuständigkeit

Die **instanzielle Zuständigkeit** regelt, ob das sachlich zuständige Gericht erstinstanzlich oder als **222** Rechtsmittelgericht, d.h. als Berufungs-, Revisions- bzw. Beschwerdegericht, entscheidet. Nach dem in § 45 VwGO enthaltenen Grundprinzip entscheidet **im ersten Rechtszug** das VG – streitwertunabhängig – über alle Streitigkeiten, für die der Verwaltungsrechtsweg offensteht. Abweichend hiervon liegt die erstinstanzliche Zuständigkeit für Normenkontrollen (§ 47 Abs. 1 VwGO), Streitigkeiten betreffend die in § 48 Abs. 1 VwGO genannten Großvorhaben und bestimmte vereinsrechtliche Angelegenheiten (§ 48 Abs. 2 VwGO) beim OVG bzw. in den in § 50 VwGO genannten Fällen beim BVerwG (welches dann zugleich auch die letzte Instanz ist). Als **Rechtmittelgericht** entscheidet das OVG über die Berufung gegen Urteile (§ 46 Nr. 1 VwGO) und über Beschwerden gegen andere Entscheidungen (§ 46 Nr. 2 VwGO) des VG. Das BVerwG entscheidet gem. § 49 VwGO über das Rechtsmittel der Revision gegen Urteile des OVG nach § 132 VwGO sowie in den Fällen des § 134 VwGO (Sprungrevision) und des § 135 VwGO (Ausschluss der Berufung) ebenfalls gegen Urteile des VG. Ferner ist es für Beschwerden nach §§ 99 Abs. 2, 133 Abs. 1 VwGO und § 17a Abs. 4 S. 4 GVG zuständig, vgl. § 152 Abs. 1 VwGO.

3. Örtliche Zuständigkeit

Die Vorschrift des § 52 VwGO betreffend die **örtliche Zuständigkeit** (Gerichtsstand) **223** bestimmt, welches Gericht innerhalb derselben Instanz aufgrund der Zugehörigkeit der jeweiligen Streitigkeit zu seinem Gerichtsbezirk zur Entscheidung berufen ist.

---

170 Zum gesamten Folgenden siehe *Ehlers* in: ders./Schoch, Rechtsschutz im Öffentlichen Recht § 21 Rn. 133; *Hufen* Verwaltungsprozessrecht § 11 Rn. 77 ff.; *Kopp/Schenke* VwGO § 52 Rn. 1; *Schenke* Verwaltungsprozessrecht Rn. 437 ff.; *Schmitt Glaeser/Horn* Verwaltungsprozessrecht Rn. 77 ff.; *Tettinger/Wahrendorf* Verwaltungsprozessrecht § 2 Rn. 4, § 17 Rn. 25; *Würtenberger* Verwaltungsprozessrecht Rn. 203 ff.

171 Zur **instanziellen** Zuständigkeit siehe *Schenke* Verwaltungsprozessrecht Rn. 445.

V.   Beteiligungsfähigkeit

224   Zu den allgemeinen Zulässigkeitsvoraussetzungen einer verwaltungsgerichtlichen Klage gehört, dass die von der VwGO aufgestellten beteiligtenbezogenen Voraussetzungen erfüllt sind.[172] Um deren Vorliegen prüfen zu können, ist es erforderlich, in einem ersten Schritt zu untersuchen, wer überhaupt die **Beteiligten** des konkreten verwaltungsgerichtlichen Verfahrens sind (Rn. 225 ff.). Erst wenn diese feststehen, kann auf ihre **Beteiligten-, Prozess- und Postulationsfähigkeit** eingegangen werden (Rn. 231 ff.).

1.   Beteiligte

225   **Beteiligte** am verwaltungsgerichtlichen Verfahren sind nach der abschließenden Aufzählung in § 63 VwGO:
- der Kläger (§ 63 Nr. 1 VwGO),
- der Beklagte (§ 63 Nr. 2 VwGO),
- der gem. § 65 VwGO Beigeladene (§ 63 Nr. 3 VwGO) und
- der Vertreter des Bundesinteresses beim Bundesverwaltungsgericht (§ 35 VwGO) oder der Vertreter des öffentlichen Interesses (§ 36 VwGO), falls er von seiner Beteiligungsbefugnis Gebrauch macht (§ 63 Nr. 4 VwGO).

226   Zwischen den Beteiligten besteht das Prozessrechtsverhältnis und entfaltet sich gem. § 121 Nr. 1 VwGO die **Bindungswirkung** des rechtskräftigen Urteils.

227   Voraussetzung für die Erlangung der Beteiligtenstellung ist die Einbeziehung der betreffenden Person in den Prozess durch eine entsprechende Prozesshandlung (z.B. durch Klageerhebung oder durch gerichtliche Beiladung). Die rein faktische Betroffenheit in eigenen Rechten oder Kompetenzen allein begründet noch nicht die Beteiligtenstellung. Die beiden Hauptbeteiligten „Kläger" und „Beklagter" werden ausschließlich durch die Klage bestimmt. Nach dem insoweit maßgebenden formellen Beteiligtenbegriff ist **„Kläger"**, wer die Klage erhoben hat. **„Beklagter"** ist, wer als solcher in der Klageschrift benannt ist. Ob es sich bei diesen jeweils um den nach materiellem Recht „richtigen" Kläger (Aktivlegitimation) bzw. Beklagten (Passivlegitimation) handelt, ist für die prozessuale Stellung als Kläger bzw. Beklagter dagegen ohne Bedeutung. Der **„Beigeladene"**, d.h. der Dritte, der an einem fremden – nämlich dem zwischen den Hauptbeteiligten anhängigen – Prozess teilnimmt, erhält seine Stellung erst mit Zustellung des Beiladungsbeschlusses (§ 65 Abs. 4 S. 1 VwGO) bzw. mit dessen Verkündung in der mündlichen Verhandlung; der Rechtsschutzsuchende hat hierauf jeweils keinen Einfluss. Sinn und Zweck der Beiladung besteht darin, dem Beigeladenen die Möglichkeit zur Wahrung seiner Interessen zu geben (Rechtsschutz, vgl. § 66 VwGO) und die Rechtskraft der Entscheidung zugunsten der Prozessökonomie sowie der Rechtssicherheit (keine sich widersprechenden Entscheidungen in derselben Sache) auf ihn zu erstrecken, siehe § 121 Nr. 1 i.V.m. § 63 Nr. 3 VwGO („Drittwirkung, des Urteils"[173]).

---

172 Zum gesamten Folgenden siehe *Deckenbrock/Dötsch* JA 2003, 882 ff.; *Ehlers* in: ders./Schoch, Rechtsschutz im Öffentlichen Recht § 21 Rn. 134 ff.; *Gersdorf* Verwaltungsprozessrecht Rn. 46; *Guckelberger* JuS 2007, 436 ff.; *Hufen* Verwaltungsprozessrecht § 12 Rn. 1 ff., § 21 Rn. 6 f.; *Kopp/Schenke* VwGO § 61 Rn. 5, § 63 Rn. 1 ff., § 65 Rn. 2; *Schenke* Verwaltungsprozessrecht Rn. 73, 446 ff.; *Schmitt Glaeser/Horn* Verwaltungsprozessrecht Rn. 81 ff., 400 f.; *Tettinger/Wahrendorf* Verwaltungsprozessrecht § 10; *Würtenberger* Verwaltungsprozessrecht Rn. 211 ff., 670 f.

173 *Kopp/Schenke* VwGO § 65 Rn. 1.

JURIQ-Klausurtipp 228

Bei der **Beiladung** handelt es sich **nicht** um eine **Zulässigkeitsvoraussetzung** desjenigen Verfahrens, bzgl. dessen die Beiladung in Frage steht – weshalb diese auch erst im Anschluss an die Zulässigkeit (und vor der Begründetheit) zu prüfen ist. Vielmehr kann die Zulässigkeit eines von einem wirksam Beigeladenen angestrengten Folgeprozesses aufgrund der Rechtswirkung der Beiladung (§ 121 Nr. 1 VwGO) am Prüfungspunkt „keine entgegenstehende rechtskräftige Entscheidung" scheitern. Denn der (einfach oder notwendig) Beigeladene wird durch das rechtskräftige Urteil ebenso gebunden wie die Hauptbeteiligten.[174]

Sowohl auf der Kläger- als auch auf der Beklagtenseite können nicht nur jeweils eine, sondern durchaus auch mehrere Personen auftreten (**subjektive Klagehäufung**). Auf diese auch sog. **aktive** (mehrere Kläger) bzw. **passive** (mehrere Beklagte) **Streitgenossenschaft** finden die §§ 59 bis 63 ZPO entsprechend Anwendung, § 64 VwGO. 229

JURIQ-Klausurtipp 230

Bei der **Streitgenossenschaft** (subjektive Klagehäufung) handelt es sich um eine aus prozessökonomischen Gründen oder aufgrund der Natur der Sache erfolgende Verbindung mehrerer Klagen zur gemeinsamen Verhandlung und Entscheidung. Trotz dieser Verbindung bleiben die einzelnen Verfahren jedoch prinzipiell selbstständig und müssen die Zulässigkeitsvoraussetzungen hinsichtlich der Klage jedes einzelnen Streitgenossen gegeben sein.[175] „In der Klausur müssen Bearbeiter erkennen lassen, dass es sich hierbei – ebenso wie bei der Beiladung – **nicht** um eine **Sachentscheidungsvoraussetzung** handelt."[176] Ist die einfache Streitgenossenschaft gem. §§ 59 f. ZPO nicht zulässig oder zweckmäßig, so muss das Gericht die Verfahren nach § 93 VwGO trennen.[177]

2. Beteiligtenfähigkeit

Die nach § 63 Nr. 1–3 VwGO am konkreten verwaltungsgerichtlichen Verfahren Beteiligten müssen jeweils die Fähigkeit besitzen, Subjekt eines Prozessrechtsverhältnisses im Rahmen der allgemeinen Verwaltungsgerichtsbarkeit sein zu können. Diese **Beteiligten-** bzw. Beteiligungs**fähigkeit** kommt vorbehaltlich bundesgesetzlicher Spezialregelungen (z.B. § 47 Abs. 2 S. 1, 2 VwGO) gem. § 61 VwGO 231

- natürlichen und juristischen **Personen** sowohl des öffentlichen Rechts (dies sind neben den [Gebiets-]Körperschaften „Bund", „Länder" und „Gemeinden" ferner noch die rechtsfähigen Anstalten und Stiftungen des öffentlichen Rechts) als auch des Privatrechts wie etwa der AG, der GmbH, dem e.V. etc. zu, **§ 61 Nr. 1 VwGO**. Den vollrechtsfähigen juristischen Personen gleichgestellt sind solche Einrichtungen, denen durch Gesetz Teilrechtsfähigkeit eingeräumt wird (z.B. der oHG gem. § 124 232

---

174 Vgl. *Czybulka* in: Sodan/Ziekow, VwGO § 65 Rn. 178; *Decker* in: Wolff/Decker, VwGO/VwVfG §§ 65, 66 Rn. 3; *Ehlers* in: ders./Schoch, Rechtsschutz im Öffentlichen Recht § 21 Rn. 137; *Guckelberger* JuS 2007, 436 (441); *Porz*, in: Fehling/Kastner/Störmer, VerwR, § 66 VwGO Rn. 8; *Tettinger/Wahrendorf* Verwaltungsprozessrecht § 10 Rn. 8.

175 *Kopp/Schenke* VwGO § 64 Rn. 1, 10; *Schenke* Verwaltungsprozessrecht Rn. 474a.

176 *Hufen* Verwaltungsprozessrecht § 12 Rn. 16.

177 *Kopp/Schenke* VwGO § 64 Rn. 4.

Abs. 1 HGB, der KG gem. § 161 Abs. 2 i.V.m. § 124 Abs. 1 HGB und nach der BGH-Rechtsprechung[178] auch der GbR); zu ausländischen juristischen Personen siehe Übungsfall Nr. 8. Nimmt hingegen eine natürliche Person als Organwalter die Rechte eines monokratisch organisierten Organs (z.B. Bürgermeister) bzw. eines mit innerorganisatorischen Rechten ausgestatteten Organteils (z.B. einzelnes Gemeinderatsmitglied; siehe Übungsfall Nr. 6) wahr, so folgt ihre Beteiligtenfähigkeit nach umstrittener Ansicht[179] nicht aus § 61 Nr. 1 Alt. 1 VwGO, sondern vielmehr aus § 61 Nr. 2 VwGO analog. Denn insoweit handele der Beteiligte nicht in seiner Eigenschaft als natürliche Person (so aber z.B. bei der Geltendmachung von Individualrechten, z.B. aus Art. 2 Abs. 2 S. 1 GG), sondern vielmehr in seiner organschaftlichen Stellung;

JURIQ-Klausurtipp

Handelt es sich beim Kläger – wie häufig der Fall – um eine natürliche Person, so ist dessen Beteiligtenfähigkeit in der Klausur knapp mit in etwa folgender **Formulierung** zu bejahen: „Als natürliche Person ist der Kläger gem. § 61 Nr. 1 Alt. 1 VwGO beteiligtenfähig."[180]

---

233   • **Vereinigungen**, d.h. Personenmehrheiten mit einem Mindestmaß an Organisation, zu, soweit ihnen selbst – wie z.B. dem Ortsverband einer politischen Partei (zu deren Gebietsverbänden der jeweils höchsten Stufe siehe bereits § 3 S. 2 PartG) oder einem nichtrechtsfähigen Verein, nicht hingegen etwa der Gesamtheit der Einwohner einer Straße – materiell-rechtlich ein Recht zustehen kann, **§ 61 Nr. 2 VwGO**. Insofern lässt die h.M.[181] allerdings nicht irgendein Recht ausreichen, sondern verlangt vielmehr, dass der Vereinigung das Recht gerade im Hinblick auf den konkreten Streitgegenstand zustehen muss, vgl. § 61 Nr. 2 VwGO: „soweit". Die Prüfung von § 42 Abs. 2 VwGO wird hierdurch nicht überflüssig. Denn während es vorliegend allein um die potentielle Innehabung eines Rechts geht (vgl. § 61 Nr. 2 VwGO: „Recht zustehen kann"), ist im Rahmen der Klagebefugnis zusätzlich noch die Möglichkeit der Verletzung dieses Rechts zu prüfen. Aufgrund des Zwecks von § 61 Nr. 2 VwGO, das Prozessrecht an das materielle Recht anzupassen (Entsprechung von Rechts- und Beteiligtenfähigkeit), ist es über den Wortlaut dieser Vorschrift hinaus bereits ausreichend, wenn die Vereinigung Zuordnungssubjekt eines Rechtssatzes ist, durch den für sie zwar nicht ein Recht, dafür aber eine Pflicht begründet wird. Bei dem Recht bzw. der Pflicht i.S.v. § 61 Nr. 2 VwGO muss es sich zudem nicht zwingend um ein(e) solche(s) im Außenverhältnis zwischen Staat und Bürger handeln, sondern es genügen auch innerorganisatorische Rechte bzw. Pflichten („wehrfähige Innenrechtsposition" als Kontrastorgan). Dies ist v.a. bei Organstreitigkeiten wie dem Kommunalverfassungsstreit von Bedeutung, wo die Beteiligtenfähigkeit sowohl von monokratischen Organen als auch von Kollegialorganen (z.B. Gemeinderat; str.[182] bzgl. der Initiatoren eines Bürgerbegehrens) aus § 61 Nr. 2 VwGO (analog) folgt, siehe Übungsfall Nr. 6;

---

178 *BGHZ* 146, 341.

179 Nachweise zum Streitstand bei *Schenke* Verwaltungsprozessrecht Rn. 457.

180 Vgl. *Hufen* Verwaltungsprozessrecht § 12 Rn. 19.

181 Nachweise auch zur **a.A.** bei *Schenke* Verwaltungsprozessrecht Rn. 462a.

182 Nachweise zum Streitstand bei *Schenke* Verwaltungsprozessrecht Rn. 462.

- **Behörden** zu, sofern das Landesrecht dies – für Landes-, aus Gründen der Organisationshoheit nicht aber auch für Bundesbehörden (str.[183]) – bestimmt, **§ 61 Nr. 3 VwGO**. Hat das betreffende Bundesland von der Ermächtigung nach § 61 Nr. 3 VwGO Gebrauch gemacht, so handelt die selbst nicht rechtsfähige Behörde in gesetzlicher Prozessstandschaft für den Rechtsträger (juristische Person des öffentlichen Rechts wie z.B. das Land), dem sie angehört. Von dieser Möglichkeit wurde **234**

  – einschränkungslos Gebrauch gemacht in § 8 Abs. 1 BbgVwGG, § 14 Abs. 1 AGGerStrG MV und § 19 Abs. 1 AGVwGO Saarl. (jeweils „Behörden"); **235**

  – ausdrücklich nur für „Landesbehörden", d.h. nicht auch für Kommunalbehörden, Gebrauch gemacht in § 8 Abs. 1 Nds. AGVwGO, § 8 S. 1 AGVwGO LSA und § 6 S. 1 AGVwGO SchlH.; **236**

  – in § 17 Abs. 2 AGVwGO RhPf. lediglich in Bezug auf die „Aufsichts- und Dienstleistungsdirektion" bzw. „die andere obere Aufsichtsbehörde" im Fall der sog. Beanstandungsklage Gebrauch gemacht. **237**

> ### JURIQ-Klausurtipp
>
> „Die Beteiligtenfähigkeit kann [...] aufgefaßt werden als prozessuales Pendant der **Rechtsfähigkeit**."[184] Es gilt: Wer rechtsfähig ist, ist auch beteiligtenfähig (vgl. § 61 Nr. 1 VwGO), wobei § 61 Nr. 2 und 3 VwGO diesen Grundsatz noch erweitern. Im Ergebnis haben die Regelungen des § 61 VwGO zur Folge, dass im Verwaltungsprozess praktisch jedermann beteiligtenfähig ist.[185]

Das AGVwGO NRW, nach dessen § 5 Abs. 1 Behörden fähig waren, am Verfahren vor den Gerichten der allgemeinen Verwaltungsgerichtsbarkeit beteiligt zu sein, ist durch den am 1. Januar 2011 in Kraft getretenen Art. 2 Nr. 28 des Gesetzes zur Modernisierung und Bereinigung von Justizgesetzen im Land **Nordrhein-Westfalen** aufgehoben worden. Eingehergehend mit der Abschaffung des Behördenprinzips enthält das JustG NRW keine dem § 5 Abs. 1 AGVwGO NRW a.F. entsprechende Vorschrift mehr, so dass in NRW nunmehr – ebenso wie beispielsweise in **Baden-Württemberg** und **Bayern** – Behörden nicht mehr gem. § 61 Nr. 3 VwGO beteiligtenfähig sind. **238**

Sofern die Beteiligtenfähigkeit nach § 61 VwGO **nicht** spätestens im Zeitpunkt der letzten mündlichen Verhandlung vorliegt, ist der betreffende Kläger bzw. Beklagte zwar Beteiligter des jeweiligen Prozesses; die **Klage** ist aber wegen seiner mangelnden Beteiligtenfähigkeit **unzulässig** und daher durch Prozessurteil abzuweisen. Wird im betreffenden Rechtsstreit allerdings gerade um die Beteiligtenfähigkeit eines Beteiligten (z.B. Verein) gestritten, so ist dieser insoweit als beteiligtenfähig zu behandeln und erst im Rahmen der Begründetheit näher zu prüfen, ob beispielsweise die betreffende juristische Person tatsächlich wirksam aufgelöst wurde (doppelt relevante Tatsache). **239**

---

183 Nachweise zum Streitstand bei *Schenke* Verwaltungsprozessrecht Rn. 463.

184 *Tettinger/Wahrendorf* Verwaltungsprozeßrecht § 10 Rn. 1. Vgl. auch *Hufen* Verwaltungsprozessrecht § 12 Rn. 18.

185 *Kopp/Schenke* VwGO § 61 Rn. 4; *Schmitt Glaeser/Horn* Verwaltungsprozeßrecht Rn. 90; *Würtenberger* Verwaltungsprozessrecht Rn. 213, 215.

VI. Prozessfähigkeit

240   Um Prozesshandlungen (z.B. Klageerhebung) selbst oder durch einen Bevollmächtigten wirksam vor- oder entgegennehmen zu können, muss der jeweilige Beteiligte **prozessfähig** sein. I.d.S. fähig zur Vor- bzw. Entgegennahme von Verfahrenshandlungen sind gem. § 62 VwGO:[186]

241   • die nach bürgerlichem Recht (§§ 2, 104 ff. BGB) voll **Geschäftsfähigen**, § 62 Nr. 1 VwGO;

242   • die nach bürgerlichem Recht in der **Geschäftsfähigkeit Beschränkten**, soweit sie durch Vorschriften des bürgerlichen (z.B. §§ 112 f. BGB) oder öffentlichen Rechts (z.B. § 80 AufenthG, § 10 FeV, § 5 RelKErzG) für den Gegenstand des Verfahrens als geschäftsfähig anerkannt sind, § 62 **Nr. 2** VwGO. Darüber hinaus ist die Prozessfähigkeit nach h.M.[187] auch in allen sonstigen Fällen der Grundrechtsmündigkeit von Minderjährigen, d.h. deren Fähigkeit zur selbstständigen Grundrechtsausübung, zu bejahen. Insofern wird mitunter in Bezug auf persönlichkeitsrechtsgeprägte Grundrechte (z.B. Art. 5 Abs. 1 S. 1 Hs. 1 GG) auf die tatsächliche Einsichtsfähigkeit – und nicht wie bei solchen mit vermögensrechtlichem Charakter (z.B. Art. 14 Abs. 1 GG) auf die §§ 104 ff. BGB analog – abgestellt.

> **Hinweis**
>
> „Die Prozessfähigkeit ist die ‚**prozessuale Handlungsfähigkeit**.'[188] Es gilt der „Grundsatz: Prozeßfähig ist, wer geschäftsfähig ist".[189]

243   Im Fall der rechtlichen **Betreuung** (§§ 1896 ff. BGB) richtet sich die Prozessfähigkeit nach § 62 Abs. 2 VwGO, im Fall der **Pflegschaft** (§§ 1911, 1913 BGB) nach § 62 Abs. 4 VwGO i.V.m. § 53 ZPO und bzgl. **Ausländer**n nach § 62 Abs. 4 VwGO i.V.m. § 55 ZPO.

244   Fehlt es einer natürlichen Person an der Prozessfähigkeit (nicht jeder Beteiligungsfähige ist auch prozessfähig), so handelt für sie ihr **gesetzliche**r **Vertreter** (z.B. die Eltern eines minderjährigen Kindes, § 1629 Abs. 1 BGB) bzw. ein **Prozesspfleger**, § 62 Abs. 4 VwGO i.V.m. § 57 ZPO.

245   Für die als solche nicht prozessfähigen **Vereinigungen** – über die Fälle des § 61 Nr. 2 VwGO hinaus erfasst dieser Begriff im vorliegenden Zusammenhang auch juristische Personen (§ 61 Nr. 1 Alt. 2 VwGO) – sowie für **Behörden** handeln nach § 62 Abs. 3 VwGO ihre gesetzlichen Vertreter und Vorstände. So wird beispielsweise der Bund i.d.R. durch den zuständigen Bundesminister, ein Land durch den zuständigen Landesminister, eine Gemeinde entsprechend der jeweiligen Gemeindeordnung durch ihren Bürgermeister (siehe z.B. § 63 Abs. 1 S. 1 GO NRW) und eine Behörde durch ihren Vorstand vertreten; ferner siehe etwa § 78 Abs. 1 S. 1 AktG zum Vorstand der AG und § 35 Abs. 1 S. 1 GmbHG zum Geschäftsführer der GmbH.

---

186   Zum gesamten Folgenden siehe *Ehlers* in: ders./Schoch, Rechtsschutz im Öffentlichen Recht § 21 Rn. 153 ff.; *Gersdorf* Verwaltungsprozessrecht Rn. 47; *Hufen* Verwaltungsprozessrecht § 12 Rn. 24 ff.; *Kopp/Schenke* VwGO § 62 Rn. 14 f., 17; *Schenke* Verwaltungsprozessrecht Rn. 477 ff.; *Schmitt Glaeser/Horn* Verwaltungsprozeßrecht Rn. 98 ff.; *Tettinger/Wahrendorf* Verwaltungsprozessrecht § 11; *Würtenberger* Verwaltungsprozessrecht Rn. 217 f.

187   Siehe die Nachweise bei *Kopp/Schenke* VwGO § 62 Rn. 6.

188   *Hufen* Verwaltungsprozessrecht § 12 Rn. 24.

189   *Schmitt Glaeser/Horn* Verwaltungsprozeßrecht Rn. 98.

Prozesshandlungen, die von oder gegenüber einem Prozessunfähigen vorgenommen **246**
werden, sind **unwirksam**. Die von einem prozessunfähigen Kläger[190] erhobene Klage ist
unzulässig. Allerdings besteht die Möglichkeit, dass eine zunächst fehlende Prozessfähigkeit dadurch **geheilt** wird, dass entweder der gesetzliche Vertreter oder der zuvor
Prozessunfähige nach Erlangung der Prozessfähigkeit die betreffende Prozesshandlung –
ggf. konkludent (z.B. durch rügelose Fortsetzung des Verfahrens) – nachträglich geneh-
migt und diese dadurch mit Rückwirkung (*ex tunc*), d.h. bezogen auf den Zeitpunkt
ihrer Vornahme, wirksam wird. Im Streit um die Prozessfähigkeit eines Beteiligten ist
dieser insoweit stets als prozessfähig zu behandeln.

VII. Postulationsfähigkeit

Die Befugnis, den Rechtsstreit selbst – und nicht durch einen Prozessvertreter (Bevollmäch- **247**
tigten) – führen, d.h. Prozesshandlungen vornehmen zu können (z.B. Stellen von Anträgen),
steht vor dem VG den Beteiligten zu („Selbstvertretungsrecht"[191]), § 67 Abs. 1 VwGO.[192] Die
Beteiligten „können" sich vor dem VG namentlich durch einen Rechtsanwalt als Bevollmächtigten vertreten lassen (§ 67 Abs. 2 S. 1 VwGO), sie „müssen" es aber nicht. Anders hingegen
vor dem **OVG** und dem **BVerwG**. Dort „müssen" sich die Beteiligten jeweils grundsätzlich
(Ausnahme: PKH-Verfahren) durch Prozessbevollmächtigte[193] vertreten lassen, § 67 Abs. 4 S. 1
VwGO (**Anwalts-** bzw. Vertretungs**zwang**).

> **Hinweis**
>
> „Grundsätzlich ist **jeder Prozessfähige** im Verwaltungsprozess auch **postulationsfähig**."[194]

VIII. Klagebefugnis

Soweit (bundes-/landes-)gesetzlich nichts anderes bestimmt ist (so aber z.B. § 8 Abs. 4, § 12, **248**
§ 16 Abs. 10 S. 4 HwO), sind die **Anfechtungs-** und die **Verpflichtungsklage** gem. § 42 Abs. 2
VwGO nur dann zulässig, wenn der Kläger geltend macht, durch den Verwaltungsakt oder
seine Ablehnung oder Unterlassung in seinen Rechten verletzt – und nicht bloß rein faktisch

---

190 Demgegenüber siehe zur Prozessunfähigkeit des **Beklagten** einerseits *Hufen* Verwaltungsprozessrecht § 12 Rn. 25 („Die Prozessunfähigkeit [...] auf Beklagtenseite [lässt] die Zulässigkeit der Klage
unberührt") und andererseits *Kopp/Schenke* VwGO § 62 Rn. 16 („Bei fehlender Prozessfähigkeit des
[...] Bekl. [...] muss das Gericht die Klage als unzulässig abweisen", allerdings mit Hinweis auf die
Bestellung eines Prozesspflegers durch das Gericht).
191 *Kopp/Schenke* VwGO § 67 Rn. 5.
192 Zum Folgenden siehe *Ehlers* in: ders./Schoch, Rechtsschutz im Öffentlichen Recht § 21 Rn. 155; *Gersdorf*
Verwaltungsprozessrecht Rn. 48; *Hufen* Verwaltungsprozessrecht § 12 Rn. 27; *Kopp/Schenke* VwGO § 62
Rn. 28; *Schenke* Verwaltungsprozessrecht Rn. 483 f.; *Schmitt Glaeser/Horn* Verwaltungsprozessrecht
Rn. 102 ff.; *Tettinger/Wahrendorf* Verwaltungsprozessrecht § 11 Rn. 2, 4; *Würtenberger* Verwaltungsprozessrecht Rn. 219 f.
193 Zum hiervon zu unterscheidenden **Beistand**, der die Beteiligten lediglich unterstützt, aber keine Vertre-
tungsbefugnis hat, siehe § 67 Abs. 7 VwGO.
194 *Hufen* Verwaltungsprozessrecht § 12 Rn. 27. Vgl. auch Gersdorf Verwaltungsprozessrecht Rn. 48.

betroffen – zu sein, sog. **Klagebefugnis** (aktive Prozessführungsbefugnis).[195] Das Ziel dieser Regelung besteht darin, Popularklagen zu verhindern, d.h. Klagen, mit denen sich Einzelne (*quivis ex populo*) zum Sachwalter Dritter oder der Allgemeinheit aufzuschwingen versuchen. Diese auch dem Schutz des Beklagten sowie der VGe vor unnötiger Inanspruchnahme dienende Zulässigkeitsvoraussetzung des § 42 Abs. 2 VwGO steht in Einklang mit der verfassungsrechtlichen Vorgabe des Art. 19 Abs. 4 S. 1 GG, der die Rechtswegeröffnung ebenfalls nur insofern fordert, als jemand durch die öffentliche Gewalt „in seinen Rechten" verletzt wird. Hintergrund dessen ist, dass der Verwaltungsgerichtsbarkeit nach modernem Verständnis nicht die Funktion einer objektiven Rechtmäßigkeitskontrolle der Verwaltung zukommt, sondern vielmehr das subjektive Recht des Einzelnen im Mittelpunkt steht. Dieser hat keinen allgemeinen Gesetzesvollziehungsanspruch.

249   Nach einhelliger Auffassung ist § 42 Abs. 2 VwGO über seinen unmittelbaren Anwendungsbereich hinaus entsprechend ebenfalls auf die **Fortsetzungsfeststellungsklage** gem. § 113 Abs. 1 S. 4 VwGO (ggf. analog) anzuwenden, handelt es sich bei dieser doch um nichts anderes als um eine „amputierte" Anfechtungs- bzw. Verpflichtungsklage. Gleiches gilt aus teleologischen Gründen bzw. aufgrund der strukturellen Vergleichbarkeit mit der Verpflichtungsklage – für diese gilt § 42 Abs. 2 VwGO unmittelbar – als besonderer Form der Leistungsklage nach h.M.[196] auch in Bezug auf die **allgemeine Leistungsklage**. Zudem findet § 42 Abs. 2 VwGO analog auch im Verfahren des **vorläufigen** Rechtsschutzes nach §§ 80 Abs. 5 S. 1, 80a Abs. 3, 123 Abs. 1 VwGO (Antragsbefugnis) und im **Widerspruchsverfahren** (Widerspruchsbefugnis) Anwendung. Äußerst umstritten ist dagegen, ob § 42 Abs. 2 VwGO analog auch hinsichtlich der **allgemeinen Feststellungsklage** Geltung entfaltet oder ob sich eine Analogie insoweit mangels planwidriger Regelungslücke verbietet. Im praktischen Ergebnis entschärft wird dieser Meinungsstreit allerdings dadurch, dass auch soweit namentlich die Rechtsprechung diese Frage bejaht, sie mit der Prüfung, ob es dem Kläger „um die Verwirklichung seiner Rechte geht, […] er an dem festzustellenden Rechtsverhältnis selbst beteiligt ist [oder] von dem Rechtsverhältnis immerhin eigene Rechte des Klägers abhängen",[197] letztlich weitgehend dasselbe verlangt, was von der gegenteiligen Ansicht im Schrifttum[198] bei „strenger" Handhabung der Merkmale „Rechtsverhältnis" bzw. „berechtigtes Interesse" im Rahmen von § 43 Abs. 1 VwGO gefordert wird. Hinsichtlich der verwaltungsgerichtlichen **Normenkontrolle** siehe § 47 Abs. 2 VwGO.

 250   Um sein Ziel, die Vermeidung von Popularklagen, erreichen zu können, ist abweichend vom Wortlaut des § 42 Abs. 2 VwGO nicht schon die bloße Behauptung des Klägers („geltend macht"), durch ein hoheitliches Verwaltungshandeln in seinen Rechten verletzt zu sein, für die Bejahung der Klagebefugnis ausreichend. Andererseits darf im Rahmen

195   Zum gesamten Folgenden siehe *BVerfGE* 69, 315; *BVerfG* NVwZ 2009, 240; *BVerwGE* 112, 135; *BVerwG* NVwZ 2011, 1016; 2012, 567; *Appel/Singer* JuS 2007, 913 ff.; *Ehlers* in: ders./Schoch, Rechtsschutz im Öffentlichen Recht § 22 Rn. 36 ff., § 24 Rn. 28 ff.; *Finger* JA 2005, 228 ff.; *Gersdorf* Verwaltungsprozessrecht Rn. 27 ff., 70 f., 89, 103, 120 f.; *Groß* Jura 2012, 386 ff.; *Hufen* Verwaltungsprozessrecht § 14 Rn. 53 ff., 80, § 15 Rn. 16 ff., § 17 Rn. 8, § 18 Rn. 17, 54, § 23 Rn. 18; *Kahl/Ohlendorf* JA 2011, 41 ff.; *Kopp/Schenke* VwGO § 42 Rn. 63, 78, 80, 95, 108, 113, 153; *Schenke* Verwaltungsprozessrecht Rn. 410, 485 ff.; *Schmitt Glaeser/Horn* Verwaltungsprozessrecht Rn. 150 ff., 292 ff., 387 f.; *Tettinger/Wahrendorf* Verwaltungsprozessrecht § 17 Rn. 17 ff.; *Voßkuhle/Kaiser* JuS 2009, 16 ff.; *Wolff* in: ders./Decker, VwGO/VwVfG § 42 VwGO Rn. 105, 108; *Würtenberger* Verwaltungsprozessrecht Rn. 274 ff., 331 ff., 390, 425 ff., 651.
196   Siehe die Nachweise bei *Würtenberger* Verwaltungsprozessrecht Rn. 390.
197   *BVerwG* NVwZ 1991, 470 (471).
198   Vgl. *Hufen* Verwaltungsprozessrecht § 18 Rn. 17; *Kopp/Schenke* VwGO § 42 Rn. 63.

der Prüfung dieser Zulässigkeitsvoraussetzung aber auch nicht etwa die Begründetheitsprüfung vorweg genommen, d.h. das tatsächliche Vorliegen einer Rechtsverletzung verlangt werden. Vielmehr stellt die herrschende **Möglichkeitstheorie**[199] richtigerweise
darauf ab, ob die vom Kläger geltend gemachte Rechtsverletzung möglich ist („substan-
tiierte Behauptung der eigenen Rechtsverletzung"[200]). Das ist dann der Fall, wenn der
Kläger ein öffentlich-rechtliches (nicht: privates) Recht – im Gegensatz zu bloßen
Annehmlichkeiten (z.B. schöne Aussicht auf eine Landschaft), Erwerbschancen im
Wettbewerb (Expektanzen), ideellen, kulturellen, ökologischen, politischen, sozialen,
wirtschaftlichen o.ä. Interessen (z.B. am guten Ruf eines bestimmten Stadtviertels) und
geographischen oder infrastrukturellen Situationsvorteilen (z.B. Lage an einer viel befah-
renen Straße) – geltend machen kann, das

- (abstrakt) zumindest auch dem Schutz Einzelner – und nicht ausschließlich dem Interesse   **251**
  der Allgemeinheit – zu dienen bestimmt ist (**subjektiv-öffentliches Recht**; Rn. 255 ff.);

- der **Kläger zu dem** von diesem subjektiv-öffentlichen Recht **geschützten Personenkreis**   **252**
  gehört, d.h. dieses ihm selbst – und nicht nur Dritten oder der Allgemeinheit – individuell zuzuordnen ist (Rn. 270 ff.) und

- er in diesem subjektiv-öffentlichen Recht durch die betreffende Maßnahme, d.h. im kon-   **253**
  kreten Fall, **möglicherweise verletzt** wird (Rn. 274 ff.).

Negativ formuliert fehlt es an der ersten respektive zweiten Voraussetzung dann, „wenn   **254**
offensichtlich und eindeutig nach keiner Betrachtungsweise die vom Kläger behaupteten
Rechte bestehen oder ihm zustehen können"[201] („Evidenzformel"[202]).

1.   Schutznormtheorie

Ob die vom Kläger als verletzt gerügte öffentlich-rechtliche Norm (abstrakt) zumindest auch   **255**
dem Schutz Einzelner – und nicht ausschließlich dem Interesse der Allgemeinheit – zu dienen bestimmt ist (Schutznormtheorie[203]), d.h. ein **subjektiv-öffentliches Recht** begründet, ist
im Wege der Auslegung nach allgemeiner juristischer Methodik (Wortlaut, Systematik, Histo-
rie und Telos) zu ermitteln. Im Gegensatz zur behaupteten Rechtsverletzung, die im Rahmen
von § 42 Abs. 2 VwGO lediglich „möglich" erscheinen muss, muss „[d]ie abstrakte Eignung
eines Rechtssatzes zur Begründung von subjektiven Rechten [...] tatsächlich bestehen."[204]

Dabei ist zu beachten, dass nicht mit jeder staatlichen Pflicht (z.B. gem. § 1 Abs. 3 S. 1 BauGB   **256**
zur Aufstellung von Bauleitplänen) zwingend ein korrespondierendes Recht des Einzelnen
einhergeht (siehe z.B. § 1 Abs. 3 S. 2 BauGB: „Auf die Aufstellung von Bauleitplänen [...]
besteht kein Anspruch"); die Verwaltung wird im öffentlichen Interesse tätig. Der Schutz des
Einzelnen muss von der betreffenden Norm vielmehr gerade bezweckt (**intendiert**) sein, um
ihr ein subjektiv-öffentliches Recht entnehmen zu können. Eine bloß faktische Begünstigung
des Einzelnen durch die staatliche Normbefolgung (**Rechtsreflex**) **reicht** dafür **nicht** aus.
M.a.W.: „Normen, die ausschließlich dem öffentlichen Interesse dienen und lediglich rein tat-

---

199 **A.A.** die **Schlüssigkeitstheorie**, siehe *Ule* Verwaltungsprozessrecht § 33 II m.w.N.

200 *Schmitt Glaeser/Horn* Verwaltungsprozessrecht Rn. 155.

201 *BVerwGE* 44, 1 (2 f.) m.w.N.

202 *Hufen* Verwaltungsprozessrecht § 15 Rn. 24.

203 Diese geht in ihrer heutigen Form auf *Ottmar Bühler* zurück und wurde von *Otto Bachof* weiterentwi-
     ckelt, siehe *Ramsauer* JuS 2012, 769 (770 f.) m.w.N.

204 *BVerfG* NVwZ 2009, 1426 (1427).

sächlich in der Nebenwirkung auch dem Individualinteresse zugute kommen, ohne dass die jeweilige Norm in ihrer Zwecksetzung diese Nebenwirkung mit umfaßt"[205], begründen keine subjekt-öffentlichen Rechte.

> **JURIQ-Klausurtipp**
>
> Außerhalb eindeutiger Fälle – bereits ihrem Wortlaut nach schützen z.B. § 31 Abs. 2 BauGB, § 5 Abs. 1 Nr. 1 BImSchG und § 5 Abs. 1 Nr. 3 GastG jeweils die Nachbarn – gehört die Frage, ob die vom Kläger als verletzt gerügte Vorschrift ein subjektiv-öffentliches Recht normiert, mit zu den **wichtigste**n **Prüfungspunkte**n **in der Klausur.**[206]

257   **Beispiel**[207]   Mit seinem im Amtsblatt der Landeshauptstadt L veröffentlichten Beschluss hat der Stadtrat von L beschlossen, die nach dem ehemaligen Landesbischof B benannte „B-Straße" wegen dessen nunmehr bekannt gewordenen Äußerungen in der Vergangenheit in „Weiße-Rose-Straße" umzubenennen. Mit der Begründung, dass diese Umbenennung eine Herabwürdigung des sittlichen, personalen und sozialen Geltungswerts des B darstelle, erhebt dessen Enkel E mit Wohnsitz im von L 500 km entfernten Berlin Anfechtungsklage gegen die Umbenennung der Straße. Ist E klagebefugt?

Nein. E ist nicht i.S.v. § 42 Abs. 2 VwGO klagebefugt, da ihm offensichtlich und eindeutig nach keiner Betrachtungsweise das mit seiner Klage behauptete Recht auf Aufrechterhaltung der Benennung der B-Straße zustehen kann. Denn bei der Bezeichnung der Grundstücke einer Gemeinde nach Straße und Hausnummer handelt es sich um eine Aufgabe des Ordnungsrechts, die allein dem Interesse der Allgemeinheit an einer klar erkennbaren Gliederung des Gemeindegebiets dient (Identifizierbarkeit und Unterscheidbarkeit) und die für das Meldewesen, die Polizei, Post, Feuerwehr und den Rettungsdienst von Bedeutung ist. Nicht dagegen begründet sie eine begünstigende Rechtsposition, weder für die Eigentümer der anliegenden Grundstücke noch für andere Personen. Insbesondere gehört die Benennung eines Gebäudes nach Straße und Hausnummer nicht zu dem nach Art. 14 Abs. 1 GG geschützten Eigentum, sondern vielmehr um einen aus einem staatlichen Hoheitsakt fließenden tatsächlichen Vorteil (Rechtsreflex). Demgemäß verfügt die Gemeinde sowohl hinsichtlich der erstmaligen Namensgebung für eine Straße als auch bzgl. deren späterer Umbenennung über ein weitgespanntes Ermessen. Dieses dient aber nicht dem Schutz von Individualinteressen und gewährt dem Einzelnen daher kein subjektiv-öffentliches Recht. Abweichendes gilt auch dann nicht, soweit eine Gemeinde darüber hinaus mit einer Straßenbenennung – wie hier geschehen – die Ehrung verdienter Bürger verbindet. Ebenfalls dieser Nebeneffekt ist nämlich nicht mehr als ein bloßer Rechtsreflex, der keine Rechtsposition für den Namensgeber und dessen Erben begründet – auch nicht unter dem Gesichtspunkt des postmortalen Persönlichkeitsrechts aus Art. 2 Abs. 1 i.V.m. Art. 1 Abs. 1 GG, auf das sich E vorliegend

---

205 *OVG Münster* NJW 1965, 650.

206 *Gersdorf* Verwaltungsprozessrecht Rn. 31; *Tettinger/Wahrendorf* Verwaltungsprozessrecht § 17 Rn. 22.

207 Nach *OVG Münster* NJW 1987, 2695; *VGH München*, BayVBl 2010, 599; *Schoch* Jura 2011, 344. Bei der auf das einschlägige Landesrecht (siehe z.B. § 5 Abs. 4 GemO BW, Art. 52 Abs. 1 BayStrWG, § 4 Abs. 2 S. 3 StrWG NRW) gestützten **Straßenumbenennung** handelt es sich um einen aus zwei integralen Bestandteilen – der Beseitigung der bisherigen Straßenbenennung und der Neubenennung – zusammengesetzten **Verwaltungsakt** in Form einer sachbezogenen Allgemeinverfügung i.S.v. § 35 S. 2 Alt. 2 L-VwVfG – und nicht etwa den Widerruf eines rechtmäßigen Verwaltungsakts gemäß § 49 L-VwVfG.

beruft. Im Gegensatz zu den Anliegern der umzubenennenden Straße kann der in Berlin ansässige E schließlich auch nicht verlangen, dass die Gemeinde adressenbezogene Belange in ihre Ermessensentscheidung einstellt. ■

Auf welcher Stufe der Normenhierarchie der betreffende Rechtssatz verortet ist, ist im Rahmen von § 42 Abs. 2 VwGO ohne Bedeutung. Sowohl Vorschriften des (primären und sekundären) **EU-Recht**s (v.a. die Grundfreiheiten der Art. 28 ff. AEUV), des nationalen **Verfassungsrecht**s (v.a. die Grundrechte), **einfachgesetzliche** Rechtssätze (in Parlamentsgesetzen, Rechtsverordnungen und Satzungen) sowie das **Gewohnheitsrecht** vermögen subjektiv-öffentliche Rechte zu begründen, wobei diese nicht nur in Gestalt des das Staat-Bürger-Verhältnis betreffenden Außenrechts, sondern auch in Gestalt von Organrechten bzw. sonstigen „wehrfähigen Innenrechtspositionen" vorkommen können, siehe Übungsfall Nr. 6. Schließlich kann ein subjektiv-öffentliches Recht auch aus einem **Verwaltungsakt** (§ 35 S. 1 VwVfG) sowie aus einem **öffentlich-rechtlichen Vertrag** (§§ 54 ff. VwVfG) folgen. **258**

> Aus Sicht des Bürgers ist unter dem Begriff **„subjektiv-öffentliches Recht"** die dem Einzelnen kraft öffentlichen Rechts zuerkannte Rechtsmacht zu verstehen, vom Staat oder einem sonstigen Träger öffentlicher Verwaltung zur Verfolgung eigener Interessen ein bestimmtes Verhalten (Tun, Dulden oder Unterlassen) verlangen zu können.[208] **259**

Über diese Schutznormlehre des deutschen (Verwaltungsprozess-)Rechts hinaus kann sich der einzelne Bürger auf eine **europäische Norm** der EuGH-Rechtsprechung[209] zufolge bereits dann berufen, wenn diese „inhaltlich [...] unbedingt und hinreichend genau" ist. Hintergrund dessen ist, dass der Bürger im Europarecht – nach französischem Vorbild – nicht selten als Veranlasser einer objektiven Kontrolle der Verwaltung durch die Gerichte mobilisiert wird. Ob die betreffende EU-Vorschrift nach deutschem Verständnis als individualschützend zu verstehen ist, ist demgegenüber irrelevant. Damit gewährt das Europarecht in weitaus größerem Umfang einklagbare individuelle Rechtspositionen als das deutsche Recht. Dieser „Europäisierung der Schutznormtheorie" ist über § 42 Abs. 2 Hs. 1 VwGO (prozessrechtliche Lösung) bzw. eine europarechtskonforme Auslegung des Begriffs „seine Rechte" i.S.v. § 42 Abs. 2 Hs. 2 VwGO (materiell-rechtliche Lösung) Rechnung zu tragen. **260**

Als **Beispiele** für subjektiv-öffentliche Rechte zu nennen sind im Bereich des

- **Baurechts**: Bauordnungsrechtliche Vorschriften, die den Schutz vor Immissionen und anderen Einwirkungen auf die Grundstücke in der Nachbarschaft des Baugrundstücks bezwecken wie z.B. die Regelungen zu den Abstandsflächen und zum Brandschutz; Festsetzungen eines Bebauungsplans i.S.v. § 1 Abs. 3 S. 2 BauNVO hinsichtlich der Art der baulichen Nutzung gem. §§ 2 ff. BauNVO (Gebietserhaltungsanspruch; grundsätzlich nicht dagegen bzgl. des Maßes der baulichen Nutzung, §§ 16 ff. BauNVO); das z.B. in § 31 Abs. 2 („Würdigung nachbarlicher Interessen"), § 34 Abs. 1 („einfügen"), § 35 Abs. 3 S. 1 Nr. 3 („schädliche Umwelteinwirkungen") BauGB bzw. § 15 Abs. 1 S. 2 BauNVO („unzumutbar") jeweils zum Ausdruck kommende baurechtliche Gebot der Rücksichtnahme. Dieses entfaltet drittschützende Wirkung, „soweit in qualifizierter und zugleich individualisierter Weise auf schutzwürdige Interessen eines erkennbar abgegrenzten Kreises Dritter Rücksicht zu nehmen ist"[210]; **261**

---

208 *Schmitt Glaeser/Horn* Verwaltungsprozessrecht Rn. 157; *Voßkuhle/Kaiser* JuS 2009, 16 (17).

209 *EuGH* NJW 1982, 499 (500) – *Becker*; NVwZ 2011, 801 (803) – *Trianel*. Näher: *Haratsch/Koenig/Pechstein* Europarecht Rn. 372 m.w.N.; *Schroeder* Europarecht Rn. 53.

210 BVerwGE 67, 334 (339); 82, 343 (347). Näher hierzu siehe *Voßkuhle/Kaufhold* JuS 2010, 497 ff.

262   • **Kommunalrecht**s: § 10 Abs. 2 S. 2 GemO BW, Art. 21 Abs. 1 S. 1 bay. GO und § 8 Abs. 2 GO NRW begründen jeweils einen Anspruch der Gemeindeeinwohner auf Benutzung der öffentlichen Einrichtungen der Gemeinde im Rahmen des geltenden Rechts, siehe Übungsfall Nr. 4. Ein subjektiv-öffentliches Recht auf Schaffung, Aufrechterhaltung oder Erweiterung einer öffentlichen Einrichtung besteht dagegen grundsätzlich nicht;[211]

263   • **Polizeirecht**s: Da die polizei-/ordnungsbehördlichen Generalklauseln mit dem Schutzgut der öffentlichen Sicherheit nicht nur dem Schutz der Allgemeinheit, sondern auch dem der Individualrechtsgüter des Einzelnen wie Leben, Gesundheit, Freiheit, Ehre, Eigentum und Vermögen dienen, hat dieser aufgrund von beispielsweise § 3 PolG BW, Art. 11 Abs. 1 bay. PAG, § 8 Abs. 1 PolG NRW, § 14 Abs. 1 OBG NRW ein subjektives Recht auf ermessens-fehlerfreie Entscheidung über ein ordnungsbehördliches Einschreiten zu seinen Gunsten, vgl. Übungsfall Nr. 8;

264   • **Unionsrecht**s: z.B. Art. 18 Abs. 1 (Diskriminierungsverbot), 21 Abs. 1 (Freizügigkeit), 28 ff. (Grundfreiheiten), 101 f. (Kartellverbot, Missbrauch einer marktbeherrschenden Stellung) AEUV. Aus Art. 108 Abs. 3 S. 3 AEUV ergibt sich für Marktteilnehmer, die mit einem Beihilfe-empfänger potenziell im Wettbewerb stehen, Ansprüche gegen den Subventionsgeber auf verzinste Rückforderung unionsrechtswidriger Beihilfen i.S.v. Art. 107 Abs. 1 AEUV. Darüber hinaus können sich auch aus Verordnungen (Art. 288 Abs. 2 AEUV) und – im Fall ihrer ausnahmsweisen unmittelbaren Wirkung[212] – aus Richtlinien (Art. 288 Abs. 3 AEUV) subjektiv-öffentliche Rechte ergeben;

265   • **Wirtschaftsverwaltungsrecht**s: §§ 30 ff. GewO begründen jeweils subjektiv-öffentliche Rechte auf Erteilung der betreffenden Gewerbeerlaubnis, sofern die jeweiligen Vorausset-zungen vorliegen. § 4 Abs. 1 S. 1 Nr. 3 GastG i.V.m. § 3 Abs. 1 BImSchG, § 5 Abs. 1 Nr. 3 GastG sowie § 18 Abs. 1 S. 2 GastG sind jeweils nachbarschützend;

266   • **Wirtschaftsverfassungsrecht**s: Vor dem Hintergrund der grundrechtlich geschützten Wettbewerbsfreiheit vermag das rein wirtschaftliche (also nicht: rechtliche) Interesse des Unternehmers (z.B. Einzelhändler in der Innenstadt) an der Abwehr von Konkurrenz allein regelmäßig[213] noch nicht dessen Klagebefugnis in Bezug auf die Anfechtung der Begüns-tigung eines Konkurrenten (z.B. Erteilung einer objektiv rechtswidrigen Baugenehmigung für ein Einkaufszentrum „auf der grünen Wiese") zu begründen. Vielmehr müssen regelmä-ßig weitere, qualifizierende Umstände hinzutreten, um insoweit ein durch Art. 12 Abs. 1 GG rechtlich geschütztes Interesse bejahen zu können. Im Hinblick auf eine **negative Konkurrentenklage** wird § 42 Abs. 2 VwGO letztlich daher wohl nur ausnahmsweise dann einmal erfüllt sein, wenn durch die Begünstigung des Konkurrenten entweder der Wett-bewerb gezielt verfälscht oder aber die eigene berufliche Existenz des Klägers gefährdet wird (Auszehrungs- bzw. Verdrängungswettbewerb), d.h. „wenn die hoheitliche Maß-nahme eine Wettbewerbsveränderung im [M]arkt herbeiführt, die die [...] Position des

---

211 *Burgi* Kommunalrecht § 16 Rn. 2. Zu den **Ausnahmen** vgl. den Beispielsfall im Skript „Allgemeines Ver-waltungsrecht" Rn. 53.

212 Der EuGH hat entschieden, dass der Einzelne in allen „Fällen, in denen die Bestimmungen einer Richtli-nie **inhaltlich unbedingt** und **hinreichend genau** [bestimmt] sind, vor den nationalen Gerichten gegenüber dem Staat auf diese Bestimmungen berufen kann, wenn dieser die **Richtlinie nicht fristge-mäß** oder nur unzulänglich in das nationale Recht **umgesetzt** hat", *EuGH* NVwZ 2011, 801 (803) – *Tria-nel*; NZA 2014, 193 (194) – *CGT* m.w.N.

213 Anders dagegen, wenn die Berufsausübung in einem **staatlich regulierten** Markt stattfindet (z.B. im Bereich der Krankenhausplanung und -finanzierung). Insoweit setzt „[d]ie Annahme einer möglichen grundrechtsrelevanten Verwerfung der Konkurrenzverhältnisse [...] voraus, dass die Wettbewerbsverän-derung im Zusammenhang mit staatlicher Planung und/oder der Verteilung staatlicher Mittel steht", *BVerwG* NVwZ 2012, 639 (641). Vgl. auch *BVerfG* NVwZ 2009, 977.

klagenden Konkurrenten unzumutbar beeinträchtig."[214] Bei der **positive**n **Konkurrenten-klage** folgt die Klagebefugnis aus Art. 3 Abs. 1 GG. Bei der **Konkurrentenverdrängungs-klage** (Streit um erschöpftes Kontingent) begründet die jeweilige Anspruchsnorm nicht nur die Klagebefugnis für die auf eigene Begünstigung gerichtete Verpflichtungsklage (siehe Übungsfall Nr. 4), sondern zugleich auch die Klagebefugnis für die gegen die Begünstigung des Konkurrenten gerichtete Anfechtungsklage; zu den Besonderheiten im **Beamtenrecht** siehe Rn. 182.

Neben den vorgenannten **materielle**n **subjektiv-öffentliche**n **Rechte**n, die jeweils einen **267** Anspruch auf ein bestimmtes Verwaltungshandeln, -dulden oder -unterlassen gewähren, existieren auch **formelle subjektiv-öffentliche Rechte**, die – sofern es sich bei der betreffen-den Vorschrift um eine Schutznorm handelt – grundsätzlich nur einen Anspruch auf i.S.v. § 40 VwVfG ermessensfehlerfreie Entscheidung einräumen (Ausnahme: Ermessensreduzie-rung auf Null).

Auch im Hinblick auf **Ermessensentscheidungen** gilt, dass der Einzelne über keinen Geset- **268** zesvollziehungsanspruch verfügt. „Einen allgemeinen Anspruch des Bürgers auf fehlerfreie Ermessensausübung gibt es nicht"[215] („kein ‚frei schwebendes' Recht auf fehlerfreien Ermes-sensgebrauch"[216]). „Nur wenn die Ermessensnorm eine Schutznorm ist, d.h. dem Kläger ein individuelles Recht gewähren will, hat der betroffene Bürger einen Anspruch darauf, dass die Behörde auf seinen Antrag hin in die Ermessensabwägung eintritt und ihr Ermessen recht-mäßig ausübt"[217], siehe das *Beispiel* in Rn. 271. Da die Verwaltung allerdings auch in solchen Fällen gem. Art. 1 Abs. 3 GG an die Grundrechte gebunden ist, besteht regelmäßig ein aus Art. 3 Abs. 1 GG resultierender Anspruch auf Unterlassen einer willkürlichen Ermessensent-scheidung. Eine solche liegt vor, „wenn sich ein vernünftiger, aus der Natur der Sache sich ergebender oder sonstwie einleuchtender Grund für sie nicht finden lässt."[218]

Darüber hinaus können sich subjektiv-öffentliche Rechte in Bezug auf einen Verwaltungsakt **269** auch aus der gesetzlichen Anordnung von **Verfahrensrechte**n in dem dem Erlass eines Ver-waltungsakts vorgelagerten Verwaltungsverfahren (z.B. gem. §§ 9 ff. VwVfG) ergeben. Wird ein solches Verfahrensrecht (z.B. auf Anhörung, § 28 Abs. 1 VwVfG) verletzt und dieser Fehler spä-ter auch nicht offenkundig wieder geheilt (z.B. gem. § 45 Abs. 1 Nr. 3, Abs. 2 VwVfG), so ist der Adressat des betreffenden (belastenden) Verwaltungsakts allein schon aus diesem Grund kla-gebefugt. Denn er hat einen Anspruch darauf, dass dieser „rundum", d.h. formell und materi-ell, rechtmäßig ist. Dritte haben demgegenüber nur dann die Möglichkeit, einen inhaltlich nicht zu beanstandenden Verwaltungsakt allein wegen der Verletzung eines Verfahrensrechts anzufechten und seine gerichtliche Aufhebung herbeizuführen, wenn ein **absolute**s **Verfah-rensrecht** verletzt wurde (so z.B. die Umweltverträglichkeitsprüfung, siehe § 4 Abs. 1 Nr. 1 UmwRG). Demgegenüber ist die Klagebefugnis Dritter im Fall des Verstoßes gegen ein bloß **relative**s **Verfahrensrecht** nur dann zu bejahen, wenn die Verletzung des hinter einer sol-chen Verfahrensnorm stehenden materiellen Rechts möglich erscheint.

---

214 *BVerwG* NVwZ 2012, 639 (641).
215 *Schmitt Glaeser/Horn* Verwaltungsprozessrecht Rn. 159.
216 *Schoch* Jura 2011, 344 (348).
217 *Würtenberger* Verwaltungsprozessrecht Rn. 332. Vgl. auch *BVerwGE* 92, 153 (156) m.w.N.
218 *BVerwG* NVwZ 2012, 1416 (1417) m.w.N.

2.   Individuelle Zuordnung des subjektiv-öffentlichen Rechts zum Kläger

270   Nach dem Vorstehenden (Rn. 252) muss der Kläger fernerhin gerade **zu** dem **Personenkreis gehören**, den das jeweilige subjektiv-öffentliche Recht schützt.

271   **Beispiel**[219] G ist Inhaber eines Gaststättenbetriebs, der an einen Platz angegrenzt, auf dem jedes Jahr eine Kirmes stattfindet. Als G erfährt, dass F für die Dauer der diesjährigen Kirmes eine Gestattung nach § 12 Abs. 1 GastG zum Betrieb eines Festzelts auf der gegenüberliegenden Seite des Platzes erhalten hat, fürchtet er um seine Einnahmen. Wäre G nach § 42 Abs. 2 VwGO befugt, die dem F erteilte Gestattung anzufechten?

Nein. G wäre nicht nach § 42 Abs. 2 VwGO befugt, die dem F erteilte Gestattung anzufechten. Denn nach dieser Vorschrift soll Rechtsschutz durch die VGe nicht bereits dann gegeben sein, wenn der jeweilige Kläger ein wie auch immer begründetes ideelles oder wirtschaftliches Interesse an der Überprüfung einer Verwaltungsentscheidung hat, sondern ausschließlich dann, wenn diese seine eigene Rechtsstellung berührt. Das wiederum setzt jedoch voraus, dass die gesetzliche Regelung, welche für die vom Kläger für rechtswidrig gehaltene Entscheidung der Behörde maßgeblich ist, nicht nur den Belangen der Allgemeinheit Rechnung tragen soll, sondern zumindest auch seinen Schutz bezweckt. Dies trifft auf § 12 Abs. 1 GastG jedoch gerade nicht zu, der in unmittelbarem Zusammenhang mit § 2 GastG steht, welcher allgemein die Erlaubnispflicht für einen Gaststättenbetrieb regelt. Bei der Gestattung nach § 12 Abs. 1 GastG handelt es sich um nichts anderes als um eine Erlaubnis nach § 2 GastG, die lediglich unter vereinfachten Voraussetzungen und mit zeitlich begrenzter Wirkung erteilt wird. § 2 GastG ist jedoch seinerseits eine gewerbepolizeiliche Vorschrift, die im Zusammenwirken mit den Versagungsgründen des § 4 GastG ausschließlich dem Schutz der in einem solchen Betrieb Beschäftigten, seiner Gäste und v.a. der Nachbarschaft dient. Dagegen zielen diese Regelungen nicht darauf ab, auch dem bereits in einem bestimmten Ort oder Ortsteil ansässigen Gastwirt eine Möglichkeit zur Abwehr neuer Konkurrenten einzuräumen. Dies wäre im Übrigen auch mit deren durch Art. 12 Abs. 1 GG garantierten Berufsfreiheit unvereinbar. Vermittelt § 12 Abs. 1 GastG dem G mithin kein subjektiv-öffentliches Recht, so lässt sich dessen Klagebefugnis schließlich auch nicht etwa daraus herleiten, dass die Erteilung einer Gestattung nach dieser Vorschrift in das Ermessen der Behörde gestellt ist („kann der Betrieb [...] gestattet werden"). Denn rechtliche Regelungen, die der Verwaltung ein Ermessen einräumen, gewähren dem Einzelnen einen Anspruch auf ermessensfehlerfreie Entscheidung nur insoweit, als diese Regelungen erlassen sind, um zumindest auch seinem individuellen Interesse zu dienen. Aus Rechtsvorschriften, denen dieser Schutznormcharakter fehlt, vermag hingegen kein Anspruch auf eine ermessensfehlerfreie Verwaltungsentscheidung hergeleitet zu werden. ◼

272   Aufgrund des Erfordernisses der Geltendmachung einer Verletzung eigener Rechte (§ 42 Abs. 2 VwGO) ist im verwaltungsgerichtlichen Verfahren – im Gegensatz zum Zivilprozessrecht – eine **Prozessstandschaft**, d.h. die gerichtliche Geltendmachung eines fremden Rechts im eigenen Namen, außerhalb der gesetzlich geregelten Fälle (gesetzliche Prozessstandschaft; z.B. Insolvenzverwalter, § 80 InsO) ausgeschlossen (keine gewillkürte Prozessstandschaft). Namentlich **altruistische Verbandsklagen**, mit denen gerade nicht wie bei der **egoistischen Verbandsklage** (Verbandsverletzungsklage) die Verletzung eigener, sondern vielmehr die Verletzung fremder Rechte (z.B. von Mitgliedern, sog. juristische Verbandsklage) oder anderer, allein dem

---

[219] Nach *OVG Koblenz* NJW 1982, 1301.

öffentliche Interesse dienender Rechtsvorschriften geltend gemacht wird, sind folglich nur dann nicht mangels Klagebefugnis unzulässig, wenn dies gesetzlich ausnahmsweise vorgesehen ist (so z.B. in § 64 Abs. 1 BNatSchG, § 2 Abs. 1 UmwRG, § 1 Abs. 1 TierschutzVMG NRW), vgl. § 42 Abs. 2 Hs. 1 VwGO.[220] Den sich andernfalls vermeintlich anbietenden Ausweg, die Klagebefugnis etwa über den Erwerb eines **Sperrgrundstücks** zu konstruieren, hat das BVerwG[221] unter Hinweis auf das Gebot von Treu und Glauben (vgl. § 242 BGB) insoweit verbaut, als diese Rechtsposition (Art. 14 Abs. 1 GG) wegen rechtsmissbräuchlicher Begründung der Eigentümerstellung nicht schutzwürdig ist (Gedanke der Gesetzesumgehung).

Gleichwohl darf die Klagebefugnis in **Drittbeteiligungsfällen** nicht vorschnell verneint werden. Vielmehr kann sich die Klagebefugnis des Dritten daraus ergeben, dass die einem anderen gewährte (z.B. Baugenehmigung) oder versagte (z.B. Aufenthaltserlaubnis des ausländischen Ehegatten) Begünstigung den Dritten (mittelbar) sehr wohl in dessen eigenen (Grund-)Rechten verletzt bzw. der Dritte einen Anspruch gegen die Behörde auf Ergreifung bestimmter Maßnahmen gegenüber einem anderen hat (z.B. auf ordnungsbehördliches Einschreiten gegen einen Störer; vgl. Übungsfall Nr. 8). **273**

3. Möglichkeit der Rechtsverletzung des Klägers

Schließlich muss nach dem in Rn. 253 Gesagten eine **Verletzung** des Klägers in dessen subjektiv-öffentlichem Recht **im konkreten Fall möglich**, d.h. „eine Verletzung eigener subjektiver Rechte des Klägers nicht offensichtlich und eindeutig nach jeder Betrachtungsweise ausgeschlossen"[222] sein. **274**

Beispiel[223]   G ist durch behördlichen Bescheid vom 23.5. zur Duldung von Arbeiten zur Aufsuchung von Torfen auf seinem Grundstück verpflichtet worden. Mit notariell beurkundetem Vertrag vom 30.5. übertrug G das Grundstückseigentum im Wege der vorweggenommenen Erbfolge auf seine Tochter T; die Umschreibung im Grundbuch erfolgte am 10.6. Um T einen ungetrübten Genuss ihres neuen Eigentums zu ermöglichen, erhebt G am 17.6. Widerspruch gegen die Duldungsverfügung. Ist der vorliegend statthafte Widerspruch zulässig? **275**

Nein. Der Widerspruch ist mangels der analog § 42 Abs. 2 VwGO notwendigen Widerspruchsbefugnis des G unzulässig. Denn bei Erhebung des Widerspruchs war G bereits nicht mehr Eigentümer des Grundstücks, so dass er zu diesem Zeitpunkt keine Rechte mehr innehatte, die durch den angefochtenen Verwaltungsakt beeinträchtigt werden könnten. Die Möglichkeit einer Verletzung in eigenen Rechten ist somit offensichtlich ausgeschlossen. Die Verpflichtung zur Duldung der Aufsuchungsarbeiten belastet G nicht mehr; vielmehr hat sich das Verwaltungsverfahren insoweit erledigt. ■

Trotz möglicher Verletzung des Klägers in einem subjektiv-öffentlichen Recht lässt sich die Klagebefugnis hierauf dann nicht stützten, wenn er sich auf dieses **offensichtlich** nicht mehr zu berufen vermag. Ein derartiger Ausschluss von Rechten nicht nur im Verwaltungsverfahren (formelle Präklusion), sondern auch im verwaltungsgerichtlichen Verfahren (materielle **Präklusion**) liegt namentlich dann vor, wenn **276**

---

220 **Terminologie** nach *Ehlers* in: ders./Schoch, Rechtsschutz im Öffentlichen Recht § 22 Rn. 42; *Schenke* Verwaltungsprozessrecht Rn. 525. **Abweichend** z.B. *Hufen* Verwaltungsprozessrecht § 14 Rn. 93.

221 *BVerwGE* 131, 274 (286) m.w.N.; *BVerwG* NVwZ 2012, 567.

222 *BVerfG* NVwZ 2009, 1426 (1427) m.w.N.

223 Nach *OVG Greifswald* NVwZ-RR 2001, 541. Vgl. auch *OVG Lüneburg* BeckRS 2012, 57106.

277 • in einem **gestuften** **Verwaltungsverfahren** ein vorgelagerter (Teil-)Verwaltungsakt, wie z.B. ein Bauvorbescheid (§ 57 LBO BW; Art. 71 BayBO; § 71 BauO NRW), dem Nachbarn gegenüber bereits bestandskräftig geworden ist, so dass dieser eine spätere Baugenehmigung unter Berufung auf nachbarschützende Festsetzungen des Bebauungsplans nicht mehr mit Erfolg anfechten kann. Entsprechendes gilt ferner etwa auch im Vollstreckungsrecht, wo Einwände gegen die Rechtmäßigkeit des zu vollstreckenden (Grund-)Verwaltungsakts im Vollstreckungsverfahren grundsätzlich nicht mehr geltend gemacht werden können;

278 • der durch einen Verwaltungsakt Betroffene es versäumt hat, Einwendungen gegen dessen Erlass in einem hierfür vorgesehenen Verwaltungsverfahren fristgerecht geltend zu machen und es **gesetzlich vorgesehen** ist, dass er danach mit der Geltendmachung seines subjektiv-öffentlichen Rechts ausgeschlossen ist (so z.B. in § 10 Abs. 3 S. 5 BlmSchG, § 17a Nr. 7 FStrG a.F., § 73 Abs. 4 S. 3 VwVfG) oder

279 • der Kläger sein (disponibles) subjektiv-öffentliches Recht in anderer Weise, insbesondere durch wirksamen **Verzicht** (z.B. in einem öffentlich-rechtlichen Vertrag nach §§ 54 ff. VwVfG) oder durch **Verwirkung**, eingebüßt hat.

280 > ## JURIQ-Klausurtipp
>
> Ob der Kläger **tatsächlich** in dem von ihm geltend gemachten subjektiv-öffentlichen Recht verletzt ist, ist erst in der Begründetheit der Klage zu prüfen. Im vorliegenden Zusammenhang des § 42 Abs. 2 VwGO reicht vielmehr bereits die bloße **Möglichkeit** der Rechtsverletzung aus. Im Zweifel ist daher die Klagebefugnis zu bejahen und – bei Vorliegen aller übrigen Zulässigkeitsvoraussetzungen – die Frage nach der Rechtsverletzung des Klägers im Rahmen der Begründetheitsprüfung näher zu thematisieren (keine „Kopflastigkeit" der Klausur).[224]
> Als **Faustregel** mag insoweit gelten: Wären zur Verneinung der Klagebefugnis in der Klausur mehr als drei Sätze erforderlich, so ist die Möglichkeit einer Rechtsverletzung des Klägers nicht offensichtlich nach jeder Betrachtungsweise völlig ausgeschlossen, d.h. die sich aus § 42 Abs. 2 VwGO ergebenden Anforderungen sind erfüllt.

281 Auf die drei Elemente „subjektives Recht", dessen Zuordnung zum Kläger und die Möglichkeit von dessen Verletzung in diesem Recht braucht im Fall der **Anfechtung** eines belastenden Verwaltungsakts durch dessen Adressaten nach § 42 Abs. 1 Alt. 1 VwGO allerdings nicht näher eingegangen zu werden. Denn durch das in einem belastenden Verwaltungsakt enthaltene Ge- bzw. Verbot greift die Behörde jedenfalls in das Auffanggrundrecht des Adressaten aus Art. 2 Abs. 1 GG (allgemeine Handlungsfreiheit) ein, welches diesen vor ungesetzlichem Zwang schützt. Eine Rechtsverletzung des Adressaten eines belastenden Verwaltungsakts ist damit stets möglich (**Adressatentheorie**). Sofern im konkreten Fall vorhanden, ist vorrangig freilich auf einfachgesetzlich begründete Rechtspositionen bzw. zumindest etwaig einschlägige Spezialgrundrechte abzustellen. Wendet sich der Kläger gegen die behördliche Aufhebung (Rücknahme bzw. Widerruf, §§ 48 f. VwVfG) eines ihn begünstigenden Verwaltungsakts, so handelt es sich bei diesem um die möglicherweise verletzte Rechtsposition. In Bezug auf sonstiges Verwaltungshandeln, das nicht im Erlass eines Verwaltungsakts besteht (z.B. behördeninterne Weisung), und bei anderen Klagearten als der Anfechtungsklage (z.B. Verpflichtungsklage; str.[225]) ist die Adressatentheorie dagegen nicht einsetzbar.

---

224 *BVerfG* NVwZ 2009, 1426 (1427); *Schenke* Verwaltungsprozessrecht Rn. 493; *Würtenberger* Verwaltungsprozessrecht Rn. 282.

225 Zur **a.A.** (Mindermeinung) siehe die Nachweise bei *Schenke* Verwaltungsprozessrecht Rn. 512.

In Bezug auf die **Verpflichtungs-** sowie die **allgemeine Leistungsklage** ist die Klagebefugnis dann zu bejahen, wenn die Möglichkeit besteht, dass der Kläger einen Anspruch auf die jeweils begehrte Leistung hat (z.B. nach § 1 Abs. 1 S. 1 IFG; Negativbeispiel: § 29 Abs. 1 S. 2 VwVfG). Zur **allgemeinen Feststellungsklage** siehe Rn. 486.

282

IX. Richtiger Klagegegner

Gegen wen die Klage zu richten ist, ist in § 78 VwGO geregelt.[226] Entgegen der insbesondere von der Rechtsprechung[227] vertretenen Auffassung handelt es sich bei dieser Vorschrift nicht etwa um eine Normierung der Passivlegitimation (und damit um eine Frage der Begründetheit der Klage); passiv legitimiert ist derjenige, der durch das dem Kläger tatsächlich zustehende Recht (Aktivlegitimation) tatsächlich verpflichtet wird. Richtigerweise[228] regelt § 78 VwGO vielmehr die **passive Prozessführungsbefugnis** (die aktive Prozessführungsbefugnis ist in § 42 Abs. 2 VwGO geregelt). Unter dieser Zulässigkeitsvoraussetzung ist die Befugnis zu verstehen für denjenigen, dessen Verpflichtung durch den Kläger behauptet wird, als Beklagter im eigenen Namen den Prozess zu führen. Ob der Beklagte nach dem materiellen Recht auch der richtige Anspruchsgegner ist, ist im Rahmen von § 78 VwGO dagegen ohne Bedeutung.

283

> ### JURIQ-Klausurtipp
>
> Folgt man der hier vertretenen Ansicht, so ist **§ 78 VwGO** bereits im Rahmen der **Zulässigkeit** der Klage zu prüfen. Ist diese auch nach erfolgtem richterlichen Hinweis gem. § 86 Abs. 3 VwGO gegen den falschen Beklagten gerichtet und auch eine anderweitige Auslegung bzw. Umdeutung nicht möglich, so ist die Klage bereits unzulässig. Schließt man sich hingegen der abweichenden, insbesondere in der bayerischen Examenspraxis[229] vorherrschenden Auffassung an, so führt die gegen den falschen Beklagten gerichtete Klage zu deren Unbegründetheit. In der Klausur darf der gewählte Aufbau freilich keinesfalls begründet werden.[230]

284

Nach dem in § 78 Abs. 1 Nr. 1 Hs. 1 VwGO enthaltenen Grundsatz ist die Klage gegen den Bund, das Land oder die Körperschaft, d.h. gegen den Rechtsträger (inkl. Anstalten und Stiftungen des öffentlichen Rechts), zu richten, dessen Behörde den angefochtenen Verwaltungsakt erlassen oder den beantragten Verwaltungsakt unterlassen hat (**Rechtsträgerprinzip**). Zur Bezeichnung des beklagten Rechtsträgers lässt § 78 Abs. 1 Nr. 1 Hs. 2 VwGO allerdings die Angabe der Behörde ausreichen; im umgekehrten Fall gilt Entsprechendes (z.B. wenn der Kläger die Gemeinde anstelle der gem. § 78 Abs. 1 Nr. 2 VwGO i.V.m. z.B. § 19 Abs. 2 AGVwGO Saarl. zu verklagenden Behörde, d.h. ihres Oberbürgermeisters, genannt hat). Der Vorsitzende hat auf eine Richtigstellung hinzuwirken, § 82 Abs. 2 VwGO (vgl. auch § 86 Abs. 3 VwGO). Die Regelung des § 78 Abs. 1 Nr. 1 Hs. 1 VwGO korrespondiert mit § 61 Nr. 1 Alt. 2

285

---

226 Zum gesamten Folgenden siehe *Ehlers* in: ders./Schoch, Rechtsschutz im Öffentlichen Recht § 22 Rn. 57 ff., § 23 Rn. 35, § 24 Rn. 31 ff., § 25 Rn. 57, § 26 Rn. 63; *Gersdorf* Verwaltungsprozessrecht Rn. 44 f., 104, 122; *Hufen* Verwaltungsprozessrecht § 12 Rn. 28 ff.; *Kintz* in: Posser/Wolff, VwGO § 78 Rn. 36; *Kopp/Schenke* VwGO § 78 Rn. 3, 6, 11; *Rozek*, JuS 2007, 601 ff.; *Schenke* Verwaltungsprozessrecht Rn. 538 ff.; *Schmitt Glaeser/Horn* Verwaltungsprozessrecht Rn. 238 f., 301, 311, 350 f.; *Tettinger/Wahrendorf* Verwaltungsprozessrecht § 17 Rn. 2; *Würtenberger* Verwaltungsprozessrecht Rn. 429, 596 ff.

227 *BVerwG* NVwZ-RR 1990, 44; 2003, 41 (42).

228 Siehe etwa *Schenke* Verwaltungsprozessrecht Rn. 546 m.w.N.

229 Vgl. etwa *Müller-Franken*, JuS 2005, 723 (725).

230 *Gersdorf* Verwaltungsprozessrecht Rn. 44; *Schenke* Verwaltungsprozessrecht Rn. 544.

VwGO, wonach prinzipiell nur die juristische Person des öffentlichen Rechts selbst – und nicht die für sie handelnde Behörde (Ausnahme: landesrechtliche Bestimmung gem. § 61 Nr. 3 VwGO) – beteiligtenfähig ist.

286 **Beispiel**[231] Dem A geht eine Ordnungsverfügung zu. Im Briefkopf des Bescheids heißt es: „Stadt S, Der Oberbürgermeister, Fachbereich: Öffentliche Sicherheit und Ordnung, Abteilung: Ordnungsaufgaben, Ansprechpartner Herr H." A möchte diesen Verwaltungsakt anfechten. Wer ist richtiger Klagegegner, wenn das betreffende Landesrecht keine Bestimmung i.S.v. § 78 Abs. 1 Nr. 2 VwGO enthält?

In Ermangelung einer landesrechtlichen Bestimmung i.S.v. § 78 Abs. 1 Nr. 2 VwGO bestimmt sich der richtige Klagegegner vorliegend nach § 78 Abs. 1 Nr. 1 Hs. 1 VwGO. Danach ist die (Anfechtungs-)Klage gegen die Körperschaft zu richten, deren Behörde den angefochtenen Verwaltungsakt erlassen hat. Der hier in Frage stehende Verwaltungsakt wurde vom Oberbürgermeister der Stadt S als Behörde dieser Gebietskörperschaft erlassen. Das Handeln des Sachbearbeiters (Herrn H.) wird dem Oberbürgermeister zugerechnet. Bei dem Fachbereich „Öffentliche Sicherheit und Ordnung" und der Abteilung „Ordnungsaufgaben" handelt es sich jeweils um rein behördeninterne Aufgliederungen. Richtigerweise muss A seine Klage somit gegen die Stadt S richten. ■

287 Ausnahmsweise ist die Klage abweichend von § 78 Abs. 1 Nr. 1 Hs. 1 VwGO jedoch nicht gegen den Rechtsträger, sondern vielmehr gegen die Behörde selbst zu richten, die den angefochtenen Verwaltungsakt erlassen oder den beantragten Verwaltungsakt unterlassen hat, sofern das Landesrecht dies bestimmt, § 78 Abs. 1 Nr. 2 VwGO (**Behördenprinzip**). Von dieser Möglichkeit, die sich freilich nicht auch auf Bundesbehörden oder Behörden anderer Bundesländer erstreckt (hierfür hat der betreffende Landesgesetzgeber jeweils keine Kompetenz), wurde Gebrauch gemacht

288 • für sämtliche Anfechtungs- und Verpflichtungsklagen in § 14 Abs. 2 AGGerStrG MV und § 19 Abs. 2 AGVwGO Saarl.;

289 • für grundsätzlich alle Anfechtungs- und Verpflichtungsklagen mit Ausnahme von Klagen i.S.v. § 52 Nr. 4 VwGO in § 8 Abs. 2 BbgVwGG;

290 • in § 8 Abs. 2 Nds. AGVwGO, § 8 S. 2 AGVwGO LSA und § 6 S. 2 AGVwGO SchlH. hinsichtlich derjenigen Fälle, in denen eine Landesbehörde (nicht hingegen: eine kommunale Behörde) den angefochtenen Verwaltungsakt erlassen oder den beantragten Verwaltungsakt unterlassen hat.

291 In diesen Bundesländern werden die Behörden in **gesetzlicher Prozessstandschaft** für den jeweiligen Rechtsträger (z.B. Land) tätig. Das AGVwGO NRW, nach dessen § 5 Abs. 2 Anfechtungs- und Verpflichtungsklagen – mit Ausnahme der Klagen i.S.v. § 52 Nr. 4 VwGO – gegen die Behörde zu richten waren, die den angefochtenen Verwaltungsakt erlassen oder den beantragten Verwaltungsakt unterlassen hat, ist durch den am 1. Januar 2011 in Kraft getretenen Art. 2 Nr. 28 des Gesetzes zur Modernisierung und Bereinigung von Justizgesetzen im Land **Nordrhein-Westfalen** aufgehoben worden. Das JustG NRW enthält keine dem § 5 Abs. 2 S. 1 AGVwGO NRW a.F. entsprechende Vorschrift i.S.v. § 78 Abs. 1 Nr. 2 VwGO mehr, so dass in NRW nunmehr – ebenso wie beispielsweise in **Baden-Württemberg** und **Bayern** – das **Rechtsträgerprinzip** des § 78 Abs. 1 Nr. 1 VwGO gilt.

---

231 Nach *Würtenberger* Verwaltungsprozessrecht Rn. 597.

Beispiel Hat im vorstehenden Beispielsfall der Landesgesetzgeber von der Möglichkeit des § 78 Abs. 1 Nr. 2 VwGO auch bzgl. Kommunalbehörden Gebrauch gemacht, so muss A seine Klage gegen den Oberbürgermeister als diejenige Behörde richten, die den hier in Frage stehenden Verwaltungsakt erlassen hat. ■ **292**

Wenn ein **Widerspruchsbescheid** erlassen ist, der erstmalig eine Beschwer enthält (§ 68 Abs. 1 S. 2 Nr. 2 VwGO), ist Behörde i.S.v. § 78 Abs. 1 VwGO die Widerspruchsbehörde, § 78 Abs. 2 VwGO. Diese Regelung gilt gem. § 79 Abs. 2 S. 3 VwGO entsprechend für den Fall, dass der Widerspruchsbescheid alleiniger Gegenstand der Anfechtungsklage ist, weil und soweit er gegenüber dem ursprünglichen Verwaltungsakt eine zusätzliche selbstständige Beschwer enthält. In allen übrigen Fällen ist dagegen selbst dann, wenn der Verwaltungsakt im Widerspruchsverfahren abgeändert wurde, die Ausgangsbehörde (§ 78 Abs. 1 Nr. 2 VwGO) bzw. deren Rechtsträger (§ 78 Abs. 1 Nr. 1 Hs. 1 VwGO) richtiger Klagegegner – und nicht etwa die Widerspruchsbehörde bzw. deren Rechtsträger. Dies ergibt sich mittelbar aus § 79 Abs. 1 Nr. 1 VwGO, wonach Gegenstand der Anfechtungsklage der ursprüngliche Verwaltungsakt in der Gestalt ist, die er durch den Widerspruchsbescheid gefunden hat. **293**

Auf andere Klagen als die **Anfechtungs-** und **Verpflichtungs-** sowie die mit diesen eng verwandte **Fortsetzungsfeststellungs-** und **Nichtigkeitsfeststellungsklage** (str.[232]) findet § 78 Abs. 1 Nr. 1 Hs. 1, Nr. 2 VwGO weder direkt noch analog Anwendung. Insoweit ist vielmehr auf die allgemeinen Grundsätze betreffend die Prozessführungsbefugnis zurückzugreifen. Danach gilt das Rechtsträgerprinzip, d.h. die **allgemeine Leistungsklage** ist gegen diejenige Person zu richten, gegenüber der der Kläger das von ihm geltend gemachte Recht behauptet. Was die **allgemeine Feststellungsklage** anbelangt, so folgt bereits aus dem in § 43 Abs. 1 VwGO enthaltenen Erfordernis des Bestehens eines Rechtsverhältnisses, dass der Beklagte entweder selbst hieran beteiligt sein oder aber das Rechtsverhältnis wenigstens präjudizielle Bedeutung haben muss für ein anderes Rechtsverhältnis, an dem der Kläger und der Beklagte beteiligt sind. Nur bei **Organstreitigkeiten** ist die Klage gegen das andere beteiligungsfähige Organ – und nicht die juristische Person, der es angehört – zu richten, siehe Übungsfall Nr. 6 (str.[232]). **294**

X. Vorverfahren

Gem. § 68 Abs. 1 S. 1 VwGO sind vor Erhebung der **Anfechtungsklage** die Rechtmäßigkeit – und bei Ermessensentscheidungen zudem auch die Zweckmäßigkeit – des Verwaltungsakts in einem Vorverfahren nachzuprüfen.[233] Für **Verpflichtungsklage**n gilt Entsprechendes, wenn der Antrag auf Vornahme des Verwaltungsakts abgelehnt worden ist (Versagungsgegenklage), § 68 Abs. 2 VwGO. **295**

---

232 Nachweise zum Streitstand bei *Kopp/Schenke* VwGO § 78 Rn. 2.

233 Zum gesamten Folgenden siehe *BVerwGE* 55, 188; 57, 188; *BVerwG* NJW 2010, 1686; NVwZ 2009, 191; 2011, 501; 2014, 676; *VGH München* BayVBl 2012, 181; *Decker* in: Wolff/Decker, VwVfG/VwGO § 70 VwGO Rn. 23; *Ehlers* in: ders./Schoch, Rechtsschutz im Öffentlichen Recht § 22 Rn. 30 ff.; § 23 Rn. 27 ff., § 24 Rn. 25 ff., § 25 Rn. 40, § 26 Rn. 43 ff.; *Engst* Jura 2006, 166 ff.; *Geis/Hinterseh* JuS 2001, 1074 ff., 1176 ff.; 2002, 34 ff.; *Gersdorf* Verwaltungsprozessrecht Rn. 34 ff., 66, 72, 219 ff.; *Hufen* Verwaltungsprozessrecht §§ 5 ff., § 8 Rn. 2, § 14 Rn. 113, § 15 Rn. 27 f.; *Kahl/Hilbert* Jura 2011, 660 ff.; *Kopp/Schenke* VwGO § 58 Rn. 12 f., § 68 Rn. 12, § 69 Rn. 2; *Schenke* Verwaltungsprozessrecht Rn. 590, 642 ff., 715 ff.; *Schmitt Glaeser/Horn* Verwaltungsprozessrecht Rn. 175 ff., 297, 346, 362, 389; *Schoch* in: Ehlers/Schoch, Rechtsschutz im Öffentlichen Recht § 20; *Tettinger/Wahrendorf* Verwaltungsprozessrecht § 17 Rn. 3 ff.; *Würtenberger* Verwaltungsprozessrecht Rn. 297 ff., 334, 336 ff., 344 ff., 391, 418.

> **JURIQ-Klausurtipp**
>
> In der Fallbearbeitung kann das Widerspruchsverfahren in **zwei Konstellationen** zu prüfen sein: Zum einen als Zulässigkeitsvoraussetzung einer der von § 68 VwGO erfassten Klagen, zum anderen als selbständige Klausurfrage, in der die Erfolgsaussicht, d.h. die Zulässigkeit und Begründetheit, eines Widerspruchs zu untersuchen ist.[234]

296 Dieses auch sog. Widerspruchsverfahren dient zum einen dem **Rechtsschutz des Bürgers**, indem dieser zusätzlich zur gerichtlichen Kontrolle – und bzgl. der Zweckmäßigkeitskontrolle sogar noch darüber hinaus (vgl. § 68 Abs. 1 S. 1, Abs. 2 VwGO mit §§ 113 Abs. 1 S. 1, Abs. 5, 114 S. 1 VwGO) – die Möglichkeit erhält, den Verwaltungsakt durch die Verwaltung überprüfen zu lassen. Zum anderen kommt dem Vorverfahren die Funktion einer (internen) **Selbstkontrolle der Verwaltung** zu. Bevor ein Gericht mit der Sache befasst wird, hat die Verwaltung die Gelegenheit, ihre Entscheidung nochmals in tatsächlicher und rechtlicher Hinsicht zu überdenken und etwaige Fehler zu korrigieren. Damit dient das Vorverfahren schließlich auch der **Entlastung der Gerichte** („Filterfunktion"). Letzteres ist häufig selbst dann der Fall, wenn der Widerspruch keinen Erfolg hat. Denn ein sorgsam begründeter Widerspruchsbescheid (vgl. § 73 Abs. 3 S. 1 VwGO) führt nicht selten dazu, dass der Widerspruchsführer von der Erhebung einer wenig aussichtsreichen Klage absieht. Verfassungsrechtlich geboten ist das Vorverfahren allerdings nicht.

297
> **Hinweis**
>
> Die **auf das Vorverfahren anwendbaren Rechtsvorschriften** sind in folgender Prüfungsreihenfolge zu ermitteln:[235]
> 1. **Spezialregelungen** (z.B. § 70 VwVfG), siehe § 79 Hs. 1 (L-)VwVfG a.E.;
> 2. **§§ 68–73 VwGO** (inkl. des jeweiligen **AGVwGO, JustG** etc.), siehe § 79 Hs. 1 (L-)VwVfG;
> 3. das jeweilige (L-)VwVfG (z.B. §§ 11 ff. VwVfG), siehe § 79 Hs. 2 (L-)VwVfG;
> 4. die **übrigen** Vorschriften der VwGO (ggf. über § 173 S. 1 VwGO i.V.m. ZPO), sofern die Voraussetzungen für eine Analogie vorliegen (z.B. §§ 40 Abs. 1 S. 1, 42 Abs. 2 VwGO).
>
> Speziell zur umstrittenen Frage, welche Vorschriften für die Berechnung der **Widerspruchsfrist** maßgeblich sind, siehe Rn. 353.

298 **Fehler** im Vorverfahren, die **dem Widerspruchsführer nicht zuzurechnen** sind, führen allerdings nicht zur Unzulässigkeit der Klage, sondern vielmehr zur Rechtswidrigkeit des Widerspruchsbescheids („Sphärentheorie"), was wiederum im Rahmen der Begründetheitsprüfung der Klage von Bedeutung ist. Handelt es sich um die Verletzung einer wesentlichen Verfahrensvorschrift (z.B. Nichtdurchführung des Abhilfeverfahrens, Entscheidung über den Widerspruch durch eine unzuständige Behörde, Unterbleiben der Anhörung nach § 71 VwGO, Fehlen der Begründung nach § 73 Abs. 3 S. 1 VwGO) und beruht der Widerspruchsbescheid auf dieser Verletzung (so z.B. bei einer Ermessens-, nicht dagegen bei einer gebundenen Entscheidung), so gilt dies gem. **§ 79 Abs. 2 S. 2 VwGO** als eine zusätzliche Beschwer mit der Folge, dass der Widerspruchsbescheid alleiniger Gegenstand der Anfechtungsklage sein kann, § 79 Abs. 2 S. 1 VwGO; § 46 VwVfG wird insofern verdrängt.

---

234 *Geis/Hinterseh* JuS 2001, 1074; *Gersdorf* Verwaltungsprozessrecht Rn. 219.
235 Zum Folgenden siehe *Hufen* Verwaltungsprozessrecht § 5 Rn. 12 f.; *Geis/Hinterseh* JuS 2001, 1074 (1074 f.).

Aus dem Vorstehenden ergibt sich für die **Prüfung der Zulässigkeit eines Widerspruchs** das   **299**
nachfolgende Schema:[236]

Widerspruch   **300**

A. Zulässigkeit

    I. ordnungsgemäße Widerspruchserhebung

    II. Eröffnung des Verwaltungsrechtswegs
        ⊙ öffentlich-rechtliche Streitigkeit   (Rn. 76 ff.)

    III. Statthaftigkeit des Widerspruchs, § 68 VwGO
        ⊙ Verwaltungsaktqualität der angegriffenen Maßnahme   (Rn. 129 ff.)

    IV. Widerspruchsbefugnis, § 42 Abs. 2 VwGO analog
        ⊙ subjektiv-öffentliches Recht des Klägers   (Rn. 250 ff.)

    V. Erhebung bei der zuständigen Behörde, § 70 Abs. 1 VwGO

    VI. Widerspruchsfrist, § 70 VwGO
        ⊙ Fristberechnung   (Rn. 342 ff.)

    VII. Widerspruchsinteresse

B. Begründetheit

    I. Rechtswidrigkeit oder Zweckwidrigkeit (ggf. der Ablehnung) des
        Verwaltungsakts und dadurch

    II. Verletzung des Widerspruchsführers in einem seiner subjektiv-öffentlichen
        Rechte

PRÜFUNGSSCHEMA

---

1.   Auslegung

Noch **vor der Prüfung der Zulässigkeit** des Widerspruchs ist das vom Widerspruchsführer   **301**
mit dem Widerspruch verfolgte Ziel zu ermitteln (Anfechtungs- oder Verpflichtungswiderspruch?), wobei dieser allerdings nicht zwingend als solcher bezeichnet werden muss;
Falschbezeichnungen wie „Beschwerde" oder „Einspruch" (vgl. § 77 Abs. 1 VwGO) sind
unschädlich. Ausreichend ist vielmehr, dass die abgegebene Erklärung analog §§ 133, 157
BGB dahingehend **ausgelegt** werden kann, dass der Betroffene die förmliche Nachprüfung
und Aufhebung bzw. Änderung einer bestimmten oder zumindest bestimmbaren Behördenentscheidung begehrt und es ihm nicht bloß um die Einlegung eines formlosen
Rechtsbehelfs geht. Im Zweifel ist von der Einlegung des für den Betroffenen rechtsschutzintensivsten Rechtsbehelfs, also des Widerspruchs, auszugehen. In der Erhebung einer
Klage liegt allerdings kein Widerspruch. Im Anfechtungswiderspruch kann zugleich der –
ggf. konkludente – Antrag auf **Vollzugsfolgenbeseitigung** analog § 113 Abs. 1 S. 2 VwGO
enthalten sein. Bei inhaltlicher Teilbarkeit des Verwaltungsakts ist die Erhebung nur eines
Teilwiderspruchs möglich.

---

236 Zur Handhabung auch des nachfolgenden Schemas (nach *Schenke* Verwaltungsprozessrecht Rn. 651a;
     Schoch in: Ehlers/Schoch, Rechtsschutz im Öffentlichen Recht § 20 Rn. 5 ff.) in der **Klausurbearbeitung**
     vgl. Rn. 43.

2. Ordnungsgemäße Widerspruchserhebung

302   Der Widerspruch ist nach § 70 Abs. 1 S. 1 VwGO **schriftlich** (nicht: mündlich) oder zur Niederschrift zu erheben. Die Schriftform kann gem. § 79 Hs. 2 i.V.m. § 3a Abs. 2 S. 1, 2 VwVfG durch die elektronische Form ersetzt werden, wofür eine qualifizierte elektronische Signatur nach dem Signaturgesetz notwendig ist. Eine gesetzliche Pflicht zur Begründung des Widerspruchs besteht nicht.

3. Eröffnung des Verwaltungsrechtswegs

303   Da die ordnungsgemäße Durchführung des Widerspruchsverfahrens gem. § 68 Abs. 1 S. 1, Abs. 2 VwGO Zulässigkeitsvoraussetzung der in Rn. 304 genannten verwaltungsgerichtlichen Klagen ist, muss es sich ebenso wie bei deren jeweiligem Gegenstand auch bei demjenigen des Vorverfahrens[237] (a.A.: bei dem des nachfolgenden Klageverfahrens[238]) um eine den allgemeinen **VGen zugewiesene Streitigkeit** handeln – sei es aufgrund spezieller gesetzlicher Zuweisung oder in analoger Anwendung des sich direkt nur auf verwaltungsgerichtliche Klagen beziehenden § 40 Abs. 1 S. 1 VwGO. Die diesbezüglichen Ausführungen in Rn. 53 ff. gelten im vorliegenden Zusammenhang grundsätzlich entsprechend. Eine Ausnahme besteht allerdings hinsichtlich des allein auf Gerichtsverfahren anwendbaren § 17a Abs. 2 S. 1 GVG, so dass im Fall der Nichteröffnung des Verwaltungsrechtswegs der Widerspruch mangels Verweisungsmöglichkeit als unzulässig zurückzuweisen ist.

4. Statthaftigkeit des Widerspruchs

304   Der Widerspruch ist **statthaft**, wenn er Zulässigkeitsvoraussetzung für eine spätere Klage ist, d.h. das Gesetz die Durchführung eines Vorverfahrens anordnet. Grundsätzlich ist dies gem. § 68 Abs. 1 S. 1 VwGO vor Erhebung einer **Anfechtungsklage** (Anfechtungswiderspruch) und gem. § 68 Abs. 2 VwGO vor Erhebung einer **Verpflichtungsklage** in Gestalt der Versagungsgegenklage (Versagungs- bzw. Verpflichtungswiderspruch) der Fall. Voraussetzung für die Statthaftigkeit des Widerspruchs ist damit stets, dass es sich bei der betreffenden Maßnahme um einen Verwaltungsakt handelt, vgl. § 42 Abs. 1 VwGO. Auf die diesbezüglichen Ausführungen in Rn. 129 ff. wird verwiesen.

305   Darüber hinaus muss im Ausgangspunkt auch vor Erhebung einer **Fortsetzungsfeststellungsklage** ein Vorverfahren durchgeführt werden, handelt es sich bei dieser doch um nichts anderes als um die Verlängerung der ursprünglichen Anfechtungs- bzw. Verpflichtungsklage. Abweichendes gilt nach h.M. allerdings in Bezug auf einen vor Klageerhebung und vor Ablauf der Widerspruchsfrist erledigten Verwaltungsakt (**kein Fortsetzungsfeststellungswiderspruch**; siehe Übungsfall Nr. 2). **Unstatthaft** ist ferner der „**vorbeugende Widerspruch**" gegen einen noch nicht bekannt gegebenen Verwaltungsakt. Auch vor Erhebung aller übrigen Klagen wie der Verpflichtungsklage in Gestalt der Untätigkeitsklage (**kein Untätigkeitswiderspruch**), der allgemeinen Leistungsklage und der allgemeinen Feststellungsklage ist die Durchführung eines Vorverfahrens prinzipiell unstatthaft, d.h. ein gleichwohl erhobener Widerspruch wäre unzulässig. Ausnahmen von diesem Grundsatz sind in § 126 Abs. 2 S. 1 BBG und § 54 Abs. 2 S. 1 BeamtStG (Rückausnahme: § 54 Abs. 2 S. 3 BeamtStG i.V.m. z.B. § 104 Abs. 1 S. 1 LBG NRW) vorgesehen, wonach vor „allen"

---

237   *Kopp/Schenke* VwGO § 40 Rn. 2a.
238   *Hufen* Verwaltungsprozessrecht § 6 Rn. 2.

Klagen aus dem Beamtenverhältnis ein Vorverfahren gem. §§ 68 ff. VwGO durchzuführen ist. Insoweit gibt es also Leistungs- und (Fortsetzungs-)Feststellungswidersprüche. Hierdurch soll sichergestellt werden, „dass Beamte vor der Anrufung der VGe den Dienstherrn mit ihren Anliegen befassen. Dem Dienstherrn soll stets die Möglichkeit eröffnet werden, einen gerichtlichen Rechtsstreit zu vermeiden, sei es durch Abhilfe, durch gütliche Einigung, soweit dies rechtlich möglich ist, oder durch nähere Begründung seines Rechtsstandpunktes."[239]

Einer Nachprüfung der Recht- und Zweckmäßigkeit des Verwaltungsakts in einem Vorverfahren bedarf es abweichend vom Grundsatz des § 68 Abs. 1 S. 1 VwGO **ausnahmsweise** allerdings dann **nicht**, d.h. ein gleichwohl erhobener Widerspruch ist mangels Statthaftigkeit unzulässig und stattdessen unmittelbar Klage zu erheben, wenn **306**

- ein (förmliches Bundes- oder Landes-)**Gesetz** dies bestimmt, **§ 68 Abs. 1 S. 2 Hs. 1 VwGO**. **307** Neben dem in einzelnen Rechtsgebieten, d.h. punktuell, bestehenden Ausschluss des Vorverfahrens (z.B. § 11 AsylVfG, § 25 Abs. 4 S. 2 JuSchG, §§ 70, 74 Abs. 6 S. 3 VwVfG) haben in jüngerer Zeit zahlreiche Bundesländer aus Gründen v.a. der Kostenersparnis und der Entbürokratisierung das Widerspruchsverfahren

  - im Grundsatz vollständig abgeschafft, siehe Art. 15 Abs. 2 bay. AGVwGO, § 8a Abs. 1, 2, **308** 4 Nds. AGVwGO, § 110 Abs. 1 JustG NRW. Ob § 68 Abs. 1 S. 2 VwGO hierfür tatsächlich eine ausreichende Grundlage bietet, ist trotz des zwischenzeitlichen Wegfalls der vormals in § 68 Abs. 1 S. 2 Hs. 1 VwGO a.F. enthaltenen Einschränkung „für besondere Fälle" umstritten;[240]

  - v.a. bereichsspezifisch ausgeschlossen, siehe § 15 Abs. 1 S. 1, Abs. 2, 3 AGVwGO BW, § 4 **309** Abs. 2 AGVwGO Bln., Art. 8 Abs. 1, Abs. 2 S. 1 AGVwGO Brem., § 6 Abs. 2 AGVwGO Hbg., § 16a Abs. 1, Abs. 2 S. 1 HessAGVwGO, § 13b Abs. 1 AGGerStrG MV, § 27a SächsJG, § 8a Abs. 1 S. 1 AGVwGO LSA, §§ 8a-c, 9 Abs. 1 S. 1, Abs. 2 ThürAGVwGO;

  - nur noch fakultativ vorgesehen, siehe Art. 15 Abs. 1 bay. AGVwGO, § 13a AGGerStrG **310** MV.

- der **Verwaltungsakt von einer obersten** Bundes**behörde** (nicht: Bundesoberbehörde **311** nach Art. 87 Abs. 3 GG wie z.B. das Bundesverwaltungsamt) oder von einer obersten Landesbehörde (jeweilige Regierung bzw. Regierungsmitglieder wie z.B. Minister) erlassen worden ist (**§ 68 Abs. 1 S. 2 Nr. 1 VwGO**), außer wenn ein Gesetz die Nachprüfung vorschreibt (so z.B. § 126 Abs. 2 S. 2 BBG, § 54 Abs. 2 S. 2 BeamtStG, § 9 Abs. 4 S. 2 IFG, § 6 Abs. 2 UIG); oder

- der Abhilfebescheid oder der Widerspruchsbescheid **erstmalig eine Beschwer** enthält, **312** sei es in Bezug auf den Widerspruchsführer (*reformatio in peius*) oder einen Dritten (Verwaltungsakt mit Drittwirkung), **§ 68 Abs. 1 S. 2 Nr. 2 VwGO** („kein doppeltes Widerspruchsverfahren"[241]).

Über die Fälle des § 68 Abs. 1 S. 2 VwGO hinaus ist ein Vorverfahren ferner auch dann nicht **313** statthaft,[242] wenn die Behörde über einen gestellten Antrag auf Erlass eines Verwaltungsakts nicht entscheidet, § 75 Abs. 1 S. 1 Alt. 2 VwGO (**kein Untätigkeitswiderspruch**; anders: § 347

---

239 *BVerwG* NVwZ 2014, 676 (677) m.w.N.
240 Diese Frage **bejahend** *BVerwGE* 140, 245 (254); *OVG Lüneburg* NdsVBl 2010, S. 247. Ebenso in Bezug auf die bayerische Landesverfassung *BayVerfGH* NVwZ 2009, 716. **Kritisch** dagegen weite Teile des **Schrift**tums, siehe etwa *Hufen* Verwaltungsprozessrecht § 5 Rn. 5 m.w.N.
241 *Hufen* Verwaltungsprozessrecht § 6 Rn. 19.
242 *Hufen* Verwaltungsprozessrecht § 6 Rn. 15. Nach **a.A.** sei der Widerspruch im Fall des § 75 VwGO **ent**behrlich, siehe etwa *Gersdorf* Verwaltungsprozessrecht Rn. 37.

Abs. 1 S. 2 AO). Vielmehr ist der Betroffene in diesem Fall gehalten, unmittelbar Verpflichtungsklage in Form der in § 75 VwGO näher geregelten Untätigkeitsklage zu erheben, die i.S.v. Art. 19 Abs. 4 S. 1 GG der Beschleunigung des Verwaltungsrechtsschutzes dient.

314

> ### Hinweis
>
> Bei der **Untätigkeitsklage** handelt es sich **nicht** etwa um eine **eigene Klageart**. Vielmehr wird mit diesem Begriff die prozessuale Situation der Erhebung einer Klage ohne abgeschlossenes Verwaltungs- bzw. Widerspruchsverfahren gekennzeichnet. I.d.R. wird es sich um eine Verpflichtungsklage i.S.v. § 42 Abs. 1 Alt. 2 VwGO handeln (**Verpflichtungs-Untätigkeitsklage**). Doch erfasst § 75 VwGO auch die **Anfechtungs-Untätigkeitsklage**.[243]

315 Ist der Widerspruch statthaft, d.h. liegt einer der in Rn. 304 genannten Fälle vor, ohne dass zugleich eine der in Rn. 306 ff. erwähnten Ausnahmen eingreift, und wird er gleichwohl nicht erhoben, so ist die betreffende Klage grundsätzlich unzulässig. Abweichendes gilt ausnahmsweise dann, wenn die Durchführung des an sich notwendigen Vorverfahrens im Einzelfall aus Gründen der Prozessökonomie **entbehrlich** ist. In welchen Konstellationen genau das Vorverfahren entbehrlich und eine Klage auch **ohne** die **Erhebung des** statthaften **Widerspruchs** zulässig ist, wird außerhalb bestimmter Fälle wie

316 • der angefochtene Verwaltungsakt ersetzt oder wiederholt einen vorangegangenen Verwaltungsakt ganz oder zum Teil, gegen den schon ein Vorverfahren durchgeführt worden war und der dieselbe Sach- und Rechtsfrage zum Gegenstand hatte (so z.B. im Fall der Klageänderung nach § 91 VwGO),

317 • einer von mehreren Klägern (subjektive Klagehäufung; z.B. Miteigentümer eines Grundstücks), die aus demselben Rechtsgrund in Anspruch genommen werden, hat das Vorverfahren bereits durchgeführt,

in Literatur und Rechtsprechung allerdings unterschiedlich beantwortet. Während Letztere[244] die Durchführung des Vorverfahrens beispielsweise auch dann für entbehrlich hält, wenn

318 • sich der beklagte Hoheitsträger im gerichtlichen Verfahren zur Sache äußert, ohne das Fehlen des Vorverfahrens zu rügen,

319 • der Beklagte das Fehlen des Vorverfahrens zwar rügt, sich hilfsweise aber dennoch auf die Klage einlässt und deren Abweisung als sachlich unbegründet beantragt,

320 • die Ausgangs- zugleich Widerspruchsbehörde ist und sie durch die zuständige Aufsichtsbehörde zu ihrer Entscheidung verbindlich angewiesen worden ist,

321 • sich aus dem Verhalten der Widerspruchsbehörde bereits vor Erhebung des Widerspruchs ergibt, dass ein Widerspruch keinen Erfolg hätte oder

322 • die Behörde irrtümlich annimmt, ein Vorverfahren sei nicht erforderlich, weil dessen Zweck – die Überprüfung der Recht- und Zweckmäßigkeit des Verwaltungsakts (§ 68 Abs. 1 S. 1 VwGO) – entweder schon auf andere Art und Weise erreicht worden ist oder aber nicht mehr erreicht werden kann,

323 wird hieran in Teilen der Literatur[245] insbesondere kritisiert, dass es sich bei den Regelungen betreffend das Vorverfahren um zwingendes Recht handele, welches nicht zur Disposition der Beteiligten stehe. Dem weiteren Einwand, dass nämlich in den vor-

---

243 *Decker* in: Wolff/Decker, VwVfG/VwGO § 75 VwGO Rn. 1, 3, 5.

244 *BVerwGE* 27, 181 (185); 39, 261 (265); 138, 1 (5 f.); *BVerwG* NVwZ 1986, 374; 2002, 1505 (1506); 2014, 676 (679).

245 Siehe etwa *Schenke* Verwaltungsprozessrecht Rn. 664.

genannten Fällen dem Kläger die Widerspruchsbehörde als weitere Entscheidungsebene genommen würde, wird dadurch begegnet, dass im Fall von Ermessensentscheidungen die Einlassung des beklagten Verwaltungsträgers nur dann zur Entbehrlichkeit des Vorverfahrens führe, wenn die Widerspruchsbehörde ihm angehört.

> **Hinweis**
>
> Die Entbehrlichkeit des (statthaften) Widerspruchs ist von dessen **Unstatthaftigkeit** streng zu unterscheiden. Während in den Fällen der letztgenannten Art ein Widerspruch stets unzulässig ist, kann der Betroffene im Fall der **Entbehrlichkeit** des Vorverfahrens selbst entscheiden, ob er zunächst den als solchen statthaften, aber eben nicht zwingend notwendigen Widerspruch erhebt oder ob er sofort klagt. Klausurrelevant ist dies nur für solche Klagen, in denen der an sich statthafte Widerspruch nicht erhoben wurde. Dann ist zu prüfen, ob die jeweilige Klage nicht ausnahmsweise auch ohne ordnungsgemäß durchgeführtes Vorverfahren aufgrund von dessen Entbehrlichkeit zulässig ist. Für die Zulässigkeit eines Widerspruchs ist dessen etwaige Entbehrlichkeit dagegen ebenso ohne Bedeutung wie für eine nachfolgende Klage, siehe Übungsfall Nr. 2.[246]

5. Widerspruchsbefugnis

324 Analog § 42 Abs. 2 VwGO muss der Widerspruchsführer befugt sein, Widerspruch zu erheben. Auch der Widerspruch ist daher kein objektives Beanstandungsverfahren (kein Popularwiderspruch), sondern er ist vielmehr auf die Verteidigung der subjektiv-öffentlichen Rechte des Widerspruchführers gerichtet, vgl. § 70 Abs. 1 VwGO: „Beschwerte[r]". Für diese Widerspruchsbefugnis gelten **im Ausgangspunkt dieselben Grundsätze, wie** sie auch **im Rahmen der Klagebefugnis** Anwendung finden (Rn. 248 ff.). Allerdings ergibt sich im Rahmen des Widerspruchsverfahrens insoweit eine **Erweiterung**, als der Verwaltungsakt in diesem nicht nur wie im verwaltungsgerichtlichen Verfahren auf seine Rechtmäßigkeit, sondern darüber hinaus ebenfalls auf seine **Zweckmäßigkeit** hin überprüft wird, § 68 Abs. 1 S. 1 VwGO. Folglich ist der Widerspruchsführer dann widerspruchsbefugt, wenn die Möglichkeit besteht, dass der Verwaltungsakt (Anfechtungswiderspruch) bzw. dessen Ablehnung (Verpflichtungswiderspruch)

- **rechtswidrig**
  oder
- **unzweckmäßig** (nur bei Ermessenentscheidungen oder Beurteilungsspielraum denkbar)

ist und der Widerspruchsführer dadurch jeweils **in** einem seiner **subjektiv-öffentlichen Rechte verletzt** wird.

> **JURIQ-Klausurtipp**
>
> **325**
>
> Die praktische Bedeutung der **Zweckmäßigkeitsprüfung** nach § 68 Abs. 1 S. 1 VwGO ist eher gering und auch in der Klausur ist „die bloße Unzweckmäßigkeit eines Verwaltungsakts" im Obersatz zunächst zwar stets anzusprechen, dann aber – freilich in Abhängigkeit vom konkreten Sachverhalt – „in aller Regel nicht zu prüfen."[247]

---

246 *Gersdorf* Verwaltungsprozessrecht Rn. 35 f., 222; *Schenke* Verwaltungsprozessrecht Rn. 661; *Schoch* in: Ehlers/ Schoch, Rechtsschutz im Öffentlichen Recht § 20 Rn. 95.

247 *Schoch* in: Ehlers/Schoch, Rechtsschutz im Öffentlichen Recht § 20 Rn. 18. Siehe auch *ders.* a.a.O., Rn. 38: „Die ‚Zweckmäßigkeit' des Verwaltungsakts [ist] in den schriftlichen Arbeiten ohne Bedeutung." Vgl. auch *Gersdorf* Verwaltungsprozessrecht Rn. 223.

6. Erhebung bei der zuständigen Behörde

326 Gem. § 70 Abs. 1 S. 1 VwGO ist der Widerspruch bei der Behörde, die den Verwaltungsakt erlassen hat (**Ausgangsbehörde**), zu erheben. Er kann gem. § 70 Abs. 1 S. 2 VwGO allerdings auch bei der Behörde, die den Widerspruchsbescheid zu erlassen hat, fristwahrend erhoben werden, wobei diese **Widerspruchsbehörde** den Widerspruch dann zunächst der Ausgangsbehörde zwecks Durchführung des Abhilfeverfahrens vorzulegen hat.

327 **JURIQ-Klausurtipp**

„Voraussetzung für die Zulässigkeit des Widerspruchs ist nach § 70 [Abs. 1] VwGO nur die Einlegung bei der Ausgangsbehörde, wobei die Frist auch durch Einlegung bei der Widerspruchsbehörde gewahrt wird. Die **Zuständigkeit der Widerspruchsbehörde** darf also eigentlich **nicht** unter ‚Zulässigkeit des Widerspruchs' geprüft werden. Gleichwohl wird die Nennung der Widerspruchsbehörde in der Regel im Gutachten erwartet, weil deren Zuständigkeit Sachentscheidungsvoraussetzung ist. Entscheidet die unzuständige Behörde über den Widerspruch, so ist der Widerspruchsbescheid (formell) rechtswidrig, eine gegen ihn gerichtete Klage ist […] begründet (zusätzliche Beschwer im Sinne von § 79 Abs. 2 VwGO).“[248]

Widerspruchsbehörde ist gem. § 73 Abs. 1 S. 2 VwGO

328 • Nr. 1: die – nach dem jeweils einschlägigen (Bundes-/Landes-)Verwaltungsorganisationsgesetz (z.B. LOG NRW) zu ermittelnde – **nächsthöhere Behörde**, soweit nicht durch Gesetz eine andere höhere Behörde bestimmt wird. Abweichend hiervon kann durch Gesetz (z.B. § 111 S. 1 JustG NRW) bestimmt werden, dass die (Ausgangs-)Behörde, die den Verwaltungsakt erlassen hat, auch für die Entscheidung über den Widerspruch zuständig ist, § 73 Abs. 1 S. 3 VwGO;

329 • Nr. 2: wenn die nach dem jeweils einschlägigen (Bundes-/Landes-)Verwaltungsorganisationsgesetz (z.B. LOG NRW) nächsthöhere Behörde eine oberste Bundes- oder oberste Landesbehörde ist (z.B. Ministerium), **die** (Ausgangs-)**Behörde, die den Verwaltungsakt erlassen hat** (Ausnahme: § 126 Abs. 3 S. 1 BBG, § 54 Abs. 3 S. 1 BeamtStG; Rückausnahmemöglichkeit: § 126 Abs. 3 S. 2 BBG, § 54 Abs. 3 S. 2 BeamtStG);

330 • Nr. 3: in Selbstverwaltungsangelegenheiten (eigener Wirkungskreis, nicht: staatlicherseits übertragene Aufgaben; str.[249] bzgl. Pflichtaufgaben zur Erfüllung nach Weisung) die **Selbstverwaltungsbehörde** (z.B. Bürgermeister), soweit nicht durch Gesetz (z.B. § 17 Abs. 1 S. 1 BW AGVwGO, Art. 119 Nr. 1 Hs. 1 bay. GO) anderes bestimmt wird.

331 Wurde der Verwaltungsakt von einer **unzuständige**n (**Ausgangs-)Behörde** erlassen, so kann nach h.M.[250] gleichwohl die an sich zuständige Widerspruchsbehörde über den Widerspruch entscheiden („Meistbegünstigungsprinzip").

332 Zudem bleiben gem. § 73 Abs. 2 VwGO diejenigen Vorschriften, nach denen im Vorverfahren des § 73 Abs. 1 VwGO **Ausschüsse oder Beiräte** an die Stelle einer Behörde treten (z.B. § 6 Abs. 1 AGVwGO RhPf., § 8 Abs. 1 AGVwGO Saarl.), unberührt. Die Ausschüsse oder Beiräte können abweichend von § 73 Abs. 1 Nr. 1 VwGO auch bei der Behörde gebildet werden, die den Verwaltungsakt erlassen hat. Zu weiteren Abweichungsmöglichkeiten einzelner Bundesländer von § 73 Abs. 1 S. 2 VwGO siehe § 185 Abs. 2 VwGO.

---

248 *Hufen* Verwaltungsprozessrecht § 6 Rn. 42. Vgl. auch *Geis/Hinterseh* JuS 2002, 34 (36).

249 Nachweise zum Streitstand bei *Schoch* in: Ehlers/Schoch, Rechtsschutz im Öffentlichen Recht § 20 Rn. 53.

250 Nachweise bei *Geis/Hinterseh* JuS 2002, 34 (36).

Sowohl im Fall des § 70 Abs. 1 S. 1 VwGO als auch in dem des § 70 Abs. 1 S. 2 VwGO ist **333** zunächst die Ausgangsbehörde mit dem Widerspruch befasst. Hintergrund dieser Regelung ist, dass sich innerhalb des Vorverfahrens – im **Abhilfeverfahren** als unselbstständigem (ersten) Teil des Widerspruchsverfahrens – die Ausgangsbehörde selbst nochmals mit der Recht- und Zweckmäßigkeit des von ihr erlassenen Verwaltungsakts beschäftigen soll (Selbstkontrolle der Verwaltung). Ist der zulässige[251] Widerspruch begründet, so hilft sie ihm gem. § 72 VwGO durch Erlass eines (**Abhilfe-)Bescheid**s ab – dieser ist ebenfalls Verwaltungsakt, aber kein Widerspruchsbescheid – und entscheidet über die Kosten (Kostengrundentscheidung). Das Vorverfahren ist damit beendet. Nur dann, wenn die Abhilfebehörde und die Widerspruchsbehörde identisch sind (Fälle des § 73 Abs. 1 S. 2 Nr. 2, 3, S. 3 VwGO), findet das Abhilfeverfahren nach h.M.[252] nicht statt und es ergeht sogleich ein Widerspruchsbescheid.

> „**Abhilfe** i.S. des § § 72 VwGO ist die antragsgemäße Aufhebung oder Abänderung des **334** Verwaltungsakts bzw. der Erlass des beantragten, aber zunächst abgelehnten Verwaltungsakts."[253]

Alternativ zum Erlass eines Abhilfebescheids kann die Ausgangsbehörde den angefochtenen **335** Verwaltungsakt auch außerhalb des Widerspruchsverfahrens gem. **§ 48 VwVfG** zurücknehmen – und zwar selbst noch nach Abgabe an die Widerspruchsbehörde und sogar noch nach Abschluss des Widerspruchverfahrens, im letzteren Fall allerdings nur bei zwischenzeitlich veränderter Sach- oder Rechtslage.[254] Die Wahl zwischen diesen beiden Möglichkeiten hat die Behörde nach pflichtgemäßem Ermessen zu treffen, wobei Kostenerwägungen (vgl. § 80 Abs. 1 S. 1 VwVfG) allerdings keine Rolle spielen dürfen.

> ### Hinweis
> **336**
>
> Die ordnungsgemäße Durchführung des **Abhilfeverfahren**s liegt außerhalb des Verantwortungsbereichs des Widerspruchsführers und ist daher weder für den Widerspruch noch für eine spätere Klage **Zulässigkeitsvoraussetzung**.[255]

Hilft die Ausgangsbehörde dem Widerspruch nicht in vollem Umfang ab, so legt sie die **337** Akten – zusammen mit einem innerbehördlichen Vorlagebericht (kein Verwaltungsakt) und der Bitte um Zurückweisung des Widerspruchs; einer förmlichen Nichtabhilfeentscheidung gegenüber dem Widerspruchsführer bedarf es nicht – der Widerspruchsbehörde vor, die dann die Zulässigkeit und Begründetheit des Widerspruchs ihrerseits prüft (zweiter Teil des Widerspruchsverfahrens) und hierüber durch Verwaltungsakt (**Widerspruchsbescheid**) entscheidet. Ob der Widerspruchsführer einen Anspruch auf Erlass des Widerspruchsbescheids hat, ist str.[256]

251 So die h.M., siehe die Nachweise bei *Geis/Hinterseh* JuS 2002, 34 (35). **A.A.** *Schmitt Glaeser/Horn* Verwaltungsprozessrecht Rn. 210.

252 Nachweise bei *Geis/Hinterseh* JuS 2002, 34.

253 *Geis/Hinterseh* JuS 2002, 34.

254 *Kopp/Schenke* VwGO § 73 Rn. 26.

255 *Schenke* Verwaltungsprozessrecht Rn. 648, 651.

256 **Verneinend** *OVG Lüneburg* NVwZ-RR 2009, 663 (664) m.w.N.; *Hufen* Verwaltungsprozessrecht § 6 Rn. 15, **bejahend** *Schoch* in: Ehlers/Schoch, Rechtsschutz im Öffentlichen Recht § 20 Rn. 81; *Schenke* Verwaltungsprozessrecht Rn. 262, 683. **Vermittelnd** *VGH München* BeckRs 2013, 53448.

338   Gem. § 73 Abs. 3 S. 1 VwGO, der als Spezialregelung § 39 VwVfG vorgeht, ist der Widerspruchsbescheid zu **begründen**, mit einer **Rechtsbehelfsbelehrung** zu versehen und **zuzustellen**, woraus wiederum zwingend die Schriftform folgt. Zugestellt wird gem. § 73 Abs. 3 S. 2 VwGO von Amts wegen stets nach den Vorschriften des (Bundes-)VwZG, d.h. auch bei Landesbehörden.[257] Mit der Zustellung des Widerspruchsbescheids, der gem. § 73 Abs. 3 S. 3 VwGO auch bestimmt, wer die Kosten trägt (Kostengrundentscheidung), endet das Widerspruchsverfahren. Die Klagefrist des § 74 Abs. 1 S. 1 VwGO beginnt und die Sachentscheidungskompetenz der Widerspruchsbehörde endet.

339

> ### Hinweis
>
> Beabsichtigt die Widerspruchsbehörde den Widerspruch nicht bloß zurückzuweisen, sondern darüber hinaus die Rechtsstellung des Widerspruchsführers in Bezug auf den streitbefangenen Verwaltungsakt sogar noch zu verschlechtern, so ist im Einzelnen umstritten, ob und ggf. unter welchen Voraussetzungen eine derartige Verböserung (*reformatio in peius*; r.i.p.) rechtlich zulässig ist.[258] Jedenfalls dann, wenn im betreffenden Bundesland von der Ermächtigung des § 68 Abs. 1 S. 2 Hs. 1 VwGO kein umfassender Gebrauch gemacht wurde, gehört die umstrittene Zulässigkeit der *reformatio in peius* „nach wie vor zu den besonders wichtigen Examensthemen."[259]
>
> Bevor in der Klausurbearbeitung der Sachverhalt unter diesem Gesichtspunkt anhand der nachfolgend aufgezeigten Kriterien näher geprüft wird, ist vorab allerdings zu klären, ob es sich bei der im konkreten Fall zu beurteilenden Entscheidung der Widerspruchsbehörde auch wirklich um eine *reformatio in peius* handelt. Diese ist dadurch gekennzeichnet, dass sich die **zusätzliche Beschwer in dem durch den Gegenstand des Widerspruchsverfahrens festgelegten Rahmen** hält („quantitative Verschlechterung", z.B. erhöht die Widerspruchsbehörde auf den Widerspruch des Gebührenschuldners gegen den an ihn adressierten Gebührenbescheid i.H.v. 100 € hin die Gebühr auf 150 €). Trifft die Widerspruchsbehörde dagegen eine über den Verfahrensgegenstand hinausgehende Entscheidung („qualitative Verschlechterung", z.B. weist die Widerspruchsbehörde den Widerspruch des Hauseigentümers gegen die ihm gegenüber ergangene Nutzungsuntersagungsverfügung nicht nur zurück, sondern spricht zusätzlich noch eine Abrissverfügung aus), so handelt es sich hierbei um den Erst-Erlass eines Verwaltungsakts, der lediglich im äußeren Zusammenhang („bei Gelegenheit") mit dem Widerspruchsverfahren ergeht – und für den die Widerspruchsbehörde nur dann zuständig ist, wenn sie entweder mit der Ausgangsbehörde identisch ist oder als Aufsichtsbehörde ausnahmsweise über ein Selbsteintrittsrecht verfügt (so z.B. bei Gefahr in Verzug oder kraft Spezialnorm). Grundsätzlich verfügt eine Aufsichtsbehörde nämlich nur über Kontroll- und Weisungsbefugnisse im Verhältnis zur jeweils nachgeordneten Behörde, ist i.d.R. aber nicht selbst für den Erlass von Verwaltungsakten unmittelbar gegenüber dem Bürger instanziell zuständig. Ebenfalls nicht um eine *reformatio in peius* handelt es sich dann, wenn ein den Adressaten (z.B. Bauherr) begünstigender Verwaltungsakt mit belastender Dritt-

---

257 Eine **andere Art der Bekanntgabe** berührt zwar nicht die (äußere) Wirksamkeit des Widerspruchsbescheids (vgl. *GmS-OGB* NJW 1977, 621), hat aber zur Folge, dass die **Klagefrist** des § 74 Abs. 1 S. 1 VwGO **nicht in Gang** ge**setzt** wird (*BVerwG* NJW 1983, 1076), sofern der Mangel nicht nach § 8 VwZG geheilt wird.

258 Grundlegend zur *reformatio in peius*: *BVerwGE* 51, 310 (312 ff.). Aus Sicht des **EU-Recht**s siehe *EuGH* NVwZ 2009, 168 – *Heemskerk u.a.*: „Das [Unions-]srecht [kann] den nationalen Richter nicht dazu verpflichten […], von Amts wegen eine [EU-]Vorschrift anzuwenden, wenn er infolge einer derartigen Anwendung den im einschlägigen nationalen Recht verankerten Grundsatz des Verbots der *reformatio in peius* durchbrechen müsste".

259 *Hufen* Verwaltungsprozessrecht § 9 Rn. 16.

wirkung (z.B. Baugenehmigung) vom Dritten (z.B. Nachbar) mit einem Widerspruch angegriffen und in dem daraufhin ergehenden Widerspruchsbescheid die im Ausgangsverwaltungsakt ausgesprochene Begünstigung wieder (vollständig oder teilweise) aufgehoben wird.

Im Widerspruchsverfahren bedeutet **„reformatio in peius"** (r.i.p.) die Abänderung des Verwaltungsakts der Ausgangsbehörde durch die Widerspruchsbehörde zu Lasten des Widerspruchsführers.[260]

340

Hinweis

341

Ist die betreffende Entscheidung der Widerspruchsbehörde unter Zugrundelegung der vorstehenden Maßstäbe als *reformatio in peius* zu qualifizieren, so ist bei Über**prüfung** von deren **Rechtmäßigkeit** typischerweise auf die nachfolgenden Prüfungspunkte näher einzugehen:

Zunächst ist fraglich, ob die *reformatio in peius* **als solche** rechtlich überhaupt **zulässig** ist. Die diesbezüglichen Bedenken resultieren primär daraus, dass bejahendenfalls die Erhebung eines Widerspruchs stets mit dem Risiko einer Verschlechterung für den Bürger verbunden wäre, was diesen wiederum davon abhalten könnte, sich gegen den Ausgangsverwaltungsakt zur Wehr zu setzen; ein solches Ergebnis aber sei mit Art. 19 Abs. 4 S. 1 GG unvereinbar. Demgegenüber weist die ganz h.M.[261] darauf hin, dass eine Entscheidungsmöglichkeit der Widerspruchsbehörde im Rahmen der von ihr ausgeübten Selbstkontrolle der Verwaltung „in beide Richtungen" zwingend erforderlich sei, um gesetzmäßige Zustände herstellen zu können, vgl. Art. 20 Abs. 3 GG. Dementsprechend gehe denn auch der Gesetzgeber in §§ 68 Abs. 1 S. 2 Nr. 2, 71, 78 Abs. 2 und 79 Abs. 2 S. 1 VwGO von der grundsätzlichen Zulässigkeit der *reformatio in peius* aus, vgl. ferner etwa § 367 Abs. 2 S. 2 AO. Dieser stünden auch Vertrauensschutzgesichtspunkte nicht entgegen, habe der Widerspruchsführer durch die Erhebung des Widerspruchs doch selbst den Eintritt der Bestandskraft des Ausgangsverwaltungsakts verhindert. In diesem Fall stehe die endgültige Entscheidung der Verwaltung erst mit Erlass des Widerspruchsbescheids fest, vgl. § 79 Abs. 1 Nr. 1 VwGO. Schließlich müsse auch im gerichtlichen Verfahren derjenige Beteiligte, der eine Verbesserung der Gerichtsentscheidung erstrebt, mit einem Anschlussrechtsmittel des Gegners und damit letztlich mit einer Änderung der Entscheidung zu seinen Ungunsten rechnen, vgl. §§ 127, 141 VwGO.

Entsprechend der aus Art. 74 Abs. 1 Nr. 1 GG resultierenden (begrenzten) Kompetenz des Bundesgesetzgebers, das Vorverfahren lediglich als Sachentscheidungsvoraussetzung für das verwaltungsgerichtliche Verfahren zu regeln, enthalten die §§ 68 ff. VwGO selbst allerdings keine **Ermächtigungsgrundlage** für die Widerspruchsbehörde zur *reformatio in peius*.[262] Vielmehr ist insoweit allein das jeweils einschlägige materielle Bundes- bzw. Landesrecht maßgeblich. Diesbezüglich wird zum Teil[263] allein auf die §§ 48 ff. (L-)VwVfG rekurriert, d.h. die verbösernde Entscheidung als Aufhebung des mit dem Widerspruch angegriffenen Ausgangsverwaltungsakts angesehen. Zu überzeugen vermag diese Auffassung jedoch schon deshalb nicht, weil die Widerspruchsbehörde nicht lediglich die Entscheidungskompetenz der Erstbehörde nach Erlass der angegriffenen Verfügung, sondern vielmehr die ursprüngliche Entscheidungskompetenz innehat. Rechtsgrundlage für den Erlass des Widerspruchsbescheids sei daher im Hinblick auf die Verbösung die für den Erlass des Ausgangsbescheids einschlägige

---

260 *Schoch* in: Ehlers/Schoch, Rechtsschutz im Öffentlichen Recht § 20 Rn. 72; *Würtenberger* Verwaltungsprozessrecht Rn. 369.

261 Nachweise zum Streitstand bei *Gersdorf* Verwaltungsprozessrecht Rn. 234.

262 Siehe aber *Schoch* in: Ehlers/Schoch, Rechtsschutz im Öffentlichen Recht § 20 Rn. 70.

263 Siehe etwa *Schenke* Verwaltungsprozessrecht Rn. 694.

Rechtsvorschrift, d.h. die ursprüngliche Ermächtigungsgrundlage.[264] Eine a.A.[265] kombiniert die vorgenannten Ansätze schließlich dahingehend, dass sie bzgl. der Aufhebung der ursprünglichen Regelung das Vorliegen der Voraussetzungen der §§ 48 ff. VwVfG und in Bezug auf die Verböserung die Voraussetzungen der ursprünglichen Ermächtigungsgrundlage prüft.

Ob die Widerspruchsbehörde von diesen Normen im konkreten Fall allerdings auch Gebrauch machen darf, ist im Rahmen der formellen Rechtmäßigkeit des Widerspruchsbescheids unter dem Prüfungspunkt „**Zuständigkeit**" näher zu untersuchen. Entgegen einer mitunter vertretenen Auffassung[266] ergibt sich diese nicht bereits aus dem mit der Erhebung des Widerspruchs verbundenen Devolutiveffekt. Denn dieser begründet lediglich die Zuständigkeit zum Erlass des Widerspruchsbescheids nach Maßgabe der §§ 68 ff. VwGO, welche ihrerseits allerdings gerade keine Regelungen zur *reformatio in peius* treffen (s.o.). Andererseits handelt es sich bei dieser definitionsgemäß aber auch nicht um den Erlass eines völlig neuen Verwaltungsakts, so dass das insofern notwendige Selbsteintrittsrecht, d.h. die Befugnis der höheren Behörde anstelle der unteren Behörde selbst zu entscheiden (z.B. nach Art. 3b bay. VwVfG, § 10 Abs. 1 OBG NRW), im vorliegenden Zusammenhang nicht erforderlich – freilich jedoch ausreichend – ist. Vielmehr verfüge die Widerspruchsbehörde, sofern diese nicht mit der Ausgangsbehörde identisch und bereits aus diesem Grund auch für den verbösernden Teil der Entscheidung zuständig ist, nach überwiegend vertretener Meinung[267] schon dann über die Zuständigkeit hinsichtlich der *reformatio in peius*, wenn sie im Verhältnis zur Ausgangs- zugleich auch Fachaufsichtsbehörde ist. Als solche sei die Widerspruchsbehörde nämlich dazu befugt, die Ausgangsbehörde zur Änderung des im Widerspruchsverfahren zu überprüfenden Verwaltungsakts anzuweisen. Ein Grund dafür, warum die Widerspruchsbehörde die für erforderlich gehaltene Änderung des Ausgangsverwaltungsakts dann nicht auch gleich selbst vornehmen dürfen solle, wenn sie ohnehin schon mit der Sache befasst ist, sei nicht ersichtlich.

Fernerhin „soll", d.h. im Regelfall „muss", der Betroffene gem. § 71 VwGO vor Erlass des Widerspruchsbescheids **angehört** werden, wenn – wie bei der *reformatio in peius* der Fall – die Aufhebung oder Änderung eines Verwaltungsakts im Widerspruchsverfahren erstmalig mit einer Beschwer verbunden ist. Ob diese auf objektiv neuen Tatsachen oder auf einer rechtlichen Neubewertung der bekannten Umstände beruht, ist insoweit ohne Belang. Durch die Anhörung zur drohenden Verbösung wird der Widerspruchsführer vor dieser gewarnt und hat so die Möglichkeit, sich dieser durch Rücknahme des Widerspruchs zu entziehen.

Schließlich ist auf der Rechtsfolgenseite der jeweiligen Ermächtigungsnorm im Rahmen der Ermessens-/**Verhältnismäßigkeit**sprüfung noch zu untersuchen, ob die *reformatio in peius* ungeachtet ihrer generellen Zulässigkeit im konkreten Fall ausnahmsweise gleichwohl den Kernbestand der Grundsätze des Vertrauensschutzes und von Treu und Glauben verletzt, d.h. „zu nahezu untragbaren Verhältnissen für den Betroffenen führen würde."[268] So darf z.B. im Prüfungsrecht eine verbösernde Entscheidung nicht auf eine nachträgliche Änderung des Bewertungssystems gestützt werden. Demgegenüber verhält sich „[d]as aus dem Grundsatz der Chancengleichheit [Art. 3 Abs. 1 GG] abgeleitete [...] Verbot der Verschlechterung des Prüfungsergebnisses [...] nicht zu der Frage, ob der Prüfer bei der Neubewertung einer Prüfungsleistung einen bisher und nur hier übersehenen Fehler berücksichtigen darf."[269]

---

264   So z.B. *Schoch* in: Ehlers/Schoch, Rechtsschutz im Öffentlichen Recht § 20 Rn. 72.
265   *Gersdorf* Verwaltungsprozessrecht Rn. 237.
266   Nachweise bei *Meisner* JA 2002, 567 (570).
267   Siehe etwa *VGH Mannheim* NVwZ-RR 2002, 3 (4 f.) und vgl. *BVerwG* NVwZ-RR 1997, 26. **A.A.** *Kahl/Hilbert* Jura 2011, 660 (663).
268   *BVerwGE* 67, 129 (134 f.).
269   *BVerwGE* 109, 211 (216).

7. Widerspruchsfrist

Gem. § 70 Abs. 1 S. 1 VwGO ist der Widerspruch **innerhalb eines Monats** (nicht: vier Wochen), nachdem der Verwaltungsakt dem Beschwerten bekanntgegeben worden ist, bei der (Ausgangs-)Behörde, die den Verwaltungsakt erlassen hat, zu erheben. Die Frist wird nach § 70 Abs. 1 S. 2 VwGO auch durch Einlegung bei der (Widerspruchs-)Behörde, die den Widerspruchsbescheid zu erlassen hat, gewahrt. Demgegenüber wahrt die Erhebung des Widerspruchs bei einer anderen als einer der in § 70 Abs. 1 VwGO genannten (unzuständigen) Behörde die Widerspruchsfrist ebenso wenig wie die Einreichung einer Klageschrift bei Gericht (Klageerhebung ist kein konkludenter Widerspruch).

342

> „Der Widerspruch ist ‚**erhoben**', wenn er bei der in § 70 Abs. 1 VwGO genannten Behörde (Ausgangs- oder Widerspruchsbehörde) eingegangen ist [...], d.h. in ihren Verfügungsbereich gelangt ist."[270]

343

Da nach der vorstehenden Definition die theoretische Möglichkeit der Kenntnisnahme vom Widerspruchsschreiben ausreicht und auch im Widerspruchsverfahren der prozessrechtliche Grundsatz gilt, dass Fristen voll ausgeschöpft werden dürfen, wird die Widerspruchsfrist selbst durch einen am **letzte**n **Tag des Fristablaufs bis 24:00 Uhr** erfolgten Einwurf des Widerspruchschreibens in den Briefkasten der (Ausgangs- oder Widerspruchs-)Behörde gewahrt. Auf die behördlichen Bürozeiten kommt es insoweit nicht an.

344

Voraussetzung für den **Beginn** der einmonatigen Widerspruchsfrist ist nach § 70 Abs. 1 S. 1 VwGO die **Bekanntgabe** (§ 41 VwVfG) des Verwaltungsakts (Anfechtungswiderspruch) bzw. dessen Ablehnung (Verpflichtungswiderspruch) gegenüber dem Beschwerten. Wie der Verwaltungsakt bekanntzugeben ist, richtet sich nach den jeweils einschlägigen Bekanntgabevorschriften.[271]

345

Fehlt es an einer wirksamen **Bekanntgabe** des Verwaltungsakts gegenüber dem Beschwerten (dies ist in der Praxis in Bezug auf Drittbetroffene nicht selten der Fall), so kann dieser **grundsätzlich ohne** jegliche **zeitliche Befristung** – weder derjenigen des § 70 Abs. 1 S. 1 VwGO noch der des § 58 Abs. 2 VwGO – Widerspruch gegen den Verwaltungsakt erheben. Dieser ist mit der Bekanntgabe gegenüber dem Adressaten zwar existent (äußere Wirksamkeit). Jedoch beginnt die Rechtsbehelfsfrist des § 70 Abs. 1 S. 1 VwGO – ebenso wie die einjährige Ausschlussfrist des § 58 Abs. 2 VwGO – nur mit Bekanntgabe des Verwaltungsakts durch die Behörde – und nicht etwa durch die rein zufällige Mitteilung einer anderen Person (Grund: Rechtssicherheit) – gerade gegenüber dem Beschwerten zu laufen. Auch eine analoge Anwendung von § 70 Abs. 2 i.V.m. § 58 Abs. 2 VwGO verbietet sich im Fall einer vollständig fehlenden Bekanntgabe gegenüber dem Beschwerten, da eine solche Analogie zum Ablauf der Rechtsbehelfsfristen ohne dessen Kenntnis von dem ihn belastenden Verwaltungsakt führen könnte – ein mit dem Rechtsstaatsprinzip unvereinbares Ergebnis.

346

---

270 *Geis/Hinterseh* JuS 2001, 1176 (1176, 1178 f.).
271 Hierzu siehe im Skript „Allgemeines Verwaltungsrecht" Rn. 255 ff.

347

Hinweis

Was speziell den Beginn der Widerspruchsfrist gegen Verkehrsverbote und -gebote enthaltende **Verkehrszeichen** als benutzungsregelnde Allgemeinverfügungen i.S.v. § 35 S. 2 Var. 3 VwVfG anbelangt, so ist zu beachten, dass diese zwar durch Aufstellung gem. §§ 39 Abs. 1, 45 Abs. 4 StVO als besondere Form der öffentlichen Bekanntgabe wirksam werden, § 43 Abs. 1 VwVfG.[272] „Sind Verkehrszeichen so aufgestellt oder angebracht, dass sie ein durchschnittlicher Kraftfahrer bei Einhaltung der nach § 1 StVO erforderlichen Sorgfalt schon ‚mit einem raschen und beiläufigen Blick‘ erfassen kann, so äußern sie ihre Rechtswirkung gegenüber jedem von der Regelung betroffenen Verkehrsteilnehmer, gleichgültig, ob er das Verkehrszeichen tatsächlich wahrnimmt oder nicht.“[273] Doch bedeute dies nach der Rechtsprechung des BVerwG noch nicht, dass die insoweit i.d.R. mangels Rechtsbehelfsbelehrung einschlägige Jahresfrist des § 70 Abs. 2 i.V.m. § 58 Abs. 2 VwGO bereits mit dem Aufstellen des Verkehrszeichens gegenüber jedermann in Gang gesetzt werde. Vielmehr werde diese Frist erst dann ausgelöst, „wenn sich der betreffende Verkehrsteilnehmer erstmals der Regelung des Verkehrszeichens gegenübersieht.“ Freilich hat das nicht zur Konsequenz, dass die einjährige Rechtsbehelfsfrist erneut zu laufen beginnt, „wenn sich derselbe Verkehrsteilnehmer demselben Verkehrszeichen ein weiteres Mal gegenübersieht. Das Verkehrsge- oder -verbot, das dem Verkehrsteilnehmer bei seinem ersten Herannahen bekannt gemacht wurde, gilt ihm gegenüber [vielmehr] fort, solange dessen Anordnung und Bekanntgabe aufrechterhalten bleiben. Kommt der Verkehrsteilnehmer erneut an diese Stelle, hat das Verkehrszeichen für ihn nur eine erinnernde Funktion.“[274]

348 Gleichwohl wird die Erhebung des Widerspruchs **bei fehlender Bekanntgabe** des Verwaltungsakts durch die Behörde gegenüber dem Beschwerten aufgrund des auch im Prozessrecht geltenden Grundsatzes von Treu und Glauben (§ 242 BGB analog) im Ergebnis regelmäßig[275] nur innerhalb eines Jahres seit demjenigen Zeitpunkt zulässig sein, in dem der Beschwerte auf andere Weise als durch behördliche Bekanntgabe von dem Erlass des Verwaltungsakts entweder zuverlässig Kenntnis erlangt hat oder zumindest hätte Kenntnis haben müssen, vgl. auch § 2 Abs. 4 S. 1 UmwRG. Denn hat der beschwerte Rechtsinhaber in möglicher Kenntnis seines Widerspruchsrechts dieses lange Zeit nicht ausgeübt (Zeitmoment) und der durch den Verwaltungsakt Begünstigte in schutzwürdiger Weise (Vertrauensgrundlage) tatsächlich darauf vertraut (Vertrauensbetätigung), dass der Inhaber des Widerspruchsrechts von diesem kein Gebrauch mehr machen wird (Umstandsmoment), so führt dies zur **Verwirkung**[276] des Widerspruchsrechts, welche wiederum das für einen zulässigen Widerspruch erforderliche Widerspruchsinteresse ausschließt.

---

272 *BVerwGE* 102, 316 (318); 138, 21 (24).

273 *BVerwGE* 102, 316 (318).

274 *BVerwGE* 138, 21 (24 f.). Zur **a.A.** siehe die Nachweise bei *BVerfG* NJW 2009, 3642 (3643).

275 Je nach den Umständen des Einzelfalls kann die Verwirkung **auch früher oder später** eintreten. „Der Rückgriff auf Treu und Glauben [...] darf [...] nicht zu einer schematischen Anwendung der Jahresfrist nach §§ 70 Abs. 2, 58 Abs. 2 VwGO führen", siehe *Schoch* in: Ehlers/Schoch, Rechtsschutz im Öffentlichen Recht § 20 Rn. 25.

276 Von dieser Verwirkung prozessualer Rechte zu unterscheiden ist die **Verwirkung materieller Rechte**, die im Fall ihrer Offensichtlichkeit zum Ausschluss der Widerspruchsbefugnis, ansonsten zur Unbegründetheit des Widerspruchs, führt, vgl. *BVerwG* NVwZ 1991, 1182 (1182 f.); *OVG Lüneburg* NVwZ-RR 2011, 807; *OVG Koblenz* NVwZ-RR 2011, 849; *VGH Mannheim* DVBl 2012, 1181 (1185).

Beispiel[277]   Auf Antrag des Grundstückseigentümers E hin wird diesem im März 2011 von   **349**
der zuständigen Behörde eine Baugenehmigung erteilt. Der Nachbar des E, der N, erlangt
hiervon zunächst keine Kenntnis; insbesondere wird die dem E erteilte Baugenehmigung
nicht auch gegenüber N bekannt gegeben. Vielmehr erfährt dieser hiervon erst durch
Zufall von einem anderen Anwohner im Mai 2011. Im August 2011 beginnt E unter den
Augen des N mit den Bauarbeiten, ohne dass dieser hiergegen jedoch etwas unter-
nimmt. Nach Fertigstellung des Baus noch im Dezember 2011 kommt es an Weihnachten
2012 zum Zerwürfnis zwischen N und E, der es sich im Gegensatz zum Rest der Nachbarschaft zum Ziel gesetzt hat, mit seinem ausgiebigen Weihnachtsschmuck vor und am
neu errichteten Haus mediale Aufmerksamkeit zu erlangen. Erzürnt hierüber erhebt N
daher an Sylvester 2012 Widerspruch gegen die dem E erteilte Baugenehmigung. Kann
N dies zu diesem Zeitpunkt noch in zulässiger Weise tun?

Nein. Zwar begann die einmonatige Widerspruchsfrist des § 70 Abs. 1 S. 1 VwGO hier
mangels behördlich veranlasster Kenntniserlangung („Bekanntgabe") des N von der dem
E erteilten Baugenehmigung zu keinem Zeitpunkt zu laufen. Aus demselben Grund
wurde durch die im Mai 2011 erfolgte private Kenntniserlangung des N von der Baugenehmigung auch nicht die Jahresfrist des § 70 Abs. 2 i.V.m. § 58 Abs. 2 VwGO in Gang
gesetzt. Gleichwohl ist der E gegenüber erlassene Verwaltungsakt „Baugenehmigung" für
N nicht zeitlich unbegrenzt angreifbar. Denn mit Rücksicht auf das nachbarrechtliche
Gemeinschaftsverhältnis muss sich der Nachbar nach Treu und Glauben vom Zeitpunkt
der zuverlässigen Kenntniserlangung von der Erteilung der Baugenehmigung an so
behandeln lassen, als sei ihm diese wirksam (amtlich) bekannt gegeben worden. Ab
diesem Zeitpunkt hat der Nachbar dann regelmäßig ein Jahr Zeit, gegen die Baugenehmigung vorzugehen. Selbst wenn man hier insoweit erst auf den Zeitpunkt des tatsächlichen Baubeginns im August 2011 abstellte, war diese Jahresfrist Ende Dezember 2012
jedenfalls verstrichen, so dass N an Sylvester 2012 keinen zulässigen Widerspruch mehr
erheben kann. ◼

Wie sich aus der Verweisung in § 70 Abs. 2 auf § 58 Abs. 1 VwGO ergibt, beginnt die Wider-   **350**
spruchsfrist des § 70 Abs. 1 S. 1 VwGO nur dann zu laufen, wenn zusätzlich zur Bekanntgabe
des Verwaltungsakts der Beteiligte über den Rechtsbehelf, die Verwaltungsbehörde, bei der
der Rechtsbehelf anzubringen ist, den Sitz und die einzuhaltende Frist schriftlich oder elek-
tronisch ordnungsgemäß belehrt worden ist. Ist diese **Belehrung** hingegen unterblieben
oder unrichtig erteilt, so gilt nicht die Monatsfrist des § 70 Abs. 1 S. 1 VwGO, sondern ist die
Erhebung des Widerspruchs vielmehr grundsätzlich innerhalb eines Jahres seit Zustellung,
Eröffnung oder Verkündung zulässig, § 70 Abs. 2 i.V.m. § 58 Abs. 2 S. 1 Hs. 1 VwGO (zu den
Ausnahmen siehe § 58 Abs. 2 S. 1 Hs. 2 VwGO).

Ordnungsgemäß ist eine Rechtsbehelfsbelehrung gem. § 58 Abs. 1 VwGO dann, wenn sie   **351**
den Beteiligten in schriftlicher oder elektronischer Form vollständig und richtig über

- den Rechtsbehelf,
- die Verwaltungsbehörde oder das Gericht, bei denen der Rechtsbehelf anzubringen ist,
- den Sitz und
- die einzuhaltende Frist

---

277   Nach *BVerwGE* 44, 294; *Geis/Hinterseh* JuS 2002, 34 (37 f.); *Schenke* Verwaltungsprozessrecht Rn. 639, 697;
      Schoch in: Ehlers/Schoch, Rechtsschutz im Öffentlichen Recht § 20 Rn. 19, 26; *Würtenberger* Verwaltungs-
      prozessrecht Rn. 305.

belehrt (**notwendiger Inhalt** der Rechtsbehelfsbelehrung). Hiernach nicht erforderlich ist u.a. eine Belehrung darüber, wer zur Einlegung des Rechtsbehelfs berechtigt ist. Enthält die Rechtsbehelfsbelehrung keine Belehrung über ihren Adressaten, so ist sie daher nicht i.S.v. § 58 Abs. 2 unterblieben oder unrichtig erteilt. Dies gilt auch bei Verwaltungsakten mit Drittwirkung.[278]

352 Enthält die Belehrung allerdings über § 58 Abs. 1 VwGO hinausgehende, gesetzlich nicht erforderliche – also von der Behörde „**freiwillig**" erteilte – Hinweise (z.B. Angaben über die jeweils zu wahrende Form des Rechtsbehelfs), so müssen diese ebenfalls vollständig und richtig sein. Sind diese Angaben dagegen unzutreffend oder irreführend (z.B.: „Der Widerspruch ist schriftlich einzureichen" bzw. „zu begründen"), so machen sie die Belehrung dann „unrichtig" i.S.v. § 58 Abs. 2 VwGO, wenn sie dazu geeignet sind, die Einlegung des jeweiligen Rechtsbehelfs nennenswert zu erschweren, d.h. beim Betroffenen einen Irrtum über die formellen und/oder materiellen Voraussetzungen des in Betracht kommenden Rechtsbehelfs hervorzurufen und ihn dadurch davon abzuhalten, den Rechtsbehelf – rechtzeitig – einzulegen. Ob dem Betroffenen die Möglichkeit und die Voraussetzungen des in Betracht kommenden Rechtsbehelfs tatsächlich unbekannt waren und ob die Unrichtigkeit der Rechtsbehelfsbelehrung tatsächlich kausal für das Unterbleiben bzw. die Verspätung des Rechtsbehelfs war, ist aus Gründen der Rechtsmittelklarheit unerheblich; „[d]as Ob und das Wie dieser Belehrung sind [...] streng formalisiert."[279] Speziell zur Möglichkeit Erhebung der Klage in elektronischer Form siehe etwa § 55a Abs. 1 S. 1, 2 VwGO i.V.m. § 2 Abs. 1 S. 2 ERVVO VG/FG NRW.

> **JURIQ-Klausurtipp**
>
> „Ist im Klausursachverhalt der genaue Wortlaut einer Rechtsbehelfsbelehrung abgedruckt, versteht es sich von selbst, dass hierin ein [...] Problem des Falles liegen wird!"[280]

353 Die Frage, **nach welchen Vorschriften** genau sich die **Berechnung der Widerspruchsfrist** richtet, ist angesichts der Doppelnatur des Widerspruchsverfahrens im Einzelnen zwar streitig. In Anbetracht des identischen Ergebnisses, zu dem die beiden insoweit vertretenen Auffassungen gelangen, bedarf es in der Klausurbearbeitung jedoch keiner Entscheidung zwischen ihnen. Nach der „verwaltungsprozessualen Lösung"[281] sei die Fristberechnung anhand von **§ 57 Abs. 2 VwGO i.V.m. § 222 ZPO, §§ 187 ff. BGB** vorzunehmen. Danach wird bei der Berechnung[282] der Frist der Tag nicht mitgerechnet, in welchen das Ereignis (z.B. Bekanntgabe des Verwaltungsakts) fällt, das für den Anfang der Frist maßgebend ist, § 187 Abs. 1 Alt. 1 BGB. Eine Frist, die wie diejenige des § 70 Abs. 1 S. 1 VwGO nach Monaten bestimmt ist, endet mit dem Ablauf desjenigen Tages des letzten Monats, welcher durch seine Zahl dem Tag entspricht, in den das Ereignis (z.B. Bekanntgabe des Verwaltungsakts) fällt, § 188 Abs. 2 Hs. 1 BGB. Fehlt bei einer nach Monaten bestimmten Frist in dem letzten Monat der für ihren Ablauf maßgebende Tag, so endigt die Frist gem. § 188 Abs. 3 BGB mit dem Ablauf des letzten Tages dieses Monats. Fällt das Ende einer Frist auf einen Sonntag, einen allgemeinen Feiertag oder einen Sonnabend, so endet die Frist nach § 57 Abs. 2 VwGO i.V.m. § 222 Abs. 2 ZPO[283] mit Ablauf des nächsten Werk-

---

278 Näher hierzu siehe *BVerwG* NVwZ 2009, 191; NJW 2010, 1686.
279 *BVerwGE* 134, 41 (44).
280 *Schübel-Pfister* JuS 2009, 999 (1003).
281 Diese wird etwa von *Schenke* Verwaltungsprozessrecht Rn. 673 vertreten.
282 Nicht dagegen für den **Beginn** der Frist. Deren Lauf beginnt vielmehr bereits mit der Bekanntgabe (str., zutreffend *BGH* NJW 1984, 1358; *Proppe*, JA 2001, 977). Dies wird häufig verkannt.
283 Diese Vorschrift **verdrängt § 193 BGB**, siehe *Decker* in: Wolff/Decker, VwGO/VwVfG § 57 VwGO Rn. 7.

tags. Zum gleichen Ergebnis gelangen über §§ 79 Hs. 2, 31 Abs. 1 (L-)VwVfG i.V.m. §§ 187 ff. BGB die Vertreter der „verwaltungsverfahrensrechtlichen Lösung"[284], bei der § 193 BGB durch § 79 Hs. 2 i.V.m. § 31 Abs. 3 S. 1 (L-)VwVfG verdrängt wird.

JURIQ-Klausurtipp   354

Für die **Berechnung der** (Widerspruchs-)**Frist** empfiehlt sich nachfolgende Prüfungsreihenfolge:

1. Gilt **überhaupt** eine Frist?
2. Wie **lang** ist die Frist?
3. Wann **beginnt** die Frist?
4. Wann **endet** die Frist?

In Bezug auf den letztgenannten Prüfungspunkt gilt folgende **Faustformel**: „Datum der Bekanntgabe [z.B. 14.12.] im nächsten Monat [z.B. 14.1.] ist Fristende, soweit nicht Sonntag/Samstag/Feiertag"[285]; falls doch, verschiebt sich das Fristende auf den nächsten Werktag.

War der Beschwerte ohne Verschulden verhindert, die Widerspruchsfrist des § 70 Abs. 1 S. 1   355
VwGO einzuhalten (z.B. infolge längerfristiger Abwesenheit vom Wohnort, Krankheit, ungewöhnlich langer Postlaufzeit, Fehlen der erforderlichen Begründung oder Anhörung, § 45 Abs. 3 VwVfG; nicht dagegen: fehlende Postüberwachung), so ist ihm auf Antrag durch die Ausgangs- bzw. Widerspruchsbehörde **Wiedereinsetzung in den vorigen Stand** zu gewähren, § 70 Abs. 2 i.V.m. § 60 Abs. 1–4 VwGO (nicht: § 32 VwVfG).

Wurde die Widerspruchsfrist versäumt, so hat dies die (formelle und materielle) Bestandskraft   356
des Verwaltungsakts bzw. seiner Ablehnung[286] zur Konsequenz. Diese kann an sich nur unter den erschwerten Voraussetzungen über das Wiederaufgreifen des Verfahrens (z.B. gem. §§ 48 ff. VwVfG) oder durch Wiedereinsetzung in den vorherigen Stand gem. § 70 Abs. 2 i.V.m. § 60 Abs. 1–4 VwGO durchbrochen werden. Gleichwohl soll die **Verfristung des Widerspruchs** der Rechtsprechung[287] zufolge **ausnahmsweise** dann **nicht** zwingend zu dessen **Unzulässigkeit** bzw. zur Unzulässigkeit einer nachfolgenden Klage führen, wenn das betreffende Widerspruchsverfahren ausschließlich das bipolare Verhältnis zwischen der Behörde und dem durch den Verwaltungsakt Betroffenen berührt (z.B. Widerspruch des Einwohners gegen den ihm gegenüber erlassenen Gebührenbescheid). Denn in diesem Fall dürfe die Widerspruchsbehörde als „Herrin des Vorverfahrens" auch über einen verspäteten Widerspruch sachlich entscheiden und damit den Weg zur verwaltungsgerichtlichen Sachprüfung eröffnen. In derartigen Konstellationen diene die Widerspruchsfrist nämlich vornehmlich dem Schutz der Behörde selbst, so dass es in ihrem Ermessen stehe, sich entweder mit dem Ergebnis der Unzulässigkeit des Widerspruchs auf die Fristversäumnis zu berufen oder aber unter Außerachtlassung der Fristversäumnis zur Sache selbst zu entscheiden. Eine sich über die Fristversäumnis hinwegsetzende Sachentscheidung schließe für das spätere gerichtliche Verfahren die Beachtlichkeit der Verspätung des Widerspruchs aus (a.A. das Schrifttum[288] unter Hinweis auf die fehlende Dispositionsbefugnis der Behörde über die zwingenden

---

284 Z.B. *Hufen* Verwaltungsprozessrecht § 6 Rn. 28.
285 *Decker* in: Wolff/Decker, VwGO/VwVfG § 70 Rn. 10.
286 **Str.**, siehe *Schenke* Verwaltungsprozessrecht Rn. 497b m.w.N. auch zur a.A.
287 *BVerwG* NVwZ 1983, 285.
288 Nachweise bei *Gersdorf* Verwaltungsprozessrecht Rn. 40.

Vorschrift des § 70 VwGO sowie die andernfalls nicht mehr gewährleistete Entlastungsfunktion des Vorverfahrens für die Gerichte).

357 Abweichendes gilt jedoch auch der Rechtsprechung[289] zufolge für **Verwaltungsakte mit Drittwirkung** (tripolare Verwaltungsrechtsverhältnisse, z.B. Baugenehmigung), die eine Person begünstigen (z.B. den Bauherrn) und eine andere Person belasten (z.B. dessen Nachbarn). Werden diese nicht innerhalb der Frist des § 70 VwGO angefochten, so sind sie unanfechtbar und erwachsen in Bestandskraft. Diese formelle Bestandskraft vermittelt dem durch den Verwaltungsakt Begünstigten eine gesicherte Rechtsposition, die ihm nur dann entzogen werden kann, wenn hierfür eine besondere Ermächtigungsgrundlage besteht. Die §§ 68 ff. VwGO enthalten eine solche Ermächtigungsgrundlage jedoch gerade nicht. Diese kann sich nur aus dem materiellen Recht ergeben (z.B. §§ 48 ff. VwVfG, wobei § 50 VwVfG freilich einen zulässigen, d.h. u.a. fristgemäßen, Widerspruch voraussetzt) bzw. eröffnet – bei Vorliegen der in § 60 VwGO genannten Voraussetzungen – das Rechtsinstitut der Wiedereinsetzung in den vorigen Stand die Möglichkeit, über einen verspäteten Widerspruch zu entscheiden.

8. Widerspruchsinteresse

358 Ebenso wie die verwaltungsgerichtliche Klage ist schließlich auch der Widerspruch nur bei Vorhandensein eines Rechtsschutzinteresses (**Widerspruchsinteresse**) zulässig. Die insoweit zu dieser gemachten Ausführungen gelten im vorliegenden Zusammenhang entsprechend (Rn. 367 ff.). Danach kann im Normalfall vom Vorliegen des Widerspruchsinteresses ausgegangen werden, weshalb auf diesen Prüfungspunkt nur in Problemfällen näher einzugehen ist. Demgegenüber fehlt das Widerspruchsinteresse ausnahmsweise namentlich dann, wenn der Widerspruchsführer das mit dem Widerspruch verfolgte Rechtsschutzziel anderweitig **leichter** erreichen kann (z.B. Antrag auf Nichtigkeitsfeststellung gem. § 44 Abs. 5 VwVfG), sein Widerspruchsrecht **verwirkt** oder auf dieses wirksam **verzichtet** hat. Zu verneinen ist das Widerspruchsinteresse ferner regelmäßig auch insofern, als der Widerspruchsführer gegen die Ablehnung eines begünstigenden Verwaltungsakts statt im Wege des Verpflichtungs- mit einem Anfechtungswiderspruch vorgeht.

359
> ### Hinweis
>
> Sofern Klausurgegenstand nicht die Beurteilung der Erfolgsaussicht einer Klage, sondern vielmehr diejenige eines Widerspruchs ist, ist zusätzlich zur vorstehend behandelten Zulässigkeit des Widerspruchs auch noch dessen **Begründetheit** zu prüfen. Wie aus § 68 Abs. 1 S. 1, Abs. 2 VwGO folgt, ist der Widerspruch dann begründet, wenn der **Verwaltungsakt** (Anfechtungswiderspruch) bzw. dessen Ablehnung (Verpflichtungswiderspruch)
>
> I. **rechtswidrig ist und der Widerspruchsführer dadurch in** einem seiner subjektiv-öffentlichen **Recht**e **verletzt** wird (Rechtmäßigkeitskontrolle analog § 113 Abs. 1 S. 1 bzw. Abs. 5 VwGO; insoweit gelten dieselben Maßstäbe wie bei der Anfechtungs- bzw. Verpflichtungsklage, siehe Rn. 392 bzw. 452)
> oder
> II. **unzweckmäßig ist und der Widerspruchsführer dadurch in** einem seiner subjektiv-öffentlichen Rechte **verletzt** wird (Zweckmäßigkeitskontrolle). Dies ist freilich nur bei Entscheidungen mit Ermessens- oder Beurteilungsspielraum denkbar; eine gebundene Entscheidung wird ausschließlich auf ihre Rechtmäßigkeit hin geprüft.

---

289 *BVerwG* Buchholz 310 § 58 VwGO Nr. 69; NJW 2010, 1686 (1688).

Ausnahmsweise ist die Widerspruchsbehörde allerdings **auf die Rechtmäßigkeitskontrolle beschränkt**, d.h. eine Prüfung der Zweckmäßigkeit erfolgt allein im Abhilfeverfahren durch die Ausgangsbehörde, sofern

- die Widerspruchsbehörde in den Fällen des § 73 Abs. 1 S. 2 Nr. 3 VwGO nicht dem Selbstverwaltungsträger angehört oder
- der Ausgangsbehörde ein Beurteilungsspielraum zukommt (z.B. bei Prüfungsentscheidungen).

Maßgeblicher Zeitpunkt für die Beurteilung der Sach- und Rechtslage durch die Widerspruchsbehörde ist grundsätzlich derjenige, in dem sie über den Widerspruch entscheidet. Das bedeutet, dass falls sich im Zeitraum zwischen dem Erlass des mit dem Widerspruch angegriffenen Verwaltungsakts und dem Ergehen des Widerspruchsbescheids die tatsächlichen und/oder rechtlichen Umstände ändern, die Widerspruchsbehörde die betreffende Änderung grundsätzlich berücksichtigen muss, sofern sich aus dem materiellen Recht nichts anderes ergibt. Ein zunächst rechtmäßiger Verwaltungsakt kann folglich rechtswidrig (z.B. infolge rechtswidriger Ermessensausübung durch die Widerspruchsbehörde) und ein zunächst rechtswidriger Verwaltungsakt kann rechtmäßig werden (z.B. gem. § 45 Abs. 1 Nr. 3 VwVfG durch Nachholung der von der Ausgangsbehörde entgegen § 28 Abs. 1 VwVfG unterlassenen Anhörung).

Online-Wissens-Check

Die von V für den 21.3. angemeldete Versammlung wurde von der zuständigen Behörde am 20.3. verboten. Ist der von V am 22.3. gegen das Verbot erhobene Widerspruch statthaft, wenn kein Fall des § 68 Abs. 1 S. 2 VwGO vorliegt?

Überprüfen Sie jetzt online Ihr Wissen zu den in diesem Abschnitt erarbeiteten Themen. Unter **www.juracademy.de/skripte/login** steht Ihnen ein Online-Wissens-Check speziell zu diesem Skript zur Verfügung, den Sie kostenlos nutzen können. Den Zugangscode hierzu finden Sie auf der Codeseite.

XI. Klagefrist

Sofern keine abweichende bundesgesetzliche Spezialvorschrift einschlägig ist (z.B. § 74 Abs. 1 AsylVfG), muss die **Anfechtungsklage** gem. § 74 Abs. 1 VwGO **innerhalb eines Monats** nach Zustellung des Widerspruchsbescheids erhoben werden (Satz 1) bzw. – wenn nach § 68 Abs. 1 S. 2 VwGO ein Widerspruchsbescheid nicht erforderlich ist – innerhalb eines Monats nach Bekanntgabe des Verwaltungsakts (Satz 2).[290] Entsprechendes gilt gem. § 74 Abs. 2 VwGO ebenfalls für die **Verpflichtungsklage**, wenn der Antrag auf Vornahme des Verwaltungsakts abgelehnt worden ist (Versagungsgegenklage). Darüber hinaus ist die Klagefrist

360

---

290 Zum gesamten Folgenden siehe *BVerwG* NJW 2012, 2901; *Ehlers* in: ders./Schoch, Rechtsschutz im Öffentlichen Recht § 22 Rn. 63 ff., § 23 Rn. 36, § 24 Rn. 34, § 25 Rn. 58, § 26 Rn. 64; *Gersdorf* Verwaltungsprozessrecht Rn. 42 f., 73, 91; *Hufen* Verwaltungsprozessrecht § 14 Rn. 114, § 15 Rn. 29, § 16 Rn. 14, § 17 Rn. 10, § 18 Rn. 19, 34, 56, § 20 Rn. 11, § 21 Rn. 23; *Kopp/Schenke* VwGO § 74 Rn. 1, 6 f., 10 ff., 17; *Schenke* Verwaltungsprozessrecht Rn. 700 ff.; *Schmitt Glaeser/Horn* Verwaltungsprozessrecht Rn. 235 ff., 298, 347, 363, 390; *Tettinger/Wahrendorf* Verwaltungsprozessrecht § 17 Rn. 15 f., § 18 Rn. 7, § 20 Rn. 18; *Würtenberger* Verwaltungsprozessrecht Rn. 302a, 306 ff., 335, 392, 418.

des § 74 VwGO, die der Herbeiführung und Sicherung der Bestandskraft von Verwaltungsakten dient, auch in Bezug auf solche **Fortsetzungsfeststellungsklage**n Zulässigkeitsvoraussetzung, bei denen die **Erledigung nach Klageerhebung** eingetreten ist. Ob auch die **Nichtigkeitsfeststellungsklage** fristgebunden ist, ist str.[291]

361   Grundsätzlich **keine Klagefrist** (Ausnahme: Beamtenrecht) gilt hingegen für die **allgemeine Leistungsklage**, die **allgemeine Feststellungsklage** sowie für diejenigen **Fortsetzungsfeststellungsklage**n, bei denen die **Erledigung vor Klageerhebung** und vor Eintritt der formellen Bestandskraft eingetreten ist (str.; siehe Übungsfall Nr. 2). In diesen Fällen kann sich aus dem Zeitelement allerdings u.U. die Verwirkung des Klagerechts ergeben.

362   Fehlt es an einer ordnungsgemäßen Zustellung des Widerspruchsbescheids (§ 73 Abs. 3 S. 2 VwGO i.V.m. dem VwZG des Bundes) und wurde dieser Mangel auch nicht nachträglich gem. § 8 VwZG geheilt, so **beginnt** die Klagefrist des § 74 Abs. 1 S. 1 VwGO nicht zu laufen. Entsprechendes gilt, wenn es im Fall des § 74 Abs. 1 S. 2 VwGO an einer wirksamen Bekanntgabe des (Ausgangs-)Verwaltungsakts (z.B. gegenüber einem hierdurch belasteten Dritten) fehlt. Zeitliche Begrenzungen des Klagerechts können sich dann aber jeweils unter dem Aspekt der Verwirkung ergeben. Ist im ordnungsgemäß zugestellten Widerspruchsbescheid bzw. im wirksam bekannt gegebenen (Ausgangs-)Verwaltungsakt die Rechtsbehelfsbelehrung nach § 73 Abs. 3 S. 1 i.V.m. § 58 Abs. 1 VwGO unterblieben oder unrichtig erteilt worden, so ist die Klageerhebung grundsätzlich nur innerhalb eines Jahres seit Zustellung, Eröffnung oder Verkündung zulässig, § 58 Abs. 2 VwGO. Die **Berechnung der Klagefrist** richtet sich gem. § 57 Abs. 2 VwGO i.V.m. § 222 Abs. 1 ZPO nach den §§ 187 ff. BGB (vgl. Rn. 353).

363   **Beispiel**[292]   Wann endet unter Zugrundelegung des nachstehenden Kalenderauszugs die Klagefrist, wenn die Widerspruchsbehörde den beim bevollmächtigten Rechtsanwalt (schriftliche Vollmacht liegt vor) tatsächlich am 1.10. zugegangenen Widerspruchsbescheid am 30.9. als Übergabe-Einschreiben zur Post aufgegeben hat und die beigefügte Rechtsbehelfsbelehrung ordnungsgemäß ist?

September								Oktober								November					
Mo	Die	Mi	Do	Fr	Sa	So		Mo	Die	Mi	Do	Fr	Sa	So		Mo	Die	Mi	Do	Fr	Sa	So
						1			1	2	3	4	5	6						1	2	3
2	3	4	5	6	7	8		7	8	9	10	11	12	13		4	5	6	7	8	9	10
9	10	11	12	13	14	15		14	15	16	17	18	19	20		11	12	13	14	15	16	17
16	17	18	19	20	21	22		21	22	23	24	25	26	27		18	19	20	21	22	23	24
23	24	25	26	27	28	29		28	29	30	31					25	26	27	28	29	30	
30																						

Die Klagefrist beträgt vorliegend gem. § 74 Abs. 1 S. 1 VwGO einen Monat – die Jahresfrist des § 58 Abs. 2 VwGO ist hier in Anbetracht der ordnungsgemäßen Rechtsbehelfsbelehrung nicht einschlägig – und begann nach der erstgenannten Vorschrift mit der Zustellung des Widerspruchsbescheids. Diese richtet sich gem. § 73 Abs. 3 S. 2 VwGO nach den Vorschriften des (Bundes-)VwZG und war nach dessen § 7 Abs. 1 S. 2 richtigerweise an den bevollmächtigten Rechtsanwalt zu richten. Gem. § 4 Abs. 2 S. 2 Hs. 1 VwZG gilt im hiesigen Fall des Übergabe-Einschreibens das Dokument am dritten Tag nach der Aufgabe zur Post als zugestellt. § 4 Abs. 2 S. 2 Hs. 2 VwZG, der von diesem Grundsatz eine Ausnahme für den Fall macht, dass das Dokument nicht oder zu einem späteren Zeit-

---

291   Siehe die Nachweise bei *Kopp/Schenke* VwGO § 74 Rn. 2.

292   Nach *Deckenbrock/Patzer* Jura 2003, 476 (479); *Ehlers* in: ders./Schoch, Rechtsschutz im Öffentlichen Recht § 22 Rn. 63, 65; *Schenke* Verwaltungsprozessrecht Rn. 712; *Würtenberger* Verwaltungsprozessrecht Rn. 306. Siehe auch die weiteren **Beispielsfälle** im Skript „Allgemeines Verwaltungsrecht" Rn. 258 ff.

punkt zugegangen ist, ist nicht einschlägig. Dritter Tag nach der hier am 30.9. erfolgten Aufgabe des Widerspruchsschreibens zur Post ist der 3.10. Dass der Widerspruchsbescheid tatsächlich bereits früher, nämlich am 1.10., zugegangen ist, ist im vorliegenden Zusammenhang unbeachtlich. Dies folgt im Umkehrschluss aus § 4 Abs. 2 S. 2 Hs. 2 VwZG. Auch dass der 3.10. nach Art. 2 Abs. 2 EinigVtr bzw. dem jeweiligen L-FeiertagsG ein gesetzlicher Feiertag ist, hat für die nach § 57 Abs. 2 VwGO i.V.m. § 222 ZPO, §§ 187 ff. BGB erfolgende Fristberechnung nach zutreffender Auffassung[293] keine Auswirkungen. Denn § 222 Abs. 2 ZPO sieht eine Verschiebung auf den nächsten Werktag zum einen nur bei Fristen, d.h. Zeiträumen, und zum anderen nur in Bezug auf deren Ende vor. Vorliegend steht aber der Zeitpunkt des Fristbeginns in Frage. Ende der Monatsfrist des § 74 Abs. 1 S. 1 VwGO wäre damit an sich der 3.11., § 57 Abs. 2 VwGO i.V.m. § 222 Abs. 1 ZPO, § 188 Abs. 2 Hs. 1 BGB. Da es sich hierbei jedoch um einen Sonntag handelt, endet die Frist nach § 57 Abs. 2 VwGO i.V.m. § 222 Abs. 2 ZPO mit dem Ablauf des nächsten Werktages, d.h. am Montag, den 4.11., um 24:00 Uhr. ■

Gewahrt wird die Klagefrist nur durch eine ordnungsgemäß erhobene Klage, die innerhalb der Frist – also spätestens bis 24:00 Uhr am letzten Tag der Klagefrist – zu einer sachlichen oder personellen Empfangsvorrichtung (z.B. [Nacht-]Briefkasten, Postfach) des Gerichts, d.h. in dessen Verfügungsgewalt, gelangt. Dies wird i.d.R. durch den Eingangsstempel des Gerichts bewiesen. Bei einer Übermittlung per Telefax ist der Empfang der gesendeten Signale durch das Telefaxgerät des Gerichts maßgeblich, nicht hingegen der Zeitpunkt des Ausdrucks. Auf die (Möglichkeit der) Kenntniserlangung von Richter, Geschäftsstelle etc. von der Klage kommt es nicht an (vgl. demgegenüber § 130 BGB). Allerdings ist es aufgrund der dann erfolgenden Verweisung **unschädlich**, wenn die Klage bei einem **unzuständige**n **Gericht** oder auf dem falschen Rechtswegs **erhoben** wird (§ 83 S. 1 bzw. § 173 S. 1 VwGO i.V.m. § 17b Abs. 1 S. 2 GVG) – vorausgesetzt, die Klage ist gerade an dieses Gericht gerichtet (hieran fehlt es jedoch z.B. beim Einwurf der an das VG adressierten Klage in den Briefkasten des Amtsgerichts). **364**

> **Hinweis** **365**
>
> Abweichend vom Zivilprozessrecht (§§ 253 Abs. 1, 261 Abs. 1 ZPO) gehört die Zustellung der Klage (§ 85 VwGO) an den Beklagten im Rahmen der VwGO nicht zur Klageerhebung. Folglich tritt die Rechtshängigkeit der Klage im Verwaltungsprozess bereits mit deren Eingang bei Gericht ein, §§ 81 Abs. 1, 90 Abs. 1 VwGO. **Anhängigkeit und Rechtshängigkeit fallen** im Verwaltungsprozess folglich **zusammen**.[294]

Hat der Kläger die Klagefrist versäumt und auch ein etwaig gestellter **Antrag auf Wiedereinsetzung in den vorherigen Stand** (§ 60 VwGO) keinen Erfolg, so hat dies die Unzulässigkeit der Klage und damit letztlich die formelle und materielle Bestandskraft des Verwaltungsakts zur Folge. Eine gerichtliche Überprüfung findet dann nicht statt. **366**

293　Nachweise zum Streitstand bei *Engelhardt/App* VwVG/VwZG § 4 VwZG Rn. 6.
294　*Ehlers* in: ders./Schoch, Rechtsschutz im Öffentlichen Recht § 21 Rn. 15, 157; *Schenke* Verwaltungsprozessrecht Rn. 71, 614; *Schmitt Glaeser/Horn* Verwaltungsprozessrecht Rn. 116; *Tettinger/Wahrendorf* Verwaltungsprozessrecht § 7 Rn. 4, § 12 Rn. 1.

XII. Allgemeines Rechtsschutzbedürfnis

367 Gem. § 43 Abs. 1 VwGO ist Zulässigkeitsvoraussetzung der **allgemeinen Feststellungs-** sowie der Nichtigkeitsfeststellungs**klage**, dass der Kläger ein „berechtigtes Interesse" an der Feststellung des Bestehens oder Nichtbestehens eines Rechtsverhältnisses bzw. der Nichtigkeit eines Verwaltungsakts hat.[295] Entsprechendes gilt gem. § 113 Abs. 1 S. 4 VwGO im Hinblick auf die **Fortsetzungsfeststellungsklage.** Auch diese ist nur dann zulässig, wenn der Kläger ein „berechtigtes Interesse" an der Feststellung der Rechtswidrigkeit des erledigten Verwaltungsakts hat. Diese beiden Regelungen sind Ausdruck eines allgemeinen Rechtsgrundsatzes, wonach nur derjenige einen Anspruch auf gerichtliche Sachentscheidung hat, der mit dem von ihm angestrengten Gerichtsverfahren ein rechtsschutzwürdiges Interesse verfolgt. Folglich besteht heute weitgehend Einigkeit darüber, dass auch außerhalb des Anwendungsbereichs von §§ 43 Abs. 1, 113 Abs. 1 S. 4 VwGO als spezielle Ausprägungen des Rechtsschutzbedürfnisses (synonym: Rechtsschutzinteresse) dieses ganz allgemein ebenfalls für **alle übrigen Verfahrensarten** (Klagen und Anträge nach §§ 80 Abs. 5 S. 1, 80a Abs. 3, 123 Abs. 1 VwGO) Zulässigkeitsvoraussetzung ist. „Diese allen Prozessordnungen gemeinsame Sachentscheidungsvoraussetzung wird abgeleitet aus dem auch im Prozessrecht geltenden Gebot von Treu und Glauben (§ 242 BGB), dem Verbot des Missbrauchs prozessualer Rechte sowie dem auch für die Gerichte geltenden Grundsatz der Effizienz staatlichen Handelns."[296]

368 „**Rechtsschutzbedürfnis'** ist das Interesse eines Rechtsschutzsuchenden [...], zur Erreichung des begehrten Rechtsschutzes ein Gericht in Anspruch nehmen zu dürfen."[297]

369 **JURIQ-Klausurtipp**

Da „die Rechtsordnung immer dann, wenn sie ein materielles Recht gewährt, in aller Regel auch das Interesse dessen, der sich als der Inhaber dieses Rechtes sieht, am gerichtlichen Schutze dieses Rechtes anerkennt"[298] (vgl. Art. 19 Abs. 4 S. 1 GG), ist das **allgemeine Rechtsschutzbedürfnis** bei Erfüllung aller übrigen Zulässigkeitsvoraussetzungen **regelmäßig indiziert** – auch bei einem nur geringen Streitwert von z.B. 0,02 € ergibt sich nichts Abweichendes (kein „Bagatellunrecht") – und braucht nur bei Vorliegen besonderer Umstände näher geprüft zu werden.[299]

---

295 Zum gesamten Folgenden siehe *BVerwG* NVwZ 1990, 360; 2013, 1550; *Ehlers* in: ders./Schoch, Rechtsschutz im Öffentlichen Recht § 21 Rn. 182 ff., § 24 Rn. 35 ff., § 25 Rn. 41 ff., § 26 Rn. 50 ff.; *Gersdorf* Verwaltungsprozessrecht Rn. 49, 94 f., 106 f., 124 ff.; *Hufen* Verwaltungsprozessrecht § 16 Rn. 15 ff., § 18 Rn. 12 ff., 32 ff., 47 ff., § 23 Rn. 9 ff.; *Kopp/Schenke* VwGO § 43 Rn. 24, § 74 Rn. 21 ff.; *Ogorek* JA 2002, 222 ff.; *Schenke* Verwaltungsprozessrecht Rn. 356 ff., 557 ff.; *Schmitt Glaeser/Horn* Verwaltungsprozessrecht Rn. 117 ff., 341 ff., 364; *Tettinger/Wahrendorf* Verwaltungsprozessrecht § 13, § 19 Rn. 11, 13 f., § 20 Rn. 19; *Würtenberger* Verwaltungsprozessrecht Rn. 253 ff., 419 ff., 489 ff., 652 ff.
296 *BVerfG* NJW 2005, 1855 (1856).
297 *Ehlers* in: ders./Schoch, Rechtsschutz im Öffentlichen Recht § 21 Rn. 185.
298 *BVerwGE* 81, 164 (165 f.).
299 *BVerwG* NVwZ 2011, 41; *Ehlers* in: ders./Schoch, Rechtsschutz im Öffentlichen Recht § 21 Rn. 185; *Gersdorf* Verwaltungsprozessrecht Rn. 49; *Schenke* Verwaltungsprozessrecht Rn. 561, 587; *Schmitt Glaeser/Horn* Verwaltungsprozessrecht Rn. 118, 131; *Tettinger/Wahrendorf* Verwaltungsprozessrecht § 13 Rn. 2, 7; *Würtenberger* Verwaltungsprozessrecht Rn. 254.

Zu den Fällen, in denen das allgemeine Rechtsschutzbedürfnis ausnahmsweise **fehlt**, gehören insbesondere diejenigen, in denen

- der Rechtsschutzsuchende sein Ziel entweder in einem anderen gerichtlichen Verfahren **370** (z.B. Verpflichtungsklage auf Erlass des begehrten Verwaltungsakts anstatt isolierte Anfechtungsklage gegen dessen Ablehnung) oder aber überhaupt ohne Anrufung des Gerichts (z.B. indem die Behörde selbst einen Verwaltungsakt gegenüber dem Bürger erlässt anstelle ihren Zahlungsanspruch vor Gericht im Wege der Leistungsklage geltend zu machen; str.[300]) – in gleichwertiger Weise – **einfacher, umfassender, schneller oder billiger** erreichen kann bzw. bereits erreicht hat, d.h. der begehrte gerichtliche Rechtsschutz ineffektiv ist. Demgegenüber ist das Rechtsschutzbedürfnis zu bejahen, wenn der Kläger sein Rechtsschutzziel (z.B. Unterbindung von Nachbarlärm) statt auf dem von ihm gewählten (z.B. Verwaltungs-)Rechtsweg ebenso gut auch auf einem anderen (z.B. Zivilrechts-)Rechtsweg erreichen könnte;

- sich die **Rechtsstellung** des Klägers selbst im Fall des Erfolgs seines Rechtsbehelfs **nicht** **371** **verbessern würde**, d.h. der begehrte Rechtsschutz nutzlos ist (z.B. Erhebung einer Verpflichtungsklage auf Erteilung einer Baugenehmigung, obwohl dem Bauvorhaben nicht ausräumbare zivilrechtliche Hindernisse entgegenstehen);

- der Kläger zu einem **zu frühen Zeitpunkt** seine Rechte gerichtlich geltend macht **372** (z.B. Erhebung einer Leistungsklage durch den Bürger, ohne zuvor einen entsprechenden ordnungsgemäßen Antrag bei der zuständigen Behörde gestellt zu haben; str.[301]). Da die VwGO grundsätzlich nur nachträglichen (repressiven) Rechtsschutz gegen bereits ergangene hoheitliche Maßnahmen gewährt und der Bürger hierdurch in der Regel ausreichend geschützt ist, sind solche Klagen, mit denen er vorbeugenden (präventiven) Rechtsschutz gegen den erst in der Zukunft drohenden Erlass eines bestimmten Verwaltungsakts begehrt, nur ausnahmsweise dann zulässig, wenn hierfür ein qualifiziertes Rechtsschutzbedürfnis besteht. Die Zulässigkeit einer i.d.S. **vorbeugenden Unterlassungsklage** setzt daher voraus, dass effektiver Rechtsschutz (Art. 19 Abs. 4 S. 1 GG) auf „normalem" Wege – Widerspruch bzw. Anfechtungsklage mit gem. § 80 Abs. 1 S. 1 VwGO i.d.R. aufschiebender Wirkung nach Erlass des Verwaltungsakts – nicht erlangt werden kann, m.a.W. also ein Abwarten der Regelung und die Verweisung auf den nachträglichen (ggf. vorläufigen) Rechtsschutz hiergegen für den Betroffenen unzumutbar wäre. Dies wiederum ist dann der Fall, wenn

  - ein später erlassener Verwaltungsakt aus tatsächlichen oder rechtlichen Gründen **373** **nicht mehr aufgehoben werden könnte** (so z.B. regelmäßig die unter Verstoß gegen Art. 33 Abs. 2 GG erfolgte Ernennung eines Konkurrenten zum Beamten wegen des Grundsatzes der Ämterstabilität);

  - durch den – sich typischerweise kurzfristig erledigenden – Verwaltungsakt und seine **374** Vollziehung sonst **vollendete Tatsachen** geschaffen würden (z.B. Versammlungsverbot unter Anordnung der sofortigen Vollziehung nach § 80 Abs. 2 S. 1 Nr. 4 VwGO) oder **irreparable Schäden** entstünden (z.B. Sperrung des Stromanschlusses eines Unternehmens);

---

300 **Ausnahme**: Der Betroffene macht deutlich, er werde den Verwaltungsakt nicht akzeptieren, so dass es ohnehin zu einem verwaltungsgerichtlichen Verfahren käme. Zum Streitstand siehe *Ehlers* in: ders./ Schoch, Rechtsschutz im Öffentlichen Recht § 21 Rn. 189 m.w.N.

301 Zum Streitstand siehe *Ehlers* in: ders./Schoch, Rechtsschutz im Öffentlichen Recht § 21 Rn. 190 m.w.N. A.A. **BVerwG** NVwZ 2011, 41 (43).

375   – der Erlass eines mit **Strafe oder Bußgeld** bewehrten Verwaltungsakts droht. Denn in einem solchen Fall ist es dem Bürger nicht zumutbar, zunächst die Strafe bzw. das Bußgeld in Kauf zu nehmen und erst danach – „auf der Anklagebank" – gegen diesen gerichtlich vorzugehen. Insbesondere lässt nach der Rechtsprechung des BGH[302] die nachträgliche Aufhebung eines strafbewehrten Verwaltungsakts die Strafbarkeit einer vorher begangenen Zuwiderhandlung gegen diesen unberührt;

376   – der Bürger sonst eine **Vielzahl von Verwaltungsakten** (z.B. Baugenehmigungen) angreifen müsste;

377   – die Verwaltung den Erlass eines **Verwaltungsakt**s ankündigt, ihn aber anschließend – ohne von ihrer Absicht zur Vornahme abzurücken – **verzögert** und damit eine unsichere Rechtslage schafft.

378   In Fällen der Eilbedürftigkeit ist auch ein **vorläufiger vorbeugender Rechtsschutz** nach § 123 Abs. 1 VwGO, gerichtet auf eine einstweilige Anordnung gegen den Erlass eines Verwaltungsakts, möglich.

379   • der Kläger zu einem **zu späten Zeitpunkt** sein Recht gerichtlich geltend macht. Dies ist namentlich bei einer **Verwirkung** des Klagerechts der Fall. Darüber hinaus fehlt es am allgemeinen Rechtsschutzbedürfnis ebenfalls dann, wenn der Kläger durch Erklärung gegenüber dem Gericht (diese ist grundsätzlich unanfechtbar und unwiderruflich) oder dem Prozessgegner – sei es auch gegen eine finanzielle Leistung – auf sein Klagerecht wirksam, d.h. insbesondere eindeutig und freiwillig, **verzichtet** hat;

380   • die Inanspruchnahme verwaltungsgerichtlichen Rechtsschutzes **rechtmissbräuchlich** ist (z.B. Schikaneverbot; Anfechtung eines Verwaltungsakts, dessen Erlass der Kläger selbst zugestimmt hat – treuwidriges *venire contra factum proprium*).

381   Keines Eingehens auf das allgemeine Rechtsschutzbedürfnis bedarf es in den Fällen der (allgemeinen sowie Nichtigkeits-)Feststellungsklage nach **§ 43 Abs. 1 VwGO** sowie der Fortsetzungsfeststellungsklage nach **§ 113 Abs. 1 S. 4 VwGO**, da sich Ersteres mit dem in diesen Fällen gesetzlich jeweils gesondert geforderten „berechtigten Interesse" deckt. Da im Fall der Fortsetzungsfeststellungsklage allerdings typischerweise bereits ein für das „berechtigte Interesse" relevanter prozessualer Aufwand entfaltet wurde, dessen „Früchte" es möglichst zu erhalten gilt, stellt die Rechtsprechung[303] für die Bejahung des „berechtigten Interesses" im Rahmen von § 113 Abs. 1 S. 4 VwGO geringere Anforderungen als im Zusammenhang mit der Feststellungsklage nach § 43 Abs. 1 VwGO. Danach ist entgegen dem Schrifttum[304], das sich nicht zuletzt unter Hinweis auf den insoweit identischen Wortlaut beider Vorschriften für eine gleichlaufende Auslegung des Begriffs des Feststellungsinteresses in § 43 Abs. 1 und § 113 Abs. 1 S. 4 VwGO ausspricht, wie nachfolgend dargestellt zu differenzieren.

1.   Fortsetzungsfeststellungsklage

382   Ein i.S.v. **§ 113 Abs. 1 S. 4 VwGO** „berechtigtes Interesse" (Fortsetzungsfeststellungsinteresse) an der Feststellung der Rechtswidrigkeit des erledigten Verwaltungsakts liegt insbesondere in den nachfolgenden Fallgruppen vor:

383   • Es bestehen konkrete Anhaltspunkte – und nicht nur eine abstrakte Möglichkeit – dafür, dass die Behörde in absehbarer Zeit bei im Wesentlichen gleichen tatsächlichen und rechtlichen Verhältnissen einen mit dem erledigten Verwaltungsakt vergleichbaren Ver-

---

302   *BGHSt* 23, 86 (91). Vgl. allerdings *BVerfGE* 87, 399.
303   *BVerwGE* 81, 226 (228); *BVerwG* NJW 1997, 3257 (3258).
304   Siehe etwa *Schenke* Verwaltungsprozessrecht Rn. 571, 579 m.w.N.

waltungsakt erneut erlassen wird (**Wiederholungsgefahr**; z.B. beabsichtigt V in dem in Rn. 165 gebildeten *Beispiel* nach Verstreichen desjenigen Tages, an dem die von der Behörde verbotene Versammlung hätte durchgeführt werden sollen, diese nunmehr an einem anderen Tag stattfinden zu lassen);

- von dem Verwaltungsakt gehen auch nach seiner Erledigung noch diskriminierende Wirkun-   **384** gen aus (z.B. für das durch Art. 2 Abs. 1 i.V.m. Art. 1 Abs. 1 GG geschützte allgemeine Persönlichkeitsrecht aufgrund der publikumswirksamen Begleitumstände einer polizeilich angeordneten Identitätsfeststellung), die nur durch eine gerichtliche Feststellung von dessen Rechtswidrigkeit als **Genugtuung** bzw. **Rehabilitation** beseitigt werden können, vgl. Übungsfall Nr. 2. „Dafür reicht es nicht aus, dass der Betroffene die von ihm beanstandete Maßnahme als diskriminierend empfunden hat. Maßgebend ist vielmehr, ob bei objektiver und vernünftiger Betrachtungsweise abträgliche Nachwirkungen der Maßnahme fortbestehen"[305];

- ergänzend zur vorgenannten Fallgruppe bejaht die Rechtsprechung das Fortsetzungsfeststel-   **385** lungsinteresse in bestimmten Konstellationen auch ohne Fortwirkung des erledigten Verwaltungsakts. „Das Grundrecht auf effektiven Rechtsschutz gebietet es […], dass der Betroffene Gelegenheit erhält, in **Fällen tiefgreifender**[306], tatsächlich jedoch nicht fortwirkender **Grundrechtseingriffe** auch dann die Rechtmäßigkeit des Eingriffs gerichtlich klären zu lassen, wenn die direkte Belastung durch den angegriffenen Hoheitsakt sich nach dem typischen Verfahrensablauf auf eine Zeitspanne beschränkt, in welcher der Betroffene die **gerichtliche Entscheidung kaum erlangen kann**"[307] (z.B. Auflösung einer Versammlung), wobei auf das letztgenannte Kriterium mitunter verzichtet wird.[308] Hiergegen wendet sich das Schrifttum[309], das darauf hinweist, dass erledigtes Verwaltungshandeln in nahezu jedem Fall irgendein Grundrecht berühre – zumindest das der allgemeinen Handlungsfreiheit (Art. 2 Abs. 1 GG) – und die Heraushebung besonders wichtiger Grundrechte eine unangemessene Klassifizierung grundrechtlicher Schutzbereiche zur Folge habe. Vielmehr sei der sich „**typischerweise kurzfristig erledigende Verwaltungsakt**" als eigene Fallgruppe des Fortsetzungsfeststellungsinteresses anzuerkennen und zwar auch dann, wenn dieser nicht zu einer „tiefgreifenden Grundrechtsverletzung" führt (z.B. Platzverweis). Andernfalls nämlich könne in derartigen Konstellationen praktisch nie eine gerichtliche Entscheidung erlangt werden – ein mit Art. 19 Abs. 4 S. 1 GG unvereinbares Ergebnis. In diesem Sinn hat nunmehr auch das BVerwG[310] judiziert;

- die aus § 121 VwGO folgende Bindungswirkung (**Präjudizialität** bzw. Vorgreiflichkeit) der ver-   **386** waltungsgerichtlichen Feststellung der Rechtswidrigkeit des erledigten Verwaltungsakts für einen nachfolgenden Schadensersatz- oder Entschädigungsprozess vor den Zivilgerichten (v.a. aus Amtshaftung nach § 839 BGB i.V.m. Art. 34 GG). Voraussetzung ist insoweit allerdings, dass die Erledigung erst nach Klageerhebung eingetreten ist – wobei der bisher entfaltete prozessuale Aufwand allerdings selbst dann nicht ungenutzt bleiben soll, wenn die bisherige Prozessführung noch keine „Früchte" getragen hat (str.[311]) – und dass der beabsichtigte Scha-

---

305 *BVerwG* NVwZ 2013, 1550 (1551).

306 „Hierunter fallen vornehmlich solche, die schon das Grundgesetz – wie in den Fällen der Art. 13 Abs. 2 und Art. 104 Abs. 2 und 3 – unter **Richtervorbehalt** gestellt hat", *BVerfGE* 104, 220 (233). Allerdings „kann eine von Verfassungs wegen gebotene Überprüfung auch in anderen Fallgruppen vorliegen", *BVerfG* NJW 2005, 1855 (1856) m.w.N.

307 *BVerwG* NVwZ 1999, 991.

308 *BVerfG* wistra 2006, 59 (61) m.w.N.

309 Siehe etwa *Ehlers* in: ders./Schoch, Rechtsschutz im Öffentlichen Recht § 26 Rn. 60; *Hufen* Verwaltungsprozessrecht § 18 Rn. 52; *Schenke* Verwaltungsprozessrecht Rn. 583.

310 *BVerwGE* 146, 303 (310).

311 Nachweise zum Streitstand bei *Ehlers* in: ders./Schoch, Rechtsschutz im Öffentlichen Recht § 26 Rn. 56.

densersatz- oder Entschädigungsprozess mit hinreichender Sicherheit zu erwarten sowie nicht offensichtlich aussichtslos[312] ist. Dass die Fortsetzungsfeststellungsklage gem. § 78 Abs. 1 Nr. 2 VwGO i.V.m. einer entsprechenden landesrechtlichen Bestimmung ggf. gegen die Behörde zu richten ist, die den erledigten Verwaltungsakt erlassen hat, steht der Bindung ihres Rechtsträgers als Gegner des Anspruchs aus § 839 BGB i.V.m. Art. 34 GG nicht entgegen, da die Behörde für diesen vor dem VG als gesetzliche Prozessstandschafterin auftritt.

2. (Nichtigkeits-)Feststellungsklage

387   „**Berechtigtes Interesse**" i.S.v. **§ 43 Abs. 1 VwGO** ist jedes durch die Rechtsordnung geschützte Interesse rechtlicher, wirtschaftlicher oder ideeller Art.[313]

388   Dieses auch sog. **Feststellungsinteresse** muss gerade gegenüber der beklagten Partei bestehen und setzt einen konkreten gerichtlichen Klärungsbedarf voraus. Dieser liegt insbesondere dann vor, wenn bei unklarer Rechtslage die Auffassungen von Kläger und Beklagtem divergieren („streitiges" Rechtsverhältnis) und der Kläger entweder sein zukünftiges Verhalten oder seine wirtschaftlichen Dispositionen an der begehrten Feststellung ausrichten will oder aber Grund zur Besorgnis der Gefährdung seiner Rechte hat, weil die andere Seite sich berühmt, ein bestimmtes Tun oder Unterlassen von ihm verlangen zu können (z.B. dass der Kläger für eine bestimmte Tätigkeit eine behördliche Erlaubnis bedürfe). Speziell in Bezug auf die Nichtigkeitsfeststellungsklage nach § 43 Abs. 1 Alt. 2 VwGO wird kontrovers[314] diskutiert, ob insoweit nicht wegen der einfacheren und kostengünstigeren Möglichkeit, die Nichtigkeit des Verwaltungsakts gem. § 44 Abs. 5 VwVfG von der zuständigen Behörde feststellen zu lassen, das Feststellungsinteresse fehlt, wenn der Kläger einen solchen Antrag nicht zuvor ohne Erfolg gestellt hat. Allerdings ist ein derartiges „Vorverfahren" im Rahmen von § 43 Abs. 1 VwGO – anders als in den §§ 68 ff. VwGO – gerade nicht vorgesehen und soll § 44 Abs. 5 VwVfG die Rechtsstellung des Bürgers verbessern, nicht aber dessen Rechtsschutzmöglichkeit erschweren.

389   Zusätzlich zum Vorhandensein eines „berechtigten Interesses" ist nach der ausdrücklichen Regelung in § 43 Abs. 1 VwGO ferner noch erforderlich, dass der Kläger das berechtigte Interesse gerade an der „**baldig**en" Feststellung des (Nicht-)Bestehens eines Rechtsverhältnisses oder der Nichtigkeit eines Verwaltungsakts hat. Während diese zeitliche Dimension des Feststellungsinteresses, d.h. dessen Bestehen im Zeitpunkt der gerichtlichen Entscheidung (die Feststellung darf keinen Aufschub dulden), bei gegenwärtigen Rechtsverhältnissen regelmäßig zu bejahen ist, ist dies bei einem der Vergangenheit angehörenden Rechtsverhältnis nur dann der Fall, wenn es auch in der Gegenwart noch Rechtswirkungen entfaltet (insoweit vgl. die zu § 113 Abs. 1 S. 4 VwGO entwickelten Fallgruppen). Korrespondierend hierzu muss das Feststellungsinteresse bei einem zukünftigen Rechtsverhältnis (vorbeugende Feststellungsklage) gerade darin bestehen, dass dessen (Nicht-)Bestehen schon zum jetzigen Zeitpunkt gerichtlich festgestellt wird (qualifiziertes Rechtsschutzinteresse).

---

312   Dies ist bei **verschuldensabhängigen Ansprüchen** (z.B. aus Amtshaftung nach § 839 BGB i.V.m. Art. 34 GG) i.d.R. dann der Fall, wenn ein Kollegialgericht (z.B. Kammer des VG) den Verwaltungsakt in seinem Urteil als rechtmäßig angesehen hat (sog. „Kollegialgerichts-Richtlinie"; Ausnahme z.B.: Das Gericht ist von einem falschen Sachverhalt ausgegangen). Zu berücksichtigen ist insoweit aber stets, dass auch **verschuldensunabhängige Ansprüche**, beispielsweise aus enteignungsgleichem Eingriff oder aus Aufopferung, gegeben sein können, siehe *BVerwG* NVwZ 2013, 1550 (1551) m.w.N.; *Kopp/Schenke* VwGO § 113 Rn. 137 m.w.N.

313   *Ehlers* in: ders./Schoch, Rechtsschutz im Öffentlichen Recht § 25 Rn. 42; *Hufen* Verwaltungsprozessrecht § 18 Rn. 13; *Schenke* Verwaltungsprozessrecht Rn. 571.

314   Nachweise zum Streitstand bei *Schenke* Verwaltungsprozessrecht Rn. 576.

Online-Wissens-Check

Wann endet die einmonatige Klagefrist des § 74 Abs. 1 S. 2 VwGO, wenn der betreffende Verwaltungsakt am 22.11. (Donnerstag) zur Post gegeben wurde und Heiligabend auf einen Montag fällt?

Überprüfen Sie jetzt online Ihr Wissen zu den in diesem Abschnitt erarbeiteten Themen. Unter **www.juracademy.de/skripte/login** steht Ihnen ein Online-Wissens-Check speziell zu diesem Skript zur Verfügung, den Sie kostenlos nutzen können. Den Zugangscode hierzu finden Sie auf der Codeseite.

C. Begründetheit

Ist die Klage zulässig, so hat sie dann Erfolg, wenn sie zudem auch begründet ist, d.h. dem Kläger der mit ihr geltend gemachte materiell-rechtliche Anspruch tatsächlich zusteht. Entsprechend den unterschiedlichen Klagebegehren, die mit den verschiedenen Klagearten verfolgt werden, variieren auch im Rahmen der Begründetheitsprüfung die Voraussetzungen, unter denen die Anfechtungs- (Rn. 392 ff.), Verpflichtungs- (Rn. 452 ff.), Fortsetzungsfeststellungs- (Rn. 479), allgemeine Leistungs- (Rn. 480) und (Nichtigkeits-)Feststellungsklage (Rn. 483 f.) jeweils begründet ist.   **390**

JURIQ-Klausurtipp   **391**

Die Begründetheitsprüfung bildet typischerweise den **Schwerpunkt der Klausur.** Sie schlägt eine Brücke vom Verwaltungsprozessrecht hin zum materiellen Verwaltungsrecht sowie darüber hinaus auch dem übrigen öffentlichen Recht inkl. des Europa- und nationalen Verfassungsrechts.[315] Dies sollte auch im Verhältnis des Umfangs der schriftlichen Ausarbeitung zu den beiden Prüfungspunkten „Zulässigkeit" und „Begründetheit" in der Klausurbearbeitung zum Ausdruck kommen. Als Faustregel gilt insoweit: Die **„Zulässigkeit"** sollte etwa ¼ **bis** ⅓ und die **„Begründetheit"** ca. ⅔ **bis** ¾ der Bearbeitung ausmachen.[316]

I. Anfechtungsklage

Mit der Anfechtungsklage begehrt der Kläger die gerichtliche Aufhebung eines Verwaltungsakts, § 42 Abs. 1 Alt. 1 VwGO. Mit diesem Begehren hat er Erfolg, d.h. das Gericht hebt den Verwaltungsakt und den etwaigen Widerspruchsbescheid auf, soweit der Verwaltungsakt **(objektiv) rechtswidrig und** der **Kläger** dadurch (Kausalität, Rechtswidrigkeitszusammenhang) **in einem seiner (subjektiven) Rechte verletzt ist,** § 113 Abs. 1 S. 1 VwGO.[317] Hieraus   **392**

---

315 *Hufen* Verwaltungsprozessrecht § 24 Rn. 1 f., 5.

316 Aus didaktischen Gründen – der Gegenstand dieses Skripts ist das Verwaltungsprozessrecht – wird diese Regel in den hier behandelten Übungsfällen nicht immer eingehalten.

317 Hierzu sowie zum gesamten Folgenden siehe *Ehlers* in: ders./Schoch, Rechtsschutz im Öffentlichen Recht § 22 Rn. 66 ff.; *Gersdorf* Verwaltungsprozessrecht Rn. 51 ff.; *Hufen* Verwaltungsprozessrecht §§ 24 f., § 28 Rn. 6 ff.; *von Kielmansegg* JuS 2013, 312 ff.; *Kopp/Schenke* VwGO § 113 Rn. 6, 49, 54 ff.; *Schenke* Verwaltungsprozessrecht Rn. 327, 725 ff., 808a; *Schmitt Glaeser/Horn* Verwaltungsprozessrecht Rn. 75 f., 238 ff.; *Tettinger/Wahrendorf* Verwaltungsprozessrecht § 15 Rn. 15; *Würtenberger* Verwaltungsprozessrecht Rn. 113 f., 313 ff., 438, 608 ff.

folgt für die Begründetheitsprüfung der Anfechtungsklage das nachstehend aufgezeigte „klassische" Schema[318], welches der Sache nach auf die Prüfung des Bestehens eines Anspruchs des Klägers auf gerichtliche Aufhebung des angefochtenen Verwaltungsakts hinausläuft. Die zur Bejahung der Begründetheit der Anfechtungsklage notwendige Rechtswidrigkeit des mit dieser angegriffenen Verwaltungsakts liegt nicht erst bei dessen materieller Fehlerhaftigkeit vor, sondern ist bereits dann gegeben, wenn dieser „nur" formell rechtswidrig ist, vgl. Art. 20 Abs. 3 GG und § 59 Abs. 2 Nr. 2 VwVfG.

Beispiel[319] Nachbar N ficht die dem Grundstückseigentümer E erteilte Baugenehmigung mit der Begründung an, das Bauvorhaben füge sich nicht i.S.v. § 34 Abs. 1 BauGB in die Eigenart der näheren Umgebung ein. Bei näherer gerichtlicher Überprüfung stellt sich jedoch heraus, dass eine Verletzung des N in dessen hieraus i.V.m. dem baurechtlichen Gebot der Rücksichtnahme resultierenden subjektiv-öffentlichen Recht nicht vorliegt. Allerdings stellt das Gericht fest, dass das gem. § 36 Abs. 1 BauGB erforderliche Einvernehmen der Gemeinde nicht vorliegt.

Trotz der hieraus resultierenden objektiven Rechtswidrigkeit der dem E erteilten Baugenehmigung (Verstoß gegen § 36 Abs. 1 BauGB) ist die Anfechtungsklage des N gleichwohl unbegründet. Denn § 36 Abs. 1 BauGB dient allein dem Schutz der Planungshoheit der Gemeinde, begründet aber kein subjektiv-öffentliches Recht des Bürgers (hier des N). Mangels Verletzung des N in einem solchen wird die von diesem erhobene Anfechtungsklage daher zu Recht als unbegründet abgewiesen, vgl. § 113 Abs. 1 S. 1 VwGO: „Kläger … in seinen Rechten verletzt". ∎

PRÜFUNGSSCHEMA

393 Begründetheit der Anfechtungsklage

I. Rechtswidrigkeit des Verwaltungsakts

1. Ermächtigungsgrundlage
   - Wirksamkeit, Anwendbarkeit   **(Rn. 400 ff.)**

2. formelle Rechtmäßigkeit
   a) Zuständigkeit
   b) Verfahren
   c) Form

3. materielle Rechtmäßigkeit
   a) Tatbestand der Ermächtigungsgrundlage
      - Nachschieben von Gründen   **(Rn. 407 ff.)**
      - Beurteilungsspielraum   **(Rn. 415 ff.)**
      - maßgeblicher Zeitpunkt   **(Rn. 442 ff.)**
   b) Rechtsfolge der Ermächtigungsgrundlage
      - Ermessensfehler   **(Rn. 429 ff.)**

II. Verletzung des Klägers in einem seiner subjektiv-öffentlichen Rechte durch den rechtswidrigen Verwaltungsakt

---

318 Hierzu vgl. im Skript „Allgemeines Verwaltungsrecht" Rn. 248.
319 Nach *BVerwGE* 28, 268.

> **JURIQ-Klausurtipp** 394
>
> Das „Herzstück" der Begründetheitsprüfung der Anfechtungsklage bildet regelmäßig die Rechtmäßigkeit des **Verwaltungsakt**s, wobei insofern wiederum i.d.R. dessen **materielle Rechtmäßigkeit** den **Schwerpunkt** bildet.[320]

Ist der Verwaltungsakt schon vollzogen, so spricht das Gericht nach § 113 Abs. 1 S. 2 VwGO **395** auf Antrag des Klägers zudem aus, dass und wie die Verwaltungsbehörde die Vollziehung rückgängig zu machen hat; vgl. ferner § 113 Abs. 4 VwGO. Sofern im konkreten Fall insoweit keine spezialgesetzliche Regelung einschlägig ist (so aber z.B. § 20 BDSG, § 46 Abs. 1 PolG NRW, ggf. i.V.m. § 24 Nr. 13 OBG NRW), kommt als Anspruchsgrundlage der allgemeine, aus dem Rechtsstaatsprinzip des Art. 20 Abs. 3 GG, der abwehrrechtlichen Dimension der Grundrechte (*status negativus*) bzw. einer Analogie zu §§ 12, 862 und 1004 BGB abgeleitete, mitunter gewohnheitsrechtlich anerkannte (str.[321]) **Vollzugsfolgenbeseitigungsanspruch** in Betracht. Dessen materiell-rechtliche Voraussetzungen sind:

- ein **hoheitliches Handeln** (z.B. behördliche Verfügung, mit der ein Obdachloser in die **396** Wohnung des Klägers eingewiesen wird),
- durch das in **zurechenbar**er Weise in ein **subjektiv-öffentliches Recht** des Klägers (z.B. **397** Grundrecht) **eingriffen** wird und
- das **Fortdauern** des hierdurch geschaffenen **rechtswidrige**n **Zustand**s (an einem solchen **398** fehlt es, wenn der Kläger zu dessen Duldung verpflichtet ist, z.B. aufgrund eines wirksamen Verwaltungsakts. Das ist der Grund dafür, dass der Antrag gem. § 113 Abs. 1 S. 2 VwGO erst nach und nur bei Erfolg der Anfechtungsklage zu prüfen ist).

Liegen diese **verschuldensunabhängig**en Voraussetzungen vor, so hat der Kläger – wenn **kein** **399** Fall des **Rechtsmissbrauchs** vorliegt – einen Anspruch gegen den betreffenden Hoheitsträger auf Wiederherstellung des vor dem Vollzug des Verwaltungsakts bestehenden Zustands (*status quo ante*; z.B. Entfernung des Obdachlosen aus der Wohnung). Ist dies aus **rechtlich**en (z.B. Nichtvorliegen der Voraussetzungen der ordnungsbehördlichen Generalklausel als Ermächtigungsgrundlage für eine Ausweisung des Obdachlosen aus der klägerischen Wohnung) oder **tatsächlich**en Gründen nicht oder nur mit un**zumutbar**em Aufwand **möglich**, so wandelt sich der Anspruch – ebenso wie im Fall des Mitverschuldens (vgl. § 254 BGB) bei Unteilbarkeit der Wiederherstellung – auf einen solchen in Zahlung von Geld (Folgenentschädigungsanspruch, vgl. § 251 Abs. 2 BGB). Bei fehlender **Spruchreife** ergeht analog § 113 Abs. 5 S. 2 VwGO ein Bescheidungsurteil.

1. Ermächtigungsgrundlage

Nach dem verfassungsrechtlichen Grundsatz vom Vorbehalt des Gesetzes darf die Verwal- **400** tung Maßnahmen, die wie den mit einer Anfechtungsklage angegriffenen Verwaltungsakt den Bürger belasten, nur dann ergreifen, wenn hierfür eine wirksame und anwendbare gesetzliche **Ermächtigungsgrundlage** vorhanden ist. „Bei dieser Prüfung hat das Gericht [...] alle einschlägigen Rechtsvorschriften und – nach Maßgabe der Sachaufklärungspflicht gemäß § 86 Abs. 1 VwGO – alle rechtserheblichen Tatsachen zu berücksichtigen, gleichgültig, ob die Normen und Tatsachen von der erlassenden Behörde zur Begründung des Verwaltungsaktes angeführt worden sind oder nicht."[322]

---

320 *von Kielmansegg* JuS 2013, 312 (312, 313 f., 316).
321 Siehe *Brosius-Gersdorf* JA 2010, 41 (42) m.w.N.; *Wolff* in: ders./Decker, VwGO/VwVfG § 113 VwGO Rn. 68.
322 *OVG Hamburg* NordÖR 2014, 36 (39) m.w.N.

401 Die nur bei entsprechendem Anlass vorzunehmende Prüfung der Wirksamkeit der Ermächtigungsgrundlage richtet sich danach, ob es sich bei dieser um eine in einem förmlichen Parlamentsgesetz enthaltene Norm oder aber um eine Rechtsverordnung bzw. Satzung handelt. Denn gemäß der Rangordnung der Rechtsquellen (**Normenhierarchie**) müssen die niederrangigeren mit den höherrangigeren Rechtssätzen vereinbar sein, d.h. die vom Parlament erlassenen Gesetze müssen in Einklang mit der Verfassung (die ihrerseits wiederum sowohl dem primären[323] als auch dem sekundären[324] EU-Recht im Rang nachsteht) und Rechtsverordnungen sowie Satzungen müssen in Einklang mit den einfachen Parlamentsgesetzen und der Verfassung stehen (Art. 20 Abs. 3 GG); das gilt sowohl auf Ebene des Bundes- als auch des diesem gegenüber nachrangigen (Art. 31 GG) Landesrechts.[325] Ein Verstoß gegen höherrangiges (z.B. nationales Verfassungs- oder Europa-)Recht liegt freilich immer erst dann vor, wenn die betreffende niederrangige Rechtsnorm (z.B. des einfachen Bundesrechts) nicht verfassungs- bzw. europarechtskonform ausgelegt werden kann. Der für Letzteres wiederum notwendige Auslegungsspielraum ist namentlich bei unbestimmten Rechtsbegriffen sowie Ermessenvorschriften gegeben.[326]

402 Von dieser materiell-rechtlichen Fragestellung nach der Vereinbarkeit einer niederrangigeren mit einer höherrangigeren Norm zu trennen ist die verfahrensrechtliche Frage, wer befugt ist, diese Prüfung vorzunehmen (**Normprüfungskompetenz**). Insoweit besteht Einigkeit darüber, dass die Gerichte – ebenso wie die Verwaltung – aufgrund von Art. 20 Abs. 3 GG (Gesetzmäßigkeit der Rechtsprechung) bzw. des Anwendungsvorrangs des europäischen Unionsrechts berechtigt und verpflichtet sind, sämtliche entscheidungserheblichen Vorschriften auf ihre Vereinbarkeit mit höherrangigerem Recht zu prüfen.[327] Gelangt das im konkreten Rechtsstreit mit der Gesetzesanwendung befasste VG im Rahmen dieser inzidenten Normprüfung zu der Auffassung, dass die streitentscheidende nationale Vorschrift mit höherrangigerem

403 • **deutsche**n **Recht** nicht vereinbar ist, so
  – hat es nach Art. 100 Abs. 1 S. 1 GG das Verfahren auszusetzen und im Wege der konkreten Normenkontrolle die Entscheidung des Landes- (bei Verstoß gegen Landesverfassungsrecht) bzw. des BVerfG (bei Verstoß gegen das Grundgesetz; § 13 Nr. 11, §§ 80 ff. BVerfGG) einzuholen, wenn es sich bei der streitentscheidenden Vorschrift um ein **nachkonstitutionelles**, d.h. nach Inkrafttreten der jeweiligen Verfassung (z.B. GG) erlassenes, **formelles** Bundes- oder Landes**gesetz** handelt. Besteht insoweit zum Schutz der Autorität des demokratisch legitimierten Gesetzgebers mithin ein Verwerfungsmonopol des (Bundes- bzw. jeweiligen Landes-)Verfassungsgerichts, so darf das VG der Anfechtungsklage erst dann mangels wirksamer Ermächtigungsgrundlage stattgeben, wenn diese zuvor vom betreffenden Verfassungsgericht für nichtig erklärt worden ist (z.B. gem. § 82 Abs. 1 i.V.m. § 78 BVerfGG). Keinesfalls ist das VG hingegen dazu befugt, ein nachkonstitutionelles Parlamentsgesetz allein von sich aus unter Hinweis auf dessen etwaige Verfassungswidrigkeit nicht anzuwenden oder es gar für nichtig zu erklären (keine diesbezügliche Normverwerfungskompetenz);[328]

---

323 (Weiterentwickelte) Gründungsverträge der Europäischen Gemeinschaften, d.h. aktuell **EUV** und **AEUV**. Vgl. ferner Art. 6 Abs. 1 EUV hinsichtlich der **EU-GrCh** und Art. 340 Abs. 2 AEUV (**„allgemeine Rechtsgrundsätze" des Unionsrechts**).

324 **Verordnungen, Richtlinien** und **Beschlüsse**, siehe Art. 288 Abs. 2 bis 4 AEUV.

325 Die gesamten vorstehenden Ausführungen sind dem Skript „Allgemeines Verwaltungsrecht" Rn. 124, 129 m.w.N. entnommen.

326 Hierzu siehe *Kühling* JuS 2014, 481 und im Skript „Juristische Methodenlehre" Rn. 165 ff.

327 Zum gesamten Vorstehenden vgl. im Skript „Allgemeines Verwaltungsrecht" Rn. 133 m.w.N.

328 Zum gesamten Vorstehenden siehe ferner *Maurer* Allgemeines Verwaltungsrecht § 4 Rn. 62 und im Skript „Juristische Methodenlehre" Rn. 54.

– ist die Anfechtungsklage ohne weiteres dann begründet, wenn es sich bei der streitent- **404**
scheidenden nationalen Vorschrift um ein Gesetz im nur-materiellen Sinn, d.h. namentlich eine **Rechtsverordnung** oder **Satzung**, handelt. Diese unterfallen nämlich jeweils
nicht Art. 100 Abs. 1 GG. Vielmehr ist ihre Vereinbarkeit mit höherrangigem Recht von
jedem Fachgericht in eigener Zuständigkeit zu prüfen, vgl. § 76 Abs. 1 Nr. 2 BVerfGG.
Art. 20 Abs. 3 GG steht dem nicht entgegen, da sich die dort normierte Bindung der
Rechtsprechung an „Gesetz und Recht" nur auf gültige Rechtssätze bezieht. Rechtswidrige Satzungen sind aber – vorbehaltlich Regelungen wie z.B. §§ 214 f. BauGB; § 7 Abs. 6
GO NRW – ebenso wie rechtswidrige Rechtsverordnungen gerade *ipso iure* nichtig.
Gelangt das Gericht bei dieser Prüfung zu der Auffassung, dass die betreffende Vorschrift mit höherrangigem Recht unvereinbar ist, so ist diese Entscheidung allerdings
nur in den Fällen der verwaltungsgerichtlichen Normenkontrolle allgemein verbindlich,
§ 47 Abs. 5 S. 2 Hs. 2 VwGO. Im Übrigen, d.h. sofern es sich bei der Gültigkeit des jeweiligen Gesetzes im nur-materiellen Sinn lediglich um eine Vorfrage zu der vom Gericht zu
treffenden Entscheidung über die Rechtmäßigkeit des auf ein solches Gesetz gestützten
Verwaltungsakts handelt, ist die Frage nach der Gültigkeit der Rechtsverordnung bzw.
Satzung selbst nicht Streitgegenstand (inzidente Normenkontrolle). Hält das Gericht in
einem derartigen Fall die jeweilige Vorschrift wegen Verstoßes gegen höherrangiges
Recht für ungültig, so wirkt diese Feststellung daher lediglich zwischen den Beteiligten
des betreffenden Rechtsstreits (*inter partes*, § 121 Nr. 1 VwGO) – und gerade nicht
erga omnes. Andere Gerichte können die Gültigkeit derselben Rechtsnorm in anderen
Verfahren mithin durchaus abweichend beurteilen;[329]

● **europäischen Unionsrecht** nicht vereinbar ist, d.h. nicht europarechtskonform ausgelegt **405**
werden kann, so besteht aufgrund des Anwendungsvorrangs des EU-Rechts die Verpflichtung des VG, das EU-rechtswidrige nationale Recht unangewendet zu lassen. Im Gegensatz zur Verfassungswidrigkeit führt die Europarechtswidrigkeit eines deutschen Gesetzes
daher unter den übrigen Voraussetzungen des § 113 Abs. 1 S. 1 VwGO ohne weiteres zur
Begründetheit der Anfechtungsklage.[330]

Handelt es sich bei der **Ermächtigungsgrundlage** für den mit der Anfechtungsklage angegrif- **406**
fenen Verwaltungsakt einer deutschen Behörde nicht um eine Vorschrift des nationalen Rechts,
sondern um eine unmittelbar anwendbare Norm des **europäischen Sekundärrecht**s (z.B. Verordnung, Art. 288 Abs. 2 AEUV), so kann das VG diese bei Zweifeln an ihrer Primärrechtskonfor-
mität nicht einfach unangewendet lassen, sondern muss – auch in den Fällen des Art. 267
Abs. 2 AEUV (insoweit besteht eine Ermessensreduzierung auf Null) – die Frage nach deren Gültigkeit dem EuGH als gesetzlichem Richter i.S.v. Art. 101 Abs. 1 S. 2 GG nach Art. 267 Abs. 1 lit. b)
AEUV im Wege der Vorabentscheidung vorlegen.[331] Wäre der Kläger allerdings „zweifelsfrei
befugt gewesen [...], nach Art. 263 Abs. 4 AEUV im Rahmen einer Nichtigkeitsklage gegen
einen Rechtsakt der Union vorzugehen" (z.B. Kommissionsbeschluss nach Art. 108 Abs. 2 UAbs. 1
AEUV), so ist es ihm „nach Ablauf der in Art. 263 Abs. 6 AEUV vorgesehenen Klagefrist" nicht
gestattet, „vor den nationalen Gerichten die Gültigkeit dieses Rechtsakts in Frage zu stellen."
Denn andernfalls „liefe dies [...] darauf hinaus, ihm die Möglichkeit zuzugestehen, die
Bestandskraft zu unterlaufen, die diese Entscheidung ihm gegenüber nach Ablauf der Klagefristen hat."[332]

---

329 Zum gesamten Vorstehenden vgl. ferner im Skript „Juristische Methodenlehre" Rn. 55 m.w.N.
330 Zum gesamten Vorstehenden siehe ferner im Skript „Juristische Methodenlehre" Rn. 57 ff., 170 f.
331 Zum gesamten Vorstehenden siehe ferner *Arndt/Fischer/Fetzer* Europarecht Rn. 315.
332 *EuGH* NJW 2013, 29 (41) – *Pringle* m.w.N. Hierzu siehe auch im Skript „Allgemeines Verwaltungsrecht"
Rn. 321.

2. Nachschieben von Gründen

407 Sofern sich im Rahmen der gerichtlichen Überprüfung der Rechtmäßigkeit des Verwaltungs-akts ergeben sollte, dass die von der Behörde zu dessen Begründung gem. § 39 Abs. 1 VwVfG angeführten (formellen) Gründe diesen materiell-rechtlich nicht tragen, d.h. die – formell ordnungsgemäße – Begründung inhaltlich falsch ist, stellt sich die Frage, ob und inwieweit es der Behörde gestattet ist, die zum Zeitpunkt des Erlasses des Verwaltungsakts objektiv bereits vorhandenen, behördlicherseits bislang allerdings noch nicht vorgetragenen („richti-gen") **Gründe** im Verwaltungsprozess **nachzuschieben** (ein Nachschieben von Gründen bis zum Abschluss des Widerspruchsverfahrens wirft dagegen wegen § 79 Abs. 1 Nr. 1 VwGO keine besonderen Probleme auf).[333]

408 Keine Antwort hierauf enthält § 45 Abs. 1 Nr. 2, Abs. 2 VwVfG, regelt diese Vorschrift doch allein die Nachholung der (formellen) Begründung i.S.v. § 39 Abs. 1 VwVfG, nicht hingegen auch die im vorliegenden Zusammenhang relevante Frage der rechtlichen Zulässigkeit des Nachschiebens von denjenigen Gründen, die für den Erlass des Verwaltungsakts nach der materiell-rechtlichen Rechtslage vorliegen müssen. Die **grundsätzliche Rechtmäßigkeit** die-ses Vorgehens ergibt sich vielmehr aus § 86 Abs. 1 VwGO, wonach das VG den Sachverhalt von Amts wegen erforscht (Untersuchungsgrundsatz). Ist das Gericht mithin gehalten, alle vernünftigerweise zu Gebote stehenden Möglichkeiten einer Aufklärung des für seine Ent-scheidung relevanten Sachverhalts auszuschöpfen, die geeignet sein können, die für die Ent-scheidung erforderliche Überzeugung des Gerichts zu begründen, so schließt dies die Berücksichtigung auch von erst nachträglich – bezogen auf den Erlasszeitpunkt – zugänglich werdenden Erkenntnisquellen (nicht dagegen: nachträglich erstmals eintretende Verände-rungen der Sach- oder Rechtslage) wie eben die von der Behörde nachgeschobenen Gründe mit ein. Dass dies nicht nur im Hinblick auf **gebundene Verwaltungsentscheidungen** gilt, sondern ebenfalls für die „Ergänzung" (grundsätzlich nicht dagegen: „(völliges) Auswechseln der bisherigen Begründung oder eine erstmalige Begründung der Ermessensentschei-dung"[334]) von behördlichen **Ermessen**serwägungen, wird der Regelung des § 114 S. 2 VwGO entnommen, wonach die Verwaltungsbehörde ihre Ermessenserwägungen hinsichtlich des Verwaltungsakts auch noch im verwaltungsgerichtlichen Verfahren ergänzen kann. „Diese prozessrechtliche Vorschrift stellt [...] klar, dass ein nach materiellem Recht zulässiges Nach-holen von Ermessenserwägungen nicht an prozessualen Hindernissen scheitert."[335]

409 **Beispiel**[336] Nachdem der Fahrer eines Pkw, dessen Halterin die H ist, einen Rotlichtverstoß begangen und H der zuständigen Behörde daraufhin mitgeteilt hatte, zur Person des Fahr-zeugführers keine Angaben machen zu können, verpflichtete diese die H durch Bescheid dazu, für das Tatfahrzeug ab sofort für die Dauer von zwölf Monaten ein Fahrtenbuch zu führen. Zur Begründung dieser Zeitspanne heißt es im Bescheid im Anschluss an einen Hin-weis auf die Notwendigkeit, der Gefahr vorzubeugen, dass sich der jeweilige Führer des betroffenen Fahrzeugs auch künftig stets der Verfolgung einer Ordnungswidrigkeit oder Straftat entziehen kann, dass „zur Erreichung dieses Zwecks im vorliegenden Fall die Ver-hängung eines Fahrtenbuchs für zwölf Monate erforderlich und auch angemessen ist."

---

333 Plakativ *Schübel-Pfister* JuS 2010, 976 (977): **Behörde zieht** im Prozess „**neue Pfeile aus dem Köcher".** Diese sowie die nachfolgenden Ausführungen sind – mit Ausnahme des Beispiels – dem Skript „Allge-meines Verwaltungsrecht" Rn. 221 ff. m.w.N. entnommen.

334 *BT-Drucks.* 13/3993, S. 13. Vgl. auch *BVerwG* NVwZ-RR 2010, 550 m.w.N. **Ausnahme:** Rn. 410.

335 *BVerwGE* 141, 253 (258) m.w.N.

336 Nach *VGH München* NJW 2011, 326.

Wenngleich die vorgenannte Textstelle erkennen lässt, dass sich die Behörde des Umstands bewusst war, auch hinsichtlich der Frage, für welche Dauer die Führung eines Fahrtenbuchs angeordnet wird, einen Ermessensspielraum zu besitzen (vgl. § 31a Abs. 1 StVZO: „Die [...] Behörde kann [...] die Führung eines Fahrtenbuchs anordnen"), und dass sie dieses Ermessen auch ausgeübt hat (vgl. deren Hinweis auf die „Erforderlichkeit" der Fahrtenbuchauflage), so lässt sich hieraus jedoch nicht entnehmen, warum die Behörde gerade eine zwölfmonatige Fahrtenbuchauflage für angezeigt hielt. Damit fehlt es sowohl in formeller Hinsicht an einer i.S.v. § 39 Abs. 1 S. 3 L-VwVfG ordnungsgemäßen Begründung – insofern genügt es gerade nicht, dass die Begründung eines Ermessensverwaltungsakts überhaupt erkennen lässt, dass sich die Behörde ihres Entscheidungsspielraums bewusst war und dass sie ihn wahrgenommen hat; vielmehr muss sie ebenfalls diejenigen Gesichtspunkte offenlegen, die für die Ermessensausübung konkret bestimmend waren – als auch in materieller Hinsicht an Ermessenserwägungen, welche die Länge der Verpflichtung zur Führung des Fahrtenbuchs tragen. Beides kann die Behörde allerdings noch nachholen: Die nach § 39 Abs. 1 L-VwVfG erforderliche Begründung bis zum Abschluss der letzten Tatsacheninstanz eines verwaltungsgerichtlichen Verfahrens (§ 45 Abs. 1 Nr. 2, Abs. 2 L-VwVfG) und die Ergänzung der den Verwaltungsakt nach § 31a Abs. 1 StVZO tragenden Ermessenserwägungen noch im verwaltungsgerichtlichen Verfahren, § 114 S. 2 VwGO. ■

Hinweis   410

Da „die Zulässigkeit einer Ergänzung von Ermessenserwägungen nach dem jeweils einschlägigen materiellen Recht [...] zu beurteilen ist, hat **§ 114 S. 2 VwGO nur** die Bedeutung, dass einem danach zulässigen Nachholen von Ermessenserwägungen **prozessuale** Hindernisse nicht entgegenstehen. Wie das Prozessrecht unter bestimmten Voraussetzungen Klageänderungen zuläßt, also eine Änderung des Streitgegenstandes im laufenden Rechtsstreit ermöglicht, kann es auch eine Ergänzung des angefochtenen Verwaltungsaktes durch nachgeschobene Ermessenserwägungen zulassen. Dies hat die verwaltungsprozessuale Folge, dass eine der Vorschrift entsprechende Ergänzung der Ermessenserwägungen nicht zu einer Änderung des Streitgegenstandes führt, so dass sie weder eine Klageänderung noch die Durchführung eines erneuten Widerspruchsverfahrens erforderlich macht."[337] Nach einer neueren Entscheidung des BVerwG bezieht sich das Vorstehende allerdings nur auf solche „Entscheidungen, die von vornherein in das Ermessen der Behörde gestellt waren und deren gerichtliche Überprüfung sich nach der Sach- und Rechtslage im Zeitpunkt der letzten Behördenentscheidung richtete [...]. § 114 S. 2 VwGO erfasst demnach jedenfalls nicht die Fälle, in denen sich wegen der Zeitpunktverschiebung aufgrund während des gerichtlichen Verfahrens neu eingetretener Umstände erstmals die Notwendigkeit einer Ermessensausübung ergibt."[338] M.a.W.: „Die Frage der Zulässigkeit des Nachschiebens von Gründen stellt sich nur dann, wenn bei der gerichtlichen Entscheidung auf den Zeitpunkt des Abschlusses des Verwaltungsverfahrens abzustellen ist."[339]

Rechtliche Grenzen dieses prinzipiell mithin zulässigen Nachschiebens von Gründen ergeben   411
sich allerdings zum einen daraus, dass sich hierdurch das **Wesen des Verwaltungsakts nicht ändern darf**. Denn wäre dies der Fall, so würde die Verwaltung nicht im Nachhinein die

---

337 *BVerwGE* 106, 351 (364).
338 *BVerwGE* 141, 253 (257) m.w.N.
339 *Schmitt Glaeser/Horn* Verwaltungsprozessrecht Rn. 529.

Begründung für einen bestehenden Verwaltungsakt liefern, sondern vielmehr – i.d.R. unter (konkludenter) Aufhebung des alten – einen neuen Verwaltungsakt erlassen; auch würde sich der Klagegegenstand ändern, vgl. § 91 VwGO. Eine derartige Wesensänderung liegt vor, wenn durch das Nachschieben von Gründen ein Verwaltungsakt mit gänzlich anderem Regelungsgegenstand als zuvor entsteht. Dies wiederum ist zu bejahen, wenn der Verwaltungsakt nunmehr auf einen völlig anderen Sachverhalt (z.B. die zunächst mit einem Verstoß gegen Sicherheitsbestimmungen begründete Unzuverlässigkeit i.S.v. § 35 Abs. 1 GewO nachher aus einer Steuerhinterziehung hergeleitet wird) oder eine Rechtsgrundlage gestützt wird, die anderen Zwecken dient als die bislang angeführte (z.B. wird eine ursprünglich auf dem Aspekt der [präventiven] Gefahrenabwehr beruhende polizeiliche Beschlagnahme später unter Rückgriff auf die der [repressiven] Strafverfolgung dienende StPO gerechtfertigt).

412   Zum anderen darf der Kläger durch das Nachschieben von Gründen durch die Behörde prozessual **nicht in** seiner **Rechtsverteidigung beeinträchtigt** werden. Auf i.d.S. nachgeschobene Gründe darf das Gericht seine Entscheidung daher nur dann stützen, wenn der Prozessbeteiligte zuvor die Gelegenheit hatte, sich zu diesen zu äußern, vgl. auch § 108 Abs. 2 VwGO und Art. 103 Abs. 1 GG zum Grundsatz des rechtlichen Gehörs.

413
> ### Hinweis
>
> Damit der Verwaltungsakt **formell rechtmäßig** ist, muss die Behörde diesen mit einer Begründung versehen, § 39 Abs. 1 S. 1 VwVfG. Ob diese Gründe auch inhaltlich zutreffend sind, ist insoweit allerdings ohne Belang. Denn gem. § 39 Abs. 1 S. 2 VwVfG müssen nur diejenigen Gründe mitgeteilt werden, welche die Behörde tatsächlich zu ihrer Entscheidung bewogen haben. Diese rein formelle Begründung kann gem. § 45 Abs. 1 Nr. 2 VwVfG bis zu dem in § 45 Abs. 2 VwVfG genannten Zeitpunkt noch nachgeholt werden, sog. **Nachholen der Begründung**.
>
> Ob die von der Behörde gem. § 39 Abs. 1 VwVfG vorgetragenen Gründe den Verwaltungsakt darüber hinaus auch objektiv rechtfertigen, ist eine Frage, die im Rahmen von dessen **materieller Rechtmäßigkeit**, d.h. der Begründetheit der Anfechtungsklage, zu untersuchen ist. Ist dies nicht der Fall, so berücksichtigt das VG aufgrund von § 86 Abs. 1 VwGO (Untersuchungsgrundsatz) gleichwohl auch solche Tatsachen, die im Zeitpunkt des Erlasses des Verwaltungsakts zwar schon vorlagen, die von der Behörde zunächst aber nicht vorgetragen wurden, sondern die sie – sofern rechtlich zulässig – erst im Laufe des Gerichtsverfahrens nachgeschoben hat. Dies gilt nach der ausdrücklichen Regelung des § 114 S. 2 VwGO auch in Bezug auf Ermessensverwaltungsakte. Sind diese Gründe, welche den Verwaltungsakt rechtlich tragen, allerdings erst nach dessen Erlass entstanden, so können sie auch im Rahmen des **Nachschiebens der Gründe** grundsätzlich[340] nicht mehr berücksichtigt werden; i.d.R. können sie allenfalls den Erlass eines neuen Verwaltungsakts rechtfertigen.
>
> „Deutlich und praktisch relevant wird diese **strikte Trennung** zwischen der formellen und materiellen Rechtmäßigkeit eines Verwaltungsakts", wenn dieser „mangels Begründung (§ 39 Abs. 1 VwVfG) zunächst formell rechtswidrig [ist]. Die formelle Rechtswidrigkeit kann durch § 45 Abs. 1 Nr. 2, Abs. 2 VwVfG geheilt werden, der Verwaltungsakt wird durch das Nachschieben der Begründung formell rechtmäßig." Ist dieser aber „wegen Ermessensausfalls zugleich

---

340 **Ausnahmsweise** darf die Behörde dann „erstmals im gerichtlichen Verfahren" eine Ermessensentscheidung treffen, wenn sich die Rechtmäßigkeit des betreffenden Verwaltungsakts nach der Sach- und Rechtslage im Zeitpunkt der letzten mündlichen Gerichtsverhandlung bzw. Entscheidung in der Tatsacheninstanz bemisst (Rn. 442 ff.), siehe *BVerwGE* 141, 253 (256).

materiell rechtswidrig", so kann dies „nicht über § 45 Abs. 1 Nr. 2, Abs. 2 VwVfG geheilt werden. Ein Nachschieben der Ermessenserwägungen scheitert an § 114 S. 2 VwGO, weil es sich nicht um eine Ergänzung handelt. Damit ist der Verwaltungsakt zwar formell rechtmäßig, jedoch materiell rechtswidrig."[341]

3. Gerichtliche Kontrolldichte

Enthält die materiell-rechtliche Ermächtigungsgrundlage, auf welcher der mit der Anfechtungsklage angegriffene Verwaltungsakt beruht, einen unbestimmten Rechtsbegriff (Rn. 415 ff.) oder räumt sie auf ihrer Rechtsfolgenseite der Behörde Ermessen ein (Rn. 429 ff.), so stellt sich die Frage, in welchem Umfang ein derartiger Verwaltungsakt insoweit der gerichtlichen Kontrolle zugänglich ist.   **414**

a) Unbestimmte Rechtsbegriffe

Die nach den allgemeinen Regeln juristischer Methodik auszulegende Ermächtigungsgrundlage kann sowohl auf Seite ihres Tatbestands als auch auf ihrer Rechtsfolgenseite Merkmale von unterschiedlicher inhaltlicher Präzision aufweisen. Während manche der vom Gesetzgeber verwendeten Begriffe keinerlei Raum für Zweifel hinsichtlich ihres Bedeutungsgehalts lassen (z.B. § 5 S. 1 RelKerzG: „14. Lebensjahr"; § 5 Abs. 3 S. 2 VwZG: „von 21 bis 6 Uhr"; § 65 Abs. 1 Nr. 33 BauO NRW: „1 m²"), stehen auf der anderen Seite der Skala des inhaltlichen Bestimmtheitsgrads gesetzlicher Vorschriften Begriffe wie „öffentliche Sicherheit oder Ordnung" (§ 15 Abs. 1 VersammlG, § 14 Abs. 1 OBG NRW), „Unzuverlässigkeit" (§ 35 Abs. 1 S. 1 GewO) und „notwendige Maßnahmen" (§ 8 Abs. 1 PolG NRW).[342]   **415**

Das mit der Verwendung derart **unbestimmter Rechtsbegriffe** verbundene juristische Problem besteht zunächst auf Ebene der diese Gesetze vollziehenden Verwaltung, die in Anbetracht der inhaltlichen Vagheit des Gesetzeswortlauts bereits im Rahmen der Normauslegung einem erhöhten Interpretationsaufwand ausgesetzt ist (z.B. Was ist unter dem Begriff „öffentliche Ordnung" i.S.v. § 14 Abs. 1 OBG NRW zu verstehen?). Doch auch dann, wenn der Norminhalt unter Anwendung der juristischen Auslegungsmethodik ermittelt ist (z.B. „öffentliche Ordnung" = Gesamtheit der ungeschriebenen Regeln, deren Befolgung nach den jeweils herrschenden sozialen und ethischen Anschauungen als unerlässliche Voraussetzung eines geordneten menschlichen Zusammenlebens innerhalb eines bestimmten Gebiets angesehen wird[343]), verbleibt außerhalb von Extremfällen regelmäßig noch eine gewisse Unsicherheit, ob der konkrete Sachverhalt unter die derart interpretierte Vorschrift fällt oder nicht (z.B. Betrieb eines Laserdromes mit simulierten Tötungshandlungen).   **416**

> **Hinweis**   **417**
>
> „Idealtypisch vollzieht sich die **Rechtsanwendung** in mehreren Schritten:
> 1. Der **Ermittlung** und Feststellung des **Sachverhalt**s folgt
> 2. die Heranziehung und **Auslegung** der einschlägigen **Verwaltungsrechtsnorm**, um

---

341 *Lindner/Jahr* JuS 2013, 673 (678).

342 Diese sowie die nachfolgenden Ausführungen sind dem Skript „Allgemeines Verwaltungsrecht" Rn. 216 ff. m.w.N. entnommen.

343 *BVerfGE* 69, 315 (352) zu § 15 Abs. 1 VersammlG.

3. im Wege der **Subsumtion** feststellen zu können, ob der Sachverhalt dem Gesetzestatbestand entspricht, so dass

4. ggf. die gesetzliche **Rechtsfolge** ausgesprochen wird bzw. – falls der Tatbestand nicht erfüllt ist – davon abzusehen ist."[344]

Die nachfolgend thematisierte Rechtsfigur des Beurteilungsspielraums der Verwaltung ist allein im Rahmen des dritten Prüfungsschritts („Subsumtion") von Bedeutung.

418 Hat die Verwaltung, die zur Erfüllung der ihr zugewiesenen Aufgaben auch unter solchen Umständen (Rn. 416) eine inhaltlich genau bestimmte Regelung im Einzelfall treffen muss (§ 37 Abs. 1 VwVfG), sich zu einer solchen durchgerungen, so schließt sich hier die weitere Frage an, ob und in inwieweit diese Entscheidung **gerichtlich nachprüfbar** ist. Zweifel an der vollständigen gerichtlichen Überprüfbarkeit von Verwaltungsentscheidungen, die auf der Grundlage von unbestimmten Rechtsbegriffen ergehen, könnten sich daraus ergeben, dass der Gesetzgeber durch deren – verfassungsrechtlich grundsätzlich zulässige – Verwendung möglicherweise zum Ausdruck bringen will, der über größere Sachnähe und Erfahrung verfügenden Verwaltung insoweit generell einen eigenen, der Kontrolle durch die Justiz nur in beschränktem Umfang zugänglichen Beurteilungsspielraum[345] zuzuweisen. Konsequenz dieser in Teilen des Schrifttums[346] vertretenen Ansicht ist jedoch, dass innerhalb der äußeren Grenzen des Beurteilungsspielraums liegende Verwaltungsentscheidungen keiner Kontrolle mehr durch die VGe zugänglich wären; die Letztentscheidungskompetenz in der Sache käme daher in sämtlichen der durchaus zahlreichen Fälle unbestimmter Rechtsbegriffe der Verwaltung zu. Ein solches Ergebnis ließe allerdings die Vorgaben des Art. 19 Abs. 4 S. 1 GG unberücksichtigt, wonach die Gerichte zwecks Gewährung effektiven Rechtsschutzes des Bürgers **grundsätzlich** verpflichtet sind, zulässigerweise angegriffene behördliche Entscheidungen in rechtlicher wie tatsächlicher Hinsicht – ggf. unter Heranziehung von Sachverständigen – **vollständig** nachzuprüfen, ohne dabei an die im Verwaltungsverfahren getroffenen Feststellungen und Wertungen gebunden zu sein (z.B. im Rahmen von § 36 Abs. 1 S. 1 GewO „besondere Sachkunde"; § 35 Abs. 3 S. 1 BauGB: „Beeinträchtigung öffentlicher Belange"). Der Rechtsprechung[347] zufolge ist es daher **nur ausnahmsweise** und bei Vorliegen besonderer Voraussetzungen gerechtfertigt, der Verwaltung einen eigenen, der gerichtlichen Kontrolle nur beschränkt zugänglichen **Beurteilungsspielraum** einzuräumen. Dies sei nur dann anzunehmen, wenn der den unbestimmten Rechtsbegriff enthaltenden Rechtsvorschrift im Wege der Auslegung zumindest konkludent (ausdrücklich: § 71 Abs. 5 S. 2 GWB, § 10 Abs. 2 S. 2 TKG) entnommen werden kann, dass die Verwaltung ermächtigt ist, abschließend darüber zu befinden, ob die durch einen unbestimmten Gesetzesbegriff gekennzeichneten tatbestandlichen Voraussetzungen vorliegen (Einschätzungsprärogative), sog. normative Ermächtigungslehre. Anerkannt ist dies für folgende, nicht abschließende Fallgruppen:

419 • **Prüfungsentscheidungen** (z.B. Abitur, Staatsexamen), prüfungsähnliche Entscheidungen v.a. im Schulbereich (z.B. Versetzung in die nächsthöhere Klasse) sowie beamtenrechtliche Eignungs- und Leistungsbeurteilungen, d.h. soweit es sich also jeweils um einen Akt wertender Erkenntnis handelt (z.B. betreffend den Leistungsstand „durchschnittlicher" Kandidaten) – und nicht etwa um die gerichtlich in vollem Umfang kontrollierbare Beurteilung der fachwissenschaftlichen Richtigkeit einer Aussage;

344 *Schoch* Jura 2004, 612 (613).
345 Terminologie nach *Bachhof.*
346 Nachweise bei *Schenke* Verwaltungsprozessrecht Rn. 751.
347 *BVerfGE* 64, 261 (279); 129, 1 (20 ff.).

- **wertende Entscheidungen** durch weisungsunabhängige Sachverständigenausschüsse   **420**
  sowie pluralistisch zusammengesetzte Interessenvertretergremien (z.B. Zulassung zur
  Börse durch Börsenvorstand);
- **Prognoseentscheidungen** und Risikobewertungen (v.a. im Wirtschaftsverwaltungs- und   **421**
  Umweltrecht, z.B. § 7 Abs. 2 Nr. 3 AtG);
- **politische und planerische Verwaltungsentscheidungen** (z.B. Bedürfnisprüfung im   **422**
  Rettungsdienst).

Im Übrigen ist der Gesetzgeber „nicht frei in der Einräumung behördlicher Letztentschei-   **423**
dungsbefugnisse. Zwar liegt es grundsätzlich in seiner Hand, den Umfang und Gehalt der
subjektiven Rechte der Bürger zu definieren und so mit entsprechenden Folgen für den
Umfang der gerichtlichen Kontrolle auch deren Rechtsstellung gegenüber der Verwaltung
differenziert auszugestalten. Allerdings ist er hierbei durch die **Grundrechte** sowie durch das
Rechtsstaats- und das Demokratieprinzip und die hieraus folgenden Grundsätze der
Bestimmtheit und **Normenklarheit** gebunden [...]. Die Freistellung der Rechtsanwendung
von gerichtlicher Kontrolle bedarf stets eines hinreichend gewichtigen, am Grundsatz eines
wirksamen Rechtsschutzes [Art. 19 Abs. 4 S. 1 GG] ausgerichteten Sachgrunds."[348]

Ist hiernach ein Beurteilungsspielraum zu bejahen, so hat dies zur Konsequenz, dass es im   **424**
Hinblick auf die Anwendung des betreffenden unbestimmten Rechtsbegriffs im Einzelfall
letztlich **mehrere** rechtmäßige („**richtige**") **Entscheidungen** geben kann. Insbesondere darf
ein insoweit etwaig angerufenes Gericht nicht eine eigene Einschätzung vornehmen und
diese an die Stelle der Beurteilung durch die Behörde setzen (Grundsatz der Gewaltenteilung, Art. 20 Abs. 2 S. 2 GG).

> **JURIQ-Klausurtipp**   **425**
>
> Die **Bejahung** eines der gerichtlichen Kontrolle entzogenen **Beurteilungsspielraums** der Ver-
> waltung **bedarf** in der Klausur stets einer **näheren Begründung**. Denn die vollständige Nach-
> prüfung behördlicher Entscheidungen durch die Gerichte ist der Grundsatz, die Zuerkennung
> eines der gerichtlichen Kontrolle nur in eingeschränktem Umfang nachprüfbaren Beurteilungs-
> spielraums der Behörde hingegen die Ausnahme. Es wäre daher ein schwerer Fehler, von der
> bloßen Existenz eines unbestimmten Rechtsbegriffs automatisch auf einen behördlichen Beur-
> teilungsspielraum zu schließen. Ersterer ist vielmehr lediglich eine notwendige, nicht jedoch
> auch eine hinreichende Bedingung administrativer Entscheidungsfreiheit.[349]

Sofern die Verwaltung ausnahmsweise über einen Beurteilungsspielraum verfügt, so ist allerdings   **426**
auch in diesem Fall die betreffende Behördenentscheidung nicht etwa vollständig, sondern lediglich in beschränktem Umfang der gerichtlichen Überprüfung entzogen. Ebenfalls die in Ansehung
eines behördlichen Beurteilungsspielraums ergehenden administrativen Entscheidungen unterliegen nämlich insoweit der Kontrolle durch die Gerichte, als es um das Vorliegen eines **Beurtei-
lungsfehler**s geht. Namentlich in Bezug auf Prüfungsentscheidungen liegt ein solcher dann vor,
wenn die Prüfungsbehörden Verfahrensfehler begehen (z.B. Teilnahme eines befangenen Prüfers
an der Prüfung) bzw. das Fairnessgebot nicht wahren (z.B. unsachliche Kritik des Prüfers gegenüber dem Prüfling), anzuwendendes Recht verkennen (Rn. 428), von einem unrichtigen Sach-

---

348 *BVerfGE* 129, 1 (22 f.).
349 *Detterbeck* Allgemeines Verwaltungsrecht Rn. 361; *Jestaedt* in: Erichsen/Ehlers, Allgemeines Verwaltungsrecht § 11 Rn. 25; *Voßkuhle* JuS 2008, 117 (119).

verhalt ausgehen (z.B. Missverstehen der Äußerung des Prüflings durch den Prüfer), allgemeingültige Bewertungsmaßstäbe verletzen (z.B. darf in Fachfragen eine vertretbare und mit gewichtigen Argumenten folgerichtig begründete Lösung nicht als falsch gewertet werden) oder sich von sachfremden Erwägungen leiten lassen (z.B. Steigerung der Anforderungen an die Prüfungsleistung, weil der betreffende Beruf nach Meinung des Prüfers „überlaufen" sei).

427

Hinweis

Zusammenfassend ergibt sich somit: Innerhalb der Gruppe der unbestimmten Rechtsbegriffe ist zu unterscheiden zwischen solchen, die der Behörde einen Beurteilungsspielraum einräumen (z.B. „Gesamteindruck" i.S.v. § 5d Abs. 4 S. 1 DRiG), und solchen, bei denen die auf ihrer Grundlage erfolgte behördliche Rechtsanwendung – ebenso wie bei sonstigen Administrativakten ohne Beurteilungsspielraum der Fall – vollumfänglich der Kontrolle durch die Gerichte unterliegt (z.B. § 35 Abs. 1 S. 1 GewO bzgl. der Erfüllung des Merkmals „Unzuverlässigkeit" durch den konkreten Gewerbetreibenden). Doch auch im erstgenannten Fall ist der behördliche Entscheidungsspielraum nicht grenzenlos, sondern existiert namentlich bzgl. des Verwaltungsverfahrens, der Beachtung allgemein gültiger Beurteilungsmaßstäbe sowie der Abwesenheit sachfremder Erwägungen (Willkürkontrolle) ein Restbereich verwaltungsgerichtlicher Kontrollkompetenz.

428   Streng zu trennen von diesem behördlichen Beurteilungsspielraum betreffend die Rechtsanwendung (**Subsumtion**), d.h. die Frage, ob ein bestimmter Sachverhalt (z.B. Genehmigung eines weiteren Mitbewerbers zum Verkehr mit Taxen) unter das jeweilige gesetzliche Tatbestandsmerkmal (z.B. § 13 Abs. 4 S. 1 PBefG: „Funktionsfähigkeit" des örtlichen Taxengewerbes) fällt oder nicht, ist die **Auslegung** (Definition) der im Gesetz enthaltenen unbestimmten Rechtsbegriffe (z.B. Bedeutung des Begriffs „Funktionsfähigkeit" i.S.v. § 13 Abs. 4 S. 1 PBefG). Diese ist gerichtlich vollständig überprüfbar. Denn die „Interpretation der generell-abstrakten Rechtsnorm und der in ihr enthaltenen unbestimmten Rechtsbegriffe ist eine originäre Funktion der rechtsprechenden Gewalt, keine genuine Verwaltungsfunktion."[350] Auch ist das Gericht gem. § 86 Abs. 1 VwGO an die behördliche **Sachverhaltsfeststellung** nicht gebunden, darf „ein exekutivischer Eingriff auf Grund des Gesetzmäßigkeitsprinzips [doch] nur ergehen, wenn bestimmte Tatsachen diesen Eingriff zu rechtfertigen vermögen", d.h. „die von der Behörde zu Grunde gelegten Tatsachen wirklich gegeben und nicht nur von der Behörde ‚in vertretbarer Weise' angenommen worden sind."[351]

b)   Ermessensentscheidungen

429   Sofern der Gesetzgeber der Verwaltung in der jeweiligen Ermächtigungsgrundlage nicht zwingend vorschreibt, welche Maßnahme sie bei Vorliegen der tatbestandlichen Voraussetzungen zu ergreifen „hat" bzw. ergreifen „muss" (gebundene Entscheidung, z.B. § 15 Abs. 2 GastG: Die Erlaubnis *„ist* zu widerrufen"), sondern ihr vielmehr einen gewissen Spielraum hinsichtlich der Bestimmung der Rechtsfolge im Einzelfall überlässt (**Ermessen**; so z.B. § 15 Abs. 3 GastG: Die Erlaubnis *„kann* widerrufen werden"), so hat die Behörde das ihr durch eine solche Ermächtigungsnorm eingeräumte Ermessen gem. § 40 VwVfG entsprechend dem Zweck der Ermächtigung auszuüben und die gesetzlichen Grenzen des Ermessens einzuhalten.[352]

---

350 *BVerfG* NVwZ 2010, 435 (438) m.w.N.
351 *BVerfG* NVwZ 2010, 435 (438).
352 Diese sowie die nachfolgenden Ausführungen sind – mit Ausnahme der letzten beiden Beispiele – dem Skript „Allgemeines Verwaltungsrecht" Rn. 225 ff. m.w.N. entnommen.

Ergibt sich aus der jeweiligen Vorschrift keine entsprechende Einschränkung, so bezieht **430** sich das durch sie der Behörde eingeräumte Ermessen regelmäßig (so z.B. auch in § 48 Abs. 1 S. 1 VwVfG) sowohl auf die Entscheidung, „ob" sie im konkreten Fall überhaupt tätig werden will (z.B. Entschluss der Behörde gem. § 48 Abs. 1 S. 1 VwVfG, den Verwaltungsakt zurückzunehmen), als auch – falls die Behörde dieses **Entschließungsermessen** zugunsten eines Tätigwerdens ausübt – darauf, „wie" die Behörde tätig werden will, d.h. welche der ihr zur Verfügung stehenden Maßnahmen sie gegenüber wem ergreift (**Auswahlermessen**, z.B. vollständige Rücknahme des Verwaltungsakts mit Wirkung *ex tunc*).

Doch auch wenn feststeht, dass durch die betreffende Rechtsvorschrift der Behörde Ermessen **431** eingeräumt wird (Signalwort: „kann"), so bedeutet dies keinesfalls, dass diese insoweit völlig frei i.S.v. „beliebig" bzw. „willkürlich" handeln dürfte. Vielmehr wird das behördliche Ermessen allgemein dadurch eingeschränkt, dass dessen Ausübung stets gesetzmäßig („**pflichtgemäß**", insoweit rein deklaratorisch z.B. § 36 Abs. 2 VwVfG) erfolgen muss, d.h. im Zusammenhang mit der Ermessensausübung keine Rechtsfehler auftreten dürfen, **§ 40 VwVfG**.

> ### Hinweis   **432**
>
> „**Freies Verwaltungsermessen gibt es im Rechtsstaat nicht**, die Ermessensbetätigung muss immer eine [i.S.v. § 40 VwVfG] pflichtgemäße sein"[353], siehe z.B. § 3 PolG BW, Art. 5 Abs. 1 bay. PAG, § 3 Abs. 1 PolG NRW.

Auf das etwaige Vorhandensein von derartigen **Ermessensfehler**n beschränkt sich aus Gründen **433** der Gewaltenteilung (Art. 20 Abs. 2 S. 2 GG) auch die gerichtliche „Überprüfung" (keinesfalls dagegen: „Ersetzung" des behördlichen durch gerichtseigenes Ermessen) entsprechender Behördenentscheidungen, **§ 114 S. 1 VwGO**. Ermessensfehler i.d.S., deren Vorliegen durch eine mangelhafte formelle Begründung nach § 39 Abs. 1 VwVfG indiziert wird, sind gegeben, wenn

- die Behörde „von dem Ermessen [...] nicht" (**Ermessensnichtgebrauch**, -ausfall) oder **434** nur in unzureichendem Umfang (**Ermessensunterschreitung**) „Gebrauch gemacht" hat, § 114 S. 1 VwGO. Denn der Zweck der Ermessenseinräumung ist grundsätzlich nur dann erfüllt, wenn die Behörde das ihr eingeräumte Ermessen auch tatsächlich betätigt. Fälle des Ermessensnichtgebrauchs beruhen typischerweise auf einem entsprechenden Irrtum der Behörde, nämlich dass ihr entweder überhaupt kein Ermessen zustehe oder aber dieses beschränkt sei. Gründe hierfür können beispielsweise eine falsche Gesetzesauslegung, die Anwendung einer nichtigen Rechtsvorschrift, einer rechtswidrigen Verwaltungsvorschrift oder eine zu Unrecht als bindend erachtete Verwaltungspraxis sein. Ausnahmsweise unschädlich ist der Ermessensnichtgebrauch hingegen bei vom Gesetzgeber intendierten Entscheidungen, sofern es sich beim konkreten Fall nicht um eine atypische Konstellation handelt;

Beispiel[354] Der 1948 geborene A ist in der Vergangenheit mehrfach durch alkoholbedingte **435** Verkehrsverfehlungen in Erscheinung getreten. Nach der letzten mit einem Mofa begangenen Trunkenheitsfahrt untersagte ihm die zuständige Behörde gem. § 3 Abs. 1 S. 1 FeV das Führen von Mofas und Fahrrädern im öffentlichen Straßenverkehr. Der hiergegen von A unter Hinweis auf die beachtliche Länge der täglichen Wegstrecke zu seinem Arbeits-

---

353 *Schoch* Jura 2004, 462 (463).
354 Nach *OVG Bremen* NJW 1990, 2081.

platz erhobene Widerspruch wurde mit der Begründung zurückgewiesen, dass den Verwaltungsbehörden bei der Entscheidung nach § 3 Abs. 1 S. 1 FeV keinerlei Gestaltungsspielraum bleibe. Wäre eine hiergegen gerichtete Anfechtungsklage begründet?

Ja. Eine Anfechtungsklage gegen die Untersagungsverfügung in Gestalt des Widerspruchsbescheids wäre begründet, da diese rechtswidrig ist und A als Adressat dieses belastenden Verwaltungsakts durch diesen auch zumindest in seinem subjektiv-öffentlichen Recht aus Art. 2 Abs. 1 GG verletzt wird. Nach § 3 Abs. 1 S. 1 FeV „hat" die Fahrerlaubnisbehörde nämlich demjenigen, der sich als ungeeignet zum Führen von Fahrzeugen (inkl. Fahrrädern) erweist, das Führen „zu untersagen, zu beschränken oder die erforderlichen Auflagen anzuordnen." Zwar verpflichtet diese Vorschrift die Behörde folglich dazu, gegen den ungeeigneten Fahrer einzuschreiten. Doch stellt § 3 Abs. 1 S. 1 FeV es grundsätzlich in das (Auswahl-)Ermessen der Behörde, ob diese der Polizeigefahr durch eine Untersagung oder durch Auflagen, d.h. durch ein zeitlich, örtlich oder sachlich eingeschränktes Verbot, begegnen will. Kommen nach der Sachlage mehrere geeignete Mittel zur Gefahrenabwehr in Betracht, so hat die Behörde nach dem Verhältnismäßigkeitsgrundsatz diejenige Maßnahme zu treffen, die den Einzelnen am wenigsten belastet. Diese Rechtslage wurde im vorliegenden Fall seitens der Behörde verkannt, die irrtümlich annahm, dass ihr bei der Entscheidung nach § 3 Abs. 1 S. 1 FeV keinerlei Gestaltungsspielraum verbleibe. Bei diesem Ermessensnichtgebrauch handelt es sich um einen der verwaltungsgerichtlichen Kontrolle zugänglichen Ermessensfehler i.S.v. § 114 S. 1 VwGO. ◼

436 ● die Behörde „von dem Ermessen in einer dem Zweck der Ermächtigung nicht entsprechenden Weise Gebrauch gemacht" hat, § 114 S. 1 VwGO. Ein derartiger **Ermessensfehlgebrauch** (-missbrauch; Verletzung der inneren Ermessensgrenzen) ist zu bejahen, wenn die Behörde ihre Ermessensentscheidung auf unzutreffende bzw. unvollständige Tatsachen oder nach dem Sinn der Ermessensvorschrift sachfremde (z.B. persönliche oder parteipolitische) Erwägungen stützt;

437 **Beispiel**[355]   Die A-AG hat in 02 im Wege der Zwangsversteigerung ein Grundstück erworben, auf dem zuvor die G-GmbH Hutstoffe aus Kaninchenfellen hergestellt hatte. Dabei waren zur Entfettung der Felle chlorierte Kohlenwasserstoffe verwendet worden. Über das Vermögen der G-GmbH war in 01 das Insolvenzverfahren eröffnet worden. Nach Befriedigung der Absonderungsberechtigten reichte die Insolvenzmasse nur noch zur Deckung der Masseverbindlichkeiten aus. In 03 wurden schwere Verunreinigungen von Boden und Grundwasser mit chlorierten Kohlenwasserstoffen auf und unter dem Grundstück festgestellt, die auf die Verwendung dieser Stoffe bei der Hutstoffproduktion zurückzuführen waren. Mit Bescheid aus 04 gab die zuständige Behörde der A-AG gem. § 4 Abs. 3 S. 1 BBodSchG verschiedene Maßnahmen zur Beseitigung der Verunreinigungen auf. Mit der hiergegen von der A-AG erhobenen Anfechtungsklage macht diese geltend, dass die Behörde von ihrem Ermessen bzgl. der Störerauswahl in fehlerhafter Weise Gebrauch gemacht habe, gelte doch schließlich der Grundsatz „Handlungs- vor Zustandsstörer". Ist dieser Einwand berechtigt?

---

355 Nach *BVerfGE* 102, 1; *VGH München* NJW 1993, 81; *VGH Kassel* NVwZ-RR 2006, 781; *VGH Mannheim* BeckRS 2014, 49685.

Nein. Die A-AG hat mit ihrem Einwand keinen Erfolg. Vielmehr wurde sie als Grundstückseigentümerin in ermessensfehlerfreier Weise von der Behörde nach § 4 Abs. 3 S. 1 BBodSchG in Anspruch genommen. Nach dieser Vorschrift kann die Bodensanierung u.a. sowohl von demjenigen verlangt werden, der diesen Zustand verursacht hat (Verhaltens- bzw. Handlungsstörer), als auch vom Grundstückseigentümer und dem Inhaber der tatsächlichen Gewalt (Zustandsstörer). Alle diese sind gesamtschuldnerisch zur Beseitigung der Gefahr verpflichtet, die von der schädlichen Bodenveränderung bzw. Altlast ausgeht. Wen aus diesem Kreis der im Ausgangspunkt mithin gleichrangig Verantwortlichen die Behörde für die Beseitigung im konkreten Fall in Anspruch nimmt, liegt in ihrem Ermessen. Mit dessen Einräumung verfolgt der Gesetzgeber zwei Ziele, nämlich zum einen die schnelle und effektive Beseitigung eingetretener Störungen, die auf schädlichen Bodenveränderungen beruhen oder von Altlasten ausgehen, und zum anderen die Freihaltung der öffentlichen Hand von finanziellen Lasten (vgl. BT-Drs. 13/6701, S. 4 f., 19, 34 f.). Vor diesem Hintergrund ist es nicht ermessensfehlerhaft, wenn die Behörde vorliegend die A-AG als Zustands- vor der G-GmbH als Verhaltensstörerin in Anspruch genommen hat. Denn aufgrund der Mittellosigkeit der G-GmbH verfügt nur die A-AG über die zur Störungsbeseitigung notwendige finanzielle Leistungsfähigkeit. Für den von der A-AG behaupteten generellen Vorrang der Haftung des Verhaltensverantwortlichen vor derjenigen des Zustandsverantwortlichen ergeben sich demgegenüber keine Anhaltspunkte aus dem Gesetz, insbesondere auch nicht aus der Reihenfolge der Aufzählung der Verantwortlichen in § 4 Abs. 3 S. 1 BBodSchG als bloßer Aneinanderreihung von Verantwortlichen. Namentlich geht es im Bodenschutzrecht – ebenso wie im allgemeinen Polizei- und Ordnungsrecht – nicht etwa um die Sanktion vorangegangenen schuldhaften Handelns.

- die Behörde die (äußeren) „gesetzlichen Grenzen des Ermessens überschritten" hat, § 114 **438**
S. 1 VwGO (**Ermessenüberschreitung**). Das ist dann der Fall, wenn die Behörde im konkreten Fall eine Entscheidung trifft, die in der einschlägigen Rechtsnorm abstrakt so nicht vorgesehen ist (z.B. setzt die Behörde für die Entscheidung über die Erlaubnis zur Ausübung des Bewachungsgewerbes i.S.v. § 34a Abs. 1 GewO im konkreten Fall eine Gebühr i.H.v. 2000 € festsetzt, obwohl nach der einschlägigen Tarifstelle 12.8.1 AVerwGebO NRW die Gebühr nur 100 bis 1500 € beträgt). Ferner gehören hierzu ebenfalls solche Maßnahmen, die gegen das EU-Recht, die Grundrechte, sonstiges Verfassungsrecht oder den Verhältnismäßigkeitsgrundsatz verstoßen (zur Ermessensreduzierung auf Null siehe Rn. 460).

Beispiel[356] E war Eigentümer eines Hanggrundstücks. Das Eigentum hieran hat er im Jahr **439**
1995 durch Erklärung gegenüber dem Grundbuchamt nach § 928 Abs. 1 BGB aufgegeben (Dereliktion), ohne dass der Fiskus bislang von seinem Aneignungsrecht nach § 928 Abs. 2 BGB Gebrauch gemacht hat. Als nach einem Sturm im Dezember 2008 einige Bäume auf diesem Grundstück umzustürzen drohten und die unterhalb dessen gelegenen Wohnbebauung gefährdeten, erließ die zuständige nordrhein-westfälische Ordnungsbehörde gegenüber E eine Verfügung, mit der sie ihm aufgab, die Bäume auf seine Kosten (ca. 8000 €) zu fällen. Zur Begründung der Inanspruchnahme des E berief sich die Behörde auf § 18 Abs. 3 OBG NRW, wonach dann, wenn „die Gefahr von einer herrenlosen Sache aus[geht], [...] die Maßnahmen gegen die Person gerichtet werden [können], die das Eigentum an der Sache aufgegeben hat." E meint, seine Inanspruchnahme nach dieser Vorschrift sei im Hinblick auf sein Grundrecht aus Art. 14 Abs. 1 GG ermessensfehlerhaft. Stimmt das?

---

356 Nach *OVG Münster* NJW 2010, 1988.

Ja. Die Inanspruchnahme des E nach § 18 Abs. 3 OBG NRW ist ermessensfehlerhaft, weil sie die sich aus Art. 14 Abs. 1 GG ergebenden Grenzen der Zustandshaftung des früheren Eigentümers überschreitet. Zwar findet diese als solche ihren rechtfertigenden Grund in der Einwirkungsmöglichkeit des Eigentümers auf die gefahrverursachende Sache sowie in der Möglichkeit zu ihrer wirtschaftlichen Nutzung und Verwertung. Um jedoch der Anerkennung des Privateigentums einerseits (Art. 14 Abs. 1 S. 1 GG) und seiner Sozialpflichtigkeit andererseits (Art. 14 Abs. 2 GG) gleichermaßen Rechnung zu tragen, bedarf das Ausmaß dessen, was dem Eigentümer zur Gefahrenabwehr abverlangt werden kann, von Verfassungs wegen einer Begrenzung auf das zumutbare Maß. So sind selbst dem aktuellen Eigentümer eines Grundstücks regelmäßig nur solche Anordnungen zur Gefahrenabwehr zuzumuten, deren finanzieller Aufwand den Verkehrswert des Grundstücks nach der Gefahrenbeseitigung nicht übersteigt. Im Vergleich hierzu ist der frühere Eigentümer, der wie hier der E das Eigentum an einem Grundstück im Wege der Dereliktion nach § 928 Abs. 1 BGB aufgegeben hat, besonders schutzwürdig. Denn er hat keinen Veräußerungserlös erzielt und steht ihm ab dem Zeitpunkt der Eigentumsaufgabe auch keine Möglichkeit zur wirtschaftlichen Nutzung und Verwertung des Grundstücks mehr zu. Vielmehr müsste er die Kosten der Maßnahme vollständig aus sonstigem Vermögen bestreiten, das in keinem rechtlichen oder wirtschaftlichen Zusammenhang mit dem gefahrdrohenden Grundstück steht. Da vorliegend ebenfalls keine Anhaltspunkte dafür bestehen, dass E zur Zeit seiner Eigentümerstellung über den Betrag von 8000 € hinausgehende Gewinne aus der Grundstücksnutzung erzielt hätte oder er sich bei Aufgabe des Eigentums einer bereits konkret absehbaren Haftung als Zustandsstörer entziehen wollte, ist seine Inanspruchnahme gem. § 18 Abs. 3 OBG NRW über 13 Jahre nach Aufgabe des Grundstückseigentums für eine lange nach diesem Zeitpunkt durch ein unvorhergesehenes Naturereignis eingetretene Gefahrenlage unverhältnismäßig. ■

440 **Nicht** um einen – der gerichtlichen Überprüfung zugänglichen – Rechts- bzw. Ermessensfehler handelt es sich demgegenüber dann, wenn die von der Behörde getroffene Ermessensentscheidung lediglich **unzweckmäßig** ist. Ob die Behörde von mehreren rechtlich zulässigen Entscheidungen diejenige wählt, welche auch nach außerrechtlichen Richtigkeitsmaßstäben (z.B. Wirtschaftlichkeit, Praktikabilität, Bürgernähe) vorzugswürdig erscheint, ist als Frage nach der reinen Zweckmäßigkeit (Opportunität) des Verwaltungshandelns der justiziellen Kontrolle entzogen. Die Zweckmäßigkeit eines Verwaltungsakts wird – neben dessen Rechtmäßigkeit – vielmehr im behördlichen Widerspruchsverfahren nach § 68 Abs. 1 S. 1 VwGO geprüft.

441 > ### JURIQ-Klausurtipp
>
> Enthält eine Vorschrift (z.B. § 26 Abs. 1 S. 1 BBG a.F.) auf ihrer Tatbestandsseite einen unbestimmten Rechtsbegriff ohne Beurteilungsspielraum (z.B. „dienstliches Bedürfnis") und räumt sie auf ihrer Rechtsfolgenseite der Behörde einen Ermessensspielraum ein (z.B. „kann […] versetzt werden"; sog. **Koppelungsvorschrift**), so sind in der Fallbearbeitung beide Ebenen „sauber" auseinanderzuhalten und grundsätzlich nach den für sie jeweils geltenden Regeln zu prüfen, d.h. das Vorliegen der im unbestimmten Rechtsbegriff ohne Beurteilungsspielraum genannten Tatbestandsvoraussetzung im Einzelfall ist „gerichtlich voll nachprüfbar, die daran anschließende Ermessensentscheidung jedoch nur auf Ermessensfehler."[357] „Nicht anders verhält es sich, wenn eine Ermessensvorschrift auf der Tatbestandsseite unbestimmte Rechtsbegriffe mit Beurteilungsspielraum aufweist.

---

357 *BVerwGE* 46, 175 (176 f.) m.w.N. Zu den **Ausnahmen** (Ermessensschwund, „Aufsaugen" des unbestimmten Rechtsbegriffs durch das Ermessen) siehe *GmS-OGB* BVerwGE 39, 355 sowie *Maurer* Allgemeines Verwaltungsrecht § 7 Rn. 49 f.; *Peine* Allgemeines Verwaltungsrecht Rn. 241 ff., jeweils m.w.N.

Auch hier ist zwischen Tatbestand und Rechtsfolge zu unterscheiden, der Behörde steht also [...] ein doppelter Entscheidungsspielraum zu: Zum einen bei der Beurteilung des unbestimmten Rechtsbegriffs, zum anderen bei der Ermessensausübung auf der Rechtsfolgenseite."[358]

4. Maßgeblicher Zeitpunkt

Ebenso wie die Frage, ob der angefochtene Verwaltungsakt rechtmäßig oder rechtswidrig ist, sich nach dem jeweils einschlägigen materiellen Recht richtet, gibt dieses auch den für die Beurteilung der Rechtmäßigkeit des angefochtenen Verwaltungsakts **maßgeblichen Zeitpunkt** vor. Denn nach „ständiger Rechtsprechung des BVerwG ergibt sich für die Frage des richtigen Zeitpunkts für die Beurteilung der Sach- und Rechtslage aus dem Prozessrecht nur, dass ein Kläger im verwaltungsgerichtlichen Rechtsstreit [...] mit einem Aufhebungsbegehren [...] nur dann Erfolg haben kann, wenn er im Zeitpunkt der letzten gerichtlichen Entscheidung einen Anspruch auf die erstrebte Aufhebung des Verwaltungsakts [...] hat. Ob ein solcher Anspruch jedoch besteht, d.h. ob ein belastender Verwaltungsakt den Kläger i.S. des § 113 Abs. 1 VwGO rechtswidrig in seinen Rechten verletzt [...], beurteilt sich nach dem **materiellen Recht**, dem nicht nur die tatbestandlichen Voraussetzungen einer Ermächtigungsgrundlage [...] selbst, sondern auch die Antwort auf die Frage zu entnehmen ist, zu welchem Zeitpunkt diese Voraussetzungen erfüllt sein müssen."[359] **442**

Geht es wie im Fall der Anfechtungsklage um die gerichtliche Überprüfung der Rechtmäßigkeit einer vorangegangenen Verwaltungsentscheidung *ex post*, so muss Letztere i.d.R. im Zeitpunkt ihres Ergehens rechtmäßig sein, vgl. § 49 Abs. 2 S. 1 Nr. 3, 4 VwVfG.[360] Maßgeblicher Zeitpunkt, zu dem die Rechtmäßig- bzw. Rechtswidrigkeit eines Verwaltungsakts zu beurteilen ist, ist in der Anfechtungssituation daher **grundsätzlich** derjenige der letzten behördlichen Entscheidung. Dies ist wegen § 79 Abs. 1 Nr. 1 VwGO der Moment der Bekanntgabe des Widerspruchsbescheids bzw. in den Fällen des § 68 Abs. 1 S. 2 VwGO der **Zeitpunkt, in dem** der (Ausgangs-)**Verwaltungsakt erlassen** wurde. Ändert sich nach diesem Zeitpunkt die Sach- und/oder Rechtslage, so beeinflusst dies die Rechtmäßig- bzw. die Rechtswidrigkeit des Verwaltungsakts regelmäßig nicht. Ein ursprünglich rechtmäßiger Verwaltungsakt wird nicht nachträglich rechtswidrig, ein ursprünglich rechtswidriger Verwaltungsakt nicht rechtmäßig. **443**

Hinweis

„Bei **rückwirkenden Änderungen ders Rechts** stellt sich die Frage der Änderung des Prüfungsmaßstabs nicht (weil rückwirkend von Anfang an der neue Maßstab gilt)."[361]

Abweichendes kann sich jedoch **ausnahmsweise** aus der besonderen Eigenart des jeweiligen Verwaltungsakts ergeben. Diese kann es erfordern, zur Beurteilung von dessen Rechtmäßigkeit nicht auf den Zeitpunkt der letzten behördlichen, sondern vielmehr auf den späteren **Zeitpunkt der gerichtlichen Entscheidung** abzustellen (so ausdrück- **444**

---

358 *Detterbeck* Allgemeines Verwaltungsrecht Rn. 382.

359 *BVerwGE* 120, 246 (250) m.w.N. Vgl. ferner *BVerwGE* 130, 20 (22 f.); *Baumeister* Jura 2005, 655 ff.; *Gärditz/ Orth* Jura 2013, 1100 ff.; *Polzin* JuS 2004, 211 ff.

360 Die nachfolgenden Ausführungen (inkl. des Schaubilds) sind – mit Ausnahme des Beispiels – dem Skript „Allgemeines Verwaltungsrecht" Rn. 122 m.w.N. entnommen.

361 *Ehlers* in: ders./Schoch, Rechtsschutz im Öffentlichen Recht § 22 Rn. 88.

lich § 77 Abs. 1 AsylVfG; vgl. auch § 173 S. 1 VwGO i.V.m. § 296a S. 1 ZPO). Dies ist neben noch **nicht vollzogenen Verwaltungsakten** (z.B. bauordnungsrechtliche Abrissverfügung; Grund: Billigkeit) sowie **an zukünftige Verhältnisse anknüpfende Verwaltungsakte** (z.B. Gewährung einer unbefristeten und unbedingten Stellenzulage gem. § 42 Abs. 3 BBesG durch einen Verwaltungsakt für einen Lehrer mit Fachleitertätigkeit) insbesondere bei **Dauerverwaltungsakte**n der Fall. „Der sog. Verwaltungsakt mit Dauerwirkung weist die Besonderheit auf, dass seine Wirkung nicht zu einem bestimmten Zeitpunkt, sondern während eines bestimmten Zeitraums eintritt"[362], d.h. dass sich seine Wirkungen nicht in einer bloß punktuellen Regelung erschöpfen, sondern sie beispielsweise in Gestalt der Gestattung eines bestimmten Verhaltens (z.B. Verkehrszeichen) oder der regelmäßigen Zahlung von Geldbeträgen (z.B. BAföG-Bescheid) fortdauern. Derartige Verwaltungsakte müssen i.d.R. während ihrer gesamten Regelungsdauer rechtmäßig sein. Enthält **allerdings** das Gesetz (z.B. § 35 Abs. 6 S. 1 GewO) **gesonderte Bestimmungen** für die Berücksichtigung nachträglicher Veränderungen, so ist auch bei einem Dauerverwaltungsakt auf den **Zeitpunkt der letzten behördlichen Entscheidung** abzustellen. Denn andernfalls würden diese besonderen gesetzlichen Voraussetzungen umgangen.

445 **Beispiel**[363]   Die Stadt S stellte im Frühjahr auf der Bahnhofstraße entlang den dort verlaufenden Radwege durchgängig das Verkehrszeichen 237 „Radfahrer" i.S.v. § 41 Abs. 1 StVO i.V.m. Anlage 2 Nr. 16 StVO auf. Nachdem kurze Zeit später § 2 Abs. 4 S. 2 StVO in Kraft getreten war, wonach Radfahrer Radwege benutzen müssen, wenn die jeweilige Fahrtrichtung mit dem Zeichen 237 gekennzeichnet ist, erhob Fahrradfahrer F im Sommer Anfechtungsklage gegen diese Verkehrsregelungen. Zur Begründung führte F an, dass die Radwege nicht die Mindestanforderungen für eine Radweg-Benutzungspflicht erfüllten. Noch bevor das VG im Winter über die Klage entscheidet, bessert S im Herbst die Radwege in ganz erheblichem Umfang nach. Wird das Gericht diesen Umstand bei seiner Entscheidung berücksichtigen?

Ja. Das VG wird bei seiner Entscheidung über die von F erhobene Anfechtungsklage den durch S im Herbst erfolgten Ausbau der Radwege berücksichtigen. Zwar ist für die Beurteilung der Sach- und Rechtslage einer Anfechtungsklage grundsätzlich auf den Zeitpunkt der letzten behördlichen Entscheidung abzustellen. Doch ist in Ausnahme von diesem Grundsatz u.a. dann der Zeitpunkt der letzten tatsachengerichtlichen Entscheidung maßgeblich, wenn sich – wie hier in Bezug auf die Verkehrszeichen der Fall (vgl. § 35 S. 2 Var. 3 VwVfG) – die Klage gegen Dauerverwaltungsakte richtet. ■

---

362 *BVerwG* NVwZ 2012, 510 (511).
363 Nach *BVerwG* NJW 2004, 698; *Keller/Menges* Die VwGO in Fällen Rn. 277 f.

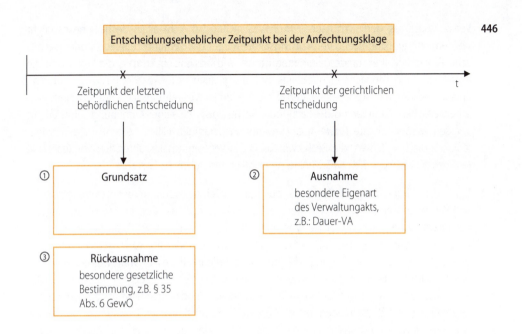

446

Entscheidungserheblicher Zeitpunkt bei der Anfechtungsklage

Zeitpunkt der letzten
behördlichen Entscheidung

Zeitpunkt der gerichtlichen
Entscheidung

① Grundsatz

② Ausnahme
besondere Eigenart
des Verwaltungakts,
z.B.: Dauer-VA

③ Rückausnahme
besondere gesetzliche
Bestimmung, z.B. § 35
Abs. 6 GewO

5.   Vollständige bzw. teilweise Aufhebung des Verwaltungsakts

Erweist sich der angefochtene Verwaltungsakt im konkreten Fall als rechtswidrig (oder gar **447** nichtig; str.[364]) und ist der Kläger dadurch in einem seiner subjektiv-öffentlichen Rechte verletzt, so hebt das Gericht den Verwaltungsakt und den etwaigen Widerspruchsbescheid – i.d.R. mit Rückwirkung auf den Erlasszeitpunkt (*ex tunc*)[365] – **vollständig** auf (Kassation; § 113 Abs. 1 S. 1 VwGO). Entsprechendes, d.h. Aufhebung (nur) des Widerspruchbescheids, gilt gem. § 115 VwGO dann, wenn nach § 79 Abs. 1 Nr. 2 bzw. Abs. 2 VwGO allein der Widerspruchsbescheid Gegenstand der Anfechtungsklage ist. Umgekehrt sperrt ein rechtmäßiger Widerspruchsbescheid wegen § 79 Abs. 1 Nr. 1 VwGO die Überprüfung der Rechtmäßigkeit des Ausgangsbescheids.

Tenorierungsbeispiel[366] „Der Bescheid des Beklagten vom … und der Widerspruchsbescheid des Regierungspräsidiums Karlsruhe vom … werden aufgehoben." ◼

Trotz Rechtswidrigkeit des Verwaltungsakts (hieran fehlt es etwa im Fall einer wirksamen Fehlerheilung nach § 45 VwVfG) und eigener Rechtsverletzung des Klägers hat dieser ausnahmsweise allerdings dann **keinen Anspruch auf** verwaltungsgerichtliche **Aufhebung** des Verwaltungsakts, wenn dieser Aufhebungsanspruch gesetzlich ausgeschlossen ist. Eine solche Rechtsfolge ist insbesondere in § 46 VwVfG vorgesehen. Danach kann die Aufhebung eines **448**

---

364 Nach **z.T.** vertretener Auffassung **hebt** das Gericht den nichtigen Verwaltungsakt **auf** (so etwa *Schenke* Verwaltungsprozessrecht Rn. 805), wohingegen nach **a.A.** ein **Feststellungsurteil** ergehe (siehe z.B. *Schmitt Glaser/Horn* Verwaltungsprozessrecht Rn. 139).

365 Die Aufhebung wirkt grundsätzlich auf denjenigen Zeitpunkt zurück, von dem an der Verwaltungsakt rechtswidrig ist. Das ist regelmäßig der **Erlasszeitpunkt**. Abweichendes gilt dann, wenn die Rechtswidrigkeit erst später eingetreten ist (dann Aufhebung erst ab diesem Zeitpunkt), siehe *Wolff* in: ders./ Decker, VwGO/VwVfG § 113 VwGO Rn. 34. In einem solchen Fall wird das Gericht, „wenn der [Dauer-]Verwaltungsakt erst durch die Veränderung rechtswidrig geworden ist, ihn nur für die nachfolgende Zeit aufheben und die ohne zeitliche Beschränkung aufrechterhaltene Klage im Übrigen, nämlich für den früheren Zeitraum abweisen", *BVerwG* NJW 2013, 510 (511).

366 Nach *Schenke* Verwaltungsprozessrecht Rn. 805.

Verwaltungsaktes, der nicht nach § 44 VwVfG nichtig ist, nicht allein deshalb beansprucht werden, weil er unter Verletzung von Vorschriften über das Verfahren, die Form oder die örtliche Zuständigkeit zustande gekommen ist, wenn offensichtlich ist, dass die Verletzung die Entscheidung in der Sache nicht beeinflusst hat, vgl. auch § 113 Abs. 1 S. 1 VwGO: „dadurch". Entsprechendes gilt, wenn ein materiell rechtswidriger Verwaltungsakt aufgrund einer zwischenzeitlichen Veränderung der Sach- oder Rechtslage nach seiner Aufhebung sofort erneut erlassen werden müsste („*dolo agit*"-Einwand). In derartigen Fällen besteht für den Kläger lediglich die Möglichkeit, die Rechtswidrigkeit des Verwaltungsakts unter den Voraussetzungen des § 113 Abs. 1 S. 4 VwGO analog gerichtlich feststellen zu lassen.

449 Ergibt die Prüfung, dass der Kläger nur durch einen **Teil** des von ihm insgesamt angefochtenen Verwaltungsakts in seinen Rechten verletzt wird, so hebt das Gericht den Verwaltungsakt nach dem ausdrücklichen Wortlaut von § 113 Abs. 1 S. 1 VwGO („soweit") auch nur in diesem Umfang auf und weist die Klage im Übrigen als unbegründet ab. Voraussetzung für einen derartigen Ausspruch ist allerdings die **materielle Teilbarkeit des Verwaltungsakts**. Insoweit gilt das zu § 44 Abs. 4 VwVfG Gesagte entsprechend: Der rechtmäßige Teil des Verwaltungsakts muss von dessen rechtswidrigem Teil abtrennbar sein, d.h. Ersterer muss auch ohne den Letzteren einen selbstständigen, rechtlich möglichen und sinnvollen Regelungsinhalt haben. Bei Ermessensentscheidungen kommt es auf den Willen der konkret agierenden Behörde bzw. die Meinung des für diese handelnden Amtswalters an. Denn steht bereits der Erlass des gesamten Verwaltungsakts im Ermessen der Behörde, so gilt dies erst recht, wenn es um die Frage geht, ob diese im Fall von dessen teilweiser gerichtlicher Aufhebung den Bestand des verbleibenden Rests gewollt hätte.[367]

Tenorierungsbeispiel[368] „Der Bescheid des Beklagten vom … und der Widerspruchsbescheid des Regierungspräsidiums Karlsruhe vom … werden insoweit aufgehoben, als darin eine Gebühr von mehr als 100 € festgesetzt worden ist; im Übrigen wird die Klage abgewiesen." ◼

---

367 Zum gesamten Vorstehenden siehe im Skript „Allgemeines Verwaltungsrecht" Rn. 274 f.
368 Nach *Schenke* Verwaltungsprozessrecht Rn. 806.

6. Übungsfall Nr. 3[369]

„Ein Hundeleben"

450

Um ihre marode finanzielle Situation aufzubessern und um die Haltung der in der Bevölkerung zunehmend unbeliebten „Kampfhunde" einzudämmen, ändert der Rat der nordrhein-westfälischen kreisfreien Stadt S die bereits bestehende Hundesteuersatzung in formell ordnungsgemäßer Weise dahingehend ab, dass sowohl das Halten der in einer Rasseliste aufgezählten Hundearten als auch das Halten von solchen Hunden, bei denen nach ihrer besonderen Veranlagung, Erziehung oder Charak-

tereigenschaft die erhöhte Gefahr einer Verletzung von Personen besteht oder von denen eine Gefahr für die öffentliche Sicherheit ausgehen kann, einer erhöhten „Kampfhundesteuer" unterworfen wird. Hierdurch verteuert sich das Halten von Kampfhunden im Vergleich zu „normalen" Hunden (Steuer: 40 € p.a.) um 360 € auf 400 € pro Jahr und Tier.

Nachdem auch gegenüber Kampfhundehalter H im Jahr 2013 ein sowohl formell rechtmäßiger als auch inhaltlich mit der geänderten Hundesteuersatzung in Einklang stehender Hundesteuerbescheid durch den Oberbürgermeister O der Stadt S bekannt gegeben worden war, erhob H vier Wochen später Klage gegen S beim zuständigen VG. Die dortige Anfechtung des Hundesteuerbescheids begründet H damit, dass er durch das Landeshundegesetz NRW bereits genug „gepiesackt" würde und S ihm nun nicht auch noch finanzielle Steine in den Weg legen dürfe. Deren wahre Absicht, sämtliche Kampfhunde aus dem Gebiet von S unter dem Deckmantel des Kommunalabgabenrechts zu verbannen, sei doch wohl offenkundig und seine Mehrbelastung im Vergleich zu den Haltern scheinbar „normaler" Hund eine himmelschreiende Ungerechtigkeit. Hat die Klage des H Erfolg?

Bearbeitervermerk: Das Landeshundegesetz NRW dient nach seinem § 1 dem Zweck, „die durch Hunde und den unsachgemäßen Umgang des Menschen mit Hunden entstehenden Gefahren abzuwehren und möglichen Gefahren vorsorgend entgegenzuwirken." Als Mittel hierzu statuiert das Landeshundegesetz NRW in § 4 ein präventives Verbot mit Erlaubnisvorbehalt bzgl. des Haltens eines „gefährlichen Hundes" und regelt in seinem § 5 u.a. einen Leinen- und Maulkorbzwang. Gem. § 15 Abs. 2 Landeshundegesetz NRW bleiben „Regelungen in ordnungsbehördlichen Verordnungen der örtlichen Ordnungsbehörden mit Bezug auf Hunde [...] unberührt oder können darin neu aufgenommen werden, soweit diese Vorschriften zu diesem Gesetz oder zu den aufgrund dieses Gesetzes erlassenen Verordnungen nicht in Widerspruch stehen."

---

369 Nach *Heyen/Collin* 40 Klausuren aus dem Verwaltungsrecht, S. 20 f., 128 ff.; *Jahn* JuS 2001, 485 ff.; *Schmalz* Verfassungsrecht – Fälle und Lösungen, S. 166 ff. *Waldhoff* in: Heimann/Kirchhof/Waldhoff, Verfassungsrecht und Verfassungsprozessrecht S. 227 ff. Vgl. auch *BVerwG* NVwZ 2005, 598; 2005, 1325; *BVerwGE* 110, 265; *BVerwG* BeckRS 2011, 50218; *VGH BW* BeckRS 2009, 33024; *OVG RhPf* LKRZ 2010, 275; *OVG Münster* BeckRS 2010, 57041; *OVG Lüneburg* BeckRS 2011, 56401; *VGH München* NVwZ-RR 2013, 566.

451 Lösung

Die Klage des H hat Erfolg, wenn sie zulässig und begründet ist.

A. Zulässigkeit

I. Eröffnung des Verwaltungsrechtswegs

Mangels aufdrängender Spezialzuweisung richtet sich die Eröffnung des Verwaltungsrechtswegs vorliegend nach der Generalklausel des § 40 Abs. 1 S. 1 VwGO. Danach ist der Verwaltungsrechtsweg in allen öffentlich-rechtlichen Streitigkeiten nichtverfassungsrechtlicher Art gegeben, soweit die Streitigkeit nicht durch Bundesgesetz einem anderen Gericht ausdrücklich zugewiesen ist. Hier handelt es sich um eine Streitigkeit auf dem Gebiet des Kommunalabgabenrechts und damit um eine klassisch öffentlich-rechtliche Streitigkeit, die auch nichtverfassungsrechtlicher Art ist. Ebenfalls handelt es sich bei der kommunalen Hundesteuer nicht um eine der Gesetzgebungskompetenz des Bundes unterliegende und durch die Bundes- oder Landesfinanzbehörden verwaltete Abgabe, so dass insbesondere die abdrängende Sonderzuweisung des § 33 Abs. 1 Nr. 1 FGO zu den Finanzgerichten nicht einschlägig ist. Also ist der Verwaltungsrechtsweg gem. § 40 Abs. 1 S. 1 VwGO eröffnet.

II. Statthafte Klageart

Die statthafte Klageart richtet sich nach dem klägerischen Begehren, § 88 VwGO. Hier begehrt H die gerichtliche Aufhebung des Hundesteuerbescheids der Stadt S. Bei diesem handelt es sich um einen Verwaltungsakt (vgl. § 12 Abs. 1 Nr. 4 lit. b) KAG NRW i.V.m. § 155 Abs. 1 AO), weshalb vorliegend die Anfechtungsklage nach § 42 Abs. 1 Alt. 1 VwGO statthaft ist.

III. Beteiligten- und Prozessfähigkeit

Kläger H (§ 63 Nr. 1 VwGO) ist gem. § 61 Nr. 1 Alt. 1 VwGO beteiligten- und nach § 62 Abs. 1 Nr. 1 VwGO prozessfähig. Die Beteiligtenfähigkeit der Stadt S als Beklagte (§ 63 Nr. 2 VwGO) folgt aus § 61 Nr. 1 Alt. 2 VwGO. Für sie handelt gem. § 62 Abs. 3 VwGO i.V.m. § 63 Abs. 1 S. 1 GO NRW der Oberbürgermeister als gesetzlicher Vertreter.

IV. Klagebefugnis

Gem. § 42 Abs. 2 VwGO ist die Klage nur zulässig, wenn der Kläger geltend macht, durch den Verwaltungsakt in seinen Rechten verletzt zu sein. Als Adressat des ihn belastenden Hundesteuerbescheids besteht die Möglichkeit, dass H durch diesen in seinem Grundrecht aus Art. 14 Abs. 1 GG, zumindest aber aus Art. 2 Abs. 1 GG, verletzt wird. Mithin ist H nach § 42 Abs. 2 VwGO klagebefugt.

V. Richtiger Klagegegner

Da NRW von der Ermächtigung des § 78 Abs. 1 Nr. 2 VwGO keinen Gebrauch (mehr) macht, ist gem. § 78 Abs. 1 Nr. 1 VwGO die Stadt S als Gebietskörperschaft (§ 1 Abs. 2 GO NRW) richtiger Klagegegner.

VI. Vorverfahren

Nach § 68 Abs. 1 S. 1 VwGO sind vor Erhebung der Anfechtungsklage Recht- und Zweckmäßigkeit des Verwaltungsakts in einem Vorverfahren nachzuprüfen. Den hierfür erforderlichen Widerspruch hat H nicht erhoben, sondern vielmehr unmittelbar Klage beim VG erhoben. Allerdings bedarf es gem. § 68 Abs. 1 S. 2 Hs. 1 VwGO einer Nachprüfung des Verwaltungsakts in einem Vorverfahren dann nicht, wenn ein Gesetz dies bestimmt. Eine derartige Bestimmung enthält das Landesrecht von NRW in § 110 Abs. 1 S. 1 JustG NRW, wonach es vor Erhebung einer Anfechtungsklage einer Nachprüfung in einem Vorverfahren abweichend von § 68 Abs. 1 S. 1 VwGO nicht bedarf, wenn – wie hier – der Verwaltungsakt während des Zeitraums vom 1. November 2007 bis zum 31. Dezember 2014 bekannt gegeben worden ist. Ebenfalls liegt kein Fall des § 110 Abs. 2, Abs. 3 S. 1 JustG NRW vor, so dass die von H erhobene Anfechtungsklage auch ohne erfolglose Durchführung eines ordnungsgemäßen Vorverfahrens zulässig ist.

VII. Klagefrist

Ist wie hier ein Widerspruchsbescheid nach § 68 VwGO mithin nicht erforderlich, so muss die Klage gem. § 74 Abs. 1 S. 2 VwGO innerhalb eines Monats nach Bekanntgabe des Verwaltungsakts erhoben werden. Vorliegend hat H die Anfechtungsklage gegen den Hundesteuerbescheid nach vier Wochen – und damit fristgemäß – beim zuständigen VG erhoben.

VIII. Zwischenergebnis

Auch im Übrigen bestehen keine Anhaltspunkte für eine etwaige Unzulässigkeit der von H erhobenen Klage, so dass diese folglich zulässig ist.

B. Begründetheit

Die Anfechtungsklage ist begründet, soweit der Verwaltungsakt rechtswidrig und der Kläger dadurch in seinen Rechten verletzt ist, § 113 Abs. 1 S. 1 VwGO.

I. Ermächtigungsgrundlage für den Hundesteuerbescheid

Als belastender Verwaltungsakt ist der gegenüber H erlassene Hundesteuerbescheid nur dann rechtmäßig, wenn er auf einer wirksamen gesetzlichen Ermächtigungsgrundlage beruht (Gesetzesvorbehalt).

Ermächtigungsgrundlage für den Erlass des Hundesteuerbescheids gegenüber H ist die geänderte Hundesteuersatzung. Als untergesetzliche Rechtsnorm vermag diese den jedenfalls in das Grundrecht des H aus Art. 2 Abs. 1 GG eingreifenden Hundesteuerbescheid allerdings nur dann zu tragen, wenn sie ihrerseits auf ein förmliches (Parlaments-)Gesetz rückführbar ist.[370] Zudem muss die geänderte Hundesteuersatzung wirksam sein, d.h. sie muss mit den formellen und materiellen Voraussetzungen der Ermächtigungsgrundlage sowie sonstigem höherrangigen Recht in Einklang stehen (Rechtmäßigkeit). Anders als bei nachkonstitutionellen Parlamentsgesetzen der Fall (insofern siehe Art. 100 Abs. 1 GG) wäre das VG im Fall der Rechtswidrigkeit der Hundesteuersatzung als Gesetz im nur-materiellen Sinn selbst zu deren Nichtigerklärung befugt.

1. Ermächtigungsgrundlage für die Hundesteuersatzung

a) § 7 Abs. 1 GO NRW

Als Ermächtigungsgrundlage für die Änderung der Hundesteuersatzung könnte hier § 7 Abs. 1 GO NRW[371] in Betracht kommen. Nach dessen S. 1 können die Gemeinden ihre Angelegenheiten durch Satzung regeln, soweit Gesetze nichts anderes bestimmen. Allerdings folgt aus dem verfassungsrechtlich verankerten Demokratieprinzip, dass der demokratisch legitimierte Gesetzgeber alle für das Gemeinwesen wesentlichen Entscheidungen selbst treffen muss und sie nicht auf andere Normgeber – namentlich im Wege der Satzungsermächtigung – delegieren darf, sog. Wesentlichkeitstheorie. Vielmehr hat der formelle Gesetzgeber alle wesentlichen, insbesondere grundrechtsrelevanten Entscheidungen selbst zu treffen. Grundrechtsbeschränkende Satzungen wie die vorliegende kommunale (Kampf-)Hundesteuersatzung vermögen daher nicht auf eine lediglich allgemeine Ermächtigungsgrundlage zum Satzungserlass wie eben § 7 Abs. 1 S. 1 GO NRW gestützt zu werden, sondern bedürfen einer besonderen gesetzlichen Grundlage.[372]

b) § 3 Abs. 1 S. 1 KAG NRW

Eine solche besondere gesetzliche Grundlage ist in § 3 Abs. 1 S. 1 KAG NRW[373] enthalten, der speziell die Erhebung von Steuern durch die Gemeinden auf Grundlage einer Satzung (§ 2 KAG NRW) regelt.

Fraglich jedoch ist, ob die Stadt S sich auch im konkreten Fall mit Erfolg auf diese Vorschrift berufen kann. Zwar bestehen an deren Wirksamkeit weder unter formellen noch unter materiell-rechtlichen Gesichtspunkten Bedenken. Doch erscheint hier die Anwendbarkeit von § 3 Abs. 1 S. 1 KAG NRW zweifelhaft. Mit der Änderung der Hundesteuersatzung ver-

---

370 Vgl. *Wienbracke* Einführung in die Grundrechte Rn. 160 f.; *ders.* KStZ 2013, 41 (42).

371 **Parallelnormen:** § 4 Abs. 1 S. 1 BW GemO, Art. 23 S. 1 bay. GO.

372 Vgl. im Skript „Allgemeines Verwaltungsrecht" Rn. 14, 17.

373 **Parallelnormen:** § 9 Abs. 1 BW KAG, Art. 3 Abs. 1 bay. KAG.

folgt die Stadt S nämlich nicht nur den Zweck der Aufbesserung ihrer Finanzen, d.h. die Erzielung von Einnahmen, sondern sie beabsichtigt zudem auch noch die Eindämmung der Haltung von Kampfhunden auf ihrem Gebiet. Insofern dient die geänderte Hundesteuersatzung letztlich ebenfalls der Bekämpfung der von Kampfhunden ausgehenden Gefahren, zu deren Zweck jedoch bereits der Landesgesetzgeber eine Regelung im Landeshundegesetz NRW getroffen hat. Die Ausübung der Steuergesetzgebungskompetenz zur Lenkung in einem anderweitig geregelten Sachbereich ist nach der Rechtsprechung des BVerfG[374] aber nur dann zulässig, wenn dadurch die Rechtsordnung nicht widersprüchlich wird.

Allerdings ist fraglich, ob sich aus dem Vorstehenden eine Sperrwirkung für den Erlass von kommunalen Hundesteuersatzungen wie der vorliegenden ergibt. Dies wäre nur dann der Fall, wenn durch deren Lenkungszweck in einen vom zuständigen Sachgesetzgeber erkennbar als abschließend gedachten Konzept der Verhaltenssteuerung eingegriffen würde. Für eine solche Sichtweise könnte sprechen, dass es der Landesgesetzgeber zur Abwehr der von gefährlichen Hunden ausgehenden Gefahren mit dem im Landeshundegesetz NRW enthaltenen präventiven Verbot mit Erlaubnisvorbehalt (§ 4) sowie den weiteren dort geregelten Pflichten (z.B. Leinen- und Maulkorbzwang, § 5) sein Bewenden lässt, von einem generellen Ziel der Minimierung der Kampfhundehaltung jedoch absieht. Zu überzeugen vermag diese Argumentation letztlich aber nicht, wie bereits die Vorschrift des § 15 Abs. 2 Landeshundegesetz NRW belegt. Danach bleiben Regelungen in ordnungsbehördlichen Verordnungen der örtlichen Ordnungsbehörden mit Bezug auf Hunde unberührt oder können darin neu aufgenommen werden, soweit diese Vorschriften zu diesem Gesetz oder zu den aufgrund dieses Gesetzes erlassenen Verordnungen nicht in Widerspruch stehen. Anhaltspunkt für Letzteres liegen hier nicht vor. Vielmehr wird der mit dem Landeshundegesetz NRW verfolgte

Zweck, die durch Hunde entstehenden Gefahren abzuwehren (siehe dessen § 1), durch die Hundesteuersatzung der Stadt S im Gegenteil noch verstärkt, indem diese einen finanziellen Anreiz zur Haltung anderer als der typischerweise besonders gefährlichen Kampfhunde setzt.

Also ist § 3 Abs. 1 S. 1 KAG NRW vorliegend anwendbar.

2. Rechtmäßigkeit der Hundesteuersatzung

a) Formelle Rechtmäßigkeit

aa) Zuständigkeit

Notwendige Voraussetzung für die Rechtmäßigkeit der Einführung der Kampfhundesteuer durch die Stadt S ist in formeller Hinsicht deren diesbezügliche Verbandskompetenz. Dann müsste es sich bei der Kampfhundesteuer um eine „Steuer" i.S.v. § 3 Abs. 1 S. 1 KAG NRW handeln.

Steuern sind Geldleistungen, die nicht eine Gegenleistung für eine besondere Leistung darstellen und von einem öffentlich-rechtlichen Gemeinwesen zur Erzielung von Einnahmen allen auferlegt werden, bei denen der Tatbestand zutrifft, an den das Gesetz die Leistungspflicht knüpft; die Erzielung von Einnahmen kann Nebenzweck sein, § 12 Abs. 1 Nr. 1 lit. b) KAG NRW i.V.m. § 3 Abs. 1 AO.

Bedenken am Vorliegen dieser Voraussetzungen könnten hier deshalb bestehen, weil es der Stadt S mit der erhöhten Steuer für die Haltung von Hunden bestimmter Rassen in Wahrheit möglicher Weise nicht um die Erzielung von Einnahmen – dem eigentlichen Hauptzweck einer jeden Steuererhebung –, sondern vielmehr darum geht, die Haltung dieser Hunde zu unterbinden, also ein unzulässiger Formenmissbrauch vorliegen könnte. Und in der Tat verfolgt die Stadt S mit der erhöhten Besteuerung von Kampfhunden ausweislich des mitgeteilten Sachverhalts auch den Zweck, die Zahl der in ihrem Stadtgebiet gehaltenen Kampfunde zu verringern, die als potenziell gefährlich eingeschätzt werden. Das Halten solcher Hunde soll „teurer" sein als das „normaler" Hunde, so dass der

---

374 *BVerfGE* 98, 106 (118).

potenzielle Halter eines Kampfhundes sich angesichts der voraussehbar hohen Steuerbelastung gegen dessen Anschaffung entscheiden soll.

Eine derartige Gefahrenvorsorge mittels einer Lenkungssteuer ist im Ausgangspunkt jedoch nicht unzulässig. Die Erhebung einer Steuer darf nur nicht in ein sachregelndes Verbot umschlagen oder einem solchen gleichkommen, da hierfür eine steuerrechtliche Normsetzungskompetenz wie § 3 Abs. 1 S. 1 KAG NRW nicht mehr ausreichen würde. In einem solchen Fall würde die Steuernorm dem ihr begrifflich zukommenden Zweck, Steuereinnahmen zu erzielen, zuwiderlaufen, weil sie darauf gerichtet wäre, die Erfüllung des Steuertatbestandes praktisch unmöglich zu machen. Eine derart erdrosselnde Wirkung liegt hier allerdings nicht vor. Angesichts des zum Steuersatz für „normale" Hunde von jährlich 40 € hinzutretenden Erhöhungsbetrages für Kampfhunde von 30 € im Monat kann nämlich auch unter Berücksichtigung der sonstigen Unterhaltskosten nicht davon ausgegangen werden, dass die Kampfhundesteuer der Stadt S ein solches Ausmaß erreicht, dass damit die Abschaffung von Kampfhunden erzwungen würde, d.h. die Steuer in ein Verbot der Kampfhundehaltung umschlägt.

Also handelt es sich bei der hiesigen Kampfhundesteuer um eine „Steuer" i.S.v. § 3 Abs. 1 S. 1 KAG NRW. Auch gehört die Hundesteuer zu den örtlichen Aufwandsteuern, bzgl. derer nach Art. 105 Abs. 2a S. 1 GG den Ländern die Gesetzgebungsbefugnis zusteht und welche diese durch Vorschriften wie eben § 3 Abs. 1 S. 1 KAG NRW an die Gemeinden delegiert haben.

In Anbetracht des mit der geänderten Hundesteuersatzung verfolgten (Neben-)Ziels der Eindämmung von Kampfhunden stellt sich allerdings die weitere Frage, ob die Stadt S zusätzlich zu der aus § 3 Abs. 1 S. 1 KAG NRW folgenden Befugnis zum Erlass einer kommunalen Steuersatzung einer weiteren Zuständigkeit – hier möglicherweise aus § 15 Abs. 2 Landeshundegesetz NRW – im Hinblick auf den sachlichen Lenkungszweck „Eindämmung von

Kampfhunden" bedarf. Diese Frage ist dem BVerfG[375] zufolge zu verneinen, wonach eine steuerrechtliche Regelung, die Lenkungswirkungen in einem nicht-steuerlichen Kompetenzbereich entfaltet, keine zur Steuergesetzgebungskompetenz hinzutretende Sachkompetenz voraussetzt. Dies gilt selbst dann, wenn die Lenkung Haupt- und die Einnahmeerzielung bloß Nebenzweck ist.

Damit ist die Stadt S gem. § 3 Abs. 1 S. 1 KAG NRW verbandszuständig für den Erlass der Kampfhundesteuersatzung. Die Organkompetenz des Rates der Stadt S für die entsprechende Änderung der bisherigen Hundesteuersatzung folgt aus § 41 Abs. 1 S. 2 lit. f) GO NRW.

bb) Verfahren/Form

Laut Sachverhalt ist die hiesige Satzungsänderung, welche sich nach denselben Vorschriften bemisst wie der erstmalige Erlass einer Satzung, auch im Übrigen in formell ordnungsgemäßer Weise erfolgt.

b) Materielle Rechtmäßigkeit

aa) Art. 3 Abs. 1 GG

In materiell-rechtlicher Hinsicht resultieren Bedenken an der Rechtmäßigkeit der geänderten Hundesteuersatzung daraus, dass die um das Zehnfache erhöhte Steuerbelastung der Halter von Kampfhunden (Steuer: 400 € p.a.) gegenüber denjenigen von „normalen" Hunden (Steuer: 40 € p.a.) gegen den allgemeinen Gleichheitssatz des Art. 3 Abs. 1 GG verstoßen könnte.

Art. 3 Abs. 1 GG gebietet, Gleiches gleich, Ungleiches seiner Eigenart entsprechend verschieden zu behandeln. Damit ist dem Normgeber allerdings nicht jedwede Differenzierung untersagt. Ebenso wenig ist er gehalten, unter allen Umständen Ungleiches ungleich zu behandeln. Das gilt nicht ausnahmslos, sondern nur, wenn die Gleichheit oder Ungleichheit der Sachverhalte so bedeutsam ist, dass ihre Beachtung unter Gerechtigkeitsgesichtspunkten geboten erscheint. Dabei gesteht die Rechtsprechung dem Gesetzgeber weitgehende Gestaltungsfreiheit zu, was

---

375 Siehe nur *BVerfGE* 98, 106 (118).

auch für die das Steuerrecht beherrschende Ausprägung des Art. 3 Abs. 1 GG als Grundsatz der Steuergerechtigkeit gilt. Durchbrechungen des Gleichheitssatzes durch Typisierungen und Pauschalierungen können – v.a. bei der Regelung von Massenerscheinungen – durch Erwägungen der Verwaltungsvereinfachung und -praktikabilität gerechtfertigt sein, solange die durch jede typisierende Regelung entstehende Ungerechtigkeit noch in einem angemessenen Verhältnis zu den steuerlichen Vorteilen der Typisierung steht. Die mit dieser Typisierungsbefugnis einhergehende Gestaltungsfreiheit muss der Normgeber allerdings sachgerecht ausüben. Im Ergebnis muss sich eine von der Norm bewirkte Ungleichbehandlung auf die Eigenart des zu regelnden Sachbereichs, auf einen vernünftigen oder sonst wie einleuchtenden Grund zurückführen lassen.[376] Was dabei in Anwendung des Gleichheitssatzes sachlich vertretbar oder sachfremd ist, lässt sich nicht allgemein und abstrakt feststellen, sondern lediglich in Bezug auf die Eigenart des konkreten Sachbereichs, der geregelt wird.

Entscheidende Frage ist demnach, ob es einen sachlichen Grund dafür gibt, das Halten der in der geänderten Hundesteuersatzung der Stadt S als „Kampfhunde" aufgeführten Hunde höher zu besteuern als das von „normalen" Hunden. Dieser sachliche Grund ergibt sich daraus, dass es sich bei den in der Satzung ausdrücklich genannten Hunderassen jeweils um das Ergebnis einer Zuchtauswahl zur Förderung besonderer Angriffsbereitschaft und niedriger Hemmschwelle handelt. Deshalb ist es sachgerecht, beim steuerlichen Lenkungszweck allein schon an das abstrakte Gefahrenpotential dieser Hunde anzuknüpfen. Hinsichtlich der übrigen von der höheren „Kampfhundesteuer" erfassten Tiere ergibt sich deren jeweilige Eigenschaft als Kampfhund gerade aus deren individueller

Gefahr für die öffentliche Sicherheit, so dass auch insoweit ein sachlicher Grund für die steuerliche Höherbelastung des Haltens solcher Hunde besteht.

Ein Verstoß gegen Art. 3 Abs. 1 GG liegt damit nicht vor.

bb) Art. 14 Abs. 1, Art. 2 Abs. 1 GG

Jedoch könnte die geänderte Hundesteuersatzung in Konflikt mit den Freiheitsgrundrechten des GG stehen. In Betracht kommt insoweit zunächst eine Verletzung der von Art. 14 Abs. 1 GG garantierten Eigentumsfreiheit. Diese schützt in sachlicher Hinsicht allerdings nur konkrete Rechtspositionen, nicht hingegen auch das Vermögen als solches. Die den einzelnen Kampfhundehaltern wie dem H auf Grundlage der geänderten Hundesteuersatzung der Stadt S auferlegten Geldleistungspflichten sind von diesen aber gerade nicht mittels eines bestimmten Eigentumsobjekts i.S.v. Art. 14 Abs. 1 GG zu erfüllen, sondern vielmehr aus deren jeweiligem fluktuierenden Vermögen.[377] Zur Anwendung gelangt vorliegend mithin nicht das spezielle Freiheitsgrundrecht des Art. 14 Abs. 1 GG, sondern vielmehr das Auffanggrundrecht aus Art. 2 Abs. 1 GG.[378] Aber auch hiergegen verstößt die geänderte Hundesteuersatzung nicht, ist der auf ihr basierende Eingriff in den Schutzbereich der allgemeinen Handlungsfreiheit doch verfassungsrechtlich gerechtfertigt. Insbesondere ist die Erhöhung der Hundesteuer von jährlich 40 € um 360 € auf 400 € für das Halten eines Kampfhunds in Anbetracht der beiden mit ihr verfolgten Ziele der Einnahmeerzielung und Gefahrenprävention (vgl. Art. 2 Abs. 2 S. 1 GG) nicht unverhältnismäßig.

Also ist die Hundesteuersatzung insgesamt rechtmäßig bzw. wirksam und damit taugliche Ermächtigungsgrundlage für den gegenüber H ergangenen Hundesteuerbescheid.

---

376 Die „neue Formel" ist hier nicht anstelle der „Willkürformel" einschlägig, vgl. *Jahn* JuS 2001, 485 (491) sowie allgemein die vier bei *Wienbracke* Einführung in die Grundrechte Rn. 553 ff. m.w.N. genannten Kriterien. **A.A. vertretbar**, siehe etwa *Schmalz* Verfassungsrecht – Fälle und Lösungen, S. 166 (170 ff.).

377 Ein Fall der sog. **konfiskatorischen Besteuerung**, bzgl. derer Abweichendes gilt, liegt hier nicht vor. Zum Ganzen siehe auch *Wienbracke* Einführung in die Grundrechte Rn. 287 m.w.N.

378 **A.A. vertretbar**, vgl. *BVerfGE* 115, 97 (111 ff.).

II. Rechtmäßigkeit des Hundesteuerbescheids

Der Hundesteuerbescheid selbst ist laut Sachverhalt in formell rechtmäßiger Weise und in inhaltlicher Übereinstimmung mit der Hundesteuersatzung ergangen (materielle Rechtmäßigkeit), so dass auch insoweit keine Rechtsverletzung vorliegt.

Die zulässige Klage des H ist demnach unbegründet und hat daher keinen Erfolg.

Online-Wissens-Check

Gegenüber Einwohner E ergeht ein Abgabenbescheid, der wegen Nichtigkeit der betreffenden kommunalen Beitragssatzung rechtswidrig ist. Noch während des von E angestrengten verwaltungsgerichtlichen Verfahrens wird eine neue Beitragssatzung erlassen und in verfassungskonformer Weise rückwirkend in Kraft gesetzt. Welcher Zeitpunkt ist für die gerichtliche Beurteilung der Rechtmäßigkeit des Abgabenbescheids maßgeblich?

Überprüfen Sie jetzt online Ihr Wissen zu den in diesem Abschnitt erarbeiteten Themen. Unter **www.juracademy.de/skripte/login** steht Ihnen ein Online-Wissens-Check speziell zu diesem Skript zur Verfügung, den Sie kostenlos nutzen können. Den Zugangscode hierzu finden Sie auf der Codeseite.

II. Verpflichtungsklage

1. Anspruchsgrundlage

452 Die Verpflichtungsklage in Form der Bescheidungsklage ist begründet, soweit die Ablehnung oder Unterlassung des Verwaltungsakts rechtswidrig und der Kläger dadurch in einem seiner subjektiv-öffentlichen Rechte verletzt ist, vgl. § 113 Abs. 5 S. 2 VwGO.[379] Für die Begründetheit der Verpflichtungsklage in Gestalt der Vornahmeklage muss gem. § 113 Abs. 5 S. 1 VwGO zusätzlich noch die Spruchreife der Sache hinzukommen. Da diese Voraussetzungen letztlich immer dann vorliegen, wenn der Kläger einen Anspruch auf Erlass des begehrten Verwaltungsakts hat, empfiehlt sich für die Prüfung der Begründetheit der Verpflichtungsklage im Fall der **Vornahmeklage** das nachfolgende Schema:

PRÜFUNGSSCHEMA

453 **Begründetheit der Verpflichtungsklage in Gestalt der Vornahmeklage**

I. Anspruchsgrundlage

II. formelle Voraussetzungen der Anspruchsgrundlage

III. materielle Voraussetzungen der Anspruchsgrundlage
1. persönlich
2. sachlich

454 Als **Anspruchsgrundlage** kommen neben entsprechenden einfach-gesetzlichen Normen (Parlamentsgesetz, Rechtsverordnung, Satzung), verfassungs- und europarechtlichen Vorschriften auch eine wirksame Zusicherung (§ 38 Abs. 1 VwVfG) sowie ein nicht nichtiger öffentlich-rechtlicher Vertrag (§§ 54 ff. VwVfG) in Betracht. Wird das Erfordernis der Stellung eines ordnungsgemäßen Antrags vor Klageerhebung bei der zuständigen Behörde auf Erlass des begehrten Verwaltungsakts nicht bereits als Zulässigkeitsvoraussetzung der Klage geprüft, so ist hierauf spätestens nunmehr im Rahmen von deren Begründetheitsprüfung unter dem Aspekt der **formellen Anspruchsvoraussetzungen** einzugehen. Im Anschluss daran sind die **materiellen Anspruchsvoraussetzungen** zu behandeln, d.h. ob nach dem jeweiligen materiellen Recht (Anspruchsgrundlage) der Kläger tatsächlich Inhaber des geltend gemachten Anspruchs (Aktivlegitimation) gegenüber der Beklagten als Anspruchsverpflichtete (Passivlegitimation) ist (personelle Anspruchsvoraussetzungen) und ob im konkreten Fall die sachlichen Voraussetzungen der Anspruchsgrundlage erfüllt sind (z.B. Vereinbarkeit des genehmigungsbedürftigen Bauvorhabens mit öffentlich-rechtliche Vorschriften, § 75 Abs. 1 S. 1 BauO NRW).

---

379 Zum gesamten Folgenden siehe *Ehlers* in: ders./Schoch, Rechtsschutz im Öffentlichen Recht § 23 Rn. 37 ff.; *Gersdorf* Verwaltungsprozessrecht Rn. 75 ff.; *Hufen* Verwaltungsprozessrecht § 24 Rn. 14 f., § 26; *Kopp/Schenke* VwGO § 113 Rn. 194, 197 f.; *Polzin* JuS 2004, 211 ff.; *Schenke* Verwaltungsprozessrecht Rn. 263 ff., 834 ff.; *Schmitt Glaeser/Horn* Verwaltungsprozessrecht Rn. 301 ff., 311 f.; *Tettinger/Wahrendorf* Verwaltungsprozessrecht § 16 Rn. 8 ff.; *Würtenberger* Verwaltungsprozessrecht Rn. 339 ff.

Hinweis **455**

Da es bei der Verpflichtungsklage in Gestalt der **Vornahmeklage** (§ 113 Abs. 5 S. 1 VwGO) allein darauf ankommt, ob der Kläger einen Anspruch auf Erlass des beantragten Verwaltungsakts hat, ist die **Rechtmäßig-** oder -**widrigkeit der** behördlichen **Ablehnungsentscheidung irrelevant**.[380] „Nicht zu prüfen ist also, ob der ablehnende Akt formell und materiell mit der Rechtsordnung in Einklang steht. Vielmehr kommt es darauf an, ob der Kläger einen Anspruch auf Erlaß des begehrten Verwaltungsakts hat."[381]

2. Spruchreife

Sind die vorgenannten Voraussetzungen erfüllt, so hängt der Ausspruch des Gerichts im Fall der Vornahmeklage gem. § 113 Abs. 5 S. 1 VwGO davon ab, ob die Sache spruchreif ist oder nicht. **456**

„**Spruchreife** bedeutet, dass alle tatsächlichen und rechtlichen Voraussetzungen für eine abschließende gerichtliche Entscheidung über das Klagebegehren gegeben sind."[382] **457**

Aufgrund des im Verwaltungsprozessrecht geltenden Untersuchungsgrundsatzes (§ 86 Abs. 1 VwGO) ist das **Gericht** grundsätzlich dazu verpflichtet, **die Sache spruchreif zu machen** und damit die Voraussetzungen für ein „Durchentscheiden" zu schaffen. Insbesondere muss es eine durch die Behörde etwaig unterlassene Sachverhaltsaufklärung (§ 24 VwVfG) nachholen und unklare Rechtsfragen selber klären. Verbleibt der Verwaltung nach dem jeweils einschlägigen materiellen Recht aber noch ein selbstständiger Entscheidungsspielraum (z.B. ein Ermessens- oder Beurteilungsspielraum) oder ist im umgekehrten Fall einer rechtlich gebundenen Entscheidung das Gericht ganz ausnahmsweise einmal an der Herbeiführung der Spruchreife gehindert (z.B. weil das Gesetz die ordnungsgemäße Durchführung eines Verwaltungsverfahrens verlangt), so **fehlt** es an dieser. In diesen Fällen behördlicher Letztentscheidungskompetenz einer Vornahmeklage gleichwohl in vollem Umfang stattzugeben, würde einen Verstoß des Gerichts gegen den Gewaltenteilungsgrundsatz des Art. 20 Abs. 2 S. 2 GG bedeuten. **458**

Beispiel[383] Abiturient A klagt auf Zulassung zu einem Studienfach, für das ein *numerus clausus* (n.c.) besteht. Wurde der n.c. fehlerhaft festgesetzt (z.B. wegen nicht ausreichender Berücksichtigung der vorhandenen Kapazitäten), so ist die Ablehnung des A zwar rechtswidrig. Gleichwohl hat A bei einem Überhang von Bewerbern keinen Anspruch auf Zulassung zum Studium, d.h. die Universität kann mangels Spruchreife nicht zu einer Zulassung des A gerichtlich verpflichtet werden, da diese unter den Bewerbern noch eine Auswahlentscheidung treffen muss. ■ **459**

Ausnahmsweise dringt der Kläger bei Vorliegen aller übrigen Voraussetzungen aber selbst im Fall einer behördlichen Ermessensentscheidung mit einer Vornahmeklage – und nicht nur mit einer Bescheidungsklage – dann vollständig durch, wenn das **Ermessen** der Behörde **460**

380 *Ehlers* in: ders./Schoch, Rechtsschutz im Öffentlichen Recht § 23 Rn. 38.
381 *Schmitt Glaeser/Horn* Verwaltungsprozessrecht Rn. 302.
382 *Hufen* Verwaltungsprozessrecht § 26 Rn. 16.
383 Nach *Schenke* Verwaltungsprozessrecht Rn. 839.

i.S.d. klägerischen Begehrens **auf Null reduziert** ist.[384] Denn sollte sich im konkreten Fall herausstellen, dass von sämtlichen der nach der jeweiligen Ermessenvorschrift abstrakt in Betracht kommenden Handlungsvarianten alle bis auf eine ermessensfehlerhaft sind (z.B. wegen einer Selbstbindung der Verwaltung oder europa- bzw. verfassungsrechtlicher Vorgaben inkl. des Verhältnismäßigkeitsgrundsatzes), so ist das Ermessen der Behörde auf diese einzig ermessensfehlerfreie, d.h. allein rechtmäßige, Entscheidung reduziert (z.B. wird die straßenrechtliche Sondernutzungserlaubnis grundsätzlich nach Ermessen erteilt; in Wahlkampfzeiten muss sie jedoch an politische Parteien für Wahlplakate ergehen, vgl. Art. 21 Abs. 1 i.V.m. Art. 38 Abs. 1 GG). Im Ergebnis „muss" die Behörde daher diese Entscheidung treffen, würde sie ansonsten doch rechtswidrig handeln.

461   **Beispiel**[385]   Eine aus fünf Männern bestehende Polizeistreife beobachtet, wie zwei mit Baseballschlägern Bewaffnete auf eine am Boden liegende Person einschlagen.

Das der Polizei (z.B. nach § 3 PolG BW, Art. 11 Abs. 1 bay. PAG, § 8 Abs. 1 PolG NRW) grundsätzlich zustehende (Entschließungs-)Ermessen, die notwendigen Maßnahmen zu treffen, um eine im einzelnen Fall bestehende, konkrete Gefahr für die öffentliche Sicherheit oder Ordnung abzuwehren, ist vorliegend wegen der schweren Gefahr für die Gesundheit und das Leben des Angegriffenen dahingehend auf Null reduziert, dass sie zum Einschreiten verpflichtet ist, vgl. Art. 2 Abs. 2 S. 1 GG. Lediglich ein (Auswahl-)Ermessen bzgl. der genauen Maßnahme bzw. Mittel (z.B. Schlagstockeinsatz oder Schusswaffengebrauch) besteht noch. ■

462   Neben der Vermeidung von Ermessensfehlern ist die behördliche Einzelfallentscheidung trotz Vorliegens einer Ermessensnorm u.U. gleichwohl auch dann auf ein bestimmtes Ergebnis vom Gesetzgeber vorprogrammiert, wenn dieser in der betreffenden Ermessensnorm zum Ausdruck bringt, dass die Behörde im Regelfall eine bestimmte Entscheidung treffen soll (z.B. soll nach § 48 Abs. 2 S. 4 VwVfG die Rücknahme des Verwaltungsakts in den Fällen des § 48 Abs. 2 S. 3 VwVfG „in der Regel" mit Wirkung für die Vergangenheit erfolgen), sog. **intendiertes Ermessen** – was ggf. erst infolge weiterer Auslegung zu ermitteln sein kann (so ist z.B. wegen Art. 14 Abs. 1 GG das „können" in § 35 Abs. 2 BauGB als „müssen" auszulegen). Für eine von der legislativen Intention abweichende Ermessensentscheidung der Behörde bleibt dann nur insoweit Raum, als im Einzelfall besondere Umstände vorliegen. Folgt die Behörde in ihrer Entscheidung der für die typische Fallkonstellation vom Gesetzgeber Vorgesehenen, so bedarf es hierfür nach der Rechtsprechung[386] keiner spezifischen Ermessensabwägung und damit auch keiner näheren Begründung nach § 39 Abs. 1 VwVfG mehr.

463   Schließlich kann sich eine Einschränkung des der Behörde gesetzlich eingeräumten Ermessens auch daraus ergeben, dass diese auf eine bestimmte Art von Sachverhalt stets eine ganz bestimmte Rechtsfolge aus dem Kreis der ihr nach dem Gesetz abstrakt zur Verfügung stehenden Vielzahl unterschiedlicher Handlungsmöglichkeiten angewendet hat. Von dieser bisher geübten Praxis der Ermessensausübung, die beim Einzelnen einen gewissen Vertrauenstatbestand schafft, darf die Behörde aufgrund des in Art. 3 Abs. 1 GG verankerten Gleichbehandlungsgebots dann auch in vergleichbaren weiteren Fällen ohne sachlichen Grund nicht mehr abweichen, sog. **Selbstbindung der Verwaltung**. Voraussetzung hierbei ist aller-

---

384 Die nachfolgenden Ausführungen sind – mit Ausnahme der Beispiele – dem Skript „Allgemeines Verwaltungsrecht" Rn. 231 ff. m.w.N. entnommen.

385 Nach *Detterbeck* Allgemeines Verwaltungsrecht Rn. 336.

386 *BVerwGE* 72, 1 (6); 105, 55 (57 f.).

dings, dass die bisherige Verwaltungspraxis rechtmäßig war – Art. 3 Abs. 1 GG gewährt **keinen Anspruch auf Gleichbehandlung im Unrecht** – und von ihr in der Zukunft nicht allgemein zugunsten einer neuen Ermessenshandhabung abgewichen werden soll.

Beispiel[387]   Die Stadt S hat die in ihrem Eigentum stehende Stadthalle in der Vergangenheit zahlreichen Landesverbänden verschiedener politischer Parteien zur Durchführung ihrer jeweiligen Landesparteitage überlassen. Als nunmehr auch der Landesverband L der radikalen P-Partei einen solchen Antrag bei S stellt, möchte diese den Antrag ablehnen. Kann sie dies in rechtmäßiger Weise tun?   **464**

Nein. Nach § 5 Abs. 1 S. 1 ParteienG hat L einen Anspruch gegen S auf Überlassung der Stadthalle. Zwar steht es S nach Art. 28 Abs. 2 S. 1 GG grundsätzlich frei, ihre gemeindlichen Einrichtungen politischen Parteien zur Verfügung zu stellen oder diese aber von deren Nutzung auszuschließen. Doch hat S bei der Ausübung ihres Selbstverwaltungsrechts den durch Art. 3 Abs. 1, 21 Abs. 1 und 38 Abs. 1 GG gewährleisteten Grundsatz der Chancengleichheit politischer Parteien zu beachten. Dieser ist verletzt, wenn ein Träger öffentlicher Gewalt wie S die Nutzung einer öffentlichen Einrichtung einer Partei verweigert, obwohl er sie anderen Parteien eingeräumt hat. ■

Der Grund für das Vorhandensein einer im vorstehenden Sinn gleichförmigen Verwaltungspraxis besteht nicht selten darin, dass eine übergeordnete (vorgesetzte) Behörde gegenüber den im Außenverhältnis zum Bürger regelmäßig zuständigen unteren bzw. nachgeordneten Behörden Vorschriften dahingehend macht, wie diese das ihnen vom Gesetzgeber eingeräumte Ermessen auszuüben haben, sog. **ermessenslenkende Verwaltungsvorschriften**. Hierdurch soll eine einheitliche und gleichmäßige Ermessenshandhabung durch die Verwaltung sichergestellt werden (z.B. Anweisung des Regierungspräsidenten an die Landratsämter seines Bezirks zu § 65 S. 1 LBO BW, den in ihrem Ermessen stehenden Abbruch aller im Außenbereich illegal errichteter Wochenendhäuser zu verfügen); sie vermitteln Rechtssicherheit und wirken gleichheitswidrigem Verwaltungshandeln entgegen. Kommt es infolge der ständigen Anwendung einer solchen insbesondere auf den Gebieten des Ausländer-, Subventions-, Straßen- und Umweltrechts existierenden Verwaltungsvorschrift zu einer entsprechenden Verwaltungspraxis, so erlangt die an sich zwar nur innerhalb der Verwaltung wirkende ermessenslenkende Verwaltungsvorschrift über die in Übereinstimmung mit ihr nach außen hin geübte Verwaltungspraxis i.V.m. Art. 3 Abs. 1 GG **mittelbar** ebenfalls Wirkung im Verhältnis zum Bürger.   **465**

Sofern eine derartige Verwaltungsvorschrift erst seit kurzer Zeit existiert und sich daher auf ihrer Grundlage noch keine ständige Verwaltungspraxis hat bilden können, ist die Behörde gleichwohl verpflichtet, auch den von ihr zu entscheidenden „ersten Fall" in Übereinstimmung mit dieser bislang noch nicht angewandten ermessenslenkenden Verwaltungsvorschrift zu entscheiden. Denn andernfalls würde eine gegen Art. 3 Abs. 1 GG verstoßende Ungleichbehandlung im Verhältnis zu den zukünftig zu erwartenden Fällen stattfinden (Verwaltungsvorschrift als Indiz für zukünftiges Verwaltungshandeln), sog. **antizipierte Verwaltungspraxis**.   **466**

Da Verwaltungsvorschriften als abstrakt-generelle (Behördeninnen-)Regelungen naturgemäß nur den „typischen" Fall erfassen, ist der mit der Einzelfallentscheidung betraute Amtswalter gehalten zu **prüfen, ob die konkreten Umstände** nicht derart besonders sind, dass sie ein von der in der ermessenslenkenden Verwaltungsvorschrift für den Regelfall vorgesehenen Entscheidung **abweichendes Verwaltungshandeln gebieten**. Aus dem Charakter der ermes-   **467**

387   Nach *BVerwGE* 31, 368; *OVG Lüneburg* NdsVBl 2011, 191.

senslenkenden Verwaltungsvorschriften als abstrakt-generelle Ermessensbetätigungen der Verwaltung folgt zugleich, dass diese nur dort zulässig sind, wo das Gesetz nicht konkret an die „zur Zeit des Erlasses der Verfügung erkennbaren Umstände" anknüpft (so aber gerade z.B. § 15 Abs. 1 VersammlG). Doch auch an eine zulässigerweise ergangene ermessenslenkende Verwaltungsvorschrift ist die Verwaltung nicht starr gebunden, sondern kann der Richtliniengeber diese aus sachlichen Gründen (Willkürverbot) – ggf. unter Beachtung des Grundsatzes des Vertrauensschutzes (Übergangsregelung!) – **für die Zukunft** auch teilweise modifizieren oder gar vollständig **aufheben**.

468 **Beispiel**[388] In dem in Rn. 464 gebildeten *Beispielsfall* begründet S die Ablehnung des von L gestellten Antrags damit, dass die bisherige Verwaltungspraxis nunmehr dahingehend geändert würde, die Stadthalle ab sofort nur noch für kulturelle und sportliche, nicht hingegen auch für parteipolitische Veranstaltungen nutzen zu wollen. Ist diese Argumentation rechtlich tragfähig?

Nein. Zwar ist eine Gemeinde befugt, die Zweckbestimmung ihrer Einrichtungen aus wichtigem Grund nachfolgend wieder zu ändern. Erfolgt diese Änderung aber, nachdem ein Antrag auf Überlassung bereits vorliegt, so setzt sie sich dem naheliegenden Verdacht aus, dass die Zweckbestimmung nicht aus einem anzuerkennenden allgemeinen Grund geändert hat, sondern allein deshalb, um den konkreten – unliebsamen – Antrag (hier: von L) ablehnen zu können (zeitbezogenes Willkürverbot). Der bereits gestellte Antrag muss daher noch nach den bisher geltenden Grundsätzen beschieden werden. ◼

3. Maßgeblicher Zeitpunkt

469 Mit der Verpflichtungsklage begehrt der Kläger die Verurteilung der Verwaltung zum Erlass eines abgelehnten oder unterlassenen Verwaltungsakts, § 42 Abs. 1 Alt. 2 VwGO. Anders als bei der Anfechtungsklage geht es dem Kläger im Fall der Verpflichtungsklage also nicht (primär) um die Überprüfung einer in der Vergangenheit getroffenen Maßnahme der Behörde, sondern vielmehr darum, ob ihm jetzt der geltend gemachte Anspruch gegen diese bzw. ihren Rechtsträger zusteht (deren bzw. dessen aktuelles „Verpflichtetsein"). Ein solches Klagebegehren hat dann „Erfolg, wenn der Kläger im Zeitpunkt der letzten gerichtlichen Entscheidung einen Anspruch auf die erstrebte Verurteilung hat. Ob ein solcher Anspruch besteht, beurteilt sich nach dem materiellen Recht. Durch dessen Auslegung ist zu ermitteln, zu welchem Zeitpunkt die materiellen Anspruchsvoraussetzungen vorliegen müssen. Rechtsänderungen, die nach Erlass der ablehnenden Verwaltungsentscheidung während des Klageverfahrens in Kraft treten, sind vom VG zu berücksichtigen, wenn sich das neue Recht Geltung für gerichtlich anhängige Verpflichtungs- und Neubescheidungsbegehren beimisst, die die Verwaltung auf der Grundlage des damals geltenden alten Rechts abgelehnt hat." Dies „folgt aus der in Art. 20 Abs. 3 GG verankerten Bindung von Gerichten und Verwaltung an Gesetz und Recht. Die Gerichte dürfen die Verwaltung nur dann zur Vornahme eines Verwaltungsakts […] oder zur erneuten Entscheidung über die Vornahme verurteilen, wenn dies dem zur Zeit der Verurteilung geltenden Recht entspricht. Die Verurteilung zu einem rechtswidrigen Verwaltungshandeln ist ausgeschlossen."[389] Mithin ist für die Beurteilung des Verpflichtungsbegehrens **grundsätzlich der Zeitpunkt der letzten mündlichen Verhandlung** bzw. derjenige der Entscheidung des Gerichts **maßgeblich**. Das bedeutet, dass eine im Zeitpunkt der Klageerhebung noch begründete Klage

---

388 Nach *BVerwGE* 31, 368; *OVG Lüneburg* NdsVBl 2011, 191.
389 *BVerwG* BeckRS 2012, 46357.

nachträglich aufgrund einer späteren Änderung der Sach- und/oder Rechtslage unbegründet bzw. umgekehrt eine bei Klageerhebung unbegründete Klage im Zeitpunkt der letzten mündlichen Verhandlung begründet sein kann. Darf der Verwaltungsakt aufgrund einer später, d.h. nach Ergehen des klagestattgebenden Verpflichtungsurteils, eingetretenen Änderung der Sach- oder Rechtslage nicht mehr erlassen werden, so kann sich der hierdurch verpflichtete Hoheitsträger gegen die Vollstreckung des Urteils mit der Vollstreckungsabwehrklage nach § 167 Abs. 1 VwGO i.V.m. § 767 ZPO zur Wehr setzen.

Beispiele[390] Bauherr B beantragt bei der zuständigen Behörde die Erteilung einer Baugenehmi- **470**
gung, welche ihm rechtswidriger Weise versagt wird. Daraufhin erhebt B Verpflichtungsklage vor dem VG. Kurze Zeit später und noch vor Abschluss der letzten mündlichen Verhandlung vor dem VG wird der für das Bauvorhaben des B maßgebliche Bebauungsplanung derart geändert, dass dieses jetzt nicht mehr genehmigungsfähig ist. Trotz ursprünglich bestehenden Anspruchs des E auf Erteilung einer Baugenehmigung ist dessen Verpflichtungsklage wegen der grundsätzlichen Maßgeblichkeit des Zeitpunkts der letzten mündlichen Verhandlung vor dem VG unbegründet. In Betracht kommt jedoch eine Fortsetzungsfeststellungsklage analog § 113 Abs. 1 S. 4 VwGO.

Im umgekehrten Fall, in dem B bei Antragstellung noch kein Rechtsanspruch auf Erteilung der von der Behörde – zu diesem Zeitpunkt also zu Recht – abgelehnten Baugenehmigung zustand, sein Bauvorhaben aber aufgrund einer während des Verwaltungsprozesses erfolgten Änderung des Bebauungsplans genehmigungsfähig wird, hat seine Verpflichtungsklage bei Vorliegen der übrigen Voraussetzungen Erfolg, da B zum relevanten Zeitpunkt der letzten mündlichen Verhandlung nach dem Gesetz einen Anspruch auf Genehmigungserteilung hat. ■

Abweichendes gilt nur dann, wenn sich aus dem im konkreten Fall einschlägigen materiellen **471**
Recht ergibt, dass für die Beurteilung der Verpflichtungsklage **ausnahmsweise** nicht auf die Sach- und Rechtslage im Zeitpunkt der letzten mündlichen Verhandlung bzw. gerichtlichen Entscheidung, sondern vielmehr auf diejenige im davor liegenden **Zeitpunkt der letzten Behördenentscheidung** – oder gar der dieser noch vorgelagerten Antragstellung – abzustellen ist. Typische Fallgruppen sind insoweit das Berufszulassungsrecht, Zeitpunkt- sowie Zeitabschnittsgesetze v.a. im Wirtschafts-, Steuer- und Sozialhilferecht.

472

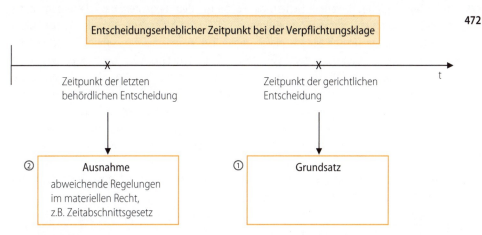

---

390 Nach *Polzin* JuS 2004, 211 (213); *Schenke* Verwaltungsprozessrecht Rn. 850; *Wolff* in: ders./Decker, VwGO/
      VwVfG § 113 VwGO Rn. 157.

4.   Verpflichtung zum Erlass des Verwaltungsakts oder zur Bescheidung

473 Hat der Kläger eine Verpflichtungsklage in Gestalt der **Vornahmeklage** erhoben und ist die Sache bei Vorliegen der übrigen Voraussetzungen des § 113 Abs. 5 S. 1 VwGO spruchreif, so spricht das Gericht die Verpflichtung der Verwaltungsbehörde aus, die beantragte Amtshandlung vorzunehmen, § 113 Abs. 5 S. 1 VwGO. Keinesfalls hingegen erlässt das Gericht den Verwaltungsakt etwa selbst. Kommt die Behörde der ihr im Urteil auferlegten Verpflichtung nicht nach, so kann das Gericht des ersten Rechtszugs auf Antrag des Klägers unter Fristsetzung gegen sie ein Zwangsgeld bis 10 000 € androhen, nach fruchtlosem Fristablauf festsetzen und von Amts wegen vollstrecken, § 172 S. 1 VwGO. Hat sich der Rechtsstreit während des verwaltungsgerichtlichen Verfahrens erledigt, kann der Kläger analog § 113 Abs. 1 S. 4 VwGO einen Fortsetzungsfeststellungsantrag stellen. Sofern die jeweilige Verpflichtungsklage als Versagungsgegenklage zu qualifizieren ist, liegt – soweit die behördliche Ablehnung mit dem gerichtlich zuerkannten Anspruch unvereinbar ist – in einem nach § 113 Abs. 5 S. 1 VwGO ergehenden Verpflichtungsurteil zugleich die konkludente **Aufhebung** (Konsumtion) **der Ablehnung des beantragten Verwaltungsakts**. Deren ausdrückliche Aufhebung ist zwar nicht zwingend erforderlich; aus Gründen der Rechtsklarheit ist sie in der Praxis aber dennoch üblich („unselbstständiger Anfechtungsannex"[391]).

Tenorierungsbeispiel[392] „Unter Aufhebung des Bescheids der Beklagten vom… und des Widerspruchsbescheids des Regierungspräsidiums Karlsruhe vom … wird die Beklagte verpflichtet, dem Kläger die am … beantragte Baugenehmigung zur Errichtung eines Wohnhauses auf dem Grundstück Flst. Nr. 47/11 zu erteilen." ◼

474 Andernfalls, d.h. **bei fehlender Spruchreife**, spricht das VG gem. § 113 Abs. 5 S. 2 VwGO lediglich die Verpflichtung der Verwaltungsbehörde aus, den Kläger unter Beachtung der Rechtsauffassung des Gerichts neu zu bescheiden und weist die (Vornahme-)Klage im Übrigen ab, sofern die Ablehnung oder Unterlassung des Verwaltungsakts rechtswidrig und der Kläger dadurch in seinen Rechten verletzt ist. Speziell bei Ermessensverwaltungsakten ist dies dann der Fall, wenn die Behörde über den Antrag des Klägers auf Erlass des begehrten Verwaltungsakts entweder noch gar nicht entschieden hat oder aber die getroffene Entscheidung (z.B. verfahrens- oder ermessens-)fehlerhaft ist.

475 **Beispiel**[393] Bürger B wendet sich an die Polizei mit dem Begehren, dass diese gegenüber einer bestimmten Person eine bestimmte polizeiliche Maßnahme ergreift. Da die Polizei jedoch jegliches Einschreiten – gleich gegenüber wem – ablehnt, erhebt B mit demselben Begehren Klage vor dem VG. Stellt sich dort heraus, dass die Polizei zwar dem Grunde nach zum Tätigwerden verpflichtet ist, so hat die in Gestalt der Vornahmeklage erhobene Verpflichtungsklage des B insoweit, als in ihr als „Minus" eine Bescheidungsklage enthalten ist, zwar wegen des fehlerhaft ausgeübten Entschließungsermessens der Polizei Erfolg. Sofern sich deren Auswahlermessen aber nicht ausnahmsweise aufgrund einer Ermessensreduzierung auf Null dahingehend verdichtet haben sollte, dass sie gegenüber einer bestimmten Person eine bestimmte polizeiliche Maßnahme zu ergreifen hat, wird die Klage in diesem Umfang (als sie über eine Bescheidungsklage hinausgeht) mangels Spruchreife als unbegründet abgewiesen. ◼

---

391 *OVG Münster* DVBl 2010, S. 1309 (1310).

392 Nach *Schenke* Verwaltungsprozessrecht Rn. 851; *Tettinger/Wahrendorf* Verwaltungsprozeßrecht § 16 Rn. 12.

393 Nach *Schenke* Verwaltungsprozessrecht Rn. 843.

Um die mit einer solchen Teilabweisung verbundene partielle Kostentragungspflicht (§ 155 **476** Abs. 1 VwGO) zu vermeiden, wird der gut beratene Kläger in Fällen fehlender Spruchreife von vornherein nur eine (**Bescheidungs-)Klage** mit entsprechendem Antrag erheben. Allerdings darf das Gericht in einem solchen Fall wegen § 88 VwGO auch dann nicht die Verpflichtung zum Erlass eines bestimmten Verwaltungsakts aussprechen, falls sich die Sache entgegen der klägerischen Einschätzung durchaus als spruchreif erweisen sollte.

Tenorierungsbeispiel[394] „Unter Aufhebung des Bescheids der Beklagten vom … und des Widerspruchsbescheids des Regierungspräsidiums Karlsruhe vom … wird die Beklagte verpflichtet, über den Antrag des Klägers vom … auf Erlass einer Untersagungsverfügung gegenüber dem Beigeladenen unter Beachtung der Rechtsauffassung des Gerichts erneut zu bescheiden." ■

---

394 Nach *Schenke* Verwaltungsprozessrecht Rn. 852.

5.   Übungsfall Nr. 4[395]

477   „Kirmes für alle"

Auf einem im Eigentum der Ruhrgebietsstadt R stehenden Gelände findet jährlich Anfang August ein Volksfest statt, das von Schaustellern mit Fahr-, Imbiss- und Verlosungsgeschäften beschickt wird. Mit den zugelassenen Schaustellern schließt R Mietverträge ab, in denen die Nutzung des Geländes näher geregelt wird. Schausteller S, der Einwohner von R ist, möchte im Jahr 2013 zum ersten Mal mit seinem Würstchen-Stand am Volksfest teilnehmen und stellt innerhalb der Bewerbungsfrist einen entsprechenden Antrag auf Zulassung. Unter Hinweis auf den Überhang von Anträgen auf Zulassung über die auf dem Gelände zur Verfügung stehenden Stellplätze sowie darauf, dass diese allein nach den Kriterien „bekannt und bewährt" vergeben werden, S bislang aber noch nicht am Volksfest teilgenommen habe, wird der Zulassungsantrag des S drei Monate vor Beginn des Volksfests unter Beifügung einer ordnungsgemäßen Rechtsbehelfsbelehrung ebenso abgelehnt wie der von zahlreichen weiteren Imbiss-Stand-Betreibern auch. S hält diese Begründung für fragwürdig, würde er auf diese Weise doch niemals „einen Fuß in die Tür" bekommen.

Unter Wahrung der zeitlichen Vorgaben des § 74 Abs. 2 i.V.m. Abs. 1 S. 2 VwGO wendet sich S daher unmittelbar an das in der Nachbarstadt ansässige VG. Ist seine dort erhobene Klage zulässig, mit der er beantragt, R unter Aufhebung des Ablehnungsbescheids zur Neubescheidung über seinen Antrag auf Zulassung zum diesjährigen Volksfest unter Beachtung der Rechtsauffassung des Gerichts zu verpflichten?

Bearbeitervermerk: Bei dem Gelände,[396] auf dem das Volksfest stattfindet, handelt es sich um eine öffentliche Einrichtung i.S.v. § 8 GO NRW, dessen Abs. 2 wie folgt lautet: „Alle Einwohner einer Gemeinde sind im Rahmen des geltenden Rechts berechtigt, die öffentlichen Einrichtungen der Gemeinde zu benutzen und verpflichtet, die Lasten zu tragen, die sich aus ihrer Zugehörigkeit zu der Gemeinde ergeben."[397] Eine Festsetzung nach § 60b Abs. 2 i.V.m. § 69 Abs. 1 GewO ist nicht erfolgt. Die Zulassung zum Volksfest erfolgt durch Verwaltungsakt.

---

395 Nach *Sauer*, JuS 2004, 1085; *Schöbener/Jahn* Fälle zum Öffentlichen Wirtschaftsrecht, S. 169 ff.; *Seidel* in: ders./Reimer/Möstl, Allgemeines Verwaltungsrecht, S. 155.

396 Bzw. dem Volksfest selbst.

397 **Parallelnormen:** § 10 Abs. 2 S. 2 GemO BW, Art. 21 Abs. 1 S. 1 bay. GO.

Lösung

478

Die Klage des S ist zulässig, wenn die Sachentscheidungsvoraussetzungen der §§ 40 ff. VwGO gegeben sind.

I. Eröffnung des Verwaltungsrechtswegs

Zunächst müsste der Rechtsweg zu dem von S angerufenen VG eröffnet sein. In Ermangelung einer diesbezüglichen aufdrängenden Sonderzuweisung richtet sich die Eröffnung des Verwaltungsrechtswegs hier nach der Generalklausel des § 40 Abs. 1 S. 1 VwGO. Diese setzt eine öffentlich-rechtliche Streitigkeit nichtverfassungsrechtlicher Art voraus. Während eine verfassungsrechtliche Streitigkeit im Verhältnis zwischen Schausteller S und der Ruhrgebietsstadt R ersichtlich nicht vorliegt, erscheint die öffentlich-rechtliche Rechtsnatur der hiesigen Streitigkeit allerdings fraglich. Die diesbezüglichen Zweifel ergeben sich daraus, dass R mit den zugelassenen Schaustellern privatrechtliche Mietverträge abschließt, d.h. das Nutzungsverhältnis gerade nicht öffentlich-rechtlich ausgestaltet ist.

Vorliegend steht allerdings nicht die Ausgestaltung der Nutzung des Geländes durch die zugelassenen Schausteller in Streit, sondern es geht vielmehr allein um die insofern vorgelagerte Frage, ob S überhaupt zur Teilnahme am Volksfest zugelassen wird. Diese beiden Ebenen, das „Ob" und das „Wie" der Zulassung, sind rechtlich voneinander zu trennen, sog. Zwei-Stufen-Theorie. Während die Verwaltung in Bezug auf die Ausgestaltung der zweiten Stufen (das „Wie") grundsätzlich über ein Wahlrecht zwischen öffentlichem Recht und Privatrecht verfügt, richtet sich die hier streitige Entscheidung auf der ersten Stufe über die Zulassung des S zum Volksfest (das „Ob") nach § 8 Abs. 2 GO NRW und damit nach einer dem öffentlichen Recht zugehörenden Norm. Also ist die vorliegende Streitigkeit öffentlich-rechtlicher Natur, so dass der Verwaltungsrechtsweg mangels abdrängender Sonderzuweisung gem. § 40 Abs. 1 S. 1 VwGO eröffnet ist.

II. Statthafte Klageart

Die von S erhobene Verpflichtungsklage müsste statthaft sein. Das ist sie gem. § 42 Abs. 1 Alt. 2 VwGO dann, wenn das Klagebegehren (§ 88 VwGO) auf den Erlass eines Verwaltungsakts gerichtet ist. Hier erstrebt S die Zulassung zum Volksfest, welche laut Bearbeitervermerk durch Verwaltungsakt erfolgt. Demnach wäre die von S erhobene Verpflichtungsklage statthaft.

Allerdings gilt es hier die Besonderheit zu beachten, dass die auf dem Gelände zur Verfügung stehenden Imbiss-Stellplätze bereits restlos an andere Schausteller vergeben sind, d.h. das zur Verfügung stehende Kontingent erschöpft ist. Da ein Rechtsanspruch auf Erweiterung der vorhandenen Kapazität jedoch nicht besteht, könnte es hier im Hinblick auf das allgemeine Rechtsschutzbedürfnis des S erforderlich sein, im Wege der objektiven Klagehäufung nach § 44 VwGO zusätzlich zu der auf die eigene Begünstigung gerichteten Verpflichtungs- noch eine Anfechtungsklage gegen die erfolgte Zulassung mindestens eines Konkurrenten zu erheben, um diesen auf diese Weise zu verdrängen und so einen Platz auf dem Volksfest „frei zu machen", der dem S dann im Falle des Erfolgs seiner Verpflichtungsklage zugewiesen werden könnte, sog. Konkurrentenverdrängungsklage.

Ein solches Vorgehen wäre für S allerdings mit dem Risiko verbunden, dass bei Anfechtung sämtlicher Zulassungen ein (Groß-)Teil der diesbezüglichen Klagen kostenpflichtig (§ 154 Abs. 1 VwGO) abgewiesen wird, kann doch nicht ohne weiteres davon ausgegangen werden, dass sämtliche Zulassungsbescheide rechtswidrig sind. Beschränkte sich S andererseits auf die Anfechtung der Zulassung nur eines bestimmten Mitbewerbers, so würde er sich dem Risiko aussetzen, dass gerade diese rechtmäßig und seine Anfechtungsklage daher ohne Erfolg ist.

Vor diesem Hintergrund ist in der Rechtsprechung mittlerweile überwiegend[398] anerkannt, dass dann, wenn der Kläger – wie hier der S – nicht eine Vornahmeklage i.S.v. § 113 Abs. 5 S. 1 VwGO, sondern lediglich eine Klage auf Neubescheidung (vgl. § 113 Abs. 5 S. 2 VwGO) erhoben hat, allein die Verpflichtungsklage ausreichend ist. Sollte das Gericht in dieser zu dem Ergebnis gelangen, dass die bisherige Zuteilungspraxis den Kläger in einem seiner subjektiv-öffentlichen Rechte verletzt, so kann die Behörde ihre Zulassungsentscheidungen korrigieren. „Sowohl das öffentliche Recht wie das Privatrecht halten mit Widerruf und Rücknahme oder der Möglichkeit der (außerordentlichen) Kündigung, ggf. gegen Schadensersatz für den rechtswidrig bevorzugten Marktbeschicker, Vorkehrungen für den Fall bereit, dass die öffentliche Hand eine zunächst gewährte Rechtsposition entziehen muss."[399] Folglich ist es hier nicht erforderlich, dass S zusätzlich zur Verpflichtungs- auch noch eine Anfechtungsklage erhebt.

III. Beteiligten- und Prozessfähigkeit

Kläger S (§ 63 Nr. 1 VwGO) ist gem. § 61 Nr. 1 Alt. 1 VwGO beteiligten- und nach § 62 Abs. 1 Nr. 1 VwGO prozessfähig. Die Beteiligtenfähigkeit der Ruhrgebietsstadt R als Beklagte (§ 63 Nr. 2 VwGO) folgt aus § 61 Nr. 1 Alt. 2 VwGO, für die gem. § 62 Abs. 3 VwGO i.V.m. § 63 Abs. 1 S. 1 GO NRW der (Ober-)Bürgermeister als gesetzlicher Vertreter handelt.

IV. Klagebefugnis

Die für die Zulässigkeit der Verpflichtungsklage fernerhin noch erforderliche Klagebefugnis gem. § 42 Abs. 2 VwGO ergibt sich für S daraus,

dass dieser möglicherweise einen Anspruch auf Zulassung zum Volksfest aus § 8 Abs. 2 GO NRW hat, so dass die Ablehnung seines Zulassungsantrags rechtswidrig sein und ihn in diesem subjektiv-öffentlichen Recht verletzen kann. § 70 Abs. 1 GewO kommt insoweit mangels Festsetzung des Volksfests (§ 60b Abs. 1 GewO) nach § 60b Abs. 2 i.V.m. § 69 Abs. 1 GewO dagegen nicht in Betracht.

V. Richtiger Klagegegner

Da NRW von der Ermächtigung des § 78 Abs. 1 Nr. 2 VwGO keinen Gebrauch (mehr) macht, ist die Ruhrgebietsstadt R als Gebietskörperschaft (§ 1 Abs. 2 GO NRW) nach § 78 Abs. 1 Nr. 1 VwGO richtiger Klagegegner.

VI. Vorverfahren

Dass sich S mit seinem Antrag unmittelbar, d.h. ohne zunächst ein ordnungsgemäßes Vorverfahren nach §§ 68 ff. VwGO erfolglos durchgeführt zu haben, an das VG wendet, steht der Zulässigkeit der von ihm erhobenen Verpflichtungsklage in Gestalt der Versagungsgegenklage nicht entgegen. Denn abweichend vom Grundsatz des § 68 Abs. 2 i.V.m. Abs. 1 S. 1 VwGO bedarf es in NRW einer Nachprüfung in einem Vorverfahren dann nicht, wenn die Ablehnung der Vornahme des Verwaltungsakts wie hier innerhalb des Zeitraums vom 1. November 2007 bis zum 31. Dezember 2014 bekannt gegeben worden ist, § 68 Abs. 2, Abs. 1 S. 2 Hs. 1 VwGO i.V.m. § 110 Abs. 1 S. 2 JustG NRW; ein Ausnahmefall nach § 110 Abs. 2 JustG NRW liegt hier nicht vor.

VII. Klagefrist

Die Klagefrist des § 74 Abs. 2 i.V.m. Abs. 1 S. 2 VwGO ist laut Sachverhalt gewahrt.

Auch im Übrigen bestehen keine Anhaltspunkte für eine etwaige Unzulässigkeit der von S erhobenen Klage, so dass diese mithin zulässig ist.

> **Hinweis**
>
> Zur materiell-rechtlichen Seite dieses Falls (**Begründetheit**sprüfung) vgl. Rn. 249 f. im Skript „Allgemeines Verwaltungsrecht".

398 Siehe *BVerwGE* 80, 270 und aus der Literatur *Schenke* Verwaltungsprozessrecht Rn. 259, 276, 305; vgl. auch *OVG Lüneburg* NVwZ-RR 2012, 594. Ebenso *Frenz* JA 2011, 917 (919) mit dem Hinweis, dass in der Praxis eine Verpflichtungsklage oftmals dahingehend **ausgelegt** werden kann, dass sie konkludent zugleich eine Anfechtungsklage enthält. **A.A.** *OVG Lüneburg* GewA 2010, 245; *VGH München* BayVBl 2011, 23 (24); *Ehlers* in: ders./Schoch, Rechtsschutz im Öffentlichen Recht § 23 Rn. 19, 23, 25; *Tettinger/Wahrendorf* Verwaltungsprozessrecht § 16 Rn. 6.
399 *BVerfG* NJW 2002, 3691 (3692).

Online-Wissens-Check

Jungunternehmer J hat bei der zuständigen Behörde einen Antrag auf Erteilung einer Sondernutzungserlaubnis für den Betrieb eines „Bier-Bikes" im öffentlichen Verkehrsraum der Stadt S gestellt. Die Erteilung der Erlaubnis, welche nach dem einschlägigen StrWG im behördlichen Ermessen steht, wurde in ermessensfehlerhafter Weise abgelehnt. Ist die von J daraufhin nach § 113 Abs. 5 S. 1 VwGO erhobene Verpflichtungsklage begründet?

Überprüfen Sie jetzt online Ihr Wissen zu den in diesem Abschnitt erarbeiteten Themen. Unter **www.juracademy.de/skripte/login** steht Ihnen ein Online-Wissens-Check speziell zu diesem Skript zur Verfügung, den Sie kostenlos nutzen können. Den Zugangscode hierzu finden Sie auf der Codeseite.

III. Übrige Klagearten

1. Fortsetzungsfeststellungsklage

479 Abweichend vom Wortlaut des § 113 Abs. 1 S. 4 VwGO ist die **Fortsetzungsfeststellungs-klage** sowohl in direkter als auch in analoger Anwendung dieser Vorschrift nicht schon dann begründet, wenn der erledigte Verwaltungsakt bzw. dessen Ablehnung oder Unterlassung rechtswidrig gewesen ist. Vielmehr ist aufgrund des engen Zusammenhangs mit § 113 Abs. 1 S. 1 VwGO zusätzlich noch vergangenheitsbezogen zu prüfen, ob der Kläger hierdurch auch in einem seiner subjektiv-öffentlichen Rechte verletzt wurde.[400] Im Übrigen variieren die Voraussetzungen, unter denen eine Fortsetzungsfeststellungsklage begründet ist, in Abhängigkeit von der jeweiligen Eingangsklage: Ist das klägerische Begehren auf die Feststellung der Rechtswidrigkeit eines erledigten belastenden Verwaltungsakts gerichtet (Fortsetzungs-feststellungsklage als „amputierte Anfechtungsklage"), so gilt das in Rn. 392 ff. zur Anfechtungsklage Gesagte entsprechend. Beantragt der Kläger dagegen mit der Fortsetzungsfest-stellungsklage als „amputierter Verpflichtungsklage" die gerichtliche Feststellung, dass er einen Anspruch auf den begehrten Verwaltungsakt hatte (Vornahmeklage) bzw. dass die Ablehnung oder Unterlassung des bei der Behörde beantragten Verwaltungsakts rechtswidrig gewesen und er hierdurch in seinen Rechten verletzt ist (Bescheidungsklage), kann grundsätzlich auf die Ausführungen in Rn. 452 ff. zur Begründetheit der Verpflichtungsklage verwiesen werden; maßgeblicher Beurteilungszeitpunkt ist im vorliegenden Zusammenhang allerdings regelmäßig der Erledigungseintritt.

Tenorierungsbeispiel[401] „Es wird festgestellt, dass die Verfügung der Beklagten vom … und der Widerspruchsbescheid des Regierungspräsidiums Karlsruhe vom … rechtswidrig waren" (Anfechtungssituation) bzw. „Es wird festgestellt, dass die Beklagte verpflichtet war, dem Kläger die beantragte Baugenehmigung für die Errichtung eines Wohnhauses auf dem Grundstück Flst. 47/11 zu erteilen" (Verpflichtungssituation). ■

2. Allgemeine Leistungsklage

480 Die **allgemeine Leistungsklage** ist dann begründet, wenn der Kläger einen Rechtsanspruch auf die begehrte Leistung hat bzw. – bei fehlender Spruchreife – die Ablehnung oder Unterlassung der Leistung rechtswidrig ist und der Kläger hierdurch in einem seiner subjektiv-öffentlichen Rechte verletzt wird, vgl. § 113 Abs. 5 S. 2 VwGO analog. Bezüglich der näheren Einzelheiten kann auf die Ausführungen in Rn. 452 ff. zur Verpflichtungsklage als besonderer Form der Leistungsklage verwiesen werden.[402]

Tenorierungsbeispiel[403] „Die Beklagte wird verurteilt, an den Kläger 1000 € zu zahlen." ■

---

400 *BVerwG* NJW 1982, 2513 (2515). Zum gesamten Folgenden siehe *Ehlers* in: ders./Schoch, Rechtsschutz im Öffentlichen Recht § 26 Rn. 66 ff.; *Gersdorf* Verwaltungsprozessrecht Rn. 96 ff.; *Hufen* Verwaltungsprozessrecht § 24 Rn. 16, § 30 Rn. 13 ff.; *Schenke* Verwaltungsprozessrecht Rn. 860 ff.; *Schmitt Glaeser/Horn* Verwaltungsprozessrecht Rn. 358; *Tettinger/Wahrendorf* Verwaltungsprozessrecht § 20 Rn. 20; *Würtenberger* Verwaltungsprozessrecht Rn 616, 660.

401 Nach *Schenke* Verwaltungsprozessrecht Rn. 862, 864.

402 *Ehlers* in: ders./Schoch, Rechtsschutz im Öffentlichen Recht § 24 Rn. 36 ff.; *Gersdorf* Verwaltungsprozess-recht Rn. 108 f.; *Hufen* Verwaltungsprozessrecht § 28; *Schenke* Verwaltungsprozessrecht Rn. 687 f.; *Schmitt Glaeser/Horn* Verwaltungsprozessrecht Rn. 393; *Würtenberger* Verwaltungsprozessrecht Rn. 394.

403 Nach *Schenke* Verwaltungsprozessrecht Rn. 867; *Tettinger/Wahrendorf* Verwaltungsprozessrecht § 18 Rn. 11.

3.   Übungsfall Nr. 5[404]

„Money for nothing"   481

E ist Eigentümer eines in der kreisfreien nordrhein-westfälischen Stadt S gelegenen Grundstücks, welches er mit einer dreigeschossigen
Wohnanlage bebauen möchte. Diesem Vorhaben
standen bislang allerdings die Festsetzungen des
insoweit geltenden Bebauungsplans entgegen,
der nur eine eingeschossige Bebauung vorsah.
Nach längeren Vorbesprechungen einigen sich E
und S in dem zwischen ihnen geschlossenen
Vertrag schließlich darauf, dass der Bebauungs-
plan entsprechend abgeändert wird, „wenn E
einen Betrag i.H.v. 50 000 € an S zahlt". S beabsichtigt, diese Summe zur Begleichung der durch
das Bauvorhaben des E ausgelösten Folgekosten
zu verwenden. Angesichts der angespannten
Haushaltslage kann S es andererseits aber auch nicht ausschließen, das Geld zum Erwerb dringend benötigter PCs für die Mitarbeiter im Rathaus zu verwenden. Um insoweit über eine größt-
mögliche Flexibilität zu verfügen, heißt es in dem zwischen E und S geschlossenen Vertrag daher,
dass die 50 000 € „zur freien Verfügung" von S stehen sollen.

Daraufhin zahlt E an S vereinbarungsgemäß die 50 000 €. Aufgrund kommunalpolitischer Quere-
len kommt es nachfolgend allerdings nicht zur Änderung des Bebauungsplans. E ist frustriert und
klagt nach erfolglosem außergerichtlichem Vorgehen gegen S vor dem LG auf Rückzahlung der
50 000 €. Nach Anhörung der Parteien erklärt das LG den Zivilrechtsweg durch Beschluss für
unzulässig und verweist die Klage an das zuständige VG. Wie wird dieses die Zulässigkeit der
Klage beurteilen?

Lösung   482

Die Klage des E ist zulässig, wenn die Sachentscheidungsvoraussetzungen der §§ 40 ff. VwGO
gegeben sind.

I.   Eröffnung des Verwaltungsrechtswegs

Zunächst müsste für die Klage des E der Verwaltungsrechtsweg eröffnet sein. Dies könnte
hier gem. § 173 S. 1 VwGO i.V.m. § 17a Abs. 2
S. 1 GVG der Fall sein. Danach spricht das
Gericht des beschrittenen Rechtswegs im Fall
von dessen Unzulässigkeit dies nach Anhörung
der Parteien von Amts wegen aus und ver-

weist den Rechtsstreit zugleich an das zuständige Gericht des zulässigen Rechtswegs. Der
entsprechende Beschluss ist für das Gericht, an
das der Rechtsstreit verwiesen worden ist, hinsichtlich des Rechtswegs bindend, § 173 S. 1
VwGO i.V.m. § 17a Abs. 2 S. 3 GVG. Hier hat das
LG L den Rechtsstreit an das zuständige VG
verwiesen. Mithin ist der Verwaltungsrechtsweg vorliegend eröffnet.

II.   Statthafte Klageart

Die statthafte Klageart richtet sich nach dem
Begehren des Klägers, § 88 VwGO. Vorliegend
verlangt E von S die Rückzahlung der 50 000 €.
Hierbei handelt es sich um einen Realakt, dessen Erbringung insbesondere nicht ein regeln-
der Verwaltungsakt vorgeschaltet ist. Folglich ist

---

404 Nach *Becker* Fälle und Lösungen zum Verwal-
tungsrecht, S. 119 ff.; *Böhm/Gaitanides* Fälle zum
Allgemeinen Verwaltungsrecht, S. 206 ff.; *Peine*
Klausurenkurs im Verwaltungsrecht Rn. 573 ff.

hier nicht die Verpflichtungsklage als „besondere Form" der Leistungsklage, sondern vielmehr die allgemeine Leistungsklage statthaft. Diese ist in der VwGO zwar nicht ausdrücklich geregelt, aber an mehreren Stellen erwähnt (z.B. in §§ 43 Abs. 2 S. 1, 111 S. 1 VwGO) und als eigenständige Klageart anerkannt.

III. Beteiligten- und Prozessfähigkeit

Kläger E (§ 63 Nr. 1 VwGO) ist gem. § 61 Nr. 1 Alt. 1 VwGO beteiligten- und nach § 62 Abs. 1 Nr. 1 VwGO prozessfähig. Die Beteiligtenfähigkeit der Stadt S als Beklagte (§ 63 Nr. 2 VwGO) folgt aus § 61 Nr. 1 Alt. 2 VwGO, für die gem. § 62 Abs. 3 VwGO i.V.m. § 63 Abs. 1 S. 1 GO NRW der Oberbürgermeister als gesetzlicher Vertreter handelt.

IV. Klagebefugnis

Fraglich ist, ob die Zulässigkeit der allgemeinen Leistungsklage vom Vorhandensein einer Klagebefugnis des Klägers abhängig ist. Zum (überwiegenden) Teil wird diese Frage unter Hinweis auf die auch bei dieser Klageart bestehende Notwendigkeit des Ausschlusses von Popularklagen bejaht und § 42 Abs. 2 VwGO, der unmittelbar nur für Anfechtungs- und Verpflichtungsklagen gilt, analog herangezogen. Die danach erforderliche Möglichkeit der Existenz des mit der Klage geltend gemachten Anspruchs ergibt sich hier daraus, dass es nicht von vornherein ausgeschlossen erscheint, dass E gegen S infolge Nichtigkeit des zwischen ihnen geschlossenen Vertrags einen Anspruch auf Rückzahlung der 50 000 € hat. Doch auch die Vertreter derjenigen Auffassung, die eine analoge Anwendung von § 42 Abs. 2 VwGO im vorliegenden Zusammenhang mangels planwidriger Regelungslücke ablehnen, stellen der Sache nach unter

dem Aspekt der von ihnen stattdessen geforderten Prozessführungsbefugnis keine anderen als die vorgenannten, hier gegebenen Anforderungen.

V. Richtiger Klagegegner

Die Stadt S als Gebietskörperschaft (§ 1 Abs. 2 GO NRW) ist nach dem Rechtsträgerprinzip richtiger Klagegegner.

VI. Allgemeines Rechtsschutzbedürfnis

Das schließlich noch erforderliche allgemeine Rechtsschutzbedürfnis wäre ausnahmsweise dann etwa nicht gegeben, wenn E über eine einfachere oder schnellere Möglichkeit verfügen würde, als auf gerichtlichem Wege die 50 000 € von S zurück zu verlangen. Hier hat sich E vor Klageerhebung zunächst außergerichtlich an S gewandt, allerdings ohne Erfolg. Selbst wenn man also trotz § 156 VwGO die Zulässigkeit der allgemeinen Leistungsklage vom vorherigen erfolglosen Antrag bei der zuständigen Behörde auf Vornahme der begehrten Leistung abhängig macht, so ist diese Voraussetzung hier erfüllt. Das allgemeine Rechtsschutzbedürfnis liegt also vor.

Weitere Zulässigkeitsvoraussetzungen sind nicht zu prüfen. Insbesondere ist bei der allgemeinen Leistungsklage mit Ausnahme beamtenrechtlicher Streitigkeiten grundsätzlich weder ein Vorverfahren vorgesehen noch eine Klagefrist zu wahren. Die Klage des E ist also zulässig.

> **Hinweis**
>
> Zur materiell-rechtlichen Seite dieses Falls (**Begründetheit**sprüfung) siehe Rn. 119 f. im Skript „Allgemeines Verwaltungsrecht".

4. (Nichtigkeits-)Feststellungsklage

Die allgemeine Feststellungsklage nach § 43 Abs. 1 Alt. 1 VwGO ist dann begründet, wenn **483** das behauptete Rechtsverhältnis besteht (**positive Feststellungsklage**) bzw. nicht besteht (**negative Feststellungsklage**); siehe auch Übungsfall Nr. 6. Welcher Beurteilungszeitpunkt insofern maßgeblich ist, richtet sich danach, ob jeweils ein vergangenes, gegenwärtiges oder zukünftiges Rechtsverhältnis in Frage steht.[405]

Tenorierungsbeispiel[406] „Es wird festgestellt, dass die Beklagte keinen Anspruch auf unentgeltliche Übereignung des Grundstücks Flst. Nr. 47/11 durch den Kläger hat." ▪

Die Begründetheit **Nichtigkeitsfeststellungsklage** (§ 43 Abs. 1 Alt. 2 VwGO) ist zu bejahen, **484** wenn der Verwaltungsakt im Zeitpunkt der letzten behördlichen Entscheidung (str.[407]) nichtig ist und der Kläger hierdurch analog § 113 Abs. 1 S. 1 VwGO in einem seiner subjektiv-öffentlichen Rechte betroffen ist. Die Frage, ob der jeweilige Verwaltungsakt nichtig ist, bemisst sich nach § 44 VwVfG[408] (bei Verwaltungsakten von Bundesbehörden) bzw. § 44 L-VwVfG (bei Verwaltungsakten von Landesbehörden etc.), sofern im konkreten Fall keine Spezialvorschrift einschlägig ist.

Tenorierungsbeispiel[409] „Es wird festgestellt, dass die dem Kläger am … erteilte Baugenehmigung nichtig ist." ▪

---

405 Hierzu sowie zum gesamten Folgenden siehe *Ehlers* in: ders./Schoch, Rechtsschutz im Öffentlichen Recht § 25 Rn. 60 ff.; *Gersdorf* Verwaltungsprozessrecht Rn. 127; *Hufen* Verwaltungsprozessrecht § 24 Rn. 16, § 29 Rn. 2 ff., 10 ff.; *Schenke* Verwaltungsprozessrecht Rn. 870; *Schmitt Glaeser/Horn* Verwaltungsprozessrecht Rn. 350 f.; *Würtenberger* Verwaltungsprozessrecht Rn. 429 ff.

406 Nach *Schenke* Verwaltungsprozessrecht Rn. 870.

407 So *Hufen* Verwaltungsprozessrecht § 28 Rn. 16 unter Hinweis darauf, dass „ein ursprünglich nichtiger Verwaltungsakt […] auch durch Änderungen der Sach- und Rechtslage nicht […] wirksam werden" kann. **A.A.** *Schenke* Verwaltungsprozessrecht Rn. 870: Zeitpunkt der letzten mündlichen Verhandlung.

408 Hierzu siehe im Skript „Allgemeines Verwaltungsrecht" Rn. 270 ff.

409 Nach *Tettinger/Wahrendorf* Verwaltungsprozeßrecht § 19 Rn. 15.

5.   Übungsfall Nr. 6[410]

485   „Das ratlose Ratsmitglied"

Dem Rat der nordrhein-westfälischen Stadt S gehört seit der letzten Kommunalwahl auch Ratsmitglied R an. Während dieser sich mit vielen der althergebrachten Gepflogenheiten betreffend den Ablauf der Ratssitzungen mittlerweile arrangiert hat, fühlt er sich durch das Zigarettenrauchen der übrigen Ratsmitglieder während der Ratssitzungen allerdings nach wie vor erheblich in seiner Konzentration gestört. Weder das Öffnen der Fenster im Sitzungssaal noch seine Bitten an die Raucher, den Tabakkonsum während der Sitzungen freiwillig einzustellen, vermögen das Problem zu beseitigen.

In seiner Ratlosigkeit wendet sich R zu Beginn der nächsten Sitzung des Rates daher an Bürgermeister B mit dem Antrag, ein Rauchverbot für sämtliche Ratssitzungen zu erlassen, an denen R in seiner Funktion als Ratsmitglied teilnimmt. B hält ein solches Verbot jedoch nicht für erforderlich, da sich der Rauch aufgrund der hohen Saaldecke im Raum verteile, so dass die Tabakkonzentration im Sitzbereich der Ratsmitglieder äußerst gering sei.

Erbost über eine derartige Ignoranz des B weiß sich R in seiner Verzweiflung nicht mehr anders zu helfen, als lautstark gegen diese „selbstherrliche Entscheidung" zu protestieren. Der daraufhin von B gegenüber R ausgesprochene Ordnungsruf erzürnt diesen jedoch nur noch mehr, welcher seine Verbalinjurien nunmehr auch auf die übrigen Ratsmitglieder ausdehnt. B wird dieses Verhalten „zu bunt" und er schließt R daher von der Sitzung aus.

Drei Tage später teilt B dem R nochmals schriftlich mit, warum er weder in der vergangenen Sitzung noch in der Zukunft ein Rauchverbot ausgesprochen hat bzw. jemals aussprechen werde. R platzt nun endgültig der „Geduldskragen" und er erhebt vor dem zuständigen VG Klage gegen B mit dem Antrag festzustellen, dass der von diesem ausgesprochene Sitzungsausschluss rechtswidrig war. Mit Erfolg?

Bearbeitervermerk: In der Geschäftsordnung des Rates von S sind keine Bestimmungen i.S.v. § 51 Abs. 2 GO NRW enthalten. § 51 GO NRW (Ordnung in den Sitzungen) lautet: „(1) Der Bürgermeister leitet die Verhandlungen, eröffnet und schließt die Sitzungen, handhabt die Ordnung und übt das Hausrecht aus. (2) In der Geschäftsordnung kann bestimmt werden, in welchen Fällen durch Beschluss des Rates einem Ratsmitglied bei Verstößen gegen die Ordnung die auf den Sitzungstag entfallenden Entschädigungen ganz oder teilweise entzogen werden und es für eine oder mehrere Sitzungen ausgeschlossen wird. (3) ¹Enthält die Geschäftsordnung eine Bestimmung gemäß Absatz 2, so kann der Bürgermeister, falls er es für erforderlich hält, den sofortigen Ausschluß des Ratsmitgliedes aus der Sitzung verhängen und durchführen. ²Der Rat befindet über die Berechtigung dieser Maßnahme in der nächsten Sitzung."

---

410 Nach *Burgi* in: Dietlein/Burgi/Hellermann, Klausurenbuch Öffentliches Recht in Nordrhein-Westfalen, S. 132; *Muckel* Klausurenkurs zum Besonderen Verwaltungsrecht, S. 288 ff. Vgl. auch *BVerwG* NVwZ 1988, 837; *OVG Münster* BeckRS 2013, 51162; *Ogorek* JuS 2009, 511 ff.

Lösung

Die Klage des R hat Erfolg, wenn sie zulässig und begründet ist.

A. Zulässigkeit

I. Eröffnung des Verwaltungsrechtswegs

Zunächst müsste für die Klage des R der Verwaltungsrechtsweg eröffnet sein. Dies richtet sich hier mangels aufdrängender Sonderzuweisung nach § 40 Abs. 1 S. 1 VwGO, der eine öffentlich-rechtliche Streitigkeit nichtverfassungsrechtlicher Art voraussetzt.

Vorliegend ist bereits fraglich, ob es sich bei der Auseinandersetzung zwischen R und B überhaupt um eine Rechtsstreitigkeit handelt. Die diesbezüglichen Bedenken resultieren daraus, dass sich Ratsmitglied R und Bürgermeister B vorliegend nicht als zwei verschiedene Rechtssubjekte gegenüberstehen, sondern vielmehr als Organ(teil)e desselben Hoheitsträgers, nämlich der Stadt S. In Bezug auf derartige Innenrechtsstreitigkeiten wurde früher in der Tat die Existenz eines justiziablen Rechtsverhältnisses verneint, da es sich beim Staat um ein undurchdringliches Gebilde handele, dessen Organe nicht Adressaten von Rechtssätzen sein könnten, sog. Impermeabilitätstheorie. Die VwGO sei allein auf Außenrechtsstreitigkeiten ausgerichtet. Diese Einwände verfangen unter der Generalklausel des § 40 Abs. 1 S. 1 VwGO allerdings nicht mehr, welche mit dem Begriff der „Streitigkeit" auch sog. Organstreitigkeiten wie den vorliegenden Kommunalverfassungsstreit erfasst.

Entscheidend für dessen Ausgang ist hier § 51 GO NRW,[411] wonach der Bürgermeister die Ordnung in den Ratssitzungen handhabt sowie u. U. den sofortigen Ausschluss eines Ratsmitglieds aus der Sitzung verhängen und durchführen kann. Diese kommunalrechtliche Vorschrift berechtigt und verpflichtet ausschließlich das Gemeindeorgan „Bürgermeister", d. h. stellt ein „Sonderrecht" der Verwaltung dar. Folglich ist die hiesige Streitigkeit öffentlich-rechtlicher Natur.

Schließlich betrifft der zwischen R und B geführte Rechtsstreit auch keine unmittelbar am (Staats-)Verfassungsleben Beteiligten, so dass deren Streitigkeit entgegen ihrer – insoweit irreführenden – Bezeichnung als Kommunal„verfassungs"streit allein aus diesem Grund schon nichtverfassungsrechtlicher Art ist. Darüber hinaus streiten R und B aber auch nicht etwa um die Anwendung von Bundes- bzw. Landesverfassungsrecht, sondern lediglich um die Interpretation einer einfachgesetzlichen Vorschrift des nordrhein-westfälischen Kommunalrechts.

Da für die Klage des R zudem keine abdrängende Sonderzuweisung einschlägig ist, ist der Verwaltungsrechtsweg für diese nach § 40 Abs. 1 S. 1 VwGO somit eröffnet.

II. Statthafte Klageart

Die statthafte Klageart richtet sich gem. § 88 VwGO nach dem Begehren des Klägers. Hier erstrebt R die gerichtliche Feststellung, dass sein Ausschluss von der Ratssitzung rechtswidrig war. Die Frage, ob für diesen Innenrechtsstreit eine der in der VwGO ausdrücklich erwähnten Klagearten statthaft ist, wurde insbesondere früher unter Hinweis darauf verneint, dass die VwGO primär auf Außenrechtsstreitigkeiten im Verhältnis „Staat – Bürger" ausgerichtet sei und der Kommunalverfassungsstreit daher als Klage eigener Art (*sui generis*) behandelt werden müsse. Hiergegen ist allerdings einzuwenden, dass ein Bedürfnis für eine derartige Anerkennung gesetzlich nicht geregelter Klageverfahren nur dann besteht, wenn die in der VwGO explizit normierten Klagearten dem jeweils verfolgten Rechtsschutzziel weder in unmittelbarer noch in analoger Anwendung genügen. Vorrangig zu prüfen ist daher, ob für das Begehren des R nicht namentlich die allgemeine Feststellungsklage nach § 43 Abs. 1 VwGO in Betracht kommt.

411　Parallelnormen: § 36 BW GewO, Art. 53 bay. GO.

JURIQ-Klausurtipp

„Der Kommunalverfassungsstreit tritt in zwei Varianten auf:

- Der **Interorganstreit** betrifft Konflikte zwischen verschiedenen kommunalen Organen desselben Rechtsträgers;
- der **Intraorganstreit** findet innerhalb eines Kollegialorgans der kommunalen Körperschaft zwischen einem Organteil und dem (Gesamt-)Organ oder zwischen einzelnen Organteilen statt."[412]

In beiden Fällen ist in der Klausur insbesondere auf die Prüfungspunkte „Eröffnung des Verwaltungsrechtswegs", „statthafte Klageart", „Beteiligten- und Prozessfähigkeit", „Klagebefugnis" und „richtiger Klagegegner" näher einzugehen.[413]

Das ist dann der Fall, wenn das Gericht das Bestehen oder Nichtbestehen eines Rechtsverhältnisses feststellen soll. „Rechtsverhältnis" i.S.v. § 43 Abs. 1 VwGO sind die sich aus einem konkreten Sachverhalt aufgrund einer öffentlich-rechtlichen Rechtsnorm ergebenden rechtlichen Beziehungen einer Person zu einer anderen Person oder zu einer Sache. Auch Innenrechtsverhältnisse werden hiervon umfasst. Vorliegend ist zwischen R und B streitig, ob dieser aufgrund des Verhaltens von R nach § 51 GO NRW dazu berechtigt war, ihn von der Ratssitzung auszuschließen. Ein gem. § 43 Abs. 1 VwGO (ggf. analog) feststellungsfähiges (organschaftliches Innen-)Rechtsverhältnis liegt also vor.

Nach § 43 Abs. 2 S. 1 VwGO kann eine Feststellung i.S.v. § 43 Abs. 1 VwGO allerdings dann nicht begehrt werden, soweit der Kläger seine Rechte durch Gestaltungs- oder Leistungsklage verfolgen kann oder hätte verfolgen können. Ob diese Subsidiaritätsklausel vorliegend überhaupt anwendbar ist, könnte nach der Rechtsprechung des BVerwG im Hinblick auf die

Eigenschaft des B als Organ eines Verwaltungsträgers zwar fraglich sein. Hierauf kommt es jedoch dann nicht weiter an, wenn § 43 Abs. 2 S. 1 VwGO selbst im Fall seiner Anwendbarkeit nicht zur Unstatthaftigkeit der allgemeinen Feststellungsklage des R führen würde. Letzteres wäre jedoch gerade der Fall, falls sich R statt mittels dieser namentlich im Wege der Fortsetzungsfeststellungsklage analog § 113 Abs. 1 S. 4 VwGO gegen seinen Sitzungsausschluss zur Wehr setzen könnte. Dann müsste es sich hierbei um einen (erledigten) Verwaltungsakt, d.h. um die hoheitliche Maßnahme einer Behörde zur Regelung eines Einzelfalls auf dem Gebiet des öffentlichen Rechts mit unmittelbarer Rechtswirkung nach außen (§ 35 S. 1 VwVfG), handeln.

Bedenken an einer derartigen Qualifikation des Sitzungsausschlusses resultieren allerdings daraus, dass dieser an R in dessen Eigenschaft als Ratsmitglied und damit als Organteil desselben Verwaltungsträgers – der Stadt S – gerichtet war, dem auch der den Ausschluss aussprechende Bürgermeister B angehört. Während insofern zum Teil[414] bereits Zweifel an dessen Behördeneigenschaft geäußert werden (es fehle an der typischen Subordination), ist aber jedenfalls die Außenwirkung des Sitzungsausschlusses fraglich.[415] Diese liegt nur dann vor, wenn die angeordnete Rechtsfolge gegenüber einer außerhalb – und gerade nicht innerhalb – der Verwaltung stehenden Person eintreten soll. Ziel des Ausschlusses des R von der Ratssitzung war es, diesen physisch aus dem Saal zu entfernen, damit er nicht durch weitere Störungen den i.S.v. § 51 GO NRW ordnungsgemäßen Ablauf der Ratssitzung behindert. Folglich war die von B verhängte Maßnahme darauf ausgerichtet, dem R dessen organschaftliches Mitwirkungsrecht – namentlich auf Teilnahme an der Gemeinderatssitzung (vgl. §§ 43 Abs. 1, 50 GO NRW) – zu entziehen, um hierdurch die interne Funktionsfähigkeit des Gemeindeorgans „Rat" sicherzustellen. Betraf der Sitzungsausschluss den R

---

412 *Schoch* in: Ehlers/Schoch, Rechtsschutz im Öffentlichen Recht § 28 Rn. 23 m.w.N.

413 *Schenke* Verwaltungsprozessrecht Rn. 228a.

414 Siehe etwa *Schoch* JuS 1987, 783 (787 f.) m.w.N.

415 Vgl. etwa *Hufen* Verwaltungsprozessrecht § 21 Rn. 10.

demnach allein in dessen Funktion als Ratsmitglied und gerade nicht in seiner Eigenschaft als außerhalb des Staates stehendes Rechtssubjekt (natürliche Person), so fehlt es folglich an einer Außenwirkung. Jedenfalls aus diesem Grund handelt es sich bei dem von B ausgesprochenen Ausschluss des R von der Ratssitzung nicht um einen (erledigten) Verwaltungsakt, so dass dieser hiergegen nicht im Wege Fortsetzungsfeststellungsklage analog § 113 Abs. 1 S. 4 VwGO vorgehen könnte.

Somit greift die Subsidiaritätsklausel nicht und die allgemeine Feststellungsklage nach § 43 Abs. 1 VwGO ist vorliegend statthaft.

III. Beteiligten- und Prozessfähigkeit

Als Kläger bzw. Beklagter (§ 63 Nr. 1, 2 VwGO) müssten sowohl R als auch B beteiligten- und prozessfähig sein. Die Beteiligtenfähigkeit von R könnte sich hier bereits aus dessen Eigenschaft als natürliche Personen ergeben, § 61 Nr. 1 Alt. 1 VwGO. Allerdings stehen im Rahmen des vorliegenden Kommunalverfassungsstreits nicht die Individualrechte natürlicher Personen in Streit, sondern ausschließlich organschaftliche Befugnisse. Auf diese ist § 61 Nr. 1 Alt. 1 VwGO aber nicht anwendbar. Vielmehr seien Organ(teil)e nach h.M. analog § 61 Nr. 2 VwGO nur beteiligtenfähig, „soweit ihnen ein Recht zustehen kann". Ob es hierfür ausreichend ist, wenn das betreffende Organ bzw. der betreffende Organteil lediglich abstrakt Zuordnungssubjekt (irgend-)eines Rechtssatzes ist, oder ob es darüber hinaus die Verletzung eigener Rechte gerade in Bezug auf den konkreten Streitgegenstand rügen können muss, ist zwar wiederum streitig. Hier allerdings steht R gerade im Hinblick auf den konkreten Streitgegenstand, nämlich die gegenüber B geltend gemachte Rechtswidrigkeit des Sitzungsausschlusses, ein „Recht" i.S.v. § 61 Nr. 2 VwGO analog aus §§ 43 Abs. 1, 50 GO NRW zu, so dass R selbst unter Zugrundelegung der insofern strengsten Auffassung beteiligtenfähig ist. Einer Streitentscheidung bedarf es mithin nicht. Seine Prozessfähigkeit folgt konsequenterweise nicht schon aus § 62 Abs. 1 Nr. 1 VwGO, sondern erst aus einer analogen Anwendung von § 62 Abs. 3 VwGO.

In Bezug auf B als Inhaber der hier in Frage stehenden Ordnungsgewalt nach § 51 GO NRW gilt das Vorstehende entsprechend.

IV. Klagebefugnis

Sofern zur Vermeidung einer dem Verwaltungsprozess fremden Popularklage ebenfalls im Rahmen der allgemeinen Feststellungsklage analog § 42 Abs. 2 VwGO eine Klagebefugnis verlangt wird (str.; Rn. 249), darf die Möglichkeit einer Rechtsverletzung nicht offensichtlich und eindeutig nach jeder Betrachtungsweise ausgeschlossen sein.

Durch den Sitzungsausschluss könnte R möglicherweise in einem seiner Grundrechte, wie etwa demjenigen auf Meinungsfreiheit aus Art. 5 Abs. 1 S. 1 GG, verletzt worden sein. Auf das sich hieraus ergebende subjektiv-öffentliche Recht vermag sich R im vorliegenden Zusammenhang allerdings nur dann zu berufen, wenn er die Klage gegen B in seiner Eigenschaft als Grundrechtsträger, d.h. als dem Staat gegenüberstehende natürliche Person (Bürger), erheben würde. Dies ist aber gerade nicht der Fall. Vielmehr macht R geltend, durch den Ausschluss von der Sitzung in seinen organschaftlichen Mitwirkungsrechten als Ratsmitglied beeinträchtigt worden zu sein. Insofern stehen R als Teil des Gemeindeorgans „Rat" jedoch keine grundrechtlich geschützten Positionen zu, so dass dessen Klagebefugnis nicht bereits aus diesen folgt.

Vielmehr vermag die Klagebefugnis bei Innenrechtsstreitigkeiten wie dem vorliegenden Kommunalverfassungsstreit allein auf die Verletzung von Zuständigkeiten gestützt werden, die dem klagenden Organ(teil) zur eigenständigen Wahrnehmung übertragen sind. Zudem muss diese sog. wehrfähige Innenrechtsposition gerade der inneradministrativen Gewaltenteilung dienen, d.h. die dem Organ(teil) zugewiesene Kompetenz muss die Funktion haben, das Organ bzw. den Organteil in ein Spannungsverhältnis zu anderen Organ(teilen) zu stellen (Kontrastorgantheorie), welches diesem das Einbringen eigener Zielvorstellungen ermöglicht und somit Interessenskonflikte als akzeptierte Möglichkeit einschließt. Nur bei Vorhandensein eines solchen partikularen Sachinteresses, das über die ansonsten ausschließlich dem Gemeinwohl dienenden Organkompetenzen als bloßen Wahrnehmungszuständigkeiten hinausgeht, liegt auch bei Innenrechtsstreitigkeiten eine Klagebefugnis vor.

Hier erscheint es nicht von vornherein als ausgeschlossen, dass R durch den Sitzungsausschluss insbesondere in seinem Recht als Ratsmitglied auf Sitzungsteilnahme (vgl. §§ 43 Abs. 1, 50 GO NRW) verletzt worden ist. Dieses Recht dient auch gerade dazu, die vom einzelnen Ratsmitglied jeweils repräsentierten Wähler(-interessen) gegenüber den übrigen Mitgliedern des Rats zu artikulieren und ihnen durch entsprechende Argumentation möglichst zur Durchsetzung zu verhelfen. Auf diese Weise erhält das einzelne Ratsmitglied die Möglichkeit, seine Funktion als Kontrastorgan auszufüllen.

Demnach handelt es sich bei dem Recht des Ratsmitglieds auf Sitzungsteilnahme um eine im o.g. Sinn zu qualifizierende wehrfähige Innenrechtsposition. Diese Rechtsposition des R könnte B durch den von ihm ausgesprochenen Sitzungsausschluss möglicherweise verletzt haben. Somit ist R analog § 42 Abs. 2 VwGO klagebefugt.

V. Richtiger Klagegegner

Fraglich allerdings ist, ob B der richtige Klagegegner ist. Die diesbezüglichen Zweifel rühren daher, dass dieser sich im Rahmen der hier statthaften allgemeinen Feststellungsklage grundsätzlich nach dem Rechtsträgerprinzip bestimmt. Als Bürgermeister von S ist B aber Organ des Rechtsträgers Gemeinde, gegen die die Klage des R jedoch gerade nicht gerichtet ist.

Allerdings gilt es im Zusammenhang mit dem vorliegenden Kommunalverfassungsstreit die Besonderheit zu beachten, dass dessen Gegenstand nicht die Rechtsbeziehung zwischen Organ(teil) und Verwaltungsträger betrifft, sondern es sich vielmehr um einen Streit um Kompetenzen im Verhältnis von verschiedenen Organ(teil)en innerhalb derselben Gebietskörperschaft handelt. Dementsprechend ist ganz überwiegend anerkannt, dass Klagegegner eines Kommunalverfassungsstreitverfahrens dasjenige Organ bzw. derje-

nige Organteil ist, dem gegenüber die behauptete Innenrechtsposition bestehen soll, sog. Funktionsträgerprinzip. Dies ist hier der B, dessen fehlende Berechtigung zum Sitzungsausschluss des R durch das VG festgestellt werden soll. Also ist die Klage des R auch gegen den richtigen Klagegegner gerichtet.

VI. Feststellungsinteresse

Im Hinblick auf das nach § 43 Abs. 1 VwGO zudem noch erforderliche „berechtigte Interesse" an der baldigen Feststellung kommt jedes durch die Rechtsordnung geschützte Interesse rechtlicher, wirtschaftlicher oder ideeller Art in Betracht. Als Fallgruppen sind insoweit insbesondere eine Wiederholungsgefahr, ein Rehabilitationsinteresse sowie die Präjudizialität des festzustellenden Rechtsverhältnisses anerkannt. Hier haben B und R durch ihr jeweiliges Verhalten zu erkennen gegeben, auch in der Zukunft an ihren entgegengesetzten Standpunkten festzuhalten. Es steht damit zu befürchten, dass sich ähnliche Szenen wie in der letzten Ratssitzung auch demnächst wieder zutragen und R durch B erneut einer Ratssitzung verwiesen wird, zumal keine Anhaltspunkte für eine Änderung der tatsächlichen Verhältnisse (Zigarettenrauchen der übrigen Ratsmitglieder) besteht. Damit verfügt R jedenfalls unter dem Aspekt der Wiederholungsgefahr über das gem. § 43 Abs. 1 VwGO notwendige Feststellungsinteresse.

VII. Zwischenergebnis

Weitere Zulässigkeitsvoraussetzungen sind nicht zu prüfen. Insbesondere ist bei der allgemeinen Feststellungsklage – mit Ausnahme beamtenrechtlicher Streitigkeiten – grundsätzlich weder ein Vorverfahren vorgesehen noch eine Klagefrist zu wahren. Die Klage des R ist also zulässig.

B. Begründetheit

Die allgemeine Feststellungsklage des R ist begründet, wenn B nicht dazu berechtigt war, ihn von der Ratssitzung auszuschließen und R hierdurch in einem seiner organschaftlichen Mitwirkungsrechte verletzt worden ist.

Als Rechtsgrundlage für den Sitzungsausschluss könnte § 51 Abs. 1 GO NRW in Betracht kommen, wonach der Bürgermeister als Vorsitzender des Rates (§ 40 Abs. 2 S. 4 GO NRW) die Ordnung in dessen Sitzungen handhabt.

Wie sich allerdings aus § 51 Abs. 2, 3 GO NRW ergibt, ist der Bürgermeister zur vorliegend gerade in Frage stehenden Maßnahme des Ausschlusses eines Ratsmitglieds von einer Ratssitzung nur unter der weiteren Voraussetzung befugt, dass die Geschäftsordnung des Rates eine entsprechende Bestimmung beinhaltet. Eine solche existiert hier laut Bearbeitervermerk aber gerade nicht.

Selbst dann also, wenn vorliegend eine i.S.v. § 51 Abs. 1 GO NRW als erheblich einzustu-
fende Störung des Geschäftsablaufs gegeben sein sollte, würde dies B jedenfalls nicht dazu berechtigen, R von der Ratssitzung auszuschließen.

Also war der streitgegenständliche Sitzungsausschluss rechtswidrig. Auch wurde R durch diesen Ausschluss in seinem organschaftlichen Mitwirkungsrecht als Ratsmitglied auf Teilnahme an der Ratssitzung (vgl. §§ 43 Abs. 1, 50 GO NRW) verletzt.

Folglich ist die zulässige Klage des R auch begründet. Sie hat damit Erfolg.

3. Teil
Einstweiliger Rechtsschutz

487 Die vorstehenden Ausführungen zur Zulässigkeit und zur Begründetheit verwaltungsgerichtlicher Klagen beziehen sich auf das gerichtliche Verfahren in der **Hauptsache**.[1] In diesem wird abschließend darüber entschieden, ob der angefochtene Verwaltungsakt aufgehoben wird, der abgelehnte bzw. unterlassene Verwaltungsakt zu erlassen ist, der Kläger einen Anspruch gegen den Beklagten auf die begehrte (sonstige) Leistung hat etc. Bis es zu einer solchen Entscheidung kommt, können jedoch mitunter **mehrere Jahre** vergehen – insbesondere, wenn der Rechtsstreit durch sämtliche Instanzen ausgetragen wird. Ein erst nach mehreren Jahren ergehendes Urteil wäre für den Kläger jedoch wertlos, wenn er in diesem zwar Recht bekommen, im Zeitraum zwischen Klageerhebung und gerichtlicher Entscheidung aber **irreversible Fakten** geschaffen würden, aufgrund derer ihm das Obsiegen in der Sache tatsächlich nichts mehr nützt („Steine statt Brot"[2]) – etwa infolge der unumkehrbaren Vollziehung eines belastenden Verwaltungsakts (z.B. einer Abrissverfügung) oder weil der Erlass des begünstigten Verwaltungsakts jetzt keinen Sinn mehr macht (z.B. weil das Volksfest, zu dem der klagende Schausteller die Zulassung begehrt, im Zeitpunkt der Entscheidung des VG bereits stattgefunden hat).

488 Ein solches Ergebnis, in dem der Rechtsschutz des Einzelnen zu spät käme, weil zwischenzeitlich vollendete Tatsachen geschaffen wurden, wäre nicht nur faktisch unbefriedigend, sondern ebenfalls verfassungsrechtlich nicht hinnehmbar. Denn „**Art. 19 Abs. 4 [Satz 1] GG** garantiert nicht nur das formelle Recht und die theoretische Möglichkeit, die Gerichte anzurufen, sondern auch die Effektivität des Rechtsschutzes. Der Bürger hat einen substantiellen Anspruch auf eine tatsächlich wirksame gerichtliche Kontrolle"[3], wobei „wirksamer Rechtsschutz" auch „**Rechtsschutz innerhalb angemessener Zeit**" bedeutet.[4] Dem sich hieraus ergebenden Postulat nach Gewährung von effektivem **vorläufigen Rechtsschutz** ist der Gesetzgeber in §§ 47 Abs. 6, 80, 80a, 80b und 123 VwGO nachgekommen; ferner siehe noch § 113 Abs. 3 S. 2, 3 VwGO.

---

1 Zum gesamten Folgenden siehe *BVerfGE* 35, 263, 382; 51, 268; 79, 69; *BVerfG* NJW 2003, 1305; 2008, 1369; 2010, 2268; NVwZ 2004, 93; 2007, 1176; 2007, 1302; 2009, 240, 581; 2011, 35; *BVerwGE* 13, 1; 78, 192; 124, 201; *BVerwG* NVwZ 2009, 241; *OVG Saarland* NVwZ 1999, 1006; *OVG Hamburg* NVwZ-RR 2007, 364; *OVG Lüneburg* NVwZ-RR 2008, 776; BeckRS 2012, 51108; *VGH Mannheim* NVwZ-RR 2010, 463; *OVG Magdeburg* BeckRS 2013, 54457; *Brühl* JuS 1995, 627 ff., 723 ff., 818 ff.; *Decker* in: Wolff/Decker, VwGO/VwVfG § 80 VwGO Rn. 1, 40, 72; § 123 VwGO Rn. 7; *Detterbeck* Allgemeines Verwaltungsrecht Rn. 1489; *Engelbrecht* JA 2006, 789 ff.; *Erbguth* JA 2008, 357 ff.; *Finkelnburg/Dombert/Külpmann* Vorläufiger Rechtsschutz im Verwaltungsstreitverfahren Rn. 179, 359, 645, 976; *Gersdorf* Verwaltungsprozessrecht Rn. 140 ff., 214; *Hufen* Verwaltungsprozessrecht §§ 31 ff.; *Hummel* JuS 2011, 317 ff., 413 ff., 502 ff., 704 ff.; *Kopp/Schenke* VwGO § 42 Rn. 49 f.; § 80 Rn. 86, 107, 117, 119; § 123 Rn. 5; *Loos* JA 2001, 698 ff., 871 ff.; *Niedzwicki* JuS 2010, 695 f.; *Pietzner/Ronellenfitsch* Das Assessorexamen im Öffentlichen Recht Rn. 1551; *Proppe* JA 2004, 324 ff.; *Schenke* Verwaltungsprozessrecht Rn. 927 ff., 1018, 1033; *Schmitt Glaeser/Horn* Verwaltungsprozessrecht Rn. 241 ff.; *Schoch* in: Ehlers/Schoch, Rechtsschutz im Öffentlichen Recht §§ 29 f.; *Tettinger/Wahrendorf* Verwaltungsprozessrecht §§ 23 ff.; *Würtenberger* Verwaltungsprozessrecht Rn. 73 f.; 479 ff., 500 ff.

2 *Würtenberger* Verwaltungsprozessrecht Rn. 3.

3 *BVerfGE* 35, 263 (274).

4 *BVerfG* NJW 2001, 3770. Siehe ferner *BVerfGE* 79, 69 (73); *BVerfG* NVwZ 2011, 35.

Entsprechend der aus Art. 19 Abs. 4 S. 1 GG folgenden Zielvorgabe besteht der Zweck der **489** vorgenannten Vorschriften darin, dem Rechtsschutzsuchenden ein Instrument an die Hand zu geben, das Hauptsacheverfahren offen zu halten, d.h. den Eintritt von vollendeten Tatsachen während dessen Dauer zu verhindern ("Nachteil abwehren"[5]). Ein bis *dato* bestehendes Recht oder tatsächlicher Zustand soll bis zum rechtskräftigen Verfahrensabschluss gesichert werden (**Sicherungsfunktion**).

Neben dieser Absicherung des *status quo* kann es zur Gewährung von i.S.v. Art. 19 Abs. 4 S. 1 **490** GG effektivem Rechtsschutz mitunter allerdings auch erforderlich sein, nicht nur belastende Maßnahmen einstweilen abzuwehren, sondern darüber hinaus den eigenen Rechtskreis vorübergehend sogar zu erweitern ("Vorteil erlangen"[5]). Durch eine entsprechende gerichtliche Regelung wird der Zwischenzeitraum bis zur endgültigen Entscheidung in der Hauptsache überbrückt, d.h. der bestehende Zustand für die Interimszeit verändert (**interimistische Befriedigungsfunktion**).

> ### JURIQ-Klausurtipp
>
> In Klausuren wird nicht stets explizit nach der Möglichkeit bzw. dem Erfolg eines Antrags im Verfahren des vorläufigen Rechtsschutzes gefragt. Vielmehr gehört es mitunter – etwa in "Anwaltsklausuren" – bereits mit zur **Aufgabe** des Bearbeiters, den Eilbedarf im betreffenden Fall **selbst zu erkennen** und eine entsprechende Prüfung vorzunehmen; siehe Übungsfall Nr. 8.[6]

Nach welcher Vorschrift sich die Gewährung vorläufigen Rechtsschutzes im konkreten Fall **491** richtet, hängt davon ab, welche Klageart in der Hauptsache statthaft ist (**Akzessorietät des vorläufigen Rechtsschutzes**). Insoweit ist nach folgender "grober Faustformel"[7] abzugrenzen (näher Rn. 554), wobei verfassungsrechtlich beide Alternativen des vorläufigen Rechtsschutzes gleichwertig sind. Gemäß der "Kollisionsnorm"[8] des § 123 Abs. 5 VwGO richtet sich der vorläufige Rechtsschutz nach

- §§ 80 ff. VwGO, wenn in der Hauptsache die **Anfechtungsklage** statthaft ist; **492**
- § 123 VwGO grundsätzlich bei **alle**n **übrigen Klagearten** (Ausnahmen: § 113 Abs. 3 S. 2 **493** VwGO und verwaltungsgerichtliche Normenkontrollverfahren, siehe § 47 Abs. 6 VwGO), also namentlich bei der Verpflichtungs-, allgemeinen Leistungs– und Feststellungsklage.

Allein in Bezug auf die **Fortsetzungsfeststellungsklage** ist *vorläufiger* Rechtsschutz deren auf **494** *endgültige* Feststellung der Rechtswidrigkeit eines erledigten Verwaltungsakts gerichteten Zielrichtung nach ausgeschlossen.[9]

---

5 *Schmitt Glaeser/Horn* Verwaltungsprozessrecht Rn. 241.
6 *Gersdorf* Verwaltungsprozessrecht Rn. 144, 168; *Proppe* JA 2004, 324.
7 *Gersdorf* in: Posser/Wolff, VwGO § 80 Rn. 146; *Schoch* in: Ehlers/Schoch, Rechtsschutz im Öffentlichen Recht § 29 Rn. 92.
8 *Mückel* JA 2000, 329 (330).
9 Zum nachfolgenden Schaubild siehe *Pietzner/Ronellenfitsch* Das Assessorexamen im Öffentlichen Recht Rn. 266.

> **Hinweis**
>
> Der verwaltungsprozessuale vorläufige Rechtsschutz ist nicht nur in der Praxis von **großer Bedeutung**, sondern eignet sich auch ideal als Prüfungsstoff dazu, um Verständnis vom verwaltungsprozessualen Rechtsschutzsystem abzufragen. Entsprechend hoch ist denn auch der Anteil von Klausuraufgaben aus diesem Bereich.[10]

495

```
                              ┌────────────────┐
                              │  Hauptsache-   │
                              │  verfahren     │
                              └────────────────┘
           ┌─────────────────────────┼─────────────────────────┐
  ┌──────────────────┐   ┌──────────────────────────┐   ┌──────────────────┐
  │ Anfechtungsklage │   │ Verpflichtungs-, allgemeine│   │ Normenkontrolle  │
  │                  │   │ Leistungs-/Feststellungsklage│  │                  │
  └──────────────────┘   └──────────────────────────┘   └──────────────────┘
           │                           │                           │
  ┌──────────────────┐   ┌──────────────────────────┐   ┌──────────────────┐
  │  §§ 80 ff. VwGO  │   │   § 123 Abs. 1 VwGO      │   │ § 47 Abs. 6 VWGO │
  └──────────────────┘   └──────────────────────────┘   └──────────────────┘
           └─────────────────────────┼─────────────────────────┘
                              ┌────────────────┐
                              │  vorläufiger   │
                              │  Rechtsschutz  │
                              └────────────────┘
```

496   Aufgrund dieser „Interdependenz zwischen Art der (Haupt-)Klage und der Art des vorläufigen Rechtsschutzes" muss also „[z]unächst […] Klarheit über die **Klageart** geschaffen werden, bevor [**dann**] über die **Art des vorläufigen Rechtsschutzes** entschieden […] werden kann."[11] Die im Rahmen der Statthaftigkeit der betreffenden Klageart relevante Frage nach der **Verwaltungsakt**qualität der jeweiligen behördlichen Maßnahme stellt sich somit auch im vorliegenden Zusammenhang des vorläufigen Rechtsschutzes und darf nicht unentschieden bleiben.

497   Die zwei Arten des vorläufigen Rechtsschutzes einerseits nach den **§§ 80 ff. VwGO und** andererseits nach **§ 123 VwGO schließen sich gegenseitig aus** (vgl. § 123 Abs. 5 VwGO), bilden allerdings im Zusammenspiel mit § 47 Abs. 6 VwGO zugleich ein **lückenlos**es System vorläufiger verwaltungsprozessualer Rechtsschutzmöglichkeiten. „Jedes Hauptsachebegehren (mit Ausnahme der Fortsetzungsfeststellungsklage […]) kann durch die Gewährung vorläufigen Rechtsschutzes gesichert werden."[12]

A. Vorläufiger Rechtsschutz nach §§ 80 ff. VwGO

498   Grundsätzlich wird der vorläufige Rechtsschutz gegen belastende Verwaltungsakte allein schon durch die Erhebung von Widerspruch bzw. Anfechtungsklage gewährleistet, denen nach **§ 80 Abs. 1 S. 1 VwGO** jeweils automatisch aufschiebende Wirkung zukommt („Suspen-

---

10 *Mückel* JA 2000, 329; *Proppe* JA 2004, 324; *Schoch in:* Ehlers/Schoch, Rechtsschutz im Öffentlichen Recht § 29 Rn. 1, 84.

11 *Schmitt Glaeser/Horn* Verwaltungsprozessrecht Rn. 245.

12 *Schoch* in: Ehlers/Schoch, Rechtsschutz im Öffentlichen Recht § 30 Rn. 12.

sivautomatik"[13]). Nur dann, wenn die in § 80 Abs. 1 S. 1 VwGO genannten Rechtsbehelfe ausnahmsweise nicht einen solchen Suspensiveffekt entfalten (siehe **§ 80 Abs. 2**, § 80a Abs. 1 Nr. 1, Abs. 2, § 80b Abs. 1 VwGO), bedarf es weiterer Maßnahmen, um vorläufigen Rechtsschutz zu erlangen, vgl. **§ 80 Abs. 4, 5 VwGO**. Bei Verwaltungsakten mit Drittwirkung regelt **§ 80a VwGO** den vorläufigen Rechtsschutz.

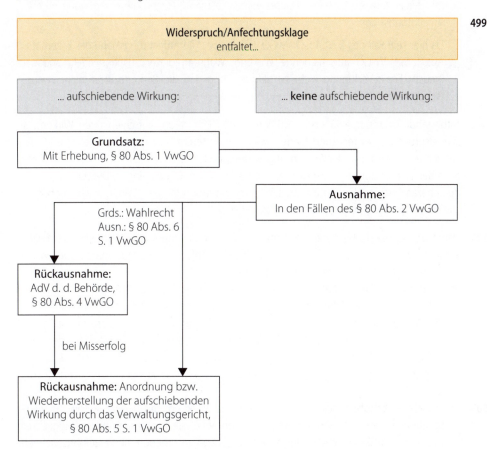

499

I. **§ 80 Abs. 1 VwGO**

Erlässt eine Behörde einen Verwaltungsakt, so wird dieser grundsätzlich unabhängig von **500** seiner Rechtmäßigkeit oder Rechtswidrigkeit gegenüber demjenigen, für den er bestimmt ist oder der von ihm betroffen wird, in dem Zeitpunkt wirksam, in dem er ihm bekannt gegeben wird, § 43 Abs. 1 S. 1 VwVfG (Ausnahme: Nichtigkeit z.B. gem. § 44 Abs. 1 VwVfG, siehe § 43 Abs. 3 VwVfG). Diese Wirksamkeit behält der Verwaltungsakt gem. § 43 Abs. 2 VwVfG bei, d.h. er muss vom Bürger befolgt und kann von der Behörde unter bestimmten zusätzlichen Voraussetzungen notfalls zwangsweise durchgesetzt (vollstreckt) werden, solange und soweit der Verwaltungsakt nicht zurückgenommen, widerrufen, anderweitig aufgehoben oder durch Zeitablauf oder auf andere Weise erledigt ist. Um nun zu verhindern, dass durch den Vollzug eines belastenden Verwaltungsakt vollendete Tatsachen geschaffen werden, ohne dass dessen Rechtmäßigkeit zuvor überprüft wurde, ordnet **§ 80 Abs. 1 S. 1 VwGO** an, dass der gegen einen Verwal-

---

13 *Schoch* in: Ehlers/Schoch, Rechtsschutz im Öffentlichen Recht § 29 Rn. 13, 17 f.

tungsakt erhobene (Anfechtungs-)Widerspruch ebenso wie die gegen einen Verwaltungsakt erhobene Anfechtungsklage jeweils grundsätzlich aufschiebende Wirkung (**Suspensiveffekt**) hat.

501   **Beispiel**[14]   Die zuständige Behörde erlässt gegenüber Hauseigentümer E eine Verfügung, mit der er zum Abriss seines Hauses verpflichtet wird. Gegen diese Verfügung erhebt E Anfechtungsklage.

Da hier kein Fall des § 80 Abs. 2 VwGO vorliegt, hat die Anfechtungsklage des E gem. § 80 Abs. 1 S. 1 VwGO aufschiebende Wirkung. Während dieser Suspensiveffekt andauert, braucht E die Verfügung nicht zu befolgen und darf die Behörde diese nicht zwangsweise durchsetzen. ■

502   Tatbestandlich knüpft § 80 Abs. 1 S. 1 VwGO den Eintritt der aufschiebenden Wirkung an „Widerspruch und **Anfechtungsklage**", wobei mit Ersterem trotz des weiter gefassten Gesetzeswortlauts freilich nur der **Anfechtungswiderspruch** nach § 68 Abs. 1 S. 1 VwGO, nicht aber auch der Verpflichtungswiderspruch nach § 68 Abs. 2 VwGO, gemeint ist. Dies ergibt sich aus der inneren Systematik von § 80 Abs. 1 S. 1 VwGO (Erwähnung des „Widerspruchs" neben der „Anfechtungsklage") sowie aus § 123 Abs. 5 VwGO.

503   Damit der Suspensiveffekt auch im konkreten Fall eintritt, muss in diesem einer der beiden vorgenannten Rechtsbehelfe – also entweder der (Anfechtungs-)Widerspruch oder in den Fällen des § 68 Abs. 1 S. 2 VwGO die Anfechtungsklage –

504   • **statthaft** sein. Das ist nach § 68 Abs. 1 S. 1 VwGO bzw. § 42 Abs. 1 Alt. 1 VwGO dann der Fall, wenn es sich bei der betreffenden Maßnahme um einen Verwaltungsakt handelt. Auf die diesbezüglichen Ausführungen in Rn. 129 ff. wird verwiesen. Ergänzend stellt § 80 Abs. 1 S. 2 VwGO klar, dass die aufschiebende Wirkung nicht nur bei befehlenden (Ge-/ Verbot), d.h. vollstreckungsfähigen, sondern auch bei rechtsgestaltenden (z.B. Rücknahme gem. § 48 VwVfG) sowie (z.B. die Staatsangehörigkeit) feststellenden Verwaltungsakten gilt; und

505   • tatsächlich **erhoben** sein. Die aufschiebende Wirkung tritt weder automatisch mit Bekanntgabe des Verwaltungsakts ein noch wird sie durch die bloße Möglichkeit, (Anfechtungs-)Widerspruch oder Anfechtungsklage zu erheben, herbeigeführt. Vielmehr ist nach § 80 Abs. 1 S. 1 VwGO Anknüpfungspunkt der aufschiebenden Wirkung der (Anfechtungs-)Widerspruch (§ 68 Abs. 1 S. 1 VwGO) bzw. die Anfechtungsklage (Fälle des § 68 Abs. 1 S. 2 VwGO).

506   **Weitere Anforderungen** an die Zulässigkeit und Begründetheit von (Anfechtungs-)Widerspruch bzw. Anfechtungsklage stellt § 80 Abs. 1 S. 1 VwGO seinem Wortlaut nach **nicht**. Im Prinzip lösen diese daher auch im Fall ihrer Unzulässigkeit den in § 80 Abs. 1 S. 1 VwGO angeordneten Suspensiveffekt aus.

507   Eine erste Einschränkung erfährt dieser Grundsatz allerdings daraus, dass § 80 Abs. 1 S. 1 VwGO überhaupt nur bei Bestehen der deutschen Gerichtsbarkeit, der Eröffnung des Verwaltungsrechtswegs sowie bei Statthaftigkeit von Widerspruch bzw. Anfechtungsklage in der Hauptsache anwendbar ist, d.h. wenn objektiv ein Verwaltungsakt vorliegt. Mangelt es im konkreten Fall an einer dieser (Zulässigkeits-)Voraussetzungen, so entfaltet ein(e) gleichwohl erhobene(r) Widerspruch bzw. Anfechtungsklage keine aufschiebende Wirkung. Entsprechen-

---

14 Nach *Geis/Hinterseh* JuS 2001, 1176 (1180 f.).

des gilt nach h.M.[15] fernerhin auch dann, wenn der Widerspruch bzw. die Anfechtungsklage aus anderen Gründen **offensichtlich unzulässig** ist (Argument: Verhinderung von Rechtsmissbrauch). Dies ist namentlich dann der Fall, wenn der Betroffene unter keinem denkbaren Gesichtspunkt in einem seiner subjektiv-öffentlichen Rechte verletzt sein kann, d.h. ihm die Widerspruchs- bzw. Klagebefugnis gem. § 42 Abs. 2 VwGO (analog) fehlt, oder der jeweilige Rechtsbehelf offensichtlich verfristet ist (§§ 70, 74 Abs. 1 VwGO), d.h. der Verwaltungsakt formell bestandskräftig (unanfechtbar) geworden ist, vgl. § 80b Abs. 1 S. 1 VwGO. In beiden Fällen fehlt es an der notwendigen „innere[n] Verknüpfung der aufschiebenden Wirkung mit der Möglichkeit einer erfolgreichen Anfechtung."[16] Demgegenüber ist allgemein anerkannt, dass selbst ein **offensichtlich unbegründet**er Widerspruch bzw. eine offensichtlich unbegründete Anfechtungsklage aufschiebende Wirkung nach § 80 Abs. 1 S. 1 VwGO entfaltet.

§ 80 Abs. 1 S. 2 VwGO stellt klar, dass – sofern keine Ausnahme einschlägig ist – Widerspruch und Anfechtungsklage auch bei **Verwaltungsakt**en **mit Drittwirkung**[17] i.S.v. § 80a VwGO aufschiebende Wirkung haben. Hierunter sind Verwaltungsakte zu verstehen, die eine Person begünstigen (vgl. § 48 Abs. 1 S. 2 VwVfG) und zugleich eine andere Person belasten.[18] Dabei kann entweder die Begünstigung beim Adressaten und die Belastung beim Dritten (§ 80a Abs. 1 VwGO; z.B. belastet die dem Bauherrn gegenüber erteilte Baugenehmigung dessen Nachbarn) oder umgekehrt die Begünstigung beim Dritten und die Belastung beim Adressaten eintreten (§ 80a Abs. 2 VwGO; z.B. begünstigt die gegenüber dem Ruhestörer erlassene Polizeiverfügung dessen Nachbarn). Examensrelevanz kommt § 80a VwGO, wenn überhaupt, v.a. im Bereich des Baurechts zu.

508

Welche Rechtsfolgen genau mit dem Eintritt der **„aufschiebenden Wirkung"** nach § 80 Abs. 1 S. 1 VwGO verbunden sind, ist im Gesetz nicht ausdrücklich geregelt. Mittelbar lässt sich § 80 Abs. 2 S. 1 Nr. 4, Abs. 3–5 und § 80a Abs. 1, 2 VwGO, die jeweils vom Gegenstück („Vollziehung") sprechen, allerdings entnehmen, dass hiermit richtigerweise die **Hemmung der Vollziehung** gemeint ist. Diese wiederum bewirkt, dass während ihres Andauerns ein befehlender Verwaltungsakt vom Adressaten nicht befolgt werden muss und von der Behörde jedenfalls nicht vollstreckt werden darf. Allerdings ist „der Begriff der Vollziehung i.S. des § 80 [VwGO] [...] weiter als der am Verwaltungszwang orientierte und nur behördliche Zwangsmaßnahmen umfassende Begriff der Vollstreckung i.S. der Vollstreckungsgesetze."[19]

509

> **„Vollziehung** ist die einseitige Durchsetzung der im Bescheid getroffenen Regelung mit hoheitlichen Mitteln."[20]

510

Da nicht sämtliche Verwaltungsakte der Vollstreckung zugänglich sind, würde der Suspensiveffekt im Fall einer Gleichsetzung der Vollzugs- lediglich mit einer Vollstreckungshemmung bei rechtsgestaltenden sowie feststellenden Verwaltungsakten nicht Platz greifen. Nicht

511

---

15 Siehe die Nachweise bei *Gersdorf* Verwaltungsprozessrecht Rn. 142.

16 *BVerwG* NJW 1993, 1610 (1611).

17 Zu den hiervon abzugrenzenden **Verwaltungsakt**en **mit** Misch- bzw. **Doppelwirkung** siehe im Skript „Allgemeines Verwaltungsrecht" Rn. 315. Zur Terminologie (Doppel- bzw. Drittwirkung) siehe *Schenke* Verwaltungsprozessrecht Rn. 940.

18 Mitunter wird für die **Statthaftigkeit** des Antrags nach § 80a VwGO (freilich nicht auch die Antragsbefugnis) eine **faktische Belastung**swirkung als ausreichend erachtet, siehe *Gersdorf* Verwaltungsprozessrecht Rn. 164, 171 m.w.N. auch zur **a.A.**

19 *Schmitt Glaeser/Horn* Verwaltungsprozessrecht Rn. 256. Vgl. auch *Proppe* JA 2004, 324.

20 *BVerwGE* 132, 250 (251).

zuletzt aufgrund der Unvereinbarkeit eines solchen Ergebnisses mit § 80 Abs. 1 S. 2 VwGO wird der Begriff der „aufschiebenden Wirkung" daher insbesondere von der Rechtsprechung[21] über eine bloße Vollstreckungshemmung hinaus **i.S. eines „umfassende[n] Verwirklichungs- und Ausnutzungsverbot[s]"**[22] betreffend den mit dem Widerspruch bzw. der Anfechtungsklage angegriffenen Verwaltungsakt verstanden. Aus diesem dürfen vom Zeitpunkt seines Erlasses an – die Erhebung von Widerspruch bzw. Anfechtungsklage führt zum **rückwirkende**n **Eintritt des Suspensiveffekts** (*ex tunc*; Folge u.a.: zwischenzeitliche Vollzugsmaßnahmen sind rechtswidrig und daher auszusetzen bzw. rückgängig zu machen) – von den Behörden, Gerichten und Beteiligten weder rechtlich noch tatsächlich (un-)mittelbare Folgen gezogen werden: Der Adressat des angegriffenen Verwaltungsakts braucht die darin enthaltenen Ver- und Gebote nicht zu befolgen, d.h. er darf die untersagte Tätigkeit zunächst weiter ausüben; „[d]ie aufschiebende Wirkung [belässt] dem Betroffenen [damit] vorübergehend eine ‚Rechtsposition' [...], die ihm nach dem geltenden Recht möglicherweise nicht zusteht."[23] Andererseits darf er aber auch nicht von einer behördlichen Erlaubnis etc. Gebrauch machen, gegen die ein Dritter Widerspruch oder Anfechtungsklage erhoben hat. „Ein durch den Verwaltungsakt Begünstigter handelt rechtswidrig, wenn er trotz aufschiebender Wirkung von einer Erlaubnis Gebrauch macht."[24] Umgekehrt ist die Verwaltung aufgrund der aufschiebenden Wirkung ihrerseits daran gehindert, sich auf die durch den angegriffenen Verwaltungsakt etwaig veränderte Rechtslage (z.B. Aufhebung eines begünstigenden Dauerverwaltungsakts) zu berufen sowie Strafen, Geldbußen oder sonstige Sanktionen aufgrund von dessen Nichtbefolgung zu verhängen; die Anfechtung des „Grund-Verwaltungsakts" (z.B. Widerruf der Gaststättenerlaubnis gem. § 15 Abs. 2 GastG) entzieht einem „Folge-Verwaltungsakt" (z.B. Schließungsverfügung gem. § 31 GastG i.V.m. § 15 Abs. 2 GewO) die Basis. Schließlich sind beide Seiten daran gehindert, Folgerungen aus der im angegriffenen Verwaltungsakt getroffenen Feststellung zu ziehen. Die Aufrechnung als solche wird hingegen von § 80 Abs. 1 S. 1 VwGO zwar nicht verhindert, „wohl aber die Aufrechenbarkeit solcher Gegenforderungen, deren Bestand oder Fälligkeit ihrerseits einen Verwaltungsakt voraussetzt, sofern und solange die Vollziehung dieses Verwaltungsakts ausgesetzt ist."[25]

512 **Nicht zu folgen** ist den im Schrifttum[26] mitunter befürworteten Wirksamkeitstheorien. Nach der strengen **Wirksamkeitstheorie** werde die Wirksamkeit des mit einem Widerspruch bzw. der Anfechtungsklage angegriffenen Verwaltungsakts bis zur bestands- bzw. rechtskräftigen Entscheidung über den jeweiligen Rechtsbehelf aufgeschoben. Sofern der Verwaltungsakt darin nicht aufgehoben werde, erlange er erst zu diesem Zeitpunkt (*ex nunc*) seine Wirksamkeit. Vermittelnd zwischen dieser Ansicht und der Vollziehbarkeitstheorie geht schließlich die eingeschränkte Wirksamkeitstheorie davon aus, dass Widerspruch und Anfechtungsklage zwar die Wirksamkeit des Verwaltungsakts hemmten, diese Hemmung aber nur vorläufiger Natur sei. Werde der Verwaltungsakt bestands- bzw. rechtskräftig bestätigt, so entfalle die infolge der Wirksamkeitshemmung zunächst eingetretene schwebende Unwirksamkeit rückwirkend (*ex tunc*).

---

21 Vgl. *BVerfG* NJW 2006, 3551 (3552).

22 *OVG Koblenz* DVBl 1989, 890 (891) m.w.N.

23 *Schmitt Glaeser/Horn* Verwaltungsprozessrecht Rn. 260.

24 *Hufen* Verwaltungsprozessrecht § 32 Rn. 4.

25 *BVerwGE* 132, 250 (252) m.w.N.

26 Siehe die Nachweise bei *Schenke* Verwaltungsprozessrecht Rn. 949.

Trotz der im Ausgangspunkt unterschiedlichen dogmatischen Einordnung des Suspensiveffekts bedarf es in der Fallbearbeitung gleichwohl nur dann einer **Entscheidung des** diesbezüglich geführten **Meinungsstreits**, wenn und soweit die verschiedenen Auffassungen auch im konkreten Fall zu voneinander abweichenden Ergebnissen gelangen. Von vornherein ausgeschlossen ist dies jedoch zum einen dann, wenn der Verwaltungsakt von Anfang an rechtswidrig war, so dass er mit Rückwirkung auf seinen Erlasszeitpunkt (*ex tunc*) aufgehoben wird. Und auch im Übrigen bedarf es zum anderen keiner Entscheidung zwischen der Lehre von der Vollziehbarkeitshemmung und der Theorie der eingeschränkten Wirksamkeitshemmung, da beide Konzeptionen letztlich regelmäßig zu demselben praktischen Ergebnis führen. Gegen die verbleibende strenge Wirksamkeitstheorie spricht bereits der Wortlaut von § 43 Abs. 2 VwVfG, in dem die „aufschiebende Wirkung" gerade nicht als Grund für die Unwirksamkeit eines Verwaltungsakts genannt wird. Zudem hätte die Befolgung dieser Ansicht zur Konsequenz, dass mittels der Erhebung selbst eines offensichtlich unbegründeten Widerspruchs bzw. einer offensichtlich unbegründeten Anfechtungsklage aufgrund der Prozessvorschrift des § 80 Abs. 1 S. 1 VwGO ein Resultat erzielt werden könnte (nämlich die Wirksamkeit des angegriffenen Verwaltungsakts erst mit Eintritt von dessen Bestands- bzw. Rechtskraft), das sich nach dem materiellen Recht nicht erreichen lässt, siehe § 43 Abs. 1 S. 1 VwVfG: „Ein Verwaltungsakt wird [...] in dem Zeitpunkt wirksam, in dem er [...] bekannt gegeben wird." Vgl. auch § 84 Abs. 2 S. 1 AufenthG. | **513**

Die **aufschiebende Wirkung endet** nach Maßgabe von § 80b VwGO, im Fall des § 80 Abs. 5 S. 5 VwGO auch mit Fristablauf sowie darüber hinaus ebenfalls mit der Erledigung der Hauptsache. | **514**

II. § 80 Abs. 2 VwGO

Nach § 80 Abs. 2 VwGO **entfällt** die **aufschiebende Wirkung**, die Widerspruch und Anfechtungsklage gem. § 80 Abs. 1 S. 1 VwGO i.d.R. zukommt, nur | **515**
1. bei der Anforderung von öffentlichen Abgaben und Kosten (Rn. 516 ff.),
2. bei unaufschiebbaren Anordnungen und Maßnahmen von Polizeivollzugsbeamten (Rn. 524),
3. in anderen durch Bundesgesetz oder für Landesrecht durch Landesgesetz vorgeschriebenen Fällen, insbesondere für Widersprüche und Klagen Dritter gegen Verwaltungsakte, die Investitionen oder die Schaffung von Arbeitsplätzen betreffen (Rn. 525 f.),
4. in den Fällen, in denen die sofortige Vollziehung im öffentlichen Interesse oder im überwiegenden Interesse eines Beteiligten von der Behörde, die den Verwaltungsakt erlassen oder über den Widerspruch zu entscheiden hat, besonders angeordnet wird (Rn. 528 ff.).

Die Länder können auch bestimmen, dass Rechtsbehelfe keine aufschiebende Wirkung haben, soweit sie sich gegen Maßnahmen richten, die in der Verwaltungsvollstreckung durch die Länder nach Bundesrecht getroffen werden (Rn. 527).

1. Öffentliche Abgaben und Kosten (§ 80 Abs. 2 S. 1 Nr. 1 VwGO)

Zur Erfüllung seiner Aufgaben bedarf der Staat eines stetigen Zuflusses finanzieller Mittel. Um eine ordnungsgemäße Haushaltsplanung zu sichern (vgl. §§ 2, 8 HGrG) und zu verhindern, dass Abgaben- und Kostenschuldner allein schon zwecks Erlangung eines Zinsvorteils | **516**

Rechtsbehelfe gegen entsprechende Bescheide einlegen und hierdurch dem Staat eingeplante Einnahmen vorenthalten, kommen Widerspruch und Anfechtungsklage gegen Verwaltungsakte, mit denen öffentliche Abgaben und Kosten angefordert werden, kraft Gesetzes keine aufschiebende Wirkung zu, **§ 80 Abs. 2 S. 1 Nr. 1 VwGO.** Sonstige öffentlich-rechtliche Geldforderungen, die nicht primär der allgemeinen Staatsfinanzierung, sondern vorrangig anderen Zielen dienen (z.B. Zwangsgeld nach § 11 VwVG), unterfallen dagegen nicht dem als Ausnahmevorschrift eng auszulegenden § 80 Abs. 2 S. 1 Nr. 1 VwGO. Bereits nach dessen ausdrücklichem Wortlaut ist nicht „jeder Verwaltungsakt, der eine Geldleistung zum Gegenstand hat, sofort vollziehbar […]. Die bloße Einnahmeerzielung als solche ist nach § 80 Abs. 2 S. 1 Nr. 1 VwGO als Rechtfertigungsgrund für den Ausschluss der aufschiebenden Wirkung […] gerade nicht vorgesehen." „Deshalb darf [insofern] nicht lediglich allgemein auf die Deckung des Finanzbedarfs zur Erfüllung öffentlicher Aufgaben abgestellt werden." Vielmehr müssen zusätzlich zur Finanzierungsfunktion der vom Einzelnen zu erbringenden Geldleistung als notwendige Voraussetzung des § 80 Abs. 2 S. 1 Nr. 1 VwGO noch die „Verlässlichkeit und die Berechenbarkeit des Mittelzuflusses in die öffentlichen Kassen" hinzukommen.[27]

517   Zu den **öffentlichen Abgaben** i.S.v. § 80 Abs. 2 S. 1 Nr. 1 VwGO gehören namentlich Steuern (sofern diesbezügliche Streitigkeiten überhaupt der VwGO – und nicht der FGO – unterfallen), Gebühren, Beiträge und Sonderabgaben:

518   • **Steuern** sind nach der Legaldefinition des § 3 Abs. 1 AO „Geldleistungen, die nicht eine Gegenleistung für eine besondere Leistung darstellen und von einem öffentlich-rechtlichen Gemeinwesen zur Erzielung von Einnahmen allen auferlegt werden, bei denen der Tatbestand zutrifft, an den das Gesetz die Leistungspflicht knüpft; die Erzielung von Einnahmen kann Nebenzweck sein", wobei es sich bei der Gesetzmäßigkeit und der Tatbestandsmäßigkeit der Besteuerung freilich nicht um Begriffsmerkmale der Steuer, sondern vielmehr um Voraussetzungen der Rechtmäßigkeit ihrer Erhebung handelt;[28]

519   • **Gebühren** sind Geldleistungen, die als Gegenleistung für eine besondere Leistung – Amtshandlung oder sonstige Tätigkeit – der Verwaltung (Verwaltungsgebühren; z.B. für die Erteilung einer Baugenehmigung) oder für die tatsächliche Inanspruchnahme öffentlicher Einrichtungen und Anlagen (Benutzungsgebühren; z.B. für das städtische Schwimmbad) erhoben werden, vgl. auch § 3 Abs. 4 BGebG und § 4 Abs. 2 KAG NRW. Ob Verwaltungsgebühren, die nicht isoliert (selbstständig), sondern zusammen mit einer Sachentscheidung (d.h. unselbstständig; vgl. § 13 Abs. 1 S. 2 BGebG) erhoben werden (z.B. Gebühren für die Erteilung einer Genehmigung), unter § 80 Abs. 2 S. 1 Nr. 1 VwGO zu subsumieren sind, ist streitig.[29] Konsequenz der diese Frage bejahenden Ansicht ist, dass die etwaig bestehende aufschiebende Wirkung des gegen die Sachentscheidung eingelegten Rechtsbehelfs sich nicht auch auf die mit ihr verbundene Gebührenentscheidung erstreckt;

520   • **Beiträge** werden zur vollständigen oder teilweisen Deckung des Aufwandes für die Herstellung, Anschaffung und Erweiterung öffentlicher Einrichtungen und Anlagen als Gegenleistung dafür erhoben, dass dem Beitragsschuldner ein wirtschaftlicher Vorteil in Form der bloßen Möglichkeit der Inanspruchnahme der betreffenden öffentlichen Einrichtungen oder Anlage geboten wird (z.B. Kindergartenbeitrag), vgl. auch § 8 Abs. 2 KAG NRW;

---

27 *Schoch* in: Ehlers/Schoch, Rechtsschutz im Öffentlichen Recht § 29 Rn. 45 f.
28 *Wienbracke* KStZ 2013, 41 (43) m.w.N.
29 Nachweise zum Meinungsstand bei *Schoch* in: Ehlers/Schoch, Rechtsschutz im Öffentlichen Recht § 29 Rn. 51.

- **Sonderabgaben** sind Geldleistungspflichten, die unabhängig von einer staatlichen   **521** Gegenleistung von einer bestimmten Gruppe zur Finanzierung besonderer Aufgaben erhoben werden und deren Aufkommen in einem Sonderfonds fließt (z.B. BaFin-Umlage nach § 16 FinDAG).[30]

Öffentliche Kosten i.S.v. § 80 Abs. 2 S. 1 Nr. 1 VwGO sind alle Gebühren und Auslagen (vgl. § 1   **522** Abs. 1 VwKostG a.F.), die den Beteiligten wegen der Durchführung eines Verwaltungsverfahrens (inkl. des Widerspruchverfahrens) nach im Voraus feststehenden Sätzen auferlegt werden. **Nicht** unter den Begriff der „öffentlichen Kosten" i.S.v. § 80 Abs. 2 S. 1 Nr. 1 VwGO fallen daher insbesondere behördliche Geldforderungen, die im Rahmen der **Verwaltungsvollstreckung** entstanden sind (z.B. Kosten für die Anwendung von unmittelbaren Zwang; str.[31]); deren jeweilige Höhe ist von den Umständen des Einzelfalls abhängig.

Beispiel[32]   Unter Anordnung der sofortigen Vollziehung hatte die zuständige Behörde B   **523** dem Grundstückseigentümer E aufgegeben, durch fachkundige Personen einen Hangrutsch auf seinem Grundstück beobachten zu lassen. Da E dem Gebot nicht nachkam, ordnete B die Ersatzvornahme an und verlangte nach deren Durchführung die hierdurch angefallenen Kosten von E durch Bescheid ersetzt. Gegen diesen Kostenbescheid hat E in zulässiger Weise Widerspruch erhoben. Muss E die Kosten nunmehr gleichwohl sofort begleichen?

Nein. Denn gem. § 80 Abs. 1 S. 1 VwGO hat der Widerspruch des E aufschiebende Wirkung. Die Ausnahme des § 80 Abs. 2 S. 1 Nr. 1 VwGO greift vorliegend nicht ein (zu § 80 Abs. 2 S. 1 Nr. 3 VwGO siehe Rn. 526). Bei den hier von der Behörde gegenüber E geltend gemachten Kosten handelt es sich nach h.M. nicht um „Kosten" i.S. dieser Vorschrift. Diese erfasst nämlich nur nach feststehenden Sätzen auferlegte und der allgemeinen Staatsfinanzierung dienende Gebühren und Auslagen, nicht hingegen auch solche, deren Höhe sich – wie diejenigen einer Ersatzvornahme – nach den Umständen des jeweiligen Einzelfalls richtet. ◼

2. Unaufschiebbare Anordnungen und Maßnahmen von Polizeivollzugsbeamten (§ 80 Abs. 2 S. 1 Nr. 2 VwGO)

Um eine effektive Gefahrenabwehr sicherzustellen, entfalten gem. § 80 Abs. 2 S. 1 Nr. 2 VwGO   **524** auch Widerspruch und Anfechtungsklage gegen unaufschiebbare Anordnungen und Maßnahmen von Polizeivollzugsbeamten keine aufschiebende Wirkung. In persönlicher Hinsicht erfasst § 80 Abs. 2 S. 1 Nr. 2 VwGO nur **Vollzugsbeamte der Polizei** im institutionellen Sinn, nicht dagegen auch solche der allgemeinen Sicherheits- und Ordnungsbehörden (Verwaltungspolizei). Zudem muss die Anordnung oder Maßnahme in sachlicher Hinsicht **unaufschiebbar**, d.h. ein sofortiges Eingreifen der Polizei muss erforderlich sein (z.B. eilbedürftige Gefahrenabwehrmaßnahmen bei „Gefahr im Verzug"). Aufgrund ihrer Funktionsgleichheit mit unaufschiebbaren Anordnungen und Maßnahmen von Polizeivollzugsbeamten findet § 80 Abs. 2 S. 1 Nr. 2 VwGO auf **Verkehrszeichen**, die Ge- bzw. Verbote enthalten (§ 41 Abs. 1 StVO), analoge Anwendung.

---

30 *Birk/Desens/Tappe* Steuerrecht Rn. 121 m.w.N. unter Hinweis auf *BVerfGE* 101, 141 (148).

31 *Kopp/Schenke* VwGO § 80 Rn. 63 m.w.N. auch zur a.A.

32 Nach *Schoch* in: Ehlers/Schoch, Rechtsschutz im Öffentlichen Recht § 29 Rn. 42, 52.

3. Spezialgesetzlicher Ausschluss der aufschiebenden Wirkung (§ 80 Abs. 2 S. 1 Nr. 3, S. 2 VwGO)

525 Von der sich aus **§ 80 Abs. 2 S. 1 Nr. 3 VwGO** ergebenden Ermächtigung, durch (förmliches) Bundesgesetz oder – für Landesrecht – durch Landesgesetz Ausnahmen von dem sich aus § 80 Abs. 1 S. 1 VwGO ergebenden Grundsatz der aufschiebenden Wirkung von Widerspruch und Anfechtungsklage zu schaffen, hat der Gesetzgeber u.a. „für Widersprüche und Klagen Dritter gegen Verwaltungsakte, die Investitionen oder die Schaffung von Arbeitsplätzen betreffen" (§ 80 Abs. 2 S. 1 Nr. 3 Hs. 2 VwGO), mittlerweile in beachtlichem Ausmaß Gebrauch gemacht. Auf bundesgesetzlicher Ebene sind insoweit neben § 212a Abs. 1 BauGB v.a. noch § 84 Abs. 1 AufenthG, § 75 AsylVfG sowie § 126 Abs. 4 BBG und § 54 Abs. 4 BeamtStG zu nennen. Typisches Beispiel für eine auf § 80 Abs. 2 S. 1 Nr. 3 VwGO basierende landesrechtliche Vorschrift ist § 112 S. 1 JustG NRW, wonach „Rechtsbehelfe, die sich gegen Maßnahmen der Vollstreckungsbehörden und der Vollzugsbehörden […] in der Verwaltungsvollstreckung richten […], keine aufschiebende Wirkung" haben (ferner siehe § 12 S. 1 LVwVG BW, Art. 21a S. 1 bay. VwZVG, § 4 Abs. 1 S. 1 AGVwGO Bln., § 16 VwVGBbg., § 29 Abs. 1 Hs. 1 HmbVwVG, § 16 S. 1 HessAGVwGO, § 110 VwVfG M-V i.V.m. § 99 Abs. 1 S. 2 SOG M-V, § 111 Abs. 6 VwVfG M-V, § 66 NVwVG, § 70 Abs. 1 NVwVG i.V.m. § 64 Abs. 4 S. 1 Nds. SOG, § 20 AGVwGO RhPf., § 20 S. 1 AGVwGO Saarl., § 11 S. 1 SächsVwVG, § 9 AGVwGO LSA, § 53 Abs. 4 S. 1 SOG LSA, §§ 248 Abs. 1 S. 2, 322 Abs. 1 LVwG SchlH., § 8 S. 1 ThürAGVwGO). Dieser Ausschluss des Suspensiveffekts bezieht sich namentlich auf die Androhung und Festsetzung von Zwangsmitteln, nicht hingegen auf Kostenbescheide für Vollstreckungsmaßnahmen. Letztere ergehen nämlich nicht mehr „in", sondern vielmehr erst „nach" der Verwaltungsvollstreckung.

526 **Beispiel**[33] In dem in Rn. 523 gebildeten *Beispielsfall* hat der Widerspruch des E gem. § 80 Abs. 1 S. 1 VwGO aufschiebende Wirkung. Die Ausnahme des § 80 Abs. 2 S. 1 Nr. 3 VwGO i.V.m. dem jeweiligen Landesrecht greift hier nicht ein (zu § 80 Abs. 2 S. 1 Nr. 1 VwGO siehe Rn. 523). Denn bei der Anforderung der Kosten für die Ersatzvornahme handelt es sich nicht mehr um eine Maßnahme „in" der Verwaltungsvollstreckung. ▪

527 Schließlich können die Länder nach **§ 80 Abs. 2 S. 2 VwGO** auch bestimmen, dass Rechtsbehelfe keine aufschiebende Wirkung haben, soweit sie sich gegen Maßnahmen richten, die in der Verwaltungsvollstreckung durch die Länder nach Bundesrecht getroffen werden (so z.B. Art. 11 S. 1 AGVwGO Brem.).

4. Behördliche Anordnung der sofortigen Vollziehung (§ 80 Abs. 2 S. 1 Nr. 4 VwGO)

528 Ist keiner der vorgenannten Fälle des § 80 Abs. 2 S. 1 Nr. 1-3, S. 2 VwGO einschlägig, so gelangt an sich der in § 80 Abs. 1 S. 1 VwGO normierte gesetzliche Regelfall zur Anwendung, wonach Widerspruch und Anfechtungsklage aufschiebende Wirkung entfalten. Sollte **im konkreten Fall** gleichwohl einmal das **Interesse an der sofortigen Vollziehung** des Verwaltungsakts **schwerer** wiegen **als dasjenige an der aufschiebenden Wirkung** der vorgenannten Rechtsbehelfe, so kann die Behörde gem. § 80 Abs. 2 S. 1 Nr. 4 VwGO – entweder zusammen mit dem Verwaltungsakt oder zu einem späteren Zeitpunkt – dessen sofortige Vollziehung anordnen.

---

33 Nach *Schoch* in: Ehlers/Schoch, Rechtsschutz im Öffentlichen Recht § 29 Rn. 42, 59.

Der Rechtsnatur nach handelt es sich bei dieser **Anordnung der sofortigen Vollziehung**   **529**
(AsV) der h.M.[34] zufolge um eine rein verfahrensrechtliche (Neben-)Entscheidung ohne sachliche Rechtsfolgenanordnung (Regelung, vgl. § 35 S. 1 VwVfG) und damit nicht um einen Verwaltungsakt. Verwaltungsgerichtlicher Rechtsschutz gegen die Anordnung der sofortigen
Vollziehung ist folglich nicht über den Widerspruch bzw. die Anfechtungsklage, sondern
allein über das Verfahren nach § 80 Abs. 5 S. 1 Alt. 2 bzw. § 80a Abs. 3 VwGO zu erlangen.

Voraussetzung für die Rechtmäßigkeit der Anordnung der sofortigen Vollziehung eines Ver-   **530**
waltungsakts nach § 80 Abs. 2 S. 1 Nr. 4 VwGO ist **in formeller Hinsicht**, dass sie durch die
zuständige Behörde erfolgt. Wie sich aus dem ausdrücklichen Wortlaut von § 80 Abs. 2 S. 1
Nr. 4 VwGO ergibt, sind sowohl die Ausgangsbehörde – und zwar auch noch nach Abgabe
an die Widerspruchsbehörde bis zum Eintritt der Unanfechtbarkeit des Verwaltungsakts – als
auch (im Zeitraum zwischen Erhebung des Widerspruchs und Zustellung des Widerspruchbescheids; str.[35]) die Widerspruchsbehörde für die Anordnung nach dieser Vorschrift zuständig („echte Zuständigkeitskonkurrenz"[36]). Ob die hiernach zuständige Behörde die Anordnung der sofortigen Vollziehung von Amts wegen, d.h. auch ohne vorausgegangenen
Antrag, treffen darf, ist str.[37]

Einer **Anhörung** bedarf es vor Ergehen der Anordnung der sofortigen Vollziehung nach   **531**
h.M.[38] **nicht**. Bei dieser handelt es sich nämlich nicht um einen Verwaltungsakt, so dass der
einen solchen aber gerade voraussetzenden § 28 Abs. 1 VwVfG im vorliegenden Zusammenhang unmittelbar ohnehin keine Anwendung findet. Doch auch eine analoge Anwendung
dieser Vorschrift scheitert nach richtiger Ansicht daran, dass § 80 Abs. 2 S. 1 Nr. 4, Abs. 3 VwGO
die in formeller Hinsicht an die Anordnung der sofortigen Vollziehung zu stellenden Anforderungen abschließend regelt.

> **JURIQ-Klausurtipp**   **532**
>
> In den Fällen, in denen die Behörde die **Anordnung der sofortigen Vollziehung** nach § 80
> Abs. 2 S. 1 Nr. 4 VwGO unmittelbar **mit** dem **Erlass des** für sofort vollziehbar erklärten **Verwal-
> tungsakts verbunden** hat, braucht auf die Frage der analogen Anwendbarkeit von § 28
> Abs. 1 VwVfG nicht weiter eingegangen zu werden, siehe Übungsfall Nr. 7. Denn selbst dieje-
> nigen Stimmen, die aus rechtsstaatlichen Gründen eine Anhörung in Bezug auf die Anord-
> nung der sofortigen Vollziehung fordern, lassen es genügen, wenn diese zusammen mit der-
> jenigen, die nach § 28 Abs. 1 VwVfG in Bezug auf den für sofort vollziehbar erklärten Verwal-
> tungsakt ggf. notwendig war, erfolgt ist.[39]

Was die Form der Anordnung der sofortigen Vollziehung anbelangt, so muss diese „beson-   **533**
ders" angeordnet** werden, § 80 Abs. 2 S. 1 Nr. 4 VwGO. Eine konkludente Anordnung – etwa in
Gestalt der rein tatsächlichen Vollziehung eines Verwaltungsakts – ist daher nicht möglich.

---

34 *Schenke* Verwaltungsprozessrecht Rn. 972 m.w.N. auch zur **a.A.**

35 Nach **a.A.** sei die Widerspruchsbehörde bereits vor Erhebung des Widerspruchs, nämlich **ab Erlass des
Verwaltungsakts**, für die Anordnung der sofortigen Vollziehung zuständig. Nachweise zum Meinungsstreit bei *Schenke* Verwaltungsprozessrecht Rn. 976.

36 *Schoch* in: Ehlers/Schoch, Rechtsschutz im Öffentlichen Recht § 29 Rn. 63.

37 Siehe den Überblick bei *Schoch* in: Ehlers/Schoch, Rechtsschutz im Öffentlichen Recht § 29 Rn. 63 m.w.N.

38 Nachweise zum Meinungsstreit bei *Schoch* in: Ehlers/Schoch, Rechtsschutz im Öffentlichen Recht § 29
Rn. 64.

39 Vgl. *Gersdorf* Verwaltungsprozessrecht Rn. 159.

534 Zudem ist gem. § 80 Abs. 3 S. 1 VwGO das „besondere Interesse" an der sofortigen Vollziehung des Verwaltungsakts **schriftlich** zu begründen. Eine Ausnahme von diesem Grundsatz sieht § 80 Abs. 3 S. 2 VwGO lediglich dann vor, wenn die Behörde bei Gefahr im Verzug, insbesondere bei drohenden Nachteilen für Leben, Gesundheit oder Eigentum, vorsorglich eine als solche bezeichnete Notstandsmaßnahme im öffentlichen Interesse trifft. Der Sinn und Zweck des **Begründungserforderniss**es **nach § 80 Abs. 3 S. 1 VwGO** besteht vorrangig darin, der Behörde den Ausnahmecharakter der Anordnung der sofortigen Vollziehung vor Augen zu führen (Warnfunktion).[40] Diese muss das *besondere* Interesse gerade an der *sofortigen* Vollziehung des Verwaltungsakts dartun. Dies erfordert eine Auseinandersetzung der Behörde mit den konkreten Umständen des Einzelfalls. Aus der Begründung muss hervorgehen, warum speziell in diesem ein überwiegendes Interesse nicht bloß am Erlass des Verwaltungsakts, sondern gerade an dessen – vom gesetzlichen Regelfall des § 80 Abs. 1 S. 1 VwGO abweichenden – sofortiger Vollziehung besteht. Nicht ausreichend sind daher einzelfallunabhängige allgemeine Floskeln, formelhafte bzw. pauschale Wendungen sowie die bloße Wiedergabe des Wortlauts von § 80 Abs. 2 S. 1 Nr. 4 VwGO. Im Grundsatz ebenfalls ungenügend ist die Wiederholung der den Erlass des Verwaltungsakts rechtfertigenden Gründe bzw. – im Ergebnis gleichbedeutend – der Hinweis auf dessen offensichtliche Rechtmäßigkeit. Denn wäre der Verwaltungsakt nicht ohnehin rechtmäßig, so dürfte er wegen Art. 20 Abs. 3 GG bereits gar nicht erst erlassen, geschweige denn für sofort vollziehbar erklärt werden. „Zwischen der Rechtmäßigkeit eines Verwaltungsakts (= notwendige Voraussetzung) und der Dringlichkeit seines Vollzugs (= hinreichende Voraussetzung) ist zu unterscheiden."[41]

535 In Abhängigkeit von der Fassung der jeweils einschlägigen Norm kann das allgemeine Interesse an ihrem Vollzug, d.h. dem Erlass eines entsprechenden Verwaltungsakts, **ausnahmsweise** allerdings durchaus mit dem Interesse an dessen sofortiger Vollziehung zusammenfallen („**Identität zwischen Erlassinteresse und besonderem Vollziehungsinteresse**"[42]), d.h. das „besondere Vollzugsinteresse in der Rechtsgrundlage zum Erlass des Verwaltungsakts mit angelegt"[42] sein. Da die Vollziehbarkeit jedoch nicht von der Formulierung der betreffenden Ermächtigungsgrundlage abhängen kann, reicht es in derartigen Konstellationen (v.a. im Bereich der Gefahrenabwehr) aus, wenn die Behörde hinsichtlich des besonderen Vollzugsinteresses auf die Begründung des zu vollziehenden Verwaltungsakts Bezug nimmt. Auch im Übrigen wird davor gewarnt, die Anforderungen an den Inhalt der nach § 80 Abs. 3 S. 1 VwGO notwendigen Begründung zu überspannen.

536 Ob eine den vorgenannten Anforderungen genügende Begründung die Anordnung der sofortigen Vollziehung auch inhaltlich trägt, ist im Rahmen von § 80 Abs. 3 S. 1 VwGO, der ein **rein formelles Begründungserfordernis** statuiert, hingegen ohne Bedeutung.

537 Fehlt es zunächst an einer i.S.v. § 80 Abs. 3 S. 1 VwGO ordnungsgemäßen Begründung, holt die Behörde diese jedoch im Laufe des gerichtlichen Verfahrens (§ 80 Abs. 5 S. 1 Alt. 2 VwGO)

---

40 Ferner: Inkenntnissetzung sowohl des Bürgers als auch des Gerichts von den Gründen, welche die Verwaltung zur Anordnung der sofortigen Vollziehung bewogen haben, damit der Bürger die Erfolgsaussicht eines hiergegen gerichteten Antrags nach § 80 Abs. 5 S. 1 Alt. 2 VwGO abschätzen (**Rechtsschutzfunktion**) bzw. das Gericht die getroffene Anordnung ordnungsgemäß auf ihre Rechtmäßigkeit hin kontrollieren kann (**Kontrollfunktion**).

41 *Schoch* in: Ehlers/Schoch, Rechtsschutz im Öffentlichen Recht § 29 Rn. 70.

42 *Schoch* Jura 2001, 671 (679).

nach, so führe dies nach der Rechtsprechung[43] zu einer rückwirkenden **Heilung** der zuvor insoweit rechtswidrigen (nicht: nichtigen) Anordnung der sofortigen Vollziehung. Denn es würde einen reinen Formalismus darstellen, die nachgeholte Begründung im Aussetzungsverfahren unberücksichtigt zu lassen, obwohl die Behörde doch jederzeit eine neue – ordnungsgemäß begründete – Anordnung der sofortigen Vollziehung aussprechen könne. Genau hierauf will das Schrifttum[44] die Verwaltung jedoch verweisen. Eine Heilung der Begründung gem. § 45 Abs. 1 Nr. 2, Abs. 2 VwVfG scheitere an der fehlenden Verwaltungsaktqualität der Anordnung der sofortigen Vollziehung und auch eine analoge Anwendung dieser Norm komme aufgrund des abschließenden Charakters von § 80 Abs. 3 S. 1 VwGO nicht in Betracht. Zudem könne der mit dieser Vorschrift verfolgte Zweck, der Behörde den Ausnahmecharakter der Anordnung nach § 80 Abs. 2 S. 1 Nr. 4 VwGO zu verdeutlichen, im Nachhinein nicht mehr erreicht werden. Es bestehe daher nur die Möglichkeit des Neuerlasses einer Vollziehungsanordnung mit Wirkung *ex nunc*.

> ### JURIQ-Klausurtipp
>
> In der Klausur ist ein **näheres Eingehen auf** die Voraussetzungen des **§ 80 Abs. 3 S. 1 VwGO** – sowie bei deren Nichtvorliegen auf die vorstehende Heilungsproblematik – **nur** dann angezeigt, **wenn** der mitgeteilte **Sachverhalt Angaben zur** behördlichen **Begründung** der Anordnung der sofortigen Vollziehung **enthält.**[45]

Jedenfalls dann, wenn die Anordnung der sofortigen Vollziehung nicht nur ursprünglich fehlerhaft war, sondern der Fehler i.S.v. § 80 Abs. 3 S. 1 VwGO auch nachträglich nicht wieder behoben wurde, hat ein **Antrag nach § 80 Abs. 5 S. 1 Alt. 2 VwGO** auf gerichtliche Wiederherstellung der aufschiebenden Wirkung allein deshalb schon, d.h. ohne weitere Sachprüfung, Erfolg.   **538**

Voraussetzung für die Rechtmäßigkeit der Anordnung der sofortigen Vollziehung **in materieller Hinsicht** ist gem. § 80 Abs. 2 S. 1 Nr. 4 VwGO das Vorliegen entweder eines öffentlichen (u.U. auch rein fiskalischen) Interesses (Alt. 1) oder – bei Verwaltungsakten mit Drittwirkung – eines überwiegenden Interesses eines Beteiligten (Alt. 2) an der sofortigen Vollziehung des Verwaltungsakts. M.a.W.: Zusätzlich zu demjenigen Interesse, welches den Erlass des Verwaltungsakts überhaupt rechtfertigt, muss grundsätzlich noch ein weiteres „besonderes Interesse" (§ 80 Abs. 3 S. 1 VwGO) dahingehend hinzukommen, dass dieser sofort – und nicht erst nach Eintritt der Bestands- bzw. Rechtskraft – vollzogen wird („besondere Dringlichkeit des VA-Vollzugs"[46]). Ob dies der Fall ist, ist im Wege einer umfassenden Abwägung zwischen dem Aufschubinteresse einerseits und dem Interesse am Sofortvollzug andererseits zu ermitteln. Dabei ist „[d]er Rechtsschutzanspruch des Bürgers [...] umso stärker und darf umso weniger zurückstehen, je schwerwiegender die ihm auferlegte Belastung ist und je mehr die Maßnahme der Verwaltung Unabänderliches bewirkt."[47] Insoweit gelten dieselben Maßstäbe wie im Rahmen des gerichtlichen Verfahrens nach § 80 Abs. 5 S. 1 VwGO (Rn. 568 ff.). Ein etwaiges *non liquet* geht zu Lasten der Behörde.   **539**

---

43 Siehe etwa *OVG Münster* NJW 1986, 1894 (1895); *OVG Greifswald* NVwZ-RR 1999, 409; *OVG Berlin-Brandenburg* NVwZ-RR 2008, 727 m.w.N.

44 Etwa *Schenke* Verwaltungsprozessrecht Rn. 981; *Schoch* in: Ehlers/Schoch, Rechtsschutz im Öffentlichen Recht § 29 Rn. 68 m.w.N.

45 *Gersdorf* Verwaltungsprozessrecht Rn. 159; *Schübel-Pfister* JuS 2012, 993 (997).

46 *Schoch* in: Ehlers/Schoch, Rechtsschutz im Öffentlichen Recht § 29 Rn. 70.

47 *BVerfG* NVwZ 2007, 1302 (1304) m.w.N.

540   Hat allerdings das **Gericht** in derselben Sache die aufschiebende Wirkung nach § 80 Abs. 5 S. 1 VwGO bereits angeordnet bzw. wiederhergestellt, so hindert dies die Behörde selbst bei zwischenzeitlicher Änderung der Umstände grundsätzlich daran, ihrerseits nunmehr die sofortige Vollziehung gem. § 80 Abs. 2 S. 1 Nr. 4 VwGO anzuordnen, vgl. § 80 Abs. 7 VwGO (Ausnahme: die Wiederherstellung der aufschiebenden Wirkung erfolgte allein wegen eines formellen Fehlers).

541   Liegen sämtliche formellen und materiellen Voraussetzungen vor, die das Gesetz an die Anordnung der sofortigen Vollziehung durch die Behörde gem. § 80 Abs. 2 S. 1 Nr. 4 VwGO stellt, so steht es in deren **Ermessen**, ob sie die Vollziehungsanordnung trifft oder nicht. Dieses kann je nach Ergebnis der Interessenabwägung allerdings dahingehend eingeschränkt sein, dass die Anordnung der sofortigen Vollziehung mit einer Sicherheitsleistung oder Auflage (§ 80 Abs. 5 S. 4 VwGO analog) zu versehen oder – im Fall eines teilbaren Verwaltungsakts – aus Gründen der Verhältnismäßigkeit nur in (personell, sachlich und/oder zeitlich) beschränktem Umfang rechtmäßig ist.

542
> ### Hinweis
>
> Bei **Verwaltungsakt**en **mit Drittwirkung** stehen sich die widerstreitenden Privatinteressen – das Aufschubinteresse des durch den Verwaltungsakt belasteten Rechtsbehelfsführers (m.a.W.: dessen Interesse an der vorläufigen Aufrechterhaltung des *status quo*) einerseits und das Interesse des durch diesen Begünstigten an der sofortigen Vollziehung (d.h. am umgehenden Gebrauchmachen von der betreffenden Regelung) andererseits – prinzipiell gleichrangig und -gewichtig gegenüber. Ebenso wie im Rahmen von § 80 Abs. 5 S. 1 VwGO ist dieses Patt auch im vorliegenden Zusammenhang durch ein Abstellen auf die Erfolgsaussicht in der Hauptsache aufzulösen. Ist diese bei summarischer Prüfung negativ, so hat der durch den Verwaltungsakt (z.B. Baugenehmigung, § 75 Abs. 1 S. 1 BauO NRW) Begünstigte mit Blick auf sein in der Sache jeweils betroffenes Grundrecht (z.B. aus Art. 14 Abs. 1 GG) sowie aus Gründen des effektiven Rechtsschutzes (Art. 19 Abs. 4 S. 1 GG) einen Anspruch auf Anordnung der sofortigen Vollziehung durch die Behörde, deren Ermessen folglich i.d.S. reduziert ist (Pflicht zur Anordnung der sofortigen Vollziehung). „Es wäre unbillig, den Begünstigten an dieser Grundrechtsausübung nur deswegen zu hindern, weil ein Dritter den Verwaltungsakt mit einem aussichtslosen Rechtsbehelf angegriffen hat."[48] Das bedeutet, dass im tripolaren (dreipoligen/-seitigen) Verwaltungsrechtsverhältnis – anders als im bipolaren der Fall – die Anordnung der sofortigen Vollziehung kein über das Erlassinteresse hinausgehendes besonderes Vollziehungsinteresse voraussetzt. Ist die Erfolgsaussicht dagegen offen, so ist zu beachten, dass durch die Anordnung bzw. Verweigerung der sofortigen Vollziehung keine irreparablen Rechtsbeeinträchtigungen entstehen dürfen.[49]

543   Im Übrigen muss die Anordnung der sofortigen Vollziehung „die Ausnahme bleiben. Eine Verwaltungspraxis, die [das] Regel-Ausnahme-Verhältnis [von § 80 Abs. 1 S. 1 zu § 80 Abs. 2 VwGO] umkehrte, indem [...] Verwaltungsakte generell für sofort vollziehbar erklärt würden, wäre mit der **Verfassung** nicht vereinbar."[50] Insbesondere handelt es sich bei der behördlichen Anordnung der sofortigen Vollziehung des belastenden Verwaltungsakts um einen

---

48   *Finkelnburg/Dombert/Külpmann* Vorläufiger Rechtsschutz im Verwaltungsstreitverfahren Rn. 1095.

49   *Brühl* JuS 1995, 818 (820); *Gersdorf* Verwaltungsprozessrecht Rn. 200–201; *Schenke* Verwaltungsprozessrecht Rn. 985; *Schoch* in: Ehlers/Schoch, Rechtsschutz im Öffentlichen Recht § 29 Rn. 74 f.

50   *BVerfG* NVwZ 2009, 240 (241).

selbstständigen Eingriff in das Grundrecht des Betroffenen zumindest aus Art. 2 Abs. 1 GG, was die Durchführung einer gesonderten Verhältnismäßigkeitsprüfung gerade mit Blick auf die Anordnung der sofortigen Vollziehung erfordert. Insoweit ist insbesondere zu prüfen, ob ein Gebrauchmachen vom betreffenden Verwaltungsakt schon vor Rechtskraft des Hauptsacheverfahrens konkrete Gefahren für wichtige Gemeinschaftsgüter befürchten lässt. Allerdings kann sich eine Verpflichtung der Behörde zur Anordnung der sofortigen Vollziehung aus dem **EU-Recht** ergeben (z.B. einem bestandskräftigen Kommissionsbeschluss, vgl. Art. 4 Abs. 3 EUV), sofern sich diesem im konkreten Fall das Gebot des unverzüglichen Vollzugs entnehmen lässt – und dies aufgrund der Höherrangigkeit des Unionsrechts gegenüber dem nationalen Recht selbst dann, wenn die Voraussetzungen des § 80 Abs. 2 S. 1 Nr. 4 VwGO einmal nicht vorliegen sollten. Im Ergebnis wird Art. 19 Abs. 4 S. 1 GG (Suspensiveffekt) damit durch das EU-Recht (Sofortvollzug; vgl. auch Art. 278 S. 1 AEUV) beschränkt.

544 Entscheidet sich die Behörde für die Anordnung der sofortigen Vollziehung, so **beseitigt** diese ab dem Zeitpunkt ihres Ausspruchs (*ex nunc*) die bis dahin gem. § 80 Abs. 1 S. 1 VwGO bestehende **aufschiebende Wirkung** des Widerspruchs bzw. der Anfechtungsklage. Konkret: Ergeht die Anordnung zusammen mit dem Erlass des Verwaltungsakts, so entfaltet ein gegen diesen erhobener Rechtsbehelf von vornherein keinen Suspensiveffekt; macht die Behörde erst zu einem späteren Zeitpunkt von § 80 Abs. 2 S. 1 Nr. 4 VwGO Gebrauch, so entfällt die aufschiebende Wirkung von da an. In beiden Fällen ist der Verwaltungsakt vorläufig „wie ein unanfechtbar gewordener [...] zu behandeln: Verfügungen (Ge- und Verbote) sind zu beachten und können notfalls vollstreckt werden (vgl. § 6 Abs. 1 VwVG), bei feststellenden und rechtsgestaltenden Verwaltungsakten stellen sich deren Rechtswirkungen ein, und beim Verwaltungsakt mit Drittwirkung darf der Begünstigte von der getroffenen Regelung (Erlaubnis, Genehmigung, Konzession etc.) Gebrauch machen."[51]

545 **Beispiel**[52] Auf Antrag des Nachbarn N hin erlässt die zuständige Behörde gegenüber Hauseigentümer E eine Verfügung, mit der er zum Abriss seines Hauses verpflichtet wird. Gegen diese Verfügung erhebt E Anfechtungsklage.

Da hier kein Fall des § 80 Abs. 2 VwGO vorliegt, hat die Anfechtungsklage des E aufschiebende Wirkung, § 80 Abs. 1 S. 2 i.V.m. S. 1 VwGO. Während dieser Suspensiveffekt andauert, braucht E die Verfügung nicht zu befolgen und darf die Behörde diese nicht zwangsweise durchsetzen. Um den Abriss des Hauses zu beschleunigen, könnte N einen Antrag nach § 80a Abs. 2 i.V.m. § 80 Abs. 2 S. 1 Nr. 4 VwGO bei der Behörde – oder nach § 80a Abs. 3 S. 1 VwGO unmittelbar bei Gericht – auf Anordnung der sofortigen Vollziehung stellen. ■

III. § 80 Abs. 4 VwGO

546 Entfalten Widerspruch und Anfechtungsklage abweichend vom Grundsatz des § 80 Abs. 1 S. 1 VwGO gem. § 80 Abs. 2 VwGO ausnahmsweise keine aufschiebende Wirkung – sei es kraft Gesetzes oder besonderer Anordnung –, so räumt § 80 Abs. 4 VwGO der **Behörde** die Möglichkeit ein, die **Vollziehung auszusetzen** und damit den gesetzlichen Regelfall der aufschiebenden Wirkung von Widerspruch und Anfechtungsklage (wieder-)herzustellen („Negation

---

51 *Schoch* in: Ehlers/Schoch, Rechtsschutz im Öffentlichen Recht § 29 Rn. 77. Vgl. auch *Schmitt Glaeser/Horn* Verwaltungsprozessrecht Rn. 270.

52 Nach *Budroweit/Wuttke* JuS 2006, 876 (879 f.); *Geis/Hinterseh* JuS 2001, 1176 (1180 f.).

der Negation"[53]). Ebenso wie ihr „Gegenstück", die Anordnung der sofortigen Vollziehung gem. § 80 Abs. 2 S. 1 Nr. 4 VwGO, ist auch die Aussetzung der Vollziehung nach § 80 Abs. 4 VwGO kein Verwaltungsakt, sondern ein unselbstständiger Annex; gegen eine ablehnende Behördenentscheidung ist gerichtlicher Rechtsschutz daher nur über einen Antrag nach § 80 Abs. 5 S. 1 bzw. § 80a Abs. 3 VwGO zu erlangen.

547   Die Voraussetzungen, unter denen ein nach § 80 Abs. 4 VwGO gestellter Antrag auf behördliche Aussetzung der Vollziehung eines Verwaltungsakts **zulässig** ist, entsprechen weitgehend denjenigen seines gerichtlichen Pendants nach § 80 Abs. 5 S. 1 VwGO und sind daher auch im vorliegenden Zusammenhang zu prüfen (v.a. **Eröffnung des Verwaltungsrechtswegs, Statthaftigkeit, Antragsbefugnis**). **Zuständig** für die Aussetzung der Vollziehung ist, soweit bundesgesetzlich nicht etwas anderes bestimmt ist, entweder die Behörde, die den Verwaltungsakt erlassen oder über den Widerspruch zu entscheiden hat, § 80 Abs. 4 S. 1 VwGO. Das insoweit zu § 80 Abs. 2 S. 1 Nr. 4 VwGO Gesagte (Rn. 530) gilt auch hier.

548   Die im Rahmen der **Begründetheit**sprüfung vorzunehmende **Interessenabwägung** ist entsprechend den zu § 80 Abs. 5 S. 1 VwGO entwickelten Grundsätzen durchzuführen (Rn. 568 ff.), wobei § 80 Abs. 4 S. 3 VwGO eine Sonderregelung hinsichtlich der Anforderung von öffentlichen Abgaben und Kosten i.S.v. § 80 Abs. 2 S. 1 Nr. 1 VwGO trifft. Bei diesen „soll" die Aussetzung erfolgen, wenn ernstliche Zweifel an der Rechtmäßigkeit des angegriffenen Verwaltungsakts bestehen oder wenn die Vollziehung für den Abgaben- oder Kostenpflichtigen eine unbillige, nicht durch überwiegende öffentliche Interessen gebotene Härte zur Folge hätte (z.B. Bedrohung der beruflichen Existenz).

549   Sind die vorgenannten Voraussetzungen erfüllt, so „kann" (**Ermessen**) die Behörde die Vollziehung – mit Wirkung *ex nunc* oder *ex tunc*[54] – aussetzen, bei der Anforderung von öffentlichen Abgaben und Kosten auch gegen Sicherheit, § 80 Abs. 4 S. 2 VwGO. Darüber hinaus kann sie analog § 80 Abs. 5 S. 4 VwGO aber auch in sonstigen Fällen die Aussetzung der Vollziehung von der Leistung einer Sicherheit oder von anderen Auflagen abhängig machen sowie entsprechend § 80 Abs. 5 S. 3 VwGO die Aufhebung einer etwaig bereits erfolgten Vollziehung des Verwaltungsakts anordnen. Was die **Dauer** der Aussetzung der Vollziehung anbelangt, so verfügt die Behörde über zwei Möglichkeiten: „Zum einen die einfache Vollziehungsaussetzung, die nach der Regel des § 80b Abs. 1 S. 1 und S. 2 Hs. 1 [VwGO] endet, und zum anderen die Aussetzung der Vollziehung bis zur Unanfechtbarkeit des Verwaltungsakts (vgl. § 80b Abs. 1 S. 2 letzter Hs. [VwGO])."[55]

550   **Beispiel**[56]   Auf Antrag des Bauherrn B hin wird diesem von der zuständigen Behörde eine Baugenehmigung nach § 75 Abs. 1 S. 1 BauO NRW erteilt. Gegen diese erhebt Nachbar N Anfechtungsklage (der Widerspruch ist vorliegend nicht statthaft), welche gem. § 80 Abs. 2 S. 1 Nr. 3 VwGO i.V.m. § 212a Abs. 1 BauGB keine aufschiebende Wirkung entfaltet. Um das Bauvorhaben des B dennoch vorläufig zu stoppen, kann N gem. § 80a Abs. 1 Nr. 2 Alt. 1 i.V.m. § 80 Abs. 4 VwGO einen Antrag bei der Behörde – oder nach § 80a Abs. 3 VwGO

---

53   *Hufen* Verwaltungsprozessrecht § 32 Rn. 22.

54   **Enthält** die jeweilige Aussetzung der Vollziehung nach § 80 Abs. 4 VwGO **keine zeitliche Bestimmung**, so gilt sie „nicht rückwirkend, sondern [...] **allein für die Zukunft**", *OVG Magdeburg* NVwZ-RR 2012, 384 m.w.N.

55   *Schmitt Glaeser/Horn* Verwaltungsprozessrecht Rn. 273.

56   Nach *Budroweit/Wuttke* JuS 2006, 876 (878 f.); *Erbguth* JA 2008, 357 (362); *Gersdorf* Verwaltungsprozessrecht Rn. 166; *Würtenberger* Verwaltungsprozessrecht Rn. 522.

unmittelbar beim VG – auf Aussetzung der Vollziehung stellen. Zudem kann N zur Sicherung seiner Rechte gem. § 80a Abs. 1 Nr. 2 Alt. 2 VwGO einen Antrag bei der Behörde auf Erlass einer Stilllegungsverfügung stellen. ■

IV. § 80 Abs. 5 VwGO

Haben Widerspruch oder Anfechtungsklage abweichend von § 80 Abs. 1 S. 1 VwGO aufgrund von § 80 Abs. 2 VwGO ausnahmsweise keine aufschiebende Wirkung, so kann das **Gericht der Hauptsache** gem. § 80 Abs. 5 S. 1 VwGO auf Antrag die **aufschiebende Wirkung** in den Fällen des § 80 Abs. 2 S. 1 Nr. 1-3, S. 2 VwGO ganz oder teilweise **anordnen** bzw. im Fall des § 80 Abs. 2 S. 1 Nr. 4 VwGO ganz oder teilweise **wiederherstellen**.

551

Das Verfahren nach § 80 Abs. 5 S. 1 VwGO ist ein **eigenständiges Rechtsschutzverfahren**, das namentlich im Fall des behördlich gem. § 80 Abs. 2 S. 1 Nr. 4 VwGO angeordneten Sofortvollzugs auch Elemente eines Rechtsbehelfsverfahrens innerhalb des vorläufigen Rechtsschutzes aufweist. Ein nach § 80 Abs. 5 S. 1 VwGO gestellter Antrag hat Erfolg, wenn er **zulässig** (Rn. 553 ff.) **und begründet** (Rn. 568 ff.) ist.

552

1. Zulässigkeit des Antrags nach § 80 Abs. 5 S. 1 VwGO

a) Eröffnung des Verwaltungsrechtswegs

Die Gewährung von vorläufigem Rechtsschutz durch die VGe nach § 80 Abs. 5 S. 1 VwGO setzt voraus, dass der **Rechtsweg** zu ihnen **eröffnet** ist. Insofern wird auf die Ausführungen in Rn. 53 ff. verwiesen. Ob die dort erwähnte Verweisungsvorschrift des § 17a Abs. 2 S. 1 GVG auch im Rahmen des vorläufigen Rechtsschutzes Anwendung findet, ist allerdings streitig. Während dies z.T. insbesondere unter Hinweis auf die Eilbedürftigkeit verneint wird, weist die wohl h.M.[57] u.a. auf § 17a Abs. 2 S. 2 GVG hin, der neben dem „Kläger" ausdrücklich auch den „Antragsteller" erwähnt.

553

b) Statthaftigkeit des Antrags nach § 80 Abs. 5 S. 1 VwGO

In Abgrenzung zum vorläufigen Rechtsschutz nach § 123 Abs. 1 VwGO ist der **Antrag nach § 80 Abs. 5 S. 1 VwGO** immer dann **statthaft, wenn** der Antragsteller die gerichtliche Anordnung (Fälle des § 80 Abs. 2 S. 1 Nr. 1–3, S. 2 VwGO) bzw. Wiederherstellung (Fall des § 80 Abs. 2 S. 1 Nr. 4 VwGO) der aufschiebenden Wirkung eines Widerspruchs oder einer Anfechtungsklage begehrt, d.h. es ihm um die Suspendierung eines belastenden Verwaltungsakts geht – und zwar auch dann, wenn dieser bereits vollzogen ist, vgl. § 80 Abs. 5 S. 3 VwGO.[58] Dies ist nach der in Rn. 491 erwähnten „Faustformel" regelmäßig dann der Fall, wenn **in der Hauptsache die Anfechtungsklage** die **statthaft**e Klageart ist (zur z.B. bzgl. § 81 Abs. 3 AufenthG bestehenden Ausnahme vgl. Rn. 147 und zum faktischen Vollzug siehe Rn. 559). U.U. ist der Antrag nach § 122 Abs. 1 i.V.m. § 88 VwGO analog auszulegen. Insbesondere kann ein Antrag nach § 123 Abs. 1 VwGO in einen solchen nach § 80 Abs. 5 S. 1 VwGO – und umgekehrt – umzudeuten sein. Veranlassung hierzu besteht in der Praxis nicht selten. Entspre-

554

---

57 Nachweise zum Streitstand bei *Kopp/Schenke* VwGO Anh § 41 Rn. 2a, der selbst eine a.A. vertritt.

58 Mitunter (*Hummel* JuS 2011, 317 [320]) wird dieser Aspekt erst im Rahmen des **Allgemein**en **Rechtsschutzbedürfnis**ses geprüft. Wie hier dagegen *Brühl* JuS 1995, 722 (723).

chendes gilt innerhalb von § 80 Abs. 5 S. 1 VwGO im Verhältnis des Antrags nach dessen Alt. 1 („Anordnung" der aufschiebenden Wirkung) zum Antrag nach dessen Alt. 2 („Wiederherstellung" der aufschiebenden Wirkung), siehe Übungsfall Nr. 7.

555

> ### JURIQ-Klausurtipp
>
> Da der vorläufige Rechtsschutz nach § 123 Abs. 1 VwGO gegenüber demjenigen nach § 80 Abs. 5 VwGO subsidiär ist (§ 123 Abs. 5 VwGO), ist in der Klausurbearbeitung die **Statthaftigkeit des Antrags nach § 80 Abs. 5 S. 1 VwGO** stets **vor** derjenigen des Antrags nach § 123 Abs. 1 VwGO zu prüfen.[59]

Voraussetzung für die Statthaftigkeit des Antrags nach § 80 Abs. 5 S. 1 VwGO ist mithin, dass

556 • ein **Verwaltungsakt** vorliegt. Vorbeugender vorläufiger Rechtsschutz gegen einen lediglich „drohenden" Verwaltungsakt vermag dagegen allenfalls über § 123 Abs. 1 VwGO erlangt zu werden. Auch darf der Verwaltungsakt noch **nicht unanfechtbar** sein. Denn Widerspruch und Anfechtungsklage gegen einen infolge Ablaufs der Frist des § 70 bzw. § 74 Abs. 1 VwGO formell bestandskräftigen Verwaltungsakt lösen keine aufschiebende Wirkung nach § 80 Abs. 1 VwGO aus, die vom Gericht gem. § 80 Abs. 5 S. 1 VwGO angeordnet bzw. wiederhergestellt werden könnte. Im Übrigen wird auf die Ausführungen in Rn. 129 ff. verwiesen;

557 • der Verwaltungsakt muss entweder kraft Gesetzes (§ 80 Abs. 2 S. 1 Nr. 1–3, S. 2 VwGO) oder behördlicher Anordnung (§ 80 Abs. 2 S. 1 Nr. 4 VwGO) **sofort vollziehbar** sein;

558 • zudem wird teilweise[60] noch verlangt, dass der in der **Hauptsache** statthafte **Rechtsbehelf** spätestens im Zeitpunkt der gerichtlichen Entscheidung über den Antrag nach § 80 Abs. 5 S. 1 VwGO **eingelegt** sowie nicht zurückgenommen ist, was mitunter[61] freilich erst im Rahmen des allgemeinen Rechtsschutzbedürfnisses geprüft wird. Denn ohne die Existenz eines Widerspruchs (§ 68 Abs. 1 S. 1 VwGO) bzw. – in den Fällen des § 68 Abs. 1 S. 2 VwGO – einer Anfechtungsklage[62] könne dessen bzw. deren aufschiebende Wirkung schon rein begriffsnotwendig weder angeordnet noch wiederhergestellt werden; es fehle am erforderlichen Bezugspunkt. Die diese Auffassung verneinende Gegenansicht[63] beruft sich v.a. auf § 80 Abs. 5 S. 2 VwGO, wonach „der Antrag [...] schon vor Erhebung der Anfechtungsklage zulässig" ist; Entsprechendes müsse ebenfalls für einen vor Erhebung des Widerspruchs gestellten Antrag gelten. Zu überzeugen vermag dieses Argument letztlich allerdings nicht. Denn § 80 Abs. 5 S. 2 VwGO, der den Regelfall des § 68 Abs. 1 S. 1 VwGO voraussetzt, ist richtigerweise so zu verstehen, dass der Antrag gem. § 80 Abs. 5 S. 1 VwGO im Fall der Zurückweisung des – bereits erhobenen (!) – Widerspruchs durch die Behörde noch vor Erhebung der Klage in der Hauptsache gestellt werden kann. Zur Entkräftung des weiteren Arguments der Gegenmeinung, dass nämlich bei anderer Sichtweise die Rechtsbehelfsfristen in der

---

59 *Gersdorf* Verwaltungsprozessrecht Rn. 146; *Schoch* in: Ehlers/Schoch, Rechtsschutz im Öffentlichen Recht § 29 Rn. 91.

60 So etwa *Schoch* in: Ehlers/Schoch, Rechtsschutz im Öffentlichen Recht § 29 Rn. 115 f. m.w.N.

61 Siehe *Gersdorf* Verwaltungsprozessrecht Rn. 155, 193. Wie hier dagegen *Hufen* Verwaltungsprozessrecht § 32 Rn. 33.

62 Ist diese im Zeitpunkt der Stellung des „80-5er-Antrags" noch nicht erhoben, so lautet dieser auf **Anordnung bzw. Wiederherstellung der aufschiebenden Wirkung einer noch zu erhebenden Anfechtungsklage**, siehe *Proppe* JA 2004, 324.

63 Etwa *Schenke* Verwaltungsprozessrecht Rn. 992. Vgl. auch *BVerfG* NJW 1993, 3190 unter Hinweis auf **Art. 19 Abs. 4 S. 1 GG**.

Hauptsache verkürzt würden, wird vorgebracht, dass demjenigen, der einen Antrag nach § 80 Abs. 5 S. 1 VwGO stellt, auch die kurzfristige Einlegung des in der Hauptsache statthaften Rechtsbehelfs typischerweise ohne weiteres zumutbar sei.[64]

559 Mangels Vorliegens eines sofort vollziehbaren Verwaltungsakts an sich unstatthaft ist der Antrag nach § 80 Abs. 5 S. 1 VwGO auf gerichtliche Anordnung bzw. Wiederherstellung der aufschiebenden Wirkung folglich dann, wenn der eingelegte Rechtsbehelf (Widerspruch oder Anfechtungsklage) bereits kraft Gesetzes (§ 80 Abs. 1 S. 1 VwGO) Suspensiveffekt entfaltet, dieser von der Behörde tatsächlich allerdings missachtet wird (z.B. durch das Ergreifen von Vollziehungs- oder gar Vollstreckungsmaßnahmen). Auch gegenüber einer solchen **faktischen Vollziehung** fordert Art. 19 Abs. 4 S. 1 GG vorläufigen Rechtsschutz – und zwar ebenfalls dann, wenn diese erst droht. Auf welchem Wege Letzterer zu erlangen ist, ist in Ermangelung einer diese Fallkonstellation unmittelbar erfassenden einfachgesetzlichen Vorschrift jedoch umstritten. Unter Hinweis darauf, dass es in der Hauptsache um einen mittels der allgemeinen Feststellungs- bzw. Leistungsklage geltend zu machenden Unterlassungsanspruch gehe, wird teilweise[65] die Auffassung vertreten, dass insofern der Antrag nach § 123 Abs. 1 VwGO statthaft sei. Demgegenüber weist die h.M.[66] zutreffend darauf hin, dass vorläufiger Rechtsschutz im Zusammenhang mit der Anfechtungsklage ausschließlich über die speziellen §§ 80, 80a VwGO zu erlangen ist, vgl. § 123 Abs. 5 VwGO. Die sich aus § 80 Abs. 5 S. 1 VwGO ergebende Befugnis des Gerichts, die aufschiebende Wirkung von Widerspruch und Anfechtungsklage anzuordnen bzw. wiederherzustellen, umfasst als „Minus" erst recht die Möglichkeit, den objektiv bereits bestehenden Suspensiveffekt lediglich festzustellen. Liegt objektiv ein Fall des faktischen Vollzugs vor, wurde bei Gericht aber gleichwohl die Anordnung bzw. Wiederherstellung der aufschiebenden Wirkung beantragt, kommt eine Umdeutung des Antrags in einen solchen auf deren gerichtliche Feststellung in Betracht.

560 **Beispiel**[67] In dem in Rn. 523 gebildeten *Beispielsfall* ist B der Auffassung, dass E die Kostenforderung sofort begleichen müsse. Nach Meinung des E entfalte sein Widerspruch dagegen mangels Einschlägigkeit insbesondere weder von § 80 Abs. 2 S. 1 Nr. 1 VwGO noch von § 80 Abs. 2 S. 1 Nr. 3 VwGO i.V.m. dem jeweiligen Landesrecht gem. § 80 Abs. 1 S. 1 VwGO aufschiebende Wirkung.

Zur Klärung der umstrittenen Rechtslage kann E analog § 80 Abs. 5 S. 1 VwGO beim VG die Feststellung beantragen, dass der von ihm erhobene Widerspruch aufschiebende Wirkung hat. ■

561 Ist der Verwaltungsakt (z.B. polizeiliche Sicherstellung eines Gegenstands in Anwesenheit des Betroffenen) im Zeitpunkt der Entscheidung schon vollzogen (z.B. durch Inbesitznahme), so kann das Gericht gem. § 80 Abs. 5 S. 3 VwGO auf weiteren Antrag hin die **Aufhebung der Vollziehung** anordnen (z.B. Herausgabe des Gegenstands), wobei dieser Begriff vorliegend nicht nur die zwangsweise Durchsetzung des Verwaltungsakts durch die Behörde, sondern auch dessen freiwillige Befolgung durch den Adressaten umfasst. Gestellt werden kann dieser Annexantrag auf vorläufige Rückgängigmachung der unmittelbaren Vollzugsfolgen nicht isoliert, sondern nur zusammen mit dem Antrag auf Anordnung bzw. Wiederherstellung der

---

64 Vgl. *Finkelnburg/Dombert/Külpmann* Vorläufiger Rechtsschutz im Verwaltungsstreitverfahren Rn. 945 f. **A.A.** *Würtenberger* Verwaltungsprozessrecht Rn. 529a.

65 *OVG Bremen* NVwZ 1986, 59 (61) m.w.N.

66 Siehe nur *VGH Mannheim* NVwZ-RR 2010, 463 (464); *Schenke* Verwaltungsprozessrecht Rn. 1015 m.w.N.

67 Nach *Schoch* in: Ehlers/Schoch, Rechtsschutz im Öffentlichen Recht § 29 Rn. 42, 52, 59, 87, 94.

aufschiebenden Wirkung, wovon im Zweifel allerdings auszugehen ist. Weitere Zulässigkeits-voraussetzungen bestehen im Hinblick auf den Antrag auf Vollzugsfolgenbeseitigung nach § 80 Abs. 5 S. 3 VwGO nicht.

c) Zuständiges Gericht

562   Zuständig für die Entscheidung über den Antrag auf Anordnung bzw. Wiederherstellung der aufschiebenden Wirkung ist nach § 80 Abs. 5 S. 1 VwGO das **Gericht der Hauptsache**. Vor Erhebung der Klage ist dies dasjenige Gericht, das zur Entscheidung über die künftige Klage sachlich, instanziell und örtlich zuständig wäre und nach Klageerhebung dasjenige Gericht, bei dem das Hauptsacheverfahren anhängig ist. Zur im vorliegenden Zusammenhang umstrittenen[68] Anwendbarkeit von § 83 S. 1 VwGO i.V.m. § 17a Abs. 2 S. 1 GVG vgl. Rn. 553.

d) Beteiligten- und Prozessfähigkeit

563   Die Beteiligten- und Prozessfähigkeit von **Antragsteller** (nicht: Kläger) und **Antragsgegner** (nicht: Beklagter) richten sich nach §§ 61 f. VwGO.

e) Antragsbefugnis

564   Analog § 42 Abs. 2 VwGO muss der Antragsteller **antragsbefugt** sein, d.h. es muss die Mög-lichkeit bestehen, dass er durch den (Vollzug des) Verwaltungsakt(s),[69] bzgl. dessen die auf-schiebende Wirkung von Widerspruch oder Anfechtungsklage angeordnet bzw. wiederher-gestellt werden soll, in einem seiner subjektiv-öffentlichen Rechte verletzt wird. Die in Rn. 248 ff. gemachten Ausführungen gelten insofern entsprechend.

f) Richtiger Antragsgegner

565   Wer der **richtige Gegner** des Antrags nach § 80 Abs. 5 S. 1 VwGO ist, ergibt sich aus der ent-sprechenden Anwendung von § 78 VwGO.

g) Antragsfrist

566   Sofern das jeweils einschlägige Fachrecht keine abweichende Regelung trifft (so aber z.B. § 58a Abs. 4 S. 2 AufenthG, § 36 Abs. 3 S. 1 Hs. 1 AsylVfG, § 17e Abs. 2 S. 2, Abs. 3 S. 1, § 18f Abs. 6a S. 2 FStrG), ist der Antrag nach § 80 Abs. 5 S. 1 VwGO **nicht fristgebunden**, d.h. er kann prinzipiell vom Erlass des Verwaltungsakts an bis zum Eintritt von dessen Bestandskraft gestellt werden. Ist jedoch die Widerspruchs- bzw. Anfechtungsfrist nach § 70 bzw. § 74 Abs. 1 VwGO in Bezug auf den Verwaltungsakt, bzgl. dessen die Anordnung bzw. Wiederher-stellung der aufschiebenden Wirkung begehrt wird, abgelaufen, so fehlt es dem Antragsteller am erforderlichen allgemeinen Rechtsschutzbedürfnis.

h) Allgemeines Rechtsschutzbedürfnis

567   Das allgemeine Rechtsschutzbedürfnis, das auch für die Zulässigkeit eines Antrags nach § 80 Abs. 5 S. 1 VwGO erforderlich und bei Vorliegen der übrigen Zulässigkeitsvoraussetzungen regelmäßig zu bejahen ist, **fehlt** namentlich dann, **wenn** Widerspruch bzw. Anfechtungs-klage aufgrund ihrer **offensichtlichen Unzulässig**keit ohnehin keine aufschiebende Wirkung entfalten. Wie sich im Umkehrschluss aus § 80 Abs. 6 S. 1 VwGO ergibt, wonach „[i]n den Fäl-

---

68 Nachweise zu den insofern vertretenen Meinungen bei *Hummel* JuS 2011, 413 (416).

69 Eine Trennung zwischen der Rechtsverletzung durch den Verwaltungsakt und dessen Vollzug ist „logisch und faktisch kaum denkbar", *Hufen* Verwaltungsprozessrecht § 32 Rn. 34.

len des Absatzes 2 Nr. 1 [...] der Antrag nach Absatz 5 nur zulässig [ist], wenn die Behörde einen Antrag auf Aussetzung der Vollziehung ganz oder zum Teil abgelehnt hat",[70] **bedarf es** mit Ausnahme der Anforderung von öffentlichen Abgaben und Kosten i.S.v. § 80 Abs. 2 S. 1 Nr. 1 VwGO – § 80 Abs. 6 S. 2 VwGO normiert freilich auch insoweit wieder Ausnahmen – vor der Stellung eines Antrags nach § 80 Abs. 5 S. 1 VwGO beim VG **nicht** der erfolglosen Bean-**trag**ung der Aussetzung der Vollziehung **bei der Behörde gem. § 80 Abs. 4 VwGO.** Darüber hinaus soll das allgemeine Rechtsschutzbedürfnis für den Antrag nach § 80 Abs. 5 S. 1 Alt. 1 VwGO auch dann fehlen, wenn die Behörde erklärt, den Verwaltungsakt bis zur Entscheidung über den in der Hauptsache eingelegten Rechtsbehelf nicht zu vollziehen.

2. Begründetheit des Antrags nach § 80 Abs. 5 S. 1 VwGO

Im Gegensatz beispielsweise zu § 113 Abs. 1 S. 1 VwGO, der bestimmt, dass das Gericht den **568** mit der Anfechtungsklage angegriffenen Verwaltungsakt und den etwaigen Widerspruchsbescheid aufhebt, soweit der Verwaltungsakt rechtswidrig und der Kläger dadurch in seinen Rechten verletzt ist, enthält **§ 80 Abs. 5 S. 1 VwGO** keine ausdrückliche Regelung dazu, unter welchen Voraussetzungen der Antrag auf gerichtliche Anordnung bzw. Wiederherstellung der aufschiebenden Wirkung begründet ist ("Problem der Maßstabsbildung"[71]). Gleichwohl ist das Gericht bei der von ihm nach § 80 Abs. 5 S. 1 VwGO zu treffenden **eigenständige**n (originären) **Ermessensentscheidung** ("kann") keineswegs etwa völlig frei, sondern ist diese vielmehr am Zweck dieser Vorschrift sowie an Art. 19 Abs. 4 S. 1 GG auszurichten. Hieraus wird gemeinhin gefolgert, dass Entscheidungsmaßstab für die Prüfung der Begründetheit des Antrags nach § 80 Abs. 5 S. 1 VwGO letztlich eine **Abwägung** des Aussetzungsinteresses des Antragstellers mit dem öffentlichen **Interesse** an der sofortigen Vollziehung des Verwaltungsakts ist.

Auch **im Fall des § 80 Abs. 2 S. 1 Nr. 4 VwGO** ist das Gericht nicht lediglich auf eine Überprü- **569** fung der Rechtmäßigkeit der behördlichen Anordnung der sofortigen Vollziehung beschränkt, sondern es hat – sofern diese rechtmäßig ist – eine eigene Ermessensentscheidung zu treffen.[72] Hieraus folgt, dass der Antrag nach § 80 Abs. 5 S. 1 VwGO dann begründet ist, wenn

- entweder die Anordnung der sofortigen Vollziehung durch die Behörde nach § 80 Abs. 2 S. 1 Nr. 4 VwGO formell rechtswidrig ist oder
- das Interesse des Antragstellers an der Wiederherstellung der aufschiebenden Wirkung seines Rechtsbehelfs das öffentliche Interesse am Sofortvollzug des Verwaltungsakts überwiegt (siehe Übungsfall Nr. 7).

---

70 Bei diesem Erfordernis handelt es sich nicht um eine (nachholbare) Zulässigkeits-, sondern vielmehr um eine **Zugangsvoraussetzung**, die bei Stellung des Eilantrags vorliegen muss und deren Fehlen mangels Heilbarkeit zur Unzulässigkeit des Antrags nach § 80 Abs. 5 S. 1 VwGO führt.

71 *Schoch* in: Ehlers/Schoch, Rechtsschutz im Öffentlichen Recht § 29 Rn. 135.

72 Das bedeutet, dass auch erst vom Gericht ermittelter Sachverhalt zu berücksichtigen ist. Umgekehrt ist die aufschiebende Wirkung dann wieder herzustellen, wenn das ursprünglich vorhandene besondere öffentliche Vollzugsinteresse zwischenzeitlich wieder entfallen ist. Zutreffend weist *Proppe* JA 2004, 324 (325) darauf hin, dass es **falsch** ist, die **behördliche Anordnung** der sofortigen Vollziehung **auf materielle Fehler** hin **zu überprüfen**. Denn "die Prüfung der materiellen Rechtmäßigkeit ist von der in jedem Fall zu treffenden Abwägungsentscheidung nicht weiter zu differenzieren", *Engelbrecht* JA 2006, 789 (793). **A.A.** etwa *Zacharias* JA 2002, 345 (346 f.) m.w.N.

570 Ist die behördliche **Anordnung** der sofortigen Vollziehung **formell fehlerhaft** (z.B. wegen Verstoßes gegen das Begründungserfordernis des § 80 Abs. 3 S. 1 VwGO), so ist der Antrag nach § 80 Abs. 5 S. 1 VwGO allein deshalb schon, d.h. unabhängig von einer Interessenabwägung, begründet. Allerdings soll dieser Verstoß nach umstrittener[73] Rechtsprechung[74] nicht zur Wiederherstellung der aufschiebenden Wirkung, sondern lediglich zur – in § 80 Abs. 5 S. 1 VwGO freilich nicht ausdrücklich vorgesehen – isolierten Aufhebung der Anordnung der sofortigen Vollziehung führen. „Die bloße Aufhebung der Vollziehungsanordnung der Behörde durch das Gericht soll, ausgerichtet an der Erkenntnis, dass lediglich ein Verstoß gegen das formelle Begründungserfordernis vorliegt, es der Behörde ersparen, einen Antrag auf Änderung des Beschlusses nach § 80 Abs. 5 VwGO gem. § 80 Abs. 7 VwGO zu stellen und die Behörde (erneut) in die Lage versetzen, die sofortige Vollziehung des Verwaltungsakts anzuordnen."[75] Letztlich nützt dem Antragsteller ein bloßer Begründungsfehler daher nicht viel.

571 Im Fall des **faktischen Vollzug**s ist der analog § 80 Abs. 5 S. 1 VwGO gestellte Antrag auf verwaltungsgerichtliche Feststellung der aufschiebenden Wirkung des eingelegten Rechtsbehelfs bereits dann begründet, wenn der jeweilige Widerspruch bzw. die jeweilige Anfechtungsklage Suspensiveffekt hat. Einer Interessenabwägung bedarf es insoweit nicht mehr.

572 Maßgebender – freilich aber nicht alleiniger – Faktor für die gerichtliche Interessenabwägung nach § 80 Abs. 5 S. 1 VwGO ist die **Erfolgsaussicht** des **in der Hauptsache** eingelegten Rechtsbehelfs (erste Prüfungsebene). Angesichts der dem vorläufigen Rechtsschutz immanenten Eilbedürftigkeit ist insoweit allerdings nur eine **summarische** (oberflächliche) **Prüfung** geboten, was mit Art. 19 Abs. 4 S. 1 GG grundsätzlich vereinbar ist.[76] Dies gilt jedenfalls in tatsächlicher Hinsicht, d.h. in Bezug auf die Sachverhaltsfeststellung. Hierdurch unterscheidet sich das Eilverfahren nach § 80 Abs. 5 S. 1 VwGO vom Erkenntnisverfahren in der Hauptsache. „Die Entscheidung ergeht aufgrund der von den Beteiligten vorgelegten oder sonst sofort oder doch innerhalb […] angemessener Zeit verfügbaren (‚präsenten') Beweismittel von glaubhaft gemachten Tatsachen und/oder auch nur überwiegenden Wahrscheinlichkeiten."[77] Unter rechtlichen Aspekten ist dagegen i.d.R. eine volle Überprüfung der Erfolgsaussicht, d.h. von Zulässigkeit[78] und Begründetheit des Hauptsacheverfahrens (Widerspruch bzw. Anfechtungsklage), durchzuführen (str.[79]). Maßgeblicher Zeitpunkt für deren Beurteilung im Eilrechtsverfahren nach § 80 Abs. 5 S. 1 VwGO ist aufgrund von dessen Akzessorietät derjenige in der Hauptsache (Rn. 442 ff.).

---

73 Siehe nur *Schenke* Verwaltungsprozessrecht Rn. 1000 m.w.N.

74 Etwa *VGH Mannheim* BeckRS 2011, 55095.

75 *VGH Mannheim* DÖV 1996, 839.

76 **Ausnahme**: Muss das „verwaltungsgerichtliche Eilverfahren angesichts der **Zeitgebundenheit** […] Schutzfunktionen übernehmen, die sonst das Hauptsacheverfahren erfüllt", „müssen die VGe […] schon im Eilverfahren durch eine intensivere Prüfung dem Umstand Rechnung tragen, dass der Sofortvollzug der umstrittenen Maßnahme in der Regel zur endgültigen Verhinderung der […] beabsichtigten [Tätigkeit] führt. Soweit möglich, ist als Grundlage der gebotenen Interessenabwägung die Rechtmäßigkeit der Maßnahme **in rechtlicher und tatsächlicher Hinsicht nicht nur summarisch zu prüfen**", *BVerfG* NVwZ 2013, 570 (572).

77 *Kopp/Schenke* VwGO § 80 Rn. 125 m.w.N.

78 Bei **offensichtlicher Unzulässigkeit des Hauptsacherechtsbehelfs** fehlt es bereits an dem für die Zulässigkeit des Antrags nach § 80 Abs. 5 S. 1 VwGO notwendigen allgemeinen Rechtsschutzbedürfnis (Rn. 567).

79 Siehe *Schenke* Verwaltungsprozessrecht Rn. 1001 m.w.N.

JURIQ-Klausurtipp

573

Da Ausbildungs- und Prüfungsarbeiten auf Grundlage des jeweils mitgeteilten (bekannten) Sachverhalts zu lösen sind und die rechtliche Prüfung nach dem Vorstehenden prinzipiell gerade nicht nur eine kursorische ist, ergeben sich aus dem Schlagwort der „summarischen Prüfung" für die studentische **Fallbearbeitung keine praktischen Unterschiede** zwischen der im Rahmen von § 80 Abs. 5 S. 1 VwGO vorzunehmenden Prüfung der Rechtmäßigkeit des Verwaltungsakts gegenüber derjenigen, die bei einer Anfechtungsklage erfolgt.[80]

Ergibt die danach v.a. durchzuführende Überprüfung des **Verwaltungsakt**s, dass

- dieser **rechtswidrig** ist und den Antragsteller in dessen subjektiv-öffentlichen Rechten verletzt, so ist dem Antrag auf Anordnung bzw. Wiederherstellung der aufschiebenden Wirkung grundsätzlich ohne weiteres stattzugeben. An der (sofortigen) Vollziehung eines rechtswidrigen Verwaltungsakts besteht nämlich kein (besonderes) öffentliches Interesse. Abweichendes gilt jedoch ausnahmsweise dann, wenn absehbar ist, dass ein formeller Fehler (z.B. fehlende Anhörung nach § 28 Abs. 1 VwVfG), sofern dieser überhaupt beachtlich ist (§ 46 VwVfG), geheilt wird (z.B. gem. § 45 Abs. 1 Nr. 3, Abs. 2 VwVfG) bzw. fehlende Ermessenserwägungen in zulässiger Weise ergänzt werden, vgl. § 114 S. 2 VwGO;

574

Hinweis

575

Beruht die Rechtswidrigkeit des Verwaltungsakts darauf, dass die zugrundeliegende Ermächtigungsgrundlage des nationalen Rechts mit

- dem **Grundgesetz nicht vereinbar** ist, so sind die VGe – abweichend vom Hauptsacheverfahren – nicht etwa durch Art. 100 Abs. 1 GG daran „gehindert [...], auf der Grundlage ihrer Rechtsauffassung vorläufigen Rechtsschutz zu gewähren, wenn dies nach den Umständen des Falles im Interesse eines effektiven Rechtsschutzes geboten erscheint und die Hauptsacheentscheidung dadurch nicht vorweggenommen wird."[81] Denn bei bloßen Zweifeln an der Verfassungsmäßigkeit eines formellen nachkonstitutionellen Gesetzes ist Art. 100 Abs. 1 GG, der die Überzeugung des Gerichts von der Verfassungswidrigkeit verlangt, schon gar nicht anwendbar. Doch selbst wenn Letztere vorliegen sollten, gebührt Art. 19 Abs. 4 S. 1 GG angesichts des die Effektivität des Rechtsschutzes gefährdenden Zeitaufwands für die Durchführung der konkreten Normenkontrolle Vorrang im Konflikt mit Art. 100 Abs. 1 GG;[82]
- europäischem **Unionsrecht nicht vereinbar** ist, so haben die deutschen Gerichte effektiven Rechtsschutz nach Maßgabe der innerstaatlichen Rechtsvorschriften (hier: § 80 Abs. 5 S. 1 VwGO) zu gewährleisten.[83] „Dabei dürfen die Verfahrensmodalitäten [...], die den Schutz der den Einzelnen aus dem [Unions-]recht erwachsenden Rechte gewährleisten sollen, nicht weniger günstig ausgestaltet sein als die für entsprechende innerstaatliche [Rechtsbehelfe] (Grundsatz der Gleichwertigkeit) und die Ausübung der durch die [Unions-]rechtsordnung verliehenen Rechte nicht praktisch unmöglich machen oder übermäßig erschweren (Grundsatz der Effektivität)"[84], vgl. Art. 4 Abs. 3 EUV (*effet utile*).

---

80 *Brühl* JuS 1995, 722 (725); *Erbguth* JA 2008, 357 (361); *Gersdorf* Verwaltungsprozessrecht Rn. 157, 198.
81 *BVerfGE* 86, 382 (389).
82 *Schenke* Verwaltungsprozessrecht Rn. 1004; *Schoch* in: Ehlers/Schoch, Rechtsschutz im Öffentlichen Recht § 29 Rn. 148.
83 Vgl. auch *OVG Saarlouis* NVwZ 2007, 717.
84 *EuGH* NJW 2007, 3555 (3556 f.) – *Unibet*.

Handelt es sich bei der Ermächtigungsgrundlage für den Verwaltungsakt nicht um eine Vorschrift des nationalen Rechts, sondern um eine unmittelbar anwendbare Norm des europäischen **Sekundärrecht**s (z.B. Verordnung, Art. 288 Abs. 2 AEUV), so kann das mitgliedstaatliche Gericht, welches diese etwa wegen Verstoßes gegen die Grundfreiheiten der Art. 28 ff. AEUV für EU-**primärrechtswidrig** hält, der in Anlehnung an die Art. 278 f. AEUV ergangenen EuGH-Rechtsprechung[85] zufolge die aufschiebende Wirkung eines Rechtsbehelfs nur dann gem. § 80 Abs. 5 S. 1 VwGO anordnen bzw. wiederherstellen,

- „wenn es erhebliche[86] Zweifel an der Gültigkeit der [EU-]Verordnung hat und
- die Frage dieser Gültigkeit [vgl. Art. 267 Abs. 1 lit. b) AEUV], sofern der Gerichtshof mit ihr noch nicht befaßt ist, diesem selbst vorlegt [und zwar auch im Fall des Art. 267 Abs. 2 AEUV];
- wenn die Entscheidung dringlich ist und dem Antragsteller ein schwerer und nicht wiedergutzumachender Schaden droht und
- wenn das Gericht das Interesse der [EU] angemessen berücksichtigt."[87]

Liegen diese Voraussetzungen vor, so darf das VG die aufschiebende Wirkung des gegen den Verwaltungsakt eingelegten Rechtsbehelfs bereits vor einer Entscheidung des EuGH über die Gültigkeit des betreffenden EU-Sekundärrechtsakts anordnen bzw. wiederherstellen.[88] Umgekehrt darf es einem Antrag nach § 80 Abs. 5 S. 1 Alt. 2 VwGO dann nicht stattgeben, wenn die Behörde die sofortige Vollziehung nach § 80 Abs. 2 S. 1 Nr. 4 VwGO deshalb angeordnet hat, weil sie hierzu EU-rechtlich verpflichtet ist.[89]

576   - dieser **rechtmäßig** ist, so ist wie folgt zu differenzieren:
  - Werden mit dem Verwaltungsakt öffentliche Abgaben oder Kosten i.S.v. **§ 80 Abs. 2 S. 1 Nr. 1 VwGO** angefordert, so folgt aus dem im Rahmen von § 80 Abs. 5 S. 1 VwGO nach h.M.[90] analog anwendbaren § 80 Abs. 4 S. 3 VwGO, dass die Anordnung der aufschiebenden Wirkung nur bei „ernstlichen Zweifeln" an dessen Rechtmäßigkeit erfolgen soll. Diese liegen nach h.M.[91] dann vor, wenn ein Erfolg in der Hauptsache wahrscheinlicher ist als ein Unterliegen (a.A.: wenn Erfolg und Misserfolg gleich wahrscheinlich sind). Im Fall der Rechtmäßigkeit des Verwaltungsakts überwiegt daher grundsätzlich das öffentliche Vollzugsinteresse, so dass der Antrag nach § 80 Abs. 5 S. 1 VwGO abzulehnen ist. Ausnahme: Die Vollziehung des Abgaben- bzw. Kostenbescheids hätte für den Abgaben- oder Kostenpflichtigen eine unbillige, nicht durch überwiegende öffentliche Interessen gebotene Härte zur Folge, § 80 Abs. 4 S. 3 Alt. 2 VwGO;

577   - handelt es sich um einen Fall des **§ 80 Abs. 2 S. 1 Nr. 2, 3 oder S. 2 VwGO**, so greift die h.M.[92] in Ermangelung diesbezüglicher spezieller gesetzlicher Entscheidungsmaßstäbe ebenfalls auf den Rechtsgedanken des § 80 Abs. 4 S. 3 VwGO zurück. Der Antrag auf Anordnung der aufschiebenden Wirkung ist daher auch in diesen Fällen bei Rechtmä-

---

85 Siehe die weiteren Nachweise bei *OVG Lüneburg* BeckRS 2012, 51108.

86 „Dieser Maßstab […] begegnet als solcher […] **keinen verfassungsrechtlichen Bedenken**", *BVerfG* NVwZ 2004, 1346 (1347) in Bezug auf § 123 VwGO.

87 *EuGH* NVwZ 1991, 460 (461) – *Zuckerfabrik Süderdithmarschen* in Bezug auf § 69 Abs. 3 FGO. **Kompetenzrechtliche Bedenken** an dieser Rechtsprechung äußert *Schoch* in: Ehlers/Schoch, Rechtsschutz im Öffentlichen Recht § 29 Rn. 149 m.w.N.

88 *Detterbeck* Allgemeines Verwaltungsrecht Rn. 1512.

89 *Detterbeck* Allgemeines Verwaltungsrecht Rn. 1514 unter Hinweis auf *EuGH* EuZW 2007, 56 – *Kommission/Frankreich*.

90 *Schoch* in: Ehlers/Schoch, Rechtsschutz im Öffentlichen Recht § 29 Rn. 135 m.w.N. **A.A.** *Kopp/Schenke* VwGO § 80 Rn. 116.

91 Nachweise zum Meinungsstreit bei *Schoch* in: Ehlers/Schoch, Rechtsschutz im Öffentlichen Recht § 29 Rn. 135.

92 Siehe etwa *Schoch* in: ders./Schneider/Bier, VwGO § 80 Rn. 384, 386 m.w.N.

ßigkeit des Verwaltungsakts abzulehnen, sofern dessen Vollziehung für den Adressaten keine unbillige, durch überwiegende öffentliche Interessen gebotene Härte zur Folge hätte. „[E]s ist nicht Sinn des vorläufigen Rechtsschutzes [...], Positionen einzuräumen, die einer Nachprüfung im Klageverfahren erkennbar nicht standhalten."[93] Der Gegenansicht[94], die § 80 Abs. 4 S. 3 VwGO nicht für verallgemeinerungsfähig hält und stattdessen eine Interessenabwägung fordert, ist nicht zu folgen. Denn selbst im Fall der offenen Erfolgsaussicht spricht in den Fällen des § 80 Abs. 2 Nr. 1–3, S. 2 VwGO die dort getroffene gesetzgeberische Wertung für einen Vorrang des Vollzugsinteresses (Rn. 580);

– beruht die sofortige Vollziehung des Verwaltungsakts dagegen auf einer behördlichen   **578**
   Anordnung nach **§ 80 Abs. 2 S. 1 Nr. 4 VwGO**, so ist der Antrag nach § 80 Abs. 5 S. 1 VwGO richtigerweise nicht bereits deshalb abzulehnen, weil der Verwaltungsakt rechtmäßig ist (str.[95]). Denn im Fall des § 80 Abs. 2 S. 1 Nr. 4 VwGO bedarf es stets eines „besonderen Interesses an der sofortigen Vollziehung" (§ 80 Abs. 3 S. 1 VwGO), welches über das Interesse am Erlass des Verwaltungsakts, d.h. dessen hierfür notwendige Rechtmäßigkeit, hinausgeht. Fehlt es an diesem (Dringlichkeits-)Interesse, so ist der Antrag auf Wiederherstellung der aufschiebenden Wirkung begründet;

• dessen **Rechtmäßigkeit offen** ist (*non liquet* bzw. „Pattsituation"[96]), so ist eine von der   **579**
   Erfolgsaussicht im Hauptsacheverfahren unabhängige Abwägung zwischen Aufschub- und Vollzugsinteresse vorzunehmen, was mit Art. 19 Abs. 4 S. 1 GG grundsätzlich in Einklang steht. Diese Interessenabwägung ist zwar „gesetzlich vorstrukturiert, aber nicht präjudiziert", erübrigt sich doch trotz der nachfolgend aufgezeigten **Wertung des Gesetzgebers** die im Rahmen von § 80 Abs. 5 S. 1 VwGO bei offenem Ausgang des betreffenden Rechtsbehelfs durchzuführende Interessenabwägung nicht.[97]

– Abweichend vom Grundsatz des § 80 Abs. 1 S. 1 VwGO haben Widerspruch und   **580**
   Anfechtungsklage in den in **§ 80 Abs. 2 S. 1 Nr. 1-3, S. 2 VwGO** genannten Fällen unmittelbar kraft Gesetzes keine aufschiebende Wirkung. Dahinter steht die typisierende Wertung des Gesetzgebers, dass in diesen Sachbereichen grundsätzlich ein Vorrang des öffentlichen Vollziehungsinteresses vor dem Aufschiebungsinteresse des Einzelnen besteht. Eine von dieser legislativen Grundentscheidung abweichende gerichtliche Anordnung der aufschiebenden Wirkung nach § 80 Abs. 5 S. 1 VwGO kommt daher nur dann in Betracht, d.h. ein entsprechender Antrag ist nur dann begründet, wenn im Einzelfall besondere Umstände vorliegen, die dies rechtfertigen. Dabei sind „[d]ie Folgen, die sich für den einzelnen Antragsteller mit dem Sofortvollzug verbinden [...], regelmäßig nur dann beachtlich, wenn sie nicht schon als regelmäßige Folge der gesetzlichen Anordnung des Sofortvollzugs in der gesetzgeberischen Grundentscheidung Berücksichtigung gefunden haben"[98];

– genau umgekehrt verhält es sich dagegen im Anwendungsbereich des **§ 80 Abs. 2**   **581**
   S. 1 Nr. 4 VwGO. Dort ist die aufschiebende Wirkung von Widerspruch und Anfechtungsklage nach § 80 Abs. 1 S. 1 VwGO die gesetzliche Regel, welche erst durch die besondere behördliche Anordnung der sofortigen Vollziehung durchbrochen wird.

---

93 *BVerwG* NVwZ 1993, 266 (267).

94 Z.B. *Proppe* JA 2004, 324 (325).

95 Wie hier etwa *Würtenberger* Verwaltungsprozessrecht Rn. 532. **A.A.** z.B. *OVG Lüneburg* NJW 2002, 2336 (2337).

96 *Schoch* in: Ehlers/Schoch, Rechtsschutz im Öffentlichen Recht § 29 Rn. 137.

97 *BVerwG* NVwZ 2005, 689 (690).

98 *BVerfG* NVwZ 2012, 104 (105) m.w.N.

Von dieser gesetzgeberischen Grundentscheidung zugunsten der aufschiebenden Wirkung von Rechtsbehelfen darf nur dann abgewichen werden, wenn ein „besonderes Interesse an der sofortigen Vollziehung" des Verwaltungsakts besteht, § 80 Abs. 3 S. 1 VwGO. Ist ein solches überwiegendes öffentliches Vollzugsinteresse nicht vorhanden, weil im konkreten Fall keine Eilbedürftigkeit bzgl. der Verwirklichung des Verwaltungsakts besteht und dessen Vollzug daher aufgeschoben werden kann, so ist der Antrag nach § 80 Abs. 5 S. 1 VwGO folglich begründet.

582 Kriterien für die demnach sowohl im Rahmen von § 80 Abs. 2 S. 1 Nr. 1-3, S. 2 VwGO als auch von § 80 Abs. 2 S. 1 Nr. 4 VwGO ggf. erforderliche Abwägung des Aussetzungsinteresses des Rechtsschutzsuchenden mit dem öffentlichen Interesse am sofortigen Vollzug des Verwaltungsakts (zweite Prüfungsebene) sind namentlich das Gewicht der durch diesen tangierten Rechtsgüter sowie die Schwere der ihnen drohenden Beeinträchtigung (z.B. Schaffung vollendeter Tatsachen). M.a.W.: Zunächst sind die sich gegenüberstehenden Interessen zu benennen und sodann zu bewerten. „Im Wege der sog. ‚Doppelfiktion' [**Folgenabwägung**'[99]] ist hier zu fragen:

- Was wäre, wenn [der Verwaltungsakt] sofort vollzogen würde, die Klage letztlich aber erfolgreich bliebe?
- Was wäre, wenn die aufschiebende Wirkung wiederhergestellt würde, die Klage sich aber als unbegründet erwiese?

583 Die Entscheidung muss dann zugunsten desjenigen ausgehen, dessen Belange härter berührt sind als die der übrigen Beteiligten."[100] Dabei sind „die verschiedenen für die Interessenabwägung maßgeblichen Faktoren [...] untereinander ausgleichsfähig", d.h. sie bilden ein „bewegliches System".[101] Gibt es danach also durchaus „Fälle, in welchen trotz des grundsätzlichen Vorrangs des Vollziehungsinteresses bei kraft Gesetzes angeordneten Sofortvollzugs das Suspensivinteresse des Betroffenen überwiegt"[102], so schlägt „[d]er Rechtsschutzanspruch [...] umso stärker zu Buche und darf umso weniger zurückstehen, je schwerer die dem Einzelnen auferlegte Belastung wiegt und je mehr die Maßnahmen der Verwaltung Unabänderliches bewirken"[103] („Je-desto-Formel"[104]). Insoweit ist auch zu berücksichtigen, dass der öffentlichen Hand – bzw. in den Fällen des § 80a VwGO dem durch den Verwaltungsakt mit Drittwirkung Begünstigten – bei späterem Obsiegen in der Hauptsache kein Schadensersatzanspruch gegen den im Eilverfahren nach § 80 Abs. 5 S. 1 VwGO erfolgreichen Antragsteller zusteht (kein Haftungsrisiko für den durch die aufschiebende Wirkung Begünstigten). Anders als § 123 Abs. 3 VwGO verweisen §§ 80, 80a VwGO nämlich nicht auf § 945 ZPO und auch eine Analogie hierzu wird überwiegend[105] abgelehnt.

99 *Schoch* in: Ehlers/Schoch, Rechtsschutz im Öffentlichen Recht § 29 Rn. 137 unter Hinweis auf **§ 32 BVerfGG**. Hierzu siehe auch *BVerfG* NVwZ 2005, 927 (928).
100 *Hufen* Verwaltungsprozessrecht § 32 Rn. 39.
101 *Schenke* Verwaltungsprozessrecht Rn. 1002.
102 *BVerfG* NVwZ 2007, 1304 (1303).
103 *BVerwG* NVwZ 2005, 689 (690). Vgl. auch *BVerfGE* 35, 382 (402).
104 *Würtenberger* Verwaltungsprozessrecht Rn. 533.
105 *Kopp/Schenke* VwGO § 80 Rn. 208 m.w.N. Nachweise zur **a.A.** bei *Hufen* Verwaltungsprozessrecht § 32 Rn. 43.

> **Hinweis**
>
> 584
>
> Bei **Verwaltungsakt**en **mit Drittwirkung** kann das vorstehend zu § 80 Abs. 5 S. 1 VwGO betreffend bipolare (zweipolige/-seitige) Verwaltungsrechtsverhältnisse zwischen Staat und Bürger entwickelte Abwägungsprogramm nicht unbesehen übernommen werden. Denn in den von § 80a Abs. 3 VwGO erfassten tripolaren Verwaltungsrechtsverhältnissen stehen sich i.d.R. nicht öffentliche und private, sondern auf beiden Seiten prinzipiell gleichwertige, jeweils verfassungsrechtlich geschützte Positionen gegenüber, wie der in dieser Hinsicht typische Fall des Nachbarwiderspruchs gegen die einem Bauherrn erteilte Baugenehmigung verdeutlicht. „Es geht dann um praktische Konkordanz durch Verfahren.“[106] Namentlich die in § 80 Abs. 2 S. 1 Nr. 3 VwGO i.V.m. § 212a Abs. 1 BauGB zum Ausdruck kommende gesetzgeberische Wertung lässt sich im vorliegenden Zusammenhang daher nicht fruchtbar machen.[107] Das Regel-Ausnahmeverhältnis des § 80 Abs. 1, 2 VwGO gibt hier deshalb nichts her, weil es allein mit Blick auf den Widerstreit zwischen privatem und öffentlichem Interesse normiert wurde.[108] Vielmehr ist im Rahmen von § 80a Abs. 3 VwGO eine **Abwägung** der jeweils betroffenen Privatinteressen, d.h. zwischen
>
> - dem **Interesse des** durch den Verwaltungsakt **Begünstigten an der sofortigen Vollziehung** des Verwaltungsakts einerseits und
>
> - dem **Interesse des** durch den Verwaltungsakt **Belasteten an der Aussetzung der Vollziehung** des Verwaltungsakts, d.h. der Beibehaltung des *status quo*, andererseits
>
> vorzunehmen.[109] Das VG fungiert insoweit „als Schiedsrichter zwischen den widerstreitenden Bürgerinteressen“[110] und hat dabei stets eine eigene Ermessensentscheidung zu treffen, auch wenn zuvor die Behörde eine Entscheidung nach § 80a Abs. 1 bzw. 2 VwGO getroffen hat.[111] Da § 80a Abs. 3 VwGO zur Auflösung dieses „Interessen-Patt“[112] keinen Entscheidungsmaßstab benennt, ist auf die **Erfolgsaussicht des Hauptsacherechtsbehelfs** (Widerspruch bzw. Klage) abzustellen (*insofern* vgl. Rn. 572 ff.), wobei freilich auch insoweit das Interesse der einen oder anderen Seite durch die jeweiligen öffentlichen Interessen verstärkt sein kann (so z.B. in Bezug auf die von einem privaten Betreiber vorgesehene Errichtung einer Mülldeponie).[113]
>
> - Danach ist von einem überwiegenden Interesse des durch den Verwaltungsakt Begünstigten an dessen sofortiger Vollziehung schon dann auszugehen, wenn der Verwaltungsakt rechtmäßig, d.h. der hiergegen in der Hauptsache eingelegte Rechtsbehelf offensichtlich erfolglos ist. Anders als im Zusammenhang mit § 80 Abs. 5 S. 1 VwGO z.T. der Fall, bedarf es im Rahmen von § 80a Abs. 3 VwGO allerdings **kein**es über die Rechtmäßigkeit des Verwaltungsakts noch hinausgehenden **besonderen Interesse**s gerade **an** dessen **sofortiger Vollziehung** mehr. Denn der durch einen Verwaltungsakt begünstigte Private (z.B. Bauherr) hat regelmäßig ein schutzwürdiges Interesse (z.B. aus Art. 14 Abs. 1 GG) an der sofortigen Vollziehung des rechtmäßigen Verwaltungsakts (z.B. Baugenehmigung, § 75 Abs. 1 S. 1 BauO NRW).[114] „Die Schaffung rechtmäßiger vollendeter Tatsachen ist hinzunehmen“[115];

---

106 *Hufen* Verwaltungsprozessrecht § 31 Rn. 2.

107 *Schoch* in: Ehlers/Schoch, Rechtsschutz im Öffentlichen Recht § 29 Rn. 158 m.w.N. auch zur **a.A.**

108 *Loos* JA 2001, 698 (704).

109 *Decker* in: Wolff/Decker, VwGO/VwVfG § 80a VwGO Rn. 16; *Würtenberger* Verwaltungsprozessrecht Rn. 520.

110 *Pietzner/Ronellenfitsch* Das Assessorexamen im Öffentlichen Recht Rn. 1602.

111 *Finkelnburg/Dombert/Külpmann* Vorläufiger Rechtsschutz im Verwaltungsstreitverfahren Rn. 1065.

112 *Schoch* in: Ehlers/Schoch, Rechtsschutz im Öffentlichen Recht § 29 Rn. 158 m.w.N.

113 *Tettinger/Wahrendorf* Verwaltungsprozessrecht § 24 Rn. 16.

114 Vgl. *Finkelnburg/Dombert/Külpmann* Vorläufiger Rechtsschutz im Verwaltungsstreitverfahren Rn. 1070 f.; *Gersdorf* Verwaltungsprozessrecht Rn. 200–201.

115 *Schoch* in: Ehlers/Schoch, Rechtsschutz im Öffentlichen Recht § 29 Rn. 158 m.w.N. Vgl. auch *BVerfG* NVwZ 2009, 240 (242) m.w.N.

- demgegenüber überwiegt das Interesse des durch den Verwaltungsakt Belasteten an der Aussetzung von dessen Vollziehung, wenn sein gegen diesen in der Hauptsache eingelegter Rechtsbehelf **offensichtlich erfolgreich** ist, d.h. insbesondere der Verwaltungsakt **rechtswidrig ist** und der Belastete dadurch **in** einem seiner **subjektiv-öffentlichen Rechten verletzt** wird;[116]
- ist der Ausgang des Hauptsacheverfahrens dagegen **offen**, so gelten die oben (Rn. 582 f.) zur Folgenabwägung gemachten Ausführungen entsprechend.[117]

585   Ist der gem. § 80 Abs. 5 S. 1 VwGO gestellte Antrag begründet, so folgt aus dem verfassungsrechtlichen Gebot der Gewährung effektiven Rechtsschutzes (Art. 19 Abs. 4 S. 1 GG), dass das Gericht die aufschiebende Wirkung anordnen bzw. wiederherstellen **muss**. In diesem Fall darf die Behörde den Verwaltungsakt vorläufig nicht durchsetzen und grundsätzlich auch nicht (erneut) die sofortige Vollziehung anordnen (Ausnahme: die Wiederherstellung der aufschiebenden Wirkung erfolgte allein wegen eines formellen Fehlers). Ebenfalls unzulässig ist der nochmalige Erlass des Verwaltungsakts mit inhaltsgleicher Anordnung der sofortigen Vollziehung. Hat der Antrag nach § 80 Abs. 5 S. 1 VwGO dagegen keinen Erfolg, so darf die Behörde den Verwaltungsakt vollziehen.

> **Tenorierungsbeispiel**[118]   Bei Erfolg des Antrags nach § 80 Abs. 5 S. 1 VwGO: „Die aufschiebende Wirkung des Widerspruchs/der Klage des Antragstellers gegen den Bescheid der Antragsgegnerin vom … wird angeordnet" (Fälle des § 80 Abs. 2 S. 1 Nr. 1–3, S. 2 VwGO) bzw. „wiederhergestellt" (Fall des § 80 Abs. 2 S. 1 Nr. 4 VwGO). Bei Unzulässigkeit oder Unbegründetheit des Antrags nach § 80 Abs. 5 S. 1 VwGO: „Der Antrag wird abgelehnt". ■

586   Lediglich bzgl. des „Wie" – v.a. im Hinblick auf § 80 Abs. 5 S. 4, 5 VwGO – verfügt das Gericht über **Ermessen**. Sofern sich aus der jeweiligen Entscheidung nichts anderes ergibt, tritt die aufschiebende Wirkung rückwirkend (*ex tunc*) ein und dauert bis zum Eintritt der Unanfechtbarkeit des Verwaltungsakts. Das hat zur Folge, dass etwaig bereits getroffene, ursprünglich rechtmäßige Vollzugsakte nachträglich ihre Rechtsgrundlage (*causa*) verlieren und damit rechtswidrig werden. Steht dem Antragsteller materiell-rechtlich ein Anspruch auf Beseitigung derartiger Vollzugsfolgen zu (Vollzugsfolgenbeseitigungsanspruch), so kann das Gericht gem. § 80 Abs. 5 S. 3 VwGO die **Aufhebung der Vollziehung anordnen**, falls der Antragsteller dies zusammen mit dem Antrag nach § 80 Abs. 5 S. 1 VwGO beantragt hat.

> **Hinweis**
>
> **Vollzieht** die Behörde einen Verwaltungsakt **vor** Eintritt seiner **Unanfechtbarkeit** bzw. des Endes der aufschiebenden Wirkung (§ 80b VwGO), so handelt sie auf **eigenes Risiko** (Entsprechendes gilt in Bezug auf den Begünstigten eines Verwaltungsakts mit Drittwirkung). Solange der Betroffene in zulässiger Weise Widerspruch oder Anfechtungsklage erheben kann, muss die Behörde damit rechnen und ihr Verhalten darauf einstellen. Macht er hiervon – ggf. auch erst am letzten Tag des Fristablaufs – tatsächlich Gebrauch, so wird auch eine zunächst rechtmäßige (voreilige) Vollziehungsmaßnahme rückwirkend rechtswidrig.[119]

---

116   Vgl. *Finkelnburg/Dombert/Külpmann* Vorläufiger Rechtsschutz im Verwaltungsstreitverfahren Rn. 1068; *Gersdorf* Verwaltungsprozessrecht Rn. 203. Vgl. auch *BVerfG* NVwZ 2009, 240 (242).

117   Vgl. *Brühl* JuS 1995, 818 (820, 822); *Windthorst* in: Gärditz, VwGO § 80a Rn. 56, jeweils m.w.N.

118   Nach *Hufen* Verwaltungsprozessrecht § 32 Rn. 42; *Loos* JA 2001, 698 (705); *Schenke* Verwaltungsprozessrecht Rn. 989; *Tettinger/Wahrendorf* Verwaltungsprozeßrecht § 24 Rn. 22.

119   *Schmitt Glaeser/Horn* Verwaltwigsprozeßrecht Rn. 257 f.; *Würtenberger* Verwaltungsprozessrecht Rn. 526.

Die Entscheidung nach § 80 Abs. 5 S. 1 VwGO ergeht durch **Beschluss** (vgl. § 80 Abs. 7 S. 1 **587**
VwGO), wobei gem. § 80 Abs. 8 VwGO in dringenden Fällen der Vorsitzende entscheidet (fer-
ner siehe Rn. 15). Gegen Beschlüsse nach § 80 Abs. 5 VwGO, die analog § 121 VwGO die
Beteiligten binden und nach § 122 Abs. 2 S. 2 VwGO stets zu begründen sind, ist nach § 146
Abs. 1 VwGO das Rechtsmittel der **Beschwerde** an das **OVG** statthaft. Zudem kann das
Gericht der Hauptsache Beschlüsse über Anträge nach § 80 Abs. 5 VwGO jederzeit – mit
Wirkung *ex nunc* – **ändern oder aufheben**, sei es gem. § 80 Abs. 7 S. 1 VwGO von Amts
wegen oder nach § 80 Abs. 7 S. 2 VwGO auf Antrag eines Beteiligten, der sich auf veränderte
oder im ursprünglichen Verfahren ohne Verschulden nicht geltend gemachte Umstände
beruft, wozu auch eine nachträgliche Änderung der höchstrichterlichen Rechtsprechung
zählt. Inhaltlich richtet sich die Entscheidung nach § 80 Abs. 7 VwGO – hierbei handelt es
sich um ein selbstständiges Verfahren – nach denselben Grundsätzen, die gem. § 80 Abs. 5
S. 1 VwGO auch für die erstmalige Entscheidung über den Antrag auf Anordnung bzw. Wiederherstellung der aufschiebenden Wirkung gelten. Doch geht es dabei „nicht etwa um eine
Rechtsmittelentscheidung, sondern um eine zukunftsorientierte [eigenständige Ermes-
sens-]Entscheidung über den Fortbestand der im Aussetzungsverfahren getroffenen Entscheidung"[120] („Art ‚Wiederaufnahmeantrag'"[121]).

PRÜFUNGSSCHEMA

---

120 *Schoch* in: Ehlers/Schoch, Rechtsschutz im Öffentlichen Recht § 29 Rn. 175.
121 *Hufen* Verwaltungsprozessrecht § 33 Rn. 52. Siehe auch *VGH Kassel* NVwZ 2011, 1530.

3.   Übungsfall Nr. 7[122]

589   „Tote Tanten"

Anatom Prof. Dr. A hat das sog. Plastinationsverfahren entwickelt. Dabei wird menschlichen Leichnamen die Körperflüssigkeit entzogen und durch flüssigen Kunststoff ersetzt, der nach einiger Zeit aushärtet. Auf diese Weise werden die Körper (sog. Plastinate) vor Verwesung geschützt und dauerhaft konserviert. Abhängig davon, wie das einzelne Plastinat jeweils präpariert wurde, sind bei diesem die anatomischen Strukturen des menschlichen Körpers (Atmungsorgane, Bewegungsapparat, Herz-Kreislauf-System, Nervensystem, Verdauungstrakt etc.) sichtbar.

Um diese Einblicke einer möglichst großen Vielzahl von Personen zugänglich zu machen, begibt sich A mit insgesamt 150 Plastinaten auf eine Wanderausstellung im In- und Ausland. In deren Rahmen plant A auch im brandenburgischen Nauen eine Ausstellung durchzuführen. Wie schon in den bisherigen Ausstellungen sollen die Besucher auch diesmal Ausstellungsführer und Postkarten mit Abbildungen einzelner Plastinate erwerben können. In einer Ecke des vorgesehenen Ausstellungsraums sollen zudem Snacks und Getränke zum Verzehr an Ort und Stelle angeboten werden.

Als die zuständige Behörde B hiervon aus der Zeitung erfährt, untersagt sie A per Bescheid unter Hinweis auf § 1 Abs. 2 BbgBestG in formell rechtmäßiger Weise die Durchführung der Ausstellung in Nauen. Zudem ordnet B die sofortige Vollziehung des Verbots an. Zur Begründung heißt es insoweit, Art, Aufmachung und Ort der Ausstellung zeigten, dass diese in Wahrheit auf bloße Gewinnerzielung und Sensationshascherei ausgerichtet sei und damit sowohl die Würde der ausgestellten Verstorbenen als auch der Besucher verletze. Angesichts der herausragenden Stellung von Art. 1 Abs. 1 GG könne aber eine wenn auch nur zeitweise Verletzung der Menschenwürde nicht hingenommen werden.

A kann all das nicht verstehen und erhebt fristgerecht Widerspruch gegen das Verbot. Zudem beantragt A am darauffolgenden Tag unter Berufung auf seine grundrechtlich geschützte Wissenschaftsfreiheit aus Art. 5 Abs. 3 S. 1 GG beim zuständigen VG die Anordnung der aufschiebenden Wirkung des Widerspruchs. Nach Ansicht des A gehe von den zu 70% aus Kunststoff bestehenden Plastinaten keine Gesundheitsgefahr aus, da sie nicht verwesen könnten und entspräche das die Ausstellung ergänzende Merchandising-Programm dem üblichen Standard anerkannter deutscher Museen. Hat A mit diesem gegen die Ausgangsbehörde gerichteten Antrag Erfolg?

Bearbeitervermerk: Der rechtmäßige Erwerb der Körper durch A sowie die noch zu Lebzeiten erteilte Einwilligung der Verstorbenen in ihre Plastination sind zu unterstellen. Das BbgBestG enthält keine Ermächtigungsgrundlage für die hier ausgesprochene Untersagungsverfügung und lautet in seinem § 1 Abs. 2: „Mit Leichen […] darf nur so verfahren werden, dass keine Gefahren für die öffentliche Sicherheit oder Ordnung, insbesondere für die Gesundheit und für die Belange der Strafrechtspflege, zu befürchten sind und die Würde des Verstorbenen und das sittliche Empfinden der Allgemeinheit nicht verletzt werden." Nach § 3 Abs. 1 S. 1 BbgBestG ist „Leiche im Sinne dieses Gesetzes […] der Körper eines Menschen, bei dem sichere Zeichen des Todes bestehen oder bei dem der Tod auf andere Weise zuverlässig festgestellt worden ist." Ein Fall des § 28 Abs. 2 oder 3 VwVfG liegt hier nicht vor.

---

122   Nach *Peine* Klausurenkurs im Verwaltungsrecht Rn. 813 ff. Vgl. auch *VGH München* NJW 2003, 1618; *VGH Baden-Württemberg* VBlBW 2006, 186; *OVG Berlin-Brandenburg* LKV 2009, 566.

Lösung

A hat mit seinem Antrag Erfolg, wenn dieser zulässig und begründet ist.

A. Zulässigkeit

I. Eröffnung des Verwaltungsrechtswegs

Der Verwaltungsrechtsweg ist hier mangels aufdrängender Sonderzuweisung gem. § 40 Abs. 1 S. 1 VwGO eröffnet, da die vorliegend streitentscheidende Norm des § 1 Abs. 2 BbgBestG (i.V.m. § 13 Abs. 1 OBGBbg) dem öffentlichen Recht zugehört, eine verfassungsrechtliche Streitigkeit ersichtlich nicht vorliegt und auch keine abdrängende Sonderzuweisung greift.

II. Statthaftigkeit des Antrags

Der Antrag des A auf gerichtliche Anordnung der aufschiebenden Wirkung seines Widerspruchs gegen die Untersagungsverfügung müsste statthaft sein. In Abgrenzung zur insoweit subsidiären (§ 123 Abs. 5 VwGO) einstweiligen Anordnung nach § 123 Abs. 1 VwGO ist vorläufiger Rechtsschutz dann über § 80 Abs. 5 S. 1 VwGO zu suchen, wenn in der Hauptsache die Anfechtungsklage nach § 42 Abs. 1 Alt. 1 VwGO die statthafte Klageart ist. Das wiederum setzt die Existenz eines den Antragsteller belastenden Verwaltungsakts voraus. Dieser liegt hier in Gestalt des Untersagungsbescheids (Ausstellungsverbot) vor. Die im Hinblick auf § 80 Abs. 5 S. 1 VwGO zudem noch erforderliche sofortige Vollziehbarkeit dieses Verwaltungsakts resultiert vorliegend aus der entsprechenden behördlichen Anordnung nach § 80 Abs. 2 S. 1 Nr. 4 VwGO. Schließlich hat A auch bereits fristgerecht den hier gem. § 68 Abs. 1 S. 1 VwGO statthaften Widerspruch – ein Fall des § 68 Abs. 1 S. 2 VwGO liegt nicht vor – gegen die Untersagungsverfügung erhoben, dessen aufschiebende Wirkung das VG „anordnen" soll. Auf die Streitfrage, ob ein Antrag nach § 80 Abs. 5 S. 1 VwGO nur dann zulässig ist, wenn der Antragsteller den in der Hauptsache statthaften Rechtsbehelf bereits erhoben hat, braucht vorliegend daher nicht eingegangen zu werden.

Innerhalb des § 80 Abs. 5 S. 1 VwGO wäre der von A gestellte Antrag auf „Anordnung" der aufschiebenden Wirkung allerdings nur dann der richtige, wenn diese kraft Gesetzes nicht bestehen würde. Ein derartiger Fall nach § 80 Abs. 2 S. 1 Nr. 1-3, S. 2 VwGO ist hier jedoch gerade nicht gegeben. Vielmehr entfaltet der von A erhobene Widerspruch aufgrund der behördlichen Anordnung der sofortigen Vollziehung gem. § 80 Abs. 2 S. 1 Nr. 4 VwGO keinen Suspensiveffekt nach § 80 Abs. 1 S. 1 VwGO. Folglich hätte A die „Wiederherstellung" – und nicht die „Anordnung" – der aufschiebenden Wirkung des von ihm erhobenen Widerspruchs durch das VG beantragen müssen. Der Zulässigkeit seines Antrags steht dieser Fehler allerdings nicht entgegen, ist das Gericht doch lediglich an das Klagebegehren, nicht aber auch an die Fassung des Antrags, gebunden, § 122 Abs. 1 i.V.m. § 88 VwGO analog. Es wird den Antrag des A daher in einen solchen nach § 80 Abs. 5 S. 1 Alt. 2 VwGO umdeuten.

III. Beteiligten- und Prozessfähigkeit

Antragsteller A ist gem. § 61 Nr. 1 Alt. 1 VwGO beteiligten- und nach § 62 Abs. 1 Nr. 1 VwGO prozessfähig. Die Beteiligtenfähigkeit der Ausgangsbehörde als Antragsgegnerin folgt aus § 61 Nr. 3 i.V.m. § 8 Abs. 1 BbgVwGG. Für sie handelt gem. § 62 Abs. 3 VwGO ihr gesetzlicher Vertreter.

IV. Antragsbefugnis

Als Adressat der von der Behörde für sofort vollziehbar erklärten Untersagungsverfügung ist A analog § 42 Abs. 2 VwGO ebenfalls im Hinblick auf den Antrag nach § 80 Abs. 5 S. 1 Alt. 2 VwGO antragsbefugt, besteht doch auch insofern die Möglichkeit der Verletzung in seinem Grundrecht jedenfalls aus Art. 2 Abs. 1 GG.

V. Richtiger Antragsgegner

Die Ausgangsbehörde ist hier entsprechend § 78 Abs. 1 Nr. 2 VwGO i.V.m. § 8 Abs. 2 S. 1 BbgVwGG der richtige Antragsgegner.

VI. Allgemeines Rechtsschutzbedürfnis

Wie im Umkehrschluss aus § 80 Abs. 6 S. 1 VwGO folgt, der die Zulässigkeit des Antrags nach § 80 Abs. 5 S. 1 VwGO nur in den hier nicht gegebenen Fällen des § 80 Abs. 2 S. 1 Nr. 1 VwGO von der vorherigen Ablehnung eines Antrags auf Aussetzung der Vollziehung durch die Behörde abhängig macht, verfügt A auch ohne vorherige Stellung eines solchen Antrags nach § 80 Abs. 4 VwGO über das für die Zulässigkeit seines unmittelbar bei Gericht gestellten Eilantrags erforderliche allgemeine Rechtsschutzbedürfnis.

VII. Zwischenergebnis

Bedenken am Vorliegen sonstiger Zulässigkeitsvoraussetzungen bestehen nicht. Insbesondere ist der (umgedeutete) Antrag des A nach § 80 Abs. 5 S. 1 Alt. 2 VwGO auf gerichtliche Wiederherstellung der aufschiebenden Wirkung des von ihm erhobenen Widerspruchs mangels Einschlägigkeit einer abweichenden fachgesetzlichen Regelung nicht fristgebunden und daher insgesamt zulässig.

B. Begründetheit

Der Antrag nach § 80 Abs. 5 S. 1 Alt. 2 VwGO ist begründet, wenn entweder die behördliche Anordnung der sofortigen Vollziehung formell fehlerhaft ist oder aber das private Aussetzungsinteresse das öffentliche Interesse am sofortigen Vollzug des Verwaltungsakts überwiegt.

I. Formelle Rechtmäßigkeit der Anordnung der sofortigen Vollziehung

Die behördliche Vollziehungsanordnung nach § 80 Abs. 2 S. 1 Nr. 4 VwGO ist dann formell fehlerhaft, wenn sie unter Verstoß gegen die insoweit maßgeblichen Zuständigkeits-, Verfahrens- oder Formvorschriften ergangen ist.

1. Zuständigkeit

Vorliegend hat die zuständige Behörde gehandelt. Diese hat die Untersagungsverfügung erlassen und war daher gem. § 80 Abs. 2 S. 1 Nr. 4 VwGO auch für die Anordnung der sofortigen Vollziehung zuständig.

2. Verfahren

Allerdings ist fraglich, ob A vor Erlass der Vollziehungsanordnung nach § 1 Abs. 1 S. 1 VwVfGBbg i.V.m. § 28 Abs. 1 VwVfG (analog) hätte angehört werden müssen. Diese Frage kann hier allerdings dahingestellt bleiben, da die Behörde die Anordnung der sofortigen Vollziehung mit dem Ausgangsverwaltungsakt ver-

bunden hat, welcher laut Sachverhalt seinerseits in formell rechtmäßiger Weise – und damit u.a. unter Wahrung der sich aus § 1 Abs. 1 S. 1 VwVfGBbg i.V.m. § 28 Abs. 1 VwVfG ergebenden Anhörungserfordernisse – erlassen wurde (ein Fall des § 28 Abs. 2 oder 3 VwVfG liegt laut Bearbeitervermerk nicht vor). Selbst diejenigen Stimmen aber, die aus rechtsstaatlichen Gründen eine Anhörung in Bezug auf die Anordnung der sofortigen Vollziehung fordern, lassen es ausreichen, wenn diese zusammen mit derjenigen, die nach § 28 Abs. 1 VwVfG in Bezug auf den für sofort vollziehbar erklärten Verwaltungsakt notwendig war, erfolgt ist. Die vorliegende Vollziehungsanordnung leidet mithin auch nicht an einem Verfahrensmangel.

3. Form

Schließlich war gem. § 80 Abs. 3 S. 1 VwGO noch das besondere Interesse an der sofortigen Vollziehung des Verwaltungsakts schriftlich zu begründen. Eine schriftliche Begründung liegt hier laut Sachverhalt vor. Aus dieser muss das „besondere Interesse" am Sofortvollzug hervorgehen, d.h. warum im konkreten Fall ein überwiegendes Interesse nicht bloß am Erlass des Verwaltungsakts, sondern gerade an dessen – vom gesetzlichen Regelfall des § 80 Abs. 1 S. 1 VwGO abweichenden – sofortiger Vollziehung besteht. Dies erfordert eine Auseinandersetzung der Behörde mit den konkreten Umständen des Einzelfalls. Hier hat die Behörde den Erlass des Verwaltungsakts „Untersagungsverfügung" mit einem Verstoß gegen das Bestattungsrecht begründet. Als Argument für dessen darüber hinaus noch angeordnete sofortige Vollziehung hat sie angeführt, dass es im konkreten Fall eine auch nur kurzfristige Verletzung der Menschenwürde in Anbetracht der herausragenden Stellung dieses Grundrechts aus Art. 1 Abs. 1 GG zu verhindern gelte. Damit ist den Anforderungen des § 80 Abs. 3 S. 1 VwGO Genüge getan. Ob dieser Grund die Anordnung der sofortigen Vollziehung auch inhaltlich trägt, ist im Rahmen dieser Vorschrift, die ein rein formelles Begründungserfordernis statuiert, ohne Bedeutung.

Also ist die Vollziehungsanordnung in formeller Hinsicht nicht zu beanstanden und der Antrag des A nicht bereits unter diesem Aspekt begründet.

Übungsfall Nr. 7

II. Interessenabwägung

Maßgebender Faktor für die demnach ausschlaggebende eigenständige Abwägung des Gerichts zwischen dem Aussetzungsinteresse des A und dem öffentlichen Vollzugsinteresse ist die Erfolgsaussicht des Rechtsbehelfs in der Hauptsache, hier also des Widerspruchs des A gegen die Untersagungsverfügung. Jedenfalls wenn diese bei summarischer Prüfung offensichtlich rechtswidrig ist, überwiegt das private Aussetzungsinteresse, besteht am (sofortigen) Vollzug eines rechtswidrigen Verwaltungsakts doch kein (besonderes) öffentliches Interesse.

1. Ermächtigungsgrundlage für die Untersagungsverfügung

Als Ermächtigungsgrundlage für die nach dem Sachverhalt formell rechtmäßige Untersagungsverfügung kommt § 13 Abs. 1 OBGBbg[123] in Betracht, enthält das BbgBestG laut Bearbeitervermerk doch keine entsprechende Bestimmung.

2. Rechtmäßigkeit der Untersagungsverfügung

Auf Ebene des Tatbestands setzt § 13 Abs. 1 OBGBbg eine konkrete Gefahr für die öffentliche Sicherheit oder Ordnung voraus. Das Schutzgut der öffentlichen Sicherheit umfasst die Unverletzlichkeit der Rechtsordnung, die subjektiven Rechte des Einzelnen (Leben, Gesundheit, Eigentum, Freiheit und Ehre) sowie den Bestand des Staates, seiner Einrichtungen und Veranstaltungen. Die öffentliche Ordnung besteht aus der Gesamtheit der ungeschriebenen Regeln, deren Befolgung durch den Einzelnen nach den jeweils vorherrschenden sozialen und ethischen Anschauungen als unerlässliche Voraussetzung für ein geordnetes und gedeihliches menschliches Zusammenleben innerhalb eines bestimmten Gebiets angesehen wird.

a) Gefahr für die öffentliche Sicherheit

Vorliegend könnte die Durchführung der von A geplanten Ausstellung gegen § 1 Abs. 2 BbgBestG und damit gegen das Schutzgut der

---

123 Parallelnormen: § 3 PolG BW, Art. 11 Abs. 1 bay. PAG, § 14 Abs. 1 OBG NRW.

Unverletzlichkeit der Rechtsordnung verstoßen. Gem. § 1 Abs. 2 BbgBestG darf mit Leichen nur so verfahren werden, dass insbesondere die Würde des Verstorbenen und das sittliche Empfinden der Allgemeinheit nicht verletzt werden.

Dann müsste es sich bei den in der Ausstellung präsentierten Plastinaten um Leichen handeln. Nach der Legaldefinition des § 3 Abs. 1 S. 1 BbgBestG ist hierunter der Körper eines Menschen, bei dem sichere Zeichen des Todes bestehen oder bei dem der Tod auf andere Weise zuverlässig festgestellt worden ist, zu verstehen. Diese Voraussetzungen liegen hier vor. Darauf, ob die Leichen der Verwesung unterliegen bzw. ob von ihnen Gesundheitsgefahren ausgehen, welche hier durch den postmortal erfolgten Austausch der menschlichen Körperflüssigkeit durch Kunststoff ggf. verhindert wird, kommt es nach dem Gesetzeswortlaut nicht an. Also handelt es sich bei den Plastinaten um Leichen i.S.v. § 3 Abs. 1 S. 1 BbgBestG.

Darüber hinaus müsste mit diesen durch die Ausstellung so verfahren werden, dass hierdurch die „Würde der Verstorbenen" oder das „sittliche Empfinden der Allgemeinheit" i.S.v. § 1 Abs. 2 BbgBestG verletzt wird. Beide Begriffe sind nach allgemeiner juristischer Methodik im Lichte der höherrangigen Art. 1 Abs. 1 GG (Menschenwürde) und Art. 5 Abs. 3 S. 1 GG (Wissenschaftsfreiheit) auszulegen.

Unter Wissenschaft wird jede Tätigkeit verstanden, die nach Inhalt und Form als ernster und planmäßiger Versuch zur Ermittlung der Wahrheit anzusehen ist. Geschützt wird neben der Forschungsfreiheit und der akademischen Lehre auch die außeruniversitäre pädagogisch-didaktische Vermittlung wissenschaftlicher Erkenntnisse.

Bei den von A auszustellen beabsichtigten Plastinaten handelt es sich um die Ergebnisse anatomischer Präparationsmethoden, deren Erfindung, Weiterentwicklung und Anwendung von der Forschung als Teilbereich der Wissenschaftsfreiheit erfasst wird. Die öffentliche Präsentation der durch diese Technik geschaffenen Plastinate für den medizinischen Laien unterfällt als populärwissenschaftliche Vermittlung anatomischer Gegebenheiten dann dem sachlichen Schutzbereich des Art. 5 Abs. 3 S. 1 GG, wenn dies mit wissenschaftlichem Anspruch geschieht, d.h. die wissenschaftlich-didaktische Zielsetzung der Ausstellung im Vordergrund steht. Eine wissenschaftsneutrale oder gar -fremde Zweckrichtung würde dagegen eine Missachtung der postmortalen Würde des Verstorbenen (Art. 1 Abs. 1 GG) als verfassungsimmanente Schranke der Wissenschaftsfreiheit darstellen, zumal dessen Einwilligung – soweit rechtlich überhaupt beachtlich (Disponibilität) – dies ohnehin nicht decken würde. Die Art und Form der Präsentation darf sich dabei durchaus an dem legitimen Ziel orientieren, den wissenschaftlich nicht vorgebildeten Laien anzusprechen. Allerdings ist dort eine Grenze erreicht, wo es nicht mehr um Wissensvermittlung, sondern um die rein gestaltende Darstellung in einer willkürlich erscheinenden Formensprache geht oder die jeweilige Pose nach allgemeiner Vorstellung als lächerlich, herabwürdigend oder anstößig erscheint.

Anhaltspunkte für Letzteres ergeben sich aus dem vorliegend mitgeteilten Sachverhalt nicht. Im Hinblick auf die Plastinate selbst enthält dieser lediglich die Information, dass bei diesen die anatomischen Strukturen des menschlichen Körpers sichtbar sind. Dies aber entspricht gerade der wissenschaftlichen Zielsetzung der Ausstellung.[124]

Also verstößt die Durchführung der von A geplanten Ausstellung nicht gegen § 1 Abs. 2 BbgBestG. Eine Gefahr für die öffentliche Sicherheit liegt somit nicht vor.

---

124 **A.A.** bei entsprechender Argumentation **vertretbar**, vgl. etwa *Finger/Müller* NJW 2004, 1073.

b) Gefahr für die öffentliche Ordnung

Ein Rückgriff auf das neben der öffentlichen Sicherheit in der Ermächtigungsgrundlage des § 13 Abs. 1 OBGBbg ebenfalls noch erwähnte weitere Schutzgut der öffentlichen Ordnung kommt in Bezug auf die von A geplante Ausstellung der Plastinate von vornherein nicht in Betracht, wird diese doch bereits durch die im Bestattungsgesetz positivierten Regeln erschöpfend erfasst.

Sofern sich aus den sonstigen Umständen (Verkauf von Ausstellungsführern und Postkarten mit Abbildungen einzelner Plastinate, Angebot von Snacks und Getränken zum Verzehr an Ort und Stelle) Anhaltspunkte für einen Verstoß gegen die öffentliche Ordnung ergeben sollten, so würde dies allenfalls ein Verbot dieser Merchandise-Aktivitäten, aus Gründen der Verhältnismäßigkeit (§ 14 OBGBbg) – konkret: der Erforderlichkeit – nicht aber auch das von der Behörde darüber hinaus ausgesprochene Verbot der Ausstellung insgesamt, rechtfertigen.

Bei der im Verfahren nach § 80 Abs. 5 S. 1 Alt. 2 VwGO gebotenen summarischen Überprüfung der Untersagungsverfügung erweist diese sich mithin als offensichtlich rechtswidrig, so dass das Aussetzungsinteresse des A das öffentliche Interesse am Sofortvollzug überwiegt. Dessen als Wiederherstellung der aufschiebenden Wirkung seines Widerspruchs zu handhabender Antrag beim VG ist daher auch begründet und hat Erfolg.

Online-Wissens-Check

Auf Antrag des Unternehmers U hin wird diesem durch Bescheid vom 1.3. ein verlorener Investitionszuschuss i.H.v. 25 000 € bewilligt. Noch vor der für den 1.5. vorgesehen Auszahlung nimmt die zuständige Behörde den Bewilligungsbescheid unter Hinweis auf § 48 Abs. 2 S. 3 Nr. 2 L-VwVfG am 1.4. wieder zurück. Was ist U zu raten, der auf das Geld dringend angewiesen ist?

Überprüfen Sie jetzt online Ihr Wissen zu den in diesem Abschnitt erarbeiteten Themen. Unter **www.juracademy.de/skripte/login** steht Ihnen ein Online-Wissens-Check speziell zu diesem Skript zur Verfügung, den Sie kostenlos nutzen können. Den Zugangscode hierzu finden Sie auf der Codeseite.

B. Vorläufiger Rechtsschutz nach § 123 VwGO

Liegt keiner der in §§ 80, 80a VwGO sowie in § 47 Abs. 6 VwGO speziell geregelten Fälle vor, **591** so ist aufgrund der Lückenlosigkeit des verwaltungsprozessualen vorläufigen Rechtsschutzes der Antrag nach § 123 Abs. 1 VwGO statthaft. Der darin geregelte Erlass einer einstweiligen Anordnung unterscheidet sich in verfahrensrechtlicher Hinsicht dadurch von den §§ 80, 80a VwGO, dass bei § 123 Abs. 1 VwGO allein das Gericht auf gesonderten Antrag eines Betroffenen hin über die Gewährung von vorläufigem Rechtsschutz sowie dessen jeweiligen genauen Inhalt entscheidet. Auch vermag über § 123 Abs. 1 VwGO nicht nur der *status quo* gesichert (**Sicherungsanordnung**, § 123 Abs. 1 S. 1 VwGO), sondern darüber hinaus ebenfalls der Rechtskreis des Antragstellers für die Interimszeit erweitert zu werden (**Regelungsanordnung**, § 123 Abs. 1 S. 2 VwGO).

Das Verfahren nach § 123 Abs. 1 VwGO ist ein **eigenständiges Rechtsschutzverfahren**. Ein hier- **592** nach gestellter Antrag hat Erfolg, wenn er **zulässig** (Rn. 593 ff.) **und begründet** (Rn. 608 ff.) ist.

I. Zulässigkeit des Antrags nach § 123 Abs. 1 VwGO

1. Eröffnung des Verwaltungsrechtswegs

Die Gewährung von vorläufigem Rechtsschutz durch die VGe nach § 123 Abs. 1 VwGO setzt **593** voraus, dass der **Rechtsweg** zu ihnen **eröffnet** ist. Insofern wird auf die Ausführungen in Rn. 53 ff. verwiesen. Zur im vorliegenden Zusammenhang umstrittenen Anwendbarkeit von § 17a Abs. 2 S. 1 GVG vgl. Rn. 553.

2. Statthaftigkeit des Antrags nach § 123 Abs. 1 VwGO

Gem. § 123 Abs. 5 VwGO ist § 123 Abs. 1-3 VwGO gegenüber § 80 und § 80a VwGO betref- **594** fend die Suspendierung bzw. sofortige Vollziehung eines belastenden Verwaltungsakts subsi- diär („Auffangfunktion"[125] von § 123 Abs. 1 VwGO). Daraus folgt für die Statthaftigkeit des Antrags nach § 123 Abs. 1 VwGO, dass diese nur dann gegeben ist, wenn **in der Hauptsache** nicht die Anfechtungsklage, sondern vielmehr eine der übrigen verwaltungsprozessualen Kla- gearten (mit Ausnahme der Fortsetzungsfeststellungsklage [Rn. 494] und der verwaltungsge- richtlichen Normenkontrolle, § 47 Abs. 6 VwGO) – also **die Verpflichtungs-, die allgemeine Leistungs- oder Feststellungsklage – statthaft** ist („Subtraktionsverfahren"[126]). Namentlich der **vorbeugende vorläufige Rechtsschutz** ist demnach über § 123 Abs. 1 VwGO zu suchen (z.B. Antrag, dem Dienstherrn die Ernennung des ausgewählten Konkurrenten zum Beamten vorläufig zu untersagen).

> **Hinweis**
>
> „An dieser Stelle muss also ggf. geprüft und entschieden werden, welche **rechtliche Qualität** [das betreffende] **Verwaltungshandeln** aufweist."[127]

---

125 *Schoch* in: Ehlers/Schoch, Rechtsschutz im Öffentlichen Recht § 30 Rn. 12. Vgl. auch *Saurenhaus* in Wysk, VwGO § 123 Rn. 1: „**Auffangtatbestand**".
126 *Schmitt Glaeser/Horn* Verwaltungsprozessrecht Rn. 317. Näher zu dieser Faustformel siehe Rn. 491.
127 *Loos* JA 2001, 871 (872).

595 U.U. ist der Antrag nach § 122 Abs. 1 i.V.m. § 88 VwGO analog auszulegen. Insbesondere kann ein Antrag nach § 123 Abs. 1 VwGO in einen solchen nach § 80 Abs. 5 S. 1 VwGO – und umgekehrt – umzudeuten sein. So ist z.B. vorläufiger Rechtsschutz gegen **genehmigungsfreie Vorhaben** nur über § 123 Abs. 1 VwGO zu erlangen.

596 Ist der Antrag nach § 123 Abs. 1 VwGO statthaft, so ist nach dem ausdrücklichen Wortlaut dieser Vorschrift weiter zwischen der Sicherungsanordnung (Satz 1) und der Regelungsanordnung (Satz 2) zu unterscheiden:

597 • Wendet sich der Antragsteller gegen eine „Veränderung des bestehenden Zustands", d.h. begehrt er die vorläufige **Erhaltung des *status quo***, so handelt es sich um den Fall einer **Sicherungsanordnung** nach **§ 123 Abs. 1 S. 1 VwGO**. Diese hat mithin „defensiven Charakter"[128]. Bei ihr steht die Geltendmachung von Abwehransprüchen im Vordergrund (z.B. gerichtet auf vorläufiges Unterlassen der Vernichtung einer eingezogenen Sache durch die Behörde). „[D]ie **Sicherungsanordnung** [ist] das funktionale Äquivalent zur **aufschiebenden Wirkung**"[129] nach § 80 Abs. 1 S. 1 VwGO;

598 • verfolgt der Antragsteller demgegenüber das Ziel einer gerichtlichen Anordnung „zur Regelung eines vorläufigen Zustands", d.h. begehrt er die **Erweiterung seines Rechtskreises** (eine einstweilige Veränderung des *status quo*), so liegt ein Fall der **Regelungsanordnung** nach **§ 123 Abs. 1 S. 2 VwGO** vor. Diese ist folglich „offensiv ausgerichtet"[130] (z.B. Antrag auf vorläufige Zulassung zum Studium in einem NC-Fach).

599

> ### JURIQ-Klausurtipp
>
> Nicht zuletzt aufgrund der mitunter schwierigen **Abgrenzung** zwischen der **Sicherungsanordnung** einerseits und der **Regelungsanordnung** andererseits unterbleibt in der Praxis häufig eine entsprechende Differenzierung innerhalb des § 123 Abs. 1 VwGO. „Richtig ist das nicht."[131] Zwar trifft es zu, dass wenn die allgemeine Statthaftigkeit des Antrags nach § 123 Abs. 1 VwGO im konkreten Fall zu bejahen ist, jedenfalls eine von den beiden vorgenannten Formen des vorläufigen Rechtsschutzes gegeben sein muss. Doch legt es nicht nur der Wortlaut von § 123 Abs. 1 VwGO nahe, bereits innerhalb des Prüfungspunkts der **Statthaftigkeit** des Antrags nach § 123 Abs. 1 VwGO das genaue Begehren des Antragstellers herauszuarbeiten. Vielmehr ist auch aufgrund der im Einzelnen unterschiedlichen Voraussetzungen der jeweiligen **Begründetheit**sprüfung spätestens dort „Farbe zu bekennen", d.h. ob es sich um einen Antrag nach § 123 Abs. 1 S. 1 (Sicherungsanordnung) oder Satz 2 (Regelungsanordnung) VwGO handelt.[132]

600 **Keine Voraussetzung** für die Statthaftigkeit des Antrags nach § 123 Abs. 1 VwGO ist dagegen – anders als bei § 80 Abs. 5 S. 1 VwGO –, dass bereits **Klage in der Hauptsache** erhoben ist, siehe § 123 Abs. 1 S. 1 VwGO: „auch schon vor Klageerhebung".

---

128 *Zacharias* JA 2002, 345 (349).

129 *Schoch* in: Ehlers/Schoch, Rechtsschutz im Öffentlichen Recht § 30 Rn. 22. Vgl. auch *Mückel* JA 2000, 329 (331).

130 *Loos* JA 2001, 871.

131 *Schoch* in: Ehlers/Schoch, Rechtsschutz im Öffentlichen Recht § 30 Rn. 22. Vgl. auch *Mückel* JA 2000, 329 (331); *Tettinger/Wahrendorf* Verwaltungsprozessrecht § 25 Rn. 2.

132 *Brühl* JuS 1995, 916 (917); *Gersdorf* Verwaltungsprozessrecht Rn. 209; *Hufen* Verwaltungsprozessrecht § 33 Rn. 7; *Loos* JA 2001, 871.

3. Zuständiges Gericht

Zuständig für den Erlass einstweiliger Anordnungen ist nach § 123 Abs. 2 S. 1 VwGO das **601** Gericht der Hauptsache. Dies ist das Gericht des ersten Rechtszugs und, wenn die Hauptsache im Berufungsverfahren anhängig ist, das Berufungsgericht, § 123 Abs. 2 S. 2 VwGO. Zur umstrittenen Anwendbarkeit von § 83 S. 1 VwGO i.V.m. § 17a Abs. 2 S. 1 GVG vgl. Rn. 553.

4. Beteiligten- und Prozessfähigkeit

Die Beteiligten- und Prozessfähigkeit von **Antragsteller** (nicht: Kläger) und **Antragsgegner** **602** (nicht: Beklagter) richten sich nach §§ 61 f. VwGO.

5. Antragsbefugnis

Analog § 42 Abs. 2 VwGO muss der Antragsteller auch im vorläufigen Rechtsschutzverfahren **603** nach § 123 Abs. 1 VwGO **antragsbefugt** sein, d.h. es muss die Möglichkeit einer Verletzung des Antragstellers in einem seiner subjektiv-öffentlichen Rechte bestehen. „Wer nicht zu klagen befugt ist, hat auch nicht die Befugnis, eine Eilentscheidung zu beantragen.“[133] Die in Rn. 248 ff. gemachten Ausführungen gelten insofern entsprechend.

> **JURIQ-Klausurtipp**   **604**
>
> Für die Antragsbefugnis ist die **bloße Möglichkeit** des Vorliegens des Anordnungsanspruchs ausreichend. Ob dieser auch tatsächlich gegeben ist, ist eine Frage der Begründetheit des Antrags nach § 123 Abs. 1 VwGO,[134] weshalb die insofern notwendige Glaubhaftmachung erst dort zu prüfen ist.[135] „Geltendmachen [ist] nicht mit Glaubhaftmachen zu verwechseln.“[136]

6. Richtiger Antragsgegner

Wer der **richtige Gegner** des Antrags nach § 123 Abs. 1 VwGO ist, ergibt sich bei Statthaftig- **605** keit der Verpflichtungsklage in der Hauptsache aus der entsprechenden Anwendung von § 78 VwGO. Ansonsten, d.h. wenn in der Hauptsache die allgemeine Leistungs- oder Feststellungsklage statthaft ist, gilt das Rechtsträgerprinzip.

7. Antragsfrist

Sofern das jeweils einschlägige Fachrecht keine abweichende Regelung trifft (so aber z.B. **606** § 18a Abs. 4 S. 1 AsylVfG), ist der Antrag nach § 123 Abs. 1 VwGO **nicht fristgebunden**. Ist jedoch im Fall der behördlichen Versagung einer beantragten Erlaubnis die Widerspruchs- bzw. Klagefrist nach § 70 bzw. § 74 Abs. 2 i.V.m. Abs. 1 VwGO bereits abgelaufen, so fehlt es dem Antragsteller am erforderlichen allgemeinen Rechtsschutzbedürfnis.

---

133 *Tettinger/Wahrendorf* Verwaltungsprozessrecht § 25 Rn. 5.

134 *Hummel* JuS 2011, 502 (503), der im Rahmen der Antragsbefugnis zusätzlich auch noch die Möglichkeit des Vorliegens des **Anordnungsgrund**es verlangt. Wie hier dagegen *Kopp/Schenke* VwGO § 123 Rn. 20.

135 *Mückel* JA 2000, 329 (331); *Schmitt Glaeser/Horn* Verwaltungsprozessrecht Rn. 319. **A.A.** *Brühl* JuS 1995, 916 (917 f.).

136 *Loos* JA 2001, 871 (872).

8. Allgemeines Rechtsschutzbedürfnis

607   Das allgemeine Rechtsschutzbedürfnis, das auch für die Zulässigkeit eines Antrags nach § 123 Abs. 1 VwGO erforderlich und im Regelfall zu bejahen ist, **fehlt** grundsätzlich dann, **wenn** der Antragsteller vor Anrufung des Gerichts noch **kein**en entsprechenden **Antrag bei** der **Behörde** gestellt hat. Dann ist allerdings bereits „die Statthaftigkeit des Eilantrags [zweifelhaft], weil ohne vorherige Antragstellung bei der Behörde kaum ein ‚Rechtsverhältnis' i.S.v. § 123 Abs. 1 VwGO bestehen dürfte"[137] (Ausnahme z.B. gesteigerte Eilbedürftigkeit; str.[138]). Ebenfalls zu verneinen ist das allgemeine Rechtsschutzbedürfnis dann, wenn der in der Hauptsache eingelegte Rechtsbehelf **offensichtlich unzulässig** ist, wenn diese sich zwischenzeitlich erledigt hat oder wenn über sie bereits rechtskräftig entschieden ist. Im Fall des vorbeugenden vorläufigen Rechtsschutzes ist ein qualifiziertes Rechtsschutzbedürfnis erforderlich (Rn. 372 ff.).

II. Begründetheit des Antrags nach § 123 Abs. 1 VwGO

608   Wie sich aus der Verweisung in § 123 Abs. 3 VwGO auf § 920 Abs. 2 ZPO (i.V.m. § 294 Abs. 1 ZPO) ergibt, sind sowohl der Antrag auf Erlass einer Sicherungsanordnung nach § 123 Abs. 1 S. 1 VwGO als auch der Antrag auf Erlass einer Regelungsanordnung nach § 123 Abs. 1 S. 2 VwGO jeweils dann **begründet**, wenn die tatsächlichen Behauptungen, aus denen sich der jeweilige **Anordnungsanspruch** und der jeweilige **Anordnungsgrund** ergeben, **glaubhaft** gemacht sind.

609
> ### Hinweis
>
> Ist der Antrag nach § 123 Abs. 1 VwGO auf den Erlass einer einstweiligen Anordnung gerichtet, die in Widerspruch zum **EU-Recht** stehen würde (z.B. vorläufige Erteilung einer EU-rechtswidrigen Erlaubnis), so sind dieselben Vorgaben zu beachten, wie sie auch im Rahmen von § 80 Abs. 5 S. 1 VwGO gelten.[139] Danach darf das VG eine derartige einstweilige Anordnung nur erlassen,
>
> - „wenn es erhebliche Zweifel an der Gültigkeit der Handlung der [EU] hat und
> - diese Gültigkeitsfrage [vgl. Art. 267 Abs. 1 lit. b) AEUV], sofern der Gerichtshof mit ihr noch nicht befasst ist, diesem selbst vorlegt;
> - wenn die Entscheidung dringlich in dem Sinne ist, dass die einstweiligen Anordnungen erforderlich sind, um zu vermeiden, dass die sie beantragende Partei einen schweren und nicht wiedergutzumachenden Schaden erleidet;
> - wenn es das Interesse der [EU] angemessen berücksichtig und
> - wenn es bei der Prüfung aller dieser Voraussetzungen die Entscheidungen des Gerichtshofes oder des EuG über die Rechtmäßigkeit der Verordnung oder einen Beschluss im Verfahren des vorläufigen Rechtsschutzes betreffend gleichartige einstweilige Anordnungen auf [EU-]Ebene beachtet."[140]
>
> Aus verfassungsrechtlicher Sicht begegnen diese Maßstäbe keinen Bedenken.[141]

---

137   *Schoch* in: Ehlers/Schoch, Rechtsschutz im Öffentlichen Recht § 30 Rn. 31 m.w.N.

138   Nachweise zu den insoweit vertretenen Auffassungen bei *Loos* JA 2001, 871 (873).

139   *Detterbeck* Allgemeines Verwaltungsrecht Rn. 1537.

140   *EuGH* NJW 1996, 1333 (1336) – *Atlanta*.

141   *BVerfG* NVwZ 2004, 1346 (1347) m.w.N. Siehe aber *Schmitt Glaeser/Horn* Verwaltungsprozessrecht Rn. 324 m.w.N. zu **kompetenzrechtlichen** Bedenken.

1. Anordnungsanspruch

Unter dem Begriff „**Anordnungsanspruch**" ist der materiell-rechtliche Anspruch zu verstehen, um den in der Hauptsache gestritten wird und der nunmehr durch den Erlass der einstweiligen Anordnung gesichert bzw. vorläufig realisiert werden soll. „Insoweit ist also zu prüfen, ob der Antragsteller in der Hauptsache voraussichtlich Erfolg haben wird, ob ihm mithin das geltend gemachte Recht bei summarischer Prüfung […] tatsächlich zusteht."[142]

610

> ### JURIQ-Klausurtipp
>
> Was die Verortung der inzidenten Prüfung der **Erfolgsaussicht in der Hauptsache** anbelangt, so werden unterschiedliche Auffassungen vertreten. Neben der vorliegenden Prüfungsstufe des Anordnungsanspruchs[143] sei sie nach a.A.[144] dem Anordnungsgrund vorbehalten, wohingegen eine wiederum a.A.[145] sie erst im Zusammenhang mit der Entscheidung des Gerichts durchgeführt. Letztlich gilt auch insoweit wie stets für die Klausur: Der gewählte **Aufbau** ist nicht zu begründen, sondern muss aus sich selbst heraus stimmig sein.

611

a) Sicherungsanordnung (§ 123 Abs. 1 S. 1 VwGO)

Im Rahmen von § 123 Abs. 1 S. 1 VwGO kommt als Anordnungsanspruch **jedes subjektiv-öffentliche „Recht**[…] des Antragstellers" in Betracht, z.B. auf Erlass des begehrten Verwaltungsakts oder auf Vornahme bzw. Unterlassung des jeweiligen schlicht-hoheitlichen Verwaltungshandelns. Verfügt die Behörde insoweit über Ermessen, so ist der Anordnungsanspruch nach h.M.[146] nur im Fall einer Ermessensreduzierung auf Null zu bejahen.

612

b) Regelungsanordnung (§ 123 Abs. 1 S. 2 VwGO)

Anordnungsanspruch für eine Regelungsanordnung nach § 123 Abs. 1 S. 2 VwGO ist „ein **streitiges Rechtsverhältnis**". Dieser Begriff entspricht demjenigen i.S.v. § 43 Abs. 1 VwGO und entsteht durch die behördliche Ablehnung des Antrags des Antragstellers.

613

2. Anordnungsgrund

Allgemein liegt ein „**Anordnungsgrund**" dann vor, wenn dem Antragsteller unter Abwägung seiner eigenen Interessen einerseits und den öffentlichen bzw. etwaigen privaten Belangen Dritter andererseits ein Abwarten bis zur endgültigen Entscheidung des Gerichts in der Hauptsache nicht zugemutet werden kann, d.h. wenn der Erlass der einstweiligen Anordnung dringlich ist („Bedürfnis des Antragstellers an der Gewährung gerade vorläufigen Rechtsschutzes"[147]). Hierbei ist der Zeitfaktor von ausschlaggebender Bedeutung: „Warum soll das Gericht so schnell entscheiden?"[148]

614

---

142 *Schenke* Verwaltungsprozessrecht Rn. 1032.
143 Ebenso *Gersdorf* Verwaltungsprozessrecht Rn. 216; *Schoch* in: Ehlers/Schoch, Rechtsschutz im Öffentlichen Recht § 30 Rn. 30.
144 So in Bezug auf die Regelungsanordnung *Schmitt Glaeser/Horn* Verwaltungsprozessrecht Rn. 321.
145 Vgl. *Würtenberger* Verwaltungsprozessrecht Rn. 548.
146 Nachweise zum Streitstand bei *Loos* JA 2001, 871 (873).
147 *Schoch* in: Ehlers/Schoch, Rechtsschutz im Öffentlichen Recht § 30 Rn. 52.
148 *Loos* JA 2001, 871 (874).

> **Hinweis**
>
> „Der Anordnungsgrund bezieht sich auf die **Eilbedürftigkeit** der Regelung, sagt aber nichts zur Erfolgsaussicht der Klage in der Hauptsache aus."[149]

a) Sicherungsanordnung (§ 123 Abs. 1 S. 1 VwGO)

615 Der für den Erlass speziell einer Sicherungsanordnung erforderliche Anordnungsgrund ist gem. § 123 Abs. 1 S. 1 VwGO dann zu bejahen, „wenn die Gefahr besteht, dass durch eine Veränderung des bestehenden Zustands die **Verwirklichung eines Rechts des Antragstellers vereitelt oder wesentlich erschwert werden könnte.**" M.a.W.: „Es muss zu besorgen sein, dass ohne den Erlass einer einstweiligen Anordnung irreversible Fakten eintreten."[150]

616 **Beispiel**[151] Weil mit dem Weiterbau eines illegalen Bauwerks das Interesse des Bauherrn an dessen Erhalt kontinuierlich zunimmt und sich nach Fertigstellung eine Beseitigung in Anbetracht der geschaffenen Fakten nicht zuletzt aus Gründen der Verhältnismäßigkeit nur schwer erreichen lässt, besteht die Gefahr, dass bei Abwarten des Abschlusses des Hauptsacheverfahrens der Anspruch des Nachbarn auf behördliches Einschreiten gegen das Bauvorhaben (z.B. gem. § 61 Abs. 1 S. 2 BauO NRW) vereitelt wird. Stellt dieser einen hierauf gerichteten Antrag nach § 123 Abs. 1 S. 1 VwGO, so ist ein Anordnungsgrund daher i.d.R. zu bejahen. ■

b) Regelungsanordnung (§ 123 Abs. 1 S. 2 VwGO)

617 Nach § 123 Abs. 1 S. 2 VwGO liegt im Hinblick auf die Regelungsanordnung ein Anordnungsgrund vor, wenn diese Regelung – v.a. bei dauerhaften Rechtsverhältnissen – **zur Abwendung wesentlicher Nachteile, zur Verhinderung drohender Gewalt** oder aus anderen Gründen nötig erscheint.

618 **Beispiel**[152] Mit der Begründung, dass die vom Antragsteller im schriftlichen Teil der Zweiten Juristischen Staatsprüfung erreichte Durchschnittspunktzahl aller Aufsichtsarbeiten für die Zulassung zur mündlichen Prüfung nicht ausreichten, teilte das Justizprüfungsamt dem A mit, dass er kraft Gesetzes von der weiteren Prüfung ausgeschlossen sei und die Zweite Juristische Staatsprüfung nicht bestanden habe. Daraufhin wendet sich A an das VG mit dem Antrag, den Antragsgegner durch einstweilige Anordnung zu verpflichten, ihn umgehend vorläufig zur Ablegung der mündlichen Prüfung des Zweiten Juristischen Staatsexamens zuzulassen. Ist der hierfür notwendige Anordnungsgrund gegeben?

Ja. Ein Anordnungsgrund liegt hier vor. Bei einem Verweis auf das Hauptsacheverfahren droht A ein wesentlicher Nachteil i.S.v. § 123 Abs. 1 S. 2 VwGO. Dieser besteht darin, dass A gezwungen wäre, auf unabsehbare Zeit erarbeitetes Prüfungswissen vorzuhalten, wenn eine mündliche Prüfung erst nach dem zeitlich nicht absehbaren Abschluss des Hauptsacheverfahrens stattfinden würde. ■

---

149 *Schoch* in: Ehlers/Schoch, Rechtsschutz im Öffentlichen Recht § 30 Rn. 52.

150 *Zacharias* JA 2002, 345 (350).

151 Nach *Schoch* in: Ehlers/Schoch, Rechtsschutz im Öffentlichen Recht § 30 Rn. 53; *Tettinger/Wahrendorf* Verwaltungsprozessrecht § 25 Rn. 10; *Würtenberger* Verwaltungsprozessrecht Rn. 550; *Zacharias* JA 2002, 345 (350 ff.).

152 Nach *VGH Kassel* NVwZ-RR 2003, 756; 2005, 330; *OVG Bautzen* NVwZ-RR 2003, 853.

> **Hinweis** 619
>
> Trotz der unterschiedlichen Formulierungen in § 123 Abs. 1 S. 1 VwGO einerseits und in § 123 Abs. 1 S. 2 VwGO andererseits ergeben sich unter dem Gesichtspunkt des Anordnungsgrunds keine Unterschiede zwischen der Sicherungs- und der Regelungsanordnung.[153] Die nachfolgenden Ausführungen gelten für beide.

Maßgebliches Kriterium für die sowohl im Fall der Sicherungs- als auch der Regelungsanordnung vorzunehmende umfassende **Interessenabwägung** ist – ebenso wie bei § 80 Abs. 5 S. 1 VwGO – die Erfolgsaussicht in der Hauptsache. Konkret bedeutet dies, dass falls 620

- die Klage in der Hauptsache bei summarischer Prüfung **offensichtlich zulässig und** 621 **begründet** wäre, also namentlich der Anordnungsanspruch evidentermaßen besteht, dem Antrag auf Erlass einer einstweiligen Anordnung i.d.R. ohne weiteres zu entsprechen ist. Denn an der – wenn auch nur vorläufigen – Erhaltung bzw. Schaffung eines rechtswidrigen Zustands besteht weder ein schützenswertes öffentliches Interesse noch ein schützenswertes Interesse etwaiger Dritter;

- der Ausgang der Klage in der Hauptsache bei summarischer Prüfung als „offen" zu beur- 622 teilen ist, näher in die vorerwähnte Abwägung der Interessen des Antragstellers an der einstweiligen Anordnung gegenüber den deren Erlass etwaig entgegenstehenden öffentlichen sowie ggf. privaten Belangen Dritter einzusteigen ist. Ebenso wie bei § 80 Abs. 5 S. 1 VwGO ist insofern auch im vorliegenden Zusammenhang eine „Folgenabwägung" vorzunehmen,[154] nämlich zwischen der Situation
  - ohne Erlass der einstweiligen Anordnung bei letztlich erfolgreicher Klage einerseits und
  - mit Erlass der einstweiligen Anordnung bei letztlich erfolgloser Klage andererseits,[155]

wobei „die grundrechtlichen Belange des Antragstellers umfassend in die Abwägung einzustellen [sind]. Die Gerichte müssen sich schützend und fördernd vor die Grundrechte des Einzelnen stellen."[154]

Ist die Klage in der Hauptsache bei summarischer Prüfung **offensichtlich** 623
- **unzulässig**, so ist der Antrag nach § 123 Abs. 1 VwGO bereits mangels Rechtsschutzbedürfnisses unzulässig (Rn. 607).
- **unbegründet**, so fehlt es schon am Anordnungsanspruch, d.h. der Antrag nach § 123 Abs. 1 VwGO hat bereits aus diesem Grund keinen Erfolg (Rn. 610). Darauf, dass in diesem Fall denklogisch auch kein Anordnungsgrund besteht – an der Sicherung eines nicht bestehenden Rechts kann kein schützenswertes Interesse bestehen – kommt es daher nicht weiter an.

3. Glaubhaftmachung

Im Gegensatz zum Hauptsacheverfahren, in dem das Gericht den Sachverhalt bis zur Erlan- 624 gung seiner vollen „Überzeugung" aufzuklären hat (§ 108 Abs. 1 S. 1 VwGO), reicht es im Rahmen des vorläufigen Rechtsschutzes nach § 123 Abs. 1 VwGO, der zwecks Gewährleistung seiner Effektivität zeitnah erfolgen muss, gem. § 123 Abs. 3 VwGO i.V.m. § 920 Abs. 2

---

153 *Schenke* Verwaltungsprozessrecht Rn. 1032.
154 *BVerfG* NVwZ 2005, 927 (928) m.w.N.
155 *Hufen* Verwaltungsprozessrecht § 33 Rn. 16.

ZPO aus, wenn die für den Erlass der jeweils begehrten einstweiligen Anordnung notwendigen **tatsächlichen Grundlagen**, aus denen sich der Anordnungsanspruch und der Anordnungsgrund ergeben, lediglich **glaubhaft** gemacht sind, d.h. ihr Vorliegen bloß „überwiegend wahrscheinlich" ist. Neben den sonstigen Beweismitteln (§ 96 Abs. 1 S. 2 VwGO) steht für die Glaubhaftmachung als „Maß der richterlichen Überzeugung bezüglich tatsächlicher Fragen"[156] gem. § 294 Abs. 1 ZPO auch die Versicherung an Eides statt zur Verfügung. Da allerdings ebenfalls im Verfahren des vorläufigen Rechtsschutzes nach § 123 Abs. 1 VwGO der Untersuchungsgrundsatz des § 86 Abs. 1 VwGO gilt, bildet der Tatsachenvortrag des Antragstellers neben den gerichtlichen Ermittlungen nur eines von mehreren Elementen der Sachverhaltsaufklärung. Lediglich dort tritt der Amtsermittlungsgrundsatz „zurück, wo eine Überprüfung ohne weitere Tatsachenermittlung der Eilbedürftigkeit der Sache geschuldet ist. Das ist nicht die Regel, wenn es um vorhandene Zahlen und Fakten geht und die Entscheidung des Gerichts nicht nur Tage, sondern einige Wochen in Anspruch nimmt."[157]

625

> ### Hinweis
>
> Die **Glaubhaftmachung** bezieht sich ausschließlich auf den Nachweis von **Tatsachen** (vgl. § 123 Abs. 3 VwGO i.V.m. §§ 920 Abs. 2, 294 Abs. 1 ZPO), nicht hingegen auch auf die rechtlichen Voraussetzungen (str.[158]). In Bezug auf Letztere ist dem Richter eine lediglich kursorische Prüfung vielmehr sogar verboten, „da Rechtsfragen eindeutig zu beantworten sind." Ihren „summarischen" Charakter erhält die gerichtliche Prüfung des Antrags nach § 123 Abs. 1 VwGO daher allein im Hinblick auf die Sach- (und nicht auch die Rechts-)Lage. In Klausuren ist freilich ohnehin von der feststehenden Aufgabenstellung auszugehen. Ebenso wie bei § 80 Abs. 5 S. 1 VwGO ist daher auch im Rahmen von § 123 Abs. 1 VwGO die Begründetheit des Antrags, d.h. das Vorliegen von Anordnungsanspruch und -grund, nicht nur kursorisch, sondern umfassend zu prüfen.[159]

626 Können allerdings „ohne die Gewährung vorläufigen Rechtsschutzes [nach § 123 Abs. 1 VwGO] schwere und unzumutbare, anders nicht abwendbare Beeinträchtigungen entstehen [...], die durch das Hauptsacheverfahren nicht mehr zu beseitigen wären", müssen die Gerichte, „wenn sie sich an den Erfolgsaussichten der Hauptsache orientieren [...], die Sach- und Rechtslage nicht nur summarisch, sondern abschließend prüfen. Dies gilt insbesondere, wenn das einstweilige Rechtsschutzverfahren vollständig die Bedeutung des Hauptsacheverfahrens übernimmt und eine endgültige Verhinderung der Grundrechtsverwirklichung eines Beteiligten droht. Entschließen sich die Gerichte zu einer Entscheidung auf dieser Grundlage, so dürfen sie die **Anforderungen an** die **Glaubhaftmachung** durch den Antragsteller des Eilverfahrens **nicht überspannen** [...]. Außerdem müssen die Gerichte Fragen des Grundrechtsschutzes einbeziehen."[160] Im Ergebnis sind die VGe damit wegen Art. 19 Abs. 4 S. 1 GG gehalten, „vorläufigen Rechtsschutz [nach § 123 Abs. 1 VwGO] zu gewähren, wenn sonst dem Antragsteller eine erhebliche, über Randbereiche hinausge-

---

156 *Mückel* JA 2000, 329 (333).
157 *BVerfG* NVwZ 2004, 1112 (1113).
158 **A.A.** *Schenke* Verwaltungsprozessrecht Rn. 1032 f.
159 *Schoch* in: Ehlers/Schoch, Rechtsschutz im Öffentlichen Recht § 30 Rn. 36, 41. Siehe auch *Gersdorf* Verwaltungsprozessrecht Rn. 214. Für die Praxis siehe *BVerfG* NJW 2003, 1305 (1306) m.w.N.
160 *BVerfG* NVwZ 2005, 927 (928) m.w.N.

hende Verletzung in seinen Rechten droht, die durch die Entscheidung in der Hauptsache nicht mehr beseitigt werden kann, es sei denn, dass ausnahmsweise überwiegende, besonders gewichtige Gründe entgegenstehen."[161]

Hieraus folgt hinsichtlich der an den Anordnungsanspruch zu stellenden Anforderungen, dass diese umso geringer sind, je größer die Nachteile für den Antragsteller bei Nichterlass der einstweiligen Anordnung und späterem Erfolg in der Hauptsache wären. Und umgekehrt: „[J]e klarer der (Anordnungs-)Anspruch, um so geringere Anforderungen [gelten] beim Anordnungsgrund."[162] Anordnungsanspruch und Anordnungsgrund stehen folglich nicht beziehungslos nebeneinander, sondern bilden vielmehr ein „bewegliche[s] System"[163] („funktionaler Zusammenhang"[164]). **627**

Der für die Beurteilung des Anordnungsanspruchs **maßgebliche Zeitpunkt** richtet sich nach demjenigen im Klageverfahren (Rn. 469 ff., 483). Für die Beurteilung des Anordnungsgrundes kommt es auf die Sach- und Rechtslage im Zeitpunkt der gerichtlichen Entscheidung über den Antrag nach § 123 Abs. 1 VwGO an. **628**

4. Entscheidung des Gerichts

Ist der Antrag nach § 123 Abs. 1 VwGO begründet, d.h. sind Anordnungsanspruch und -grund glaubhaft gemacht, so folgt aus dem verfassungsrechtlichen Gebot der Gewährung effektiven Rechtsschutzes (Art. 19 Abs. 4 S. 1 GG), dass das Gericht – ebenso wie bei einem Antrag nach § 80 Abs. 5 S. 1 VwGO der Fall – die einstweilige Anordnung treffen **muss** (kein Ermessen bzgl. des „Ob"; str.[165]). „Die Kann-Bestimmung [des § 123 Abs. 1 Satz 1 VwGO] ist lediglich eine Kompetenzzuweisung an das Gericht."[166] Insbesondere findet keine (weitere) Interessenabwägung statt, da alle für bzw. gegen den Erlass der einstweiligen Anordnung sprechenden Faktoren richtigerweise bereits bei der Frage des Vorliegens eines Anordnungsgrunds geprüft wurden. Lediglich im Hinblick auf den genauen Inhalt der Sicherungs- bzw. Regelungsanordnung (deren „Wie") verfügt das Gericht über **Ermessen** (vgl. § 123 Abs. 3 VwGO i.V.m. § 938 Abs. 1 ZPO), ist dieser in § 123 Abs. 1 VwGO gesetzlich doch nicht näher vorgezeichnet (anders: §§ 80, 80a VwGO). Namentlich der gestellte Antrag bildet insoweit nur eine Orientierungshilfe. Freilich trifft das Gericht die Sicherungs- bzw. Regelungsmaßnahme i.S.v. § 123 Abs. 1 VwGO in keinem Fall selbst. Es vermag nur, den Antragsgegner – nicht hingegen: einen (beigeladenen) Dritten – zu einem bestimmten Verhalten zu verpflichten. **629**

Tenorierungsbeispiel[167] „Dem Antragsgegner wird vorläufig untersagt, den seit dem... ausgeschriebenen Dienstposten eines Regierungsdirektors beim Regierungspräsidium Karlsruhe mit dem Beigeladenen zu besetzen" bzw. – bei Unzulässigkeit oder Unbegründetheit des Antrags – „Der Antrag wird abgelehnt." ■

---

161 *BVerfG* NVwZ 2011, 35 (36) m.w.N.

162 *Schoch* in: Ehlers/Schoch, Rechtsschutz im Öffentlichen Recht § 30 Rn. 52 m.w.N.

163 *Schenke* Verwaltungsprozessrecht Rn. 1033.

164 *Schenke* Verwaltungsprozessrecht Rn. 1033; *Schoch* in: Ehlers/Schoch, Rechtsschutz im Öffentlichen Recht § 30 Rn. 52.

165 Nachweise zum Meinungsstreit bei *Tettinger/Wahrendorf* Verwaltungsprozessrecht § 25 Rn. 21.

166 *Würtenberger* Verwaltungsprozessrecht Rn. 552.

167 Nach *Schenke* Verwaltungsprozessrecht Rn. 1040 m.w.N. Vgl. auch *Hufen* Verwaltungsprozessrecht § 33 Rn. 21: „Der Antragsgegner wird (im Wege der einstweiligen Anordnung) verpflichtet, ...".

630   Gegen Entscheidungen des VG nach § 123 Abs. 1 VwGO, die gem. § 123 Abs. 4 VwGO durch Beschluss ergehen (u.a. gelten §§ 101 Abs. 3, 122 Abs. 2 S. 2 VwGO) – in dringenden Fällen kann gem. §§ 123 Abs. 2 S. 3 i.V.m. § 80 Abs. 8 VwGO der Vorsitzende entscheiden –, ist das Rechtsmittel der **Beschwerde** an das **OVG** nach § 146 Abs. 1 VwGO statthaft. Obgleich § 123 Abs. 3 VwGO gerade nicht auf § 927 ZPO betreffend die „Aufhebung wegen veränderter Umstände" verweist und auch keine Bezugnahme auf § 80 Abs. 7 VwGO enthält, ist in Anbetracht der Offenkundigkeit dieser gesetzlichen Regelungslücke sowie der vergleichbaren Interessenlage weitgehend[168] anerkannt, dass das **Gericht** bei veränderten Umständen die einstweilige Anordnung **analog § 80 Abs. 7 VwGO abändern** kann.

a)   Nicht mehr als in der Hauptsache

631   Eine **Einschränkung** erfährt der dem VG betreffend den jeweiligen Inhalt der einstweiligen Anordnung zustehende Ermessensspielraum zum einen dadurch, dass auch im Verfahren nach § 123 Abs. 1 VwGO **grundsätzlich nicht mehr** erreicht werden kann, **als** mittels einer **in der Hauptsache** erfolgreichen Klage erlangt werden könnte. Namentlich dann also, wenn der Einzelne materiell-rechtlich lediglich einen Anspruch auf ermessensfehlerfreie Entscheidung der Behörde über seinen Antrag hat, d.h. in der Hauptsache nur ein Bescheidungsurteil nach § 113 Abs. 5 S. 2 VwGO in Betracht kommt, ist der Erlass einer einstweiligen Anordnung, mit welcher die Verwaltung durch das Gericht zu einer bestimmten Maßnahme verpflichtet werden soll (Situation des § 113 Abs. 5 S. 1 VwGO), im Prinzip ausgeschlossen (Ausnahme: Ermessensreduzierung auf Null). Vielmehr kann dann an sich nur eine einstweilige Anordnung auf Neubescheidung ergehen (str.[169]). Sofern allerdings dem aus Art. 19 Abs. 4 S. 1 GG folgenden Gebot der Gewährung von effektivem vorläufigen Rechtsschutz in solchen Situationen, in denen ein behördlicher Ermessens- oder Beurteilungsspielraum besteht, im Einzelfall nicht anders als durch eine über die in der Hauptsache mögliche Bescheidung hinausgehende Verpflichtung des Antragsgegners Genüge getan werden kann, erkennt die h.M.[170] eine **Ausnahme** vom vorgenannten Grundsatz an. Dem vorläufigen Charakter des Rechtsschutzes nach § 123 Abs. 1 VwGO ist in diesem Fall dadurch Rechnung zu tragen, dass dem Antragsteller die Begünstigung bloß temporär zugesprochen wird. Sollte dieser im Hauptsacheverfahren unterliegen, so verliert er diese von vornherein nur vorläufig innegehabte Position wieder, welche dann rückabzuwickeln ist. „Der Antragsteller genießt insoweit keinen Vertrauensschutz, da er mit einer abweichenden Entscheidung rechnen musste."[171]

632   **Beispiel**[172]   Im Haushaltsplan des Bundeslands L wurden Mittel zur Förderung von mittelständischen Unternehmen bereitgestellt. Die Vergabe der Mittel erfolgt in Form von zinsgünstigen Darlehen und steht im Ermessen der hierfür zuständigen Behörde.

Wenngleich dem einzelnen Antragsteller materiell-rechtlich mithin nur ein Anspruch auf ermessensfehlerfreie Entscheidung über seinen Antrag auf Gewährung eines Darlehens zusteht, so kann das VG den Gegner des Antrags nach § 123 Abs. 1 S. 2 VwGO bei Glaubhaftmachung eines Anordnungsanspruchs und -grundes nach dem Vorstehenden gleichwohl zur vorläufigen Gewährung des Darlehens verpflichten. Sollte sich

---

168   Siehe etwa *Hufen* Verwaltungsprozessrecht § 33 Rn. 22 m.w.N.

169   Ob das Recht auf ermessensfehlerfreie Entscheidung „sicherungsfähig" i.S.v. § 123 Abs. 1 VwGO ist, ist str., siehe den Überblick über den Meinungsstreit bei *Mückel* JA 2000, 329 (334).

170   Siehe etwa *Schenke* Verwaltungsprozessrecht Rn. 1038 m.w.N.

171   *Schrader* JuS 2005, 37 (38).

172   Nach *Schenke* Verwaltungsprozessrecht Rn. 1038.

sodann im Hauptsacheverfahren herausstellen, dass der Antragsteller doch keinen Anspruch auf das Darlehen hat, so kann der Antragsgegner die gewährten Vergünstigungen wieder zurückverlangen. ■

b) Keine Vorwegnahme der Hauptsache

Zum anderen ist der Ermessensspielraum des VG betreffend den Inhalt der einstweiligen **633** Anordnung durch deren Wesen als Instrument des verwaltungsprozessualen vorläufigen Rechtsschutzes eingeschränkt. Mit dieser Funktion wäre es nämlich **grundsätzlich** unvereinbar, wenn bereits durch die *einstweilige* Anordnung die *endgültige* Hauptsacheentscheidung vorweggenommen würde, sog. **Verbot der Vorwegnahme der Hauptsache**, vgl. auch § 123 Abs. 1 S. 2 VwGO: „zur Regelung eines *vorläufigen* Zustands." Da jedoch „auf Grund des unumkehrbaren Zeitablaufs ein vorläufiger Zustand notwendigerweise abschließend geregelt wird", d.h. „für den Zeitraum bis zur Hauptsacheentscheidung [...] jede einstweilige Anordnung einen vorläufigen Zustand endgültig und abschließend regelt", liegt „[e]ine ‚Vorwegnahme der Hauptsache' [...] nur dann vor, wenn durch eine einstweilige Anordnung **irreversible Fakten für die Zukunft ge**schaffen werden, die einstweilige Anordnung die Hauptsacheentscheidung also gegenstandslos macht."[173]

Beispiele[174] Nachdem sein bei der zuständigen Behörde gestellter Antrag auf Erteilung **634** einer Baugenehmigung erfolglos geblieben ist, beantragt Grundstückseigentümer E nunmehr beim VG, die Antragsgegnerin zur Erteilung einer vorläufigen Baugenehmigung zu verpflichten. Da im Fall von deren Gebrauchmachen jedoch ein i.d.R. irreversibler, die Hauptsache vorwegnehmender Zustand geschaffen würde, hat E mit seinem Antrag nach § 123 Abs. 1 S. 2 VwGO keinen Erfolg (str.[175]).

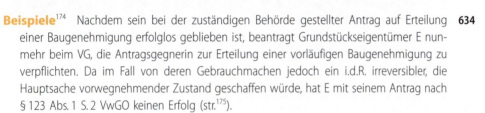

Nicht um eine Vorwegnahme der Hauptsache handelt es sich dagegen bei der vorläufigen Zulassung zu einer Prüfung. Denn eine nur unter dem Vorbehalt der endgültigen Entscheidung ergehende Zulassung zur Prüfung entfällt rückwirkend, wenn der Antragsteller im Hauptsacheverfahren unterliegt. ■

Allerdings ist auch in diesem Zusammenhang mit Blick auf Art. 19 Abs. 4 S. 1 GG anerkannt, **635** dass falls dem Antragsteller „ohne Gewährung vorläufigen Rechtsschutzes [...] schwere und unzumutbare Nachteile [entstünden], die durch eine Entscheidung in der Hauptsache nachträglich nicht mehr beseitigt werden könnten" und er mit seinem Begehren in der Hauptsache „aufgrund der im Verfahren des vorläufigen Rechtsschutzes [...] anzustellenden summarischen Prüfung [...] der Erfolgsaussichten erkennbar Erfolg haben" wird, auch einem auf „**endgültige Vorwegnahme** der Entscheidung in der Hauptsache"[176] gerichteten Antrag nach § 123 Abs. 1 VwGO **ausnahmsweise** stattzugeben ist. Aus Gründen des effektiven Rechtsschutzes ist die Vorwegnahme der Hauptsache in diesen Fällen mithin sogar geboten, v.a. bei zeitgebundenen oder existenzbedeutsamen Maßnahmen.

173 *Schoch* in: Ehlers/Schoch, Rechtsschutz im Öffentlichen Recht § 29 Rn. 16, § 30 Rn. 60, 62. Nachweise zur (weitergehenden) **a.A.** bei *Schrader* JuS 2005, 37 (39).

174 Nach *BVerfG* NVwZ 1999, 866; *BVerwGE* 94, 352; *VGH Kassel* NVwZ-RR 2003, 814.

175 **A.A.** *Schoch* in: Ehlers/Schoch, Rechtsschutz im Öffentlichen Recht § 30 Rn. 16, 64.

176 *BVerwGE* 109, 258 (262) m.w.N.

636 **Beispiel**[177] In Übungsfall Nr. 4 ist für Schausteller S abzusehen, dass im Zeitraum zwischen der Versagung der Zulassung und dem Stattfinden des Volksfests ein verwaltungsgerichtliches Hauptsacheverfahren nicht mehr durchgeführt werden kann. Er stellt daher beim VG u.a. den Antrag, die Ruhrgebietsstadt R im Wege der einstweiligen Anordnung zu verpflichten, ihn zum Markt zuzulassen. R wendet ein, dass eine solche Regelungsanordnung nach § 123 Abs. 1 S. 2 VwGO allein schon wegen des Verbots der Vorwegnahme der Hauptsache unzulässig sei. Hat sie mit dieser Auffassung Recht?

Nein. Eine solche Rechtsauffassung unterläuft die Garantie eines effektiven Primärrechtsschutzes für S. Sie führt dazu, dass R eine inhaltliche Kontrolle ihrer Entscheidung nur im Verfahren einer Fortsetzungsfeststellungsklage oder im Rahmen eines Schadensersatzprozesses wegen eines Amtshaftungsanspruchs zu gewärtigen hätte. Das von Art. 12 Abs. 1 GG geschützte Recht des S auf Ausübung seines Berufs als Schausteller auf dem Volksfest wäre bereits mit der verweigerten Sachentscheidung im einstweiligen Rechtsschutz unwiederbringlich verloren, ohne dass eine von Art. 19 Abs. 4 S. 1 GG geforderte inhaltliche Überprüfung der Vergabeentscheidung durch ein Gericht stattgefunden hätte. Besondere Gründe, welche die endgültige Vereitelung dieses Rechts des S rechtfertigten, sind nicht erkennbar. Insbesondere eine eventuelle Vorwegnahme der Hauptsache rechtfertigt es nicht, die Erfordernisse eines effektiven Rechtsschutzes hintanzustellen. Die von der Rechtsprechung hierzu entwickelten Ausnahmen stellen zu Recht auch auf den irreparablen Rechtsverlust als solchen oder das Zeitmoment ab, wenn eine Entscheidung in der Hauptsache mit hoher Wahrscheinlichkeit zu spät käme. ◼

5. Exkurs: Schadensersatzanspruch

637 Sollte sich bei Erfolg des Antrags nach § 123 Abs. 1 VwGO später im Beschwerde- oder Hauptsacheverfahren herausstellen, dass die einstweilige Anordnung (z.B. auf Leistung von BAföG) „von Anfang an ungerechtfertigt" war, d.h. ein Anordnungsgrund und/oder ein Anordnungsanspruch nicht vorlag(en), oder wird sie mangels Klageerhebung in der Hauptsache binnen der gerichtlich bestimmten Frist gem. § 123 Abs. 3 VwGO i.V.m. § 926 Abs. 2 ZPO aufgehoben, so ist der Antragsteller nach § 123 Abs. 3 VwGO i.V.m. § 945 ZPO gegenüber dem Antragsgegner – nicht: (beigeladenen) Dritten (str.[178]) – verschuldensunabhängig zum **Schadensersatz** nach Maßgabe der §§ 249 ff. BGB verpflichtet, worin „ein deutliches Risiko bei der Inanspruchnahme vorläufigen Rechtsschutzes" nach § 123 Abs. 1 VwGO liegt, „das es bei den Anträgen nach § 80 VwGO nicht gibt."[179] Dieser bürgerlich-rechtliche Anspruch nach § 945 ZPO (i.V.m. § 123 Abs. 3 VwGO) ist vor den Zivilgerichten geltend zu machen, werden aus den genannten Vorschriften doch nicht allein der Staat und seine Untergliederungen, sondern auch private Verfahrensbeteiligte berechtigt bzw. verpflichtet (str.[180]).

---

177 Nach *BVerfG* NJW 2002, 3691.

178 Ein Überblick über den Streitstand findet sich bei *Würtenberger* Verwaltungsprozessrecht Rn. 555 f.

179 *Hufen* Verwaltungsprozessrecht § 33 Rn. 23.

180 Siehe den Meinungsüberblick bei *Würtenberger* Verwaltungsprozessrecht Rn. 554.

Antrag nach § 123 Abs. 1 VwGO

638

A. Zulässigkeit

I. Eröffnung des Verwaltungsrechtswegs
- öffentlich-rechtliche Streitigkeit   (Rn. 593)

II. Statthaftigkeit des Antrags nach § 123 Abs. 1 VwGO
- Bestimmung der rechtlichen Qualität des begehrten Verwaltungshandelns   (Rn. 594)
- Abgrenzung zwischen Sicherungs- und Regelungsanordnung   (Rn. 596 ff.)

III. Beteiligtenfähigkeit, § 61 VwGO

IV. Prozessfähigkeit, § 62 VwGO

V. Antragsbefugnis, § 42 Abs. 2 VwGO analog
- subjektiv-öffentliches Recht des Klägers   (Rn. 603)

VI. richtiger Antragsgegner

VII. grds. keine Antragsfrist

VIII. allgemeines Rechtsschutzbedürfnis
- vorheriger Antrag bei der Behörde   (Rn. 607)

B. Begründetheit

I. Anordnungsanspruch

II. Anordnungsgrund

III. Glaubhaftmachung

IV. Entscheidung des Gerichts
- grds. nicht mehr als in der Hauptsache   (Rn. 631 f.)
- grds. keine Vorwegnahme der Hauptsache   (Rn. 633 ff.)

PRÜFUNGSSCHEMA

III. Übungsfall Nr. 8[181]

639   „Freie Fahrt im Grenzbereich"

Angesichts der sinkenden Milchpreise sehen sich auch die Milchbauern der bayerischen kreisangehörigen Gemeinde G in ihrer Existenz bedroht, worauf sie mit einem für den 23.5. geplanten Demonstrationszug aufmerksam machen wollen. Näher heißt es hierzu in ihrer am 10.5. bei der zuständigen Behörde B eingegangenen ordnungsgemäßen Anmeldung, dass sie gegen 10.00 Uhr mit Kühen, Traktoren und Transparenten entlang der B 14 in Richtung tschechische Grenze zu ziehen gedenken. Nach erfolgter Rückkehr auf demselben Weg ist für 14.00 Uhr eine abschließende Rede des Vorsitzenden des Bauernverbands im Ortskern von G vorgesehen, durch den ebenfalls die B 14 führt. Unter Berücksichtigung der notwendigen Reinigungsmaßnahmen wäre die B 14 demnach für die Dauer von etwa fünf Stunden gesperrt.

In Anbetracht dieser nur relativ kurzen zeitlichen Beeinträchtigung des Durchgangsverkehrs sowie des Umstands, dass seit der Fertigstellung der parallel zur B 14 verlaufenden Autobahn der an der B 14 gelegene Grenzübergang nur noch selten genutzt werde, hegt B hinsichtlich der Durchführung dieser Demonstration keine rechtlichen Bedenken – zumal B am 12.5. in der (über-)örtlichen Presse selbst über die Sperrung der Ortsdurchfahrt informiert.

Hierdurch erfährt auch T, Geschäftsführer der nach tschechischem Recht gegründeten und nach diesem rechtsfähigen „Transport S.R.O." (≙ GmbH) mit tatsächlichem Verwaltungssitz in Nürnberg und satzungsmäßigem Sitz sowie einer Zweigniederlassung in einem auf der tschechischen Seite der B 14 gelegenen Ort O von der geplanten Sperrung. Da diese das Unternehmen in dessen Haupttätigkeit, dem Transport von in der Tschechischen Republik hergestellten und in O zwischengelagerten Autoteilen „just in time" nach Deutschland, spürbar behindern würde, wendet sich dieses nach erfolglosem Vorsprechen bei B an einen Rechtsanwalt mit dem Auftrag, sich schnellstmöglich an das zuständige Gericht zu wenden, damit die geplante Demonstration nicht stattfindet. Die B 14 sei die mit Abstand kürzeste Verbindung vom Lager in O zu den deutschen Endkunden, so dass ihre auch nur zeitweilige Sperrung erhebliche wirtschaftliche Nachteile für das Unternehmen wie Verdienstausfall, Schadensersatzpflicht etc. nach sich ziehen würde.

Bearbeitervermerk: Die Grundrechte des deutschen Grundgesetzes sind ebenso wenig zu prüfen wie EU-Sekundärrecht.

---

181   Nach *Lohse* Jura 2009, 458 ff. Vgl. auch *Siemen,* JuS 2005, 251 ff.

Lösung

640

In Anbetracht des Begehrens der Transport S.R.O., schnellstmöglich gegen die Demonstration gerichtlich aktiv zu werden, kommt hier ein Vorgehen im Wege des vorläufigen verwaltungsgerichtlichen Rechtsschutzes in Betracht. Ein danach gestellter Antrag hat Erfolg, wenn er zulässig und begründet ist.

A. Zulässigkeit

I. Eröffnung des Verwaltungsrechtswegs

Die Eröffnung des Verwaltungsrechtswegs richtet sich hier mangels aufdrängender Sonderzuweisung nach der Generalklausel des § 40 Abs. 1 S. 1 VwGO, der eine öffentlich-rechtliche Streitigkeit nichtverfassungsrechtlicher Art voraussetzt. Vorliegend steht eine Untersagungsverfügung bzgl. der geplanten Milchbauern-Demonstration in Frage. Diese bemisst sich nach Art. 15 Abs. 1 BayVersG[182], wonach die zuständige Behörde unter bestimmten Voraussetzungen eine Versammlung beschränken oder verbieten kann. Diese Vorschrift gehört dem besonderen Verwaltungsrecht – und damit dem öffentlichen Recht – an. Schließlich ist diese Streitigkeit auch nichtverfassungsrechtlicher Natur, so dass in Ermangelung einer einschlägigen abdrängenden Sonderzuweisung vorliegend der Verwaltungsrechtsweg nach § 40 Abs. 1 S. 1 VwGO eröffnet ist.

II. Statthaftigkeit des Antrags

Welche Form des vorläufigen Rechtsschutzes statthaft ist, richtet sich nach der in der Hauptsache statthaften Klageart, vgl. § 123 Abs. 5 i.V.m. §§ 80, 80a VwGO. Geht es in dieser um die Anfechtung eines belastenden Verwaltungsakts, so ist vorläufiger Rechtsschutz im Verfahren nach § 80 Abs. 5 S. 1 VwGO zu suchen; andernfalls ist – vorbehaltlich § 47 Abs. 6 VwGO – § 123 Abs. 1 VwGO einschlägig. Vorliegend streitet die Transport S.R.O. in der Sache um den Erlass eines sie begünstigenden Versammlungsverbots nach Art. 15 Abs. 1 BayVersG. Bei diesem handelt es sich um einen Verwaltungsakt. Wäre in der Hauptsache mithin die Verpflichtungsklage nach § 42 Abs. 1 Alt. 2 VwGO die statthafte Klageart, so

ist vorläufiger Rechtsschutz hier mittels eines Antrags nach § 123 Abs. 1 S. 2 VwGO auf Erlass einer Regelungsanordnung zu erlangen. Bei dem Nicht-Stattfinden der geplanten Versammlung handelt es sich nämlich nicht um eine gesicherte Rechtsposition der Transport S.R.O., so dass deren Rechtskreis durch das Versammlungsverbot erweitert – und nicht bloß der *status quo* i.S.v. § 123 Abs. 1 S. 1 VwGO gesichert – würde.

III. Beteiligten- und Prozessfähigkeit; richtiger Antragsgegner

Die antragstellende Transport S.R.O. müsste im verwaltungsgerichtlichen Verfahren beteiligtenfähig sein. Dies richtet sich nach § 61 VwGO und könnte vorliegend gemäß dessen Nr. 1 Alt. 2 VwGO zu bejahen sein. Dann müsste es sich bei der Transport S.R.O. um eine juristische Person i.S.d. Vorschrift handeln. Das erscheint hier trotz Vergleichbarkeit der Rechtsform der S.R.O. mit der deutschen GmbH als juristische Person (§ 13 Abs. 1 GmbHG) deshalb zweifelhaft, weil sich der tatsächliche Verwaltungssitz der in der Tschechischen Republik gegründeten Transport S.R.O. in Deutschland befindet, das deutsche Recht die Rechtsform der S.R.O. aber nicht kennt. Jedoch ist seit der EuGH-Rechtsprechung i.S. „Überseering" allgemein anerkannt, dass es gegen die Niederlassungsfreiheit des Art. 49 Abs. 1 AEUV verstoßen würde, wenn einer Gesellschaft, die, wie hier die Transport S.R.O. „nach dem Recht des Mitgliedstaats, in dessen Hoheitsgebiet sie ihren satzungsmäßigen Sitz hat, gegründet worden ist und von der nach dem Recht eines anderen Mitgliedstaats angenommen wird, dass sie ihren tatsächlichen Verwaltungssitz dort[...] hat, in diesem Mitgliedstaat die Rechtsfähigkeit und damit die [Beteiligten-]fähigkeit vor seinen nationalen Gerichten [...] abgesprochen wird."[183] Ist insoweit also nicht der Sitz-, sondern vielmehr der Gründungstheorie zu folgen, so ist die Transport S.R.O. gem. § 61 Nr. 1 Alt. 2 VwGO beteiligtenfähig. Für sie handelt ihr gesetzlicher Vertreter (Geschäftsführer), § 62 Abs. 3 VwGO.

---

182 **Parallelnorm:** § 15 Abs. 1 VersammlG.

183 *EuGH* NJW 2002, 3614 (3617) – *Überseering.*

Entsprechendes gilt gem. § 61 Nr. 1 Alt. 2 bzw. § 62 Abs. 3 VwGO für den Rechtsträger von B als analog § 78 Abs. 1 Nr. 1 VwGO richtigem Antragsgegner.

IV. Antragsbefugnis

Des Weiteren müsste die Transport S.R.O. analog § 42 Abs. 2 VwGO antragsbefugt sein. Das setzt voraus, dass sie ohne den Erlass der begehrten einstweiligen Anordnung möglicherweise in einem ihrer subjektiv-öffentlichen Rechte verletzt wäre, d.h. die Existenz eines entsprechenden Anspruchs nicht völlig ausgeschlossen erscheint.

Dies ist hier zum einen deshalb fraglich, weil es sich bei der streitentscheidenden Norm des Art. 15 Abs. 1 BayVersG um eine Ermächtigungsgrundlage für die Behörde zur Ergreifung der dort genannten Maßnahmen zum Schutz der „öffentlichen Sicherheit oder Ordnung" handelt. Eine Rechtsverletzung der Transport S.R.O. durch den Nicht-Erlass eines Versammlungsverbots nach Art. 15 Abs. 1 BayVersG ist daher nur dann denkbar, wenn diese primär dem Allgemeininteresse dienende Vorschrift auch drittschützende Wirkung entfaltet. Zum anderen steht das Verbot einer Versammlung gem. Art. 15 Abs. 1 BayVersG im Ermessen der Behörde („kann").

Allerdings gehören zu den Schutzgütern der öffentlichen Sicherheit i.S.v. Art. 15 Abs. 1 BayVersG neben der Unverletzlichkeit der Rechtsordnung sowie dem Bestand des Staates, seiner Einrichtungen und Veranstaltungen auch die Individualrechtsgüter des Einzelnen. Art. 15 Abs. 1 BayVersG vermag daher durchaus Anspruchsqualität zu entfalten, sofern es im konkreten Fall zumindest auch um die Abwehr von Gefahren für Individualrechtsgüter geht. Hier erscheint es nicht von vornherein als unmöglich, dass die Transport S.R.O. infolge der von B im Hinblick auf die Demonstration entfaltete Untätigkeit in ihrer Grundfreiheit aus Art. 34 AEUV[184] (Warenverkehrsfreiheit) verletzt

wird, welche als solche in den Mitgliedstaaten unmittelbare Geltung entfaltet und dem Einzelnen ein entsprechendes subjektiv-öffentliches Recht gegenüber dem jeweiligen Mitgliedstaat einräumt. Auch erscheint es vorliegend nicht offensichtlich ausgeschlossen, dass das der Behörde auf der Rechtsfolgenseite von Art. 15 Abs. 1 BayVersG grundsätzlich eingeräumte Ermessen im konkreten Fall ausnahmsweise i.S.d. von der Transport S.R.O. begehrten Maßnahme reduziert ist.

Folglich besteht die Möglichkeit, dass die Transport S.R.O. über einen Anspruch auf Erlass einer Verbotsverfügung in Bezug auf die Milchbauern-Demonstration verfügt. Sie ist daher analog § 42 Abs. 2 VwGO antragsbefugt.

V. Allgemeines Rechtsschutzbedürfnis

Da sich die Transport S.R.O. vor Anrufung des VG mit ihrem Begehren zunächst erfolglos an B als zuständige Behörde gewandt hat, verfügt sie auch über das im Rahmen von § 123 Abs. 1 S. 2 VwGO erforderliche allgemeine Rechtsschutzbedürfnis.

VI. Zwischenergebnis

Bedenken am Vorliegen sonstiger Zulässigkeitsvoraussetzungen bestehen nicht. Der Antrag der Transport S.R.O. auf Erlass einer einstweiligen Regelungsanordnung ist damit zulässig.

B. Begründetheit

Der Antrag nach § 123 Abs. 1 S. 2 VwGO ist begründet, wenn die tatsächlichen Umstände, aus denen sich Anordnungsanspruch und -grund ergeben, glaubhaft gemacht sind.

Im Hinblick auf den Erlass einer Regelungsanordnung ist in Bezug auf den Anordnungsanspruch, d.h. den materiell-rechtlichen Anspruch in der Hauptsache, ein „streitiges Rechtsverhältnis" erforderlich. Ebenso wie im Rahmen von § 43 Abs. 1 VwGO können auch im vorliegenden Zusammenhang einzelne sich aus dem jeweiligen Rechtsverhältnis ergebende Rechte und Pflichten – namentlich das Bestehen eines Anspruchs – Gegenstand der Regelungsanordnung sein.

---

184 Die **Dienstleistungsfreiheit** (Art. 56 Abs. 1 AEUV) ist gegenüber Art. 34 AEUV subsidiär, siehe Art. 57 Abs. 1 AEUV. Etwaige Grundrechtsverletzungen (z.B. von **Art. 12 Abs. 1 GG**) waren laut Bearbeitervermerk nicht zu prüfen.

Der hier von der Transport S.R.O. geltend gemachte Anspruch auf behördliche Untersagung der Milchbauern-Demonstration gem. Art. 15 Abs. 1 BayVersG setzt u.a. voraus, dass durch deren Durchführung die Transport S.R.O. in einem ihrer vom Schutzgut der öffentlichen Sicherheit und Ordnung erfassten subjektiv-öffentlichen Rechte unmittelbar gefährdet wird. Insoweit kommt vorliegend eine Verletzung der Transport S.R.O. in ihrer Grundfreiheit aus Art. 34 AEUV in Betracht.

I. Schutzbereich

Bei den Autoteilen, deren innerunionaler Transport zwischen der Tschechischen Republik und der Bundesrepublik Deutschland (grenzüberschreitender Sachverhalt) im Fall der Durchführung der Demonstration auf der B 14 beeinträchtigt wäre, handelt es sich um in der Tschechischen Republik hergestellte und damit um i.S.v. Art. 28 Abs. 2 AEUV aus einem EU-Mitgliedstaat stammende körperliche Gegenstände, die einen Geldwert haben und Gegenstand von Handelsgeschäften sein können, d.h. um (Unions-)„Waren" i.S.v. Art. 34 AEUV. In persönlicher Hinsicht enthält diese Grundfreiheit keine Einschränkungen.

II. Eingriff

Fraglich ist, ob hier auch ein Eingriff in den mithin eröffneten Schutzbereich der Warenverkehrsfreiheit vorliegt. Dies setzt die Maßnahme eines Verpflichtungsadressaten des Art. 34 AEUV voraus, welche zu einer Beschränkung des freien Warenverkehrs zwischen den Mitgliedstaaten führt.

1. Verpflichtungsadressat

Verpflichtete der Grundfreiheiten des AEUV sind namentlich die Mitgliedstaaten. Eine direkte Beeinträchtigung des freien Warenverkehrs durch die Bundesrepublik Deutschland bzw. einer von deren Untergliederungen droht hier allerdings nicht. Nicht diese, sondern vielmehr die Milchbauern, beabsichtigen nämlich die Durchführung der für den 23.5. geplanten Demonstration und die damit einhergehende Blockade des freien Warenverkehrs zwischen der Tschechischen Republik und der Bundesrepublik Deutschland an dem an der B 14 gelegenen Grenzübergang. Auch sind vorliegend keine

Anhaltspunkte – wie etwa eine organisatorische oder finanzielle Beteiligung – dafür ersichtlich, dass sich der Staat dieses Verhalten Privater zurechnen lassen müsste.

Allerdings könnte es sich hier um einen Fall des mitgliedstaatlichen Eingriffs in die Warenverkehrsfreiheit in Gestalt des Unterlassens handeln. Wie sich aus der in Art. 34 AEUV i.V.m. Art. 4 Abs. 3 UAbs. 2 EUV verankerten Schutzpflicht ergibt, verbietet es die Warenverkehrsfreiheit nicht nur, dass die Mitgliedstaaten durch eigenes aktives Verhalten den innerunionalen Handel beschränken, sondern auch deren (passives) Untätigbleiben gegenüber Beeinträchtigungen des freien Warenverkehrs durch Privatpersonen. Also könnte das Unterlassen des Verbots der Versammlung durch B einen Eingriff in den Schutzbereich der Warenverkehrsfreiheit darstellen.

2. Eingriffsmaßnahme

Neben den hier ersichtlich nicht vorliegenden „mengenmäßige[n] Einfuhrbeschränkungen" verbietet Art. 34 AEUV auch „alle Maßnahmen gleicher Wirkung". Hierunter sind nach der *Dassonville*-Entscheidung des EuGH alle Handelsregelungen der Mitgliedstaaten zu verstehen, „die geeignet [sind], den inner[unional]en Handel unmittelbar oder mittelbar, tatsächlich oder potentiell zu behindern."[185] Dadurch, dass B es zulässt, dass zumindest für die ca. fünfstündige Dauer der geplanten Demonstration keine Güter auf der B 14 zwischen der Tschechischen Republik und der Bundesrepublik Deutschland transportiert werden können, wird der freie Warenverkehr zwischen diesen Mitgliedstaaten unmittelbar beeinträchtigt. Da es sich hierbei auch nicht um eine bloße Verkaufsmodalität i.S.d. *Keck*-Rechtsprechung[186] handelt, liegt eine Maßnahme gleicher Wirkung wie mengenmäßige Einfuhrbeschränkungen i.S.v. Art. 34 AEUV – und somit ein Eingriff in die Warenverkehrsfreiheit – also vor.

III. Rechtfertigung

1. Schranken

Dieser Eingriff könnte jedoch gerechtfertigt sein. Insoweit könnten hier bereits die in

---

185 *EuGH* GRUR Int 1974, 467 (468) – *Dassonville.*
186 *EuGH* NJW 1994, 121 – *Keck.*

Art. 36 S. 1 AEUV ausdrücklich genannten Gründe der „öffentlichen [...] Ordnung und Sicherheit" in Betracht kommen. Allerdings sind diese Begriffe unionsrechtsautonom und eng auszulegen; insbesondere sind sie nicht etwa i.S.d. deutschen Ordnungsrechts zu verstehen. Vielmehr können unter Berufung auf sie allein solche Maßnahmen gestützt werden, die dem Schutz von Interessen dienen, welche für die Existenz und das Funktionieren eines Staates unabdinglich sind.[187] Die Durchführung der von den Milchbauern geplanten Demonstration besitzt keine derartige Qualität, so dass Art. 36 S. 1 AEUV als Rechtfertigungsgrund vorliegend ausscheidet.

Möglicherweise könnte hier jedoch ein „zwingendes Erfordernis" i.S.d. *Cassis de Dijon*-Rechtsprechung des EuGH[188] gegeben sein. Als solches – bzw. als eigenständiger Rechtfertigungsgrund[189] – ist der Schutz u.a. des in Art. 12 Abs. 1 EU-GrCh und Art. 11 Abs. 1 EMRK verankerten Grundrechts auf Versammlungsfreiheit anerkannt. Die in der EMRK gewährleisteten Grundrechte sind als allgemeine Grundsätze gem. Art. 6 Abs. 3 EUV Teil des Unionsrechts und sowohl von der EU als auch von ihren Mitgliedstaaten zu beachten. Die EU-GrCh ist nach Art. 6 Abs. 1 UAbs. 1 Hs. 2 EUV rechtlich gleichrangig mit den „Verträgen" i.S.v. Art. 1 Abs. 3 S. 1 EUV, d.h. auch mit Art. 34 AEUV. Ihre Anwendbarkeit resultiert vorliegend aus dem mitgliedstaatlichen Eingriff in die Warenverkehrsfreiheit als „Durchführung des Rechts der Union" i.S.v. Art. 51 Abs. 1 S. 1 EU-GrCh.[190]

Bedenken daran, dass die Versammlung der Milchbauern dem Schutzbereich des vorgenannten Unionsgrundrechts unterfällt, bestehen nicht. Auch würde der Erlass des von der Transport S.R.O. begehrten Versammlungsverbots hierin ohne weiteres eingreifen. Jedoch beansprucht das Unionsgrundrecht der Versammlungsfreiheit keine uneingeschränkte Geltung. Dies ergibt sich aus des Art. 52 Abs. 1 S. 1 EU-GrCh bzw. Art. 11 Abs. 2 S. 1 EMRK, die jeweils eine Einschränkung der Ausübung dieses Grundrechts zulassen.

2. Schranken-Schranken

Kollidiert die Ausübung der Grundfreiheit des Art. 34 AEUV durch die Transport S.R.O. vorliegend also mit der Ausübung des gleichrangigen Unionsgrundrechts der Versammlungsfreiheit durch die Milchbauern, so bleibt zu prüfen, ob B durch seine Entscheidung, die Durchführung von deren Demonstration auf der B 14 nicht zu untersagen, diese widerstreitenden Interessen i.S.e. praktischen Konkordanz zu einem schonenden Ausgleich gebracht hat. Im Hinblick auf die damit notwendig werdende Interessenabwägung hat der EuGH den zuständigen nationalen Stellen ein „weites Ermessen" zuerkannt, sofern die Beschränkungen, denen der innerunionale Handel unterworfen wird, in einem angemessenen Verhältnis zu dem berechtigten Ziel stehen, das mit ihnen verfolgt wird, hier also dem Schutz der Unionsgrundrechte.[191]

Für eine Entscheidung zugunsten der Milchbauern spricht, dass diese mit der Durchführung der ordnungsgemäß angemeldeten Versammlung ihr entsprechendes Grundrecht ausüben und dabei ihre im öffentlichen Leben wichtig erscheinende Meinung äußern. Außerdem verfolgen sie mit der geplanten Demonstration nicht etwa den Zweck, gerade den Handel mit Waren einer bestimmten Art oder Herkunft zu beeinträchtigen. Im Übrigen wird durch die Anwesenheit der Demonstranten auf der B 14 der Straßenverkehr lediglich an einer bestimmten Stelle, ein einziges Mal und das auch nur für ca. fünf Stunden blockiert.

---

187 Unter Berufung auf *EuGH* NVwZ 2004, 1471 – *Omega* wäre es wohl auch vertretbar, bereits an dieser Stelle mit den **Unionsgrundrecht**en zu argumentieren.

188 *EuGH* NJW 1979, 1766 – *Cassis de Dijon*.

189 Vgl. *EuGH* EuZW 2003, 592 (596) – *Schmidberger*.

190 Vgl. *EuGH* Slg. 1991, I-2925 (Rn. 43) – *ERT*; BeckRS 2014, 80759 – *Pfleger*. Die laut Bearbeitervermerk hier ohnehin nicht zu prüfenden Grundrechte des deutschen Grundgesetzes (z.B. aus **Art. 8 Abs. 1 GG**) kommen als gegenüber Art. 34 AEUV niederrangige Normen von vornherein nicht als Grundlage für die Rechtfertigung eines Eingriffs in die höherrangige Warenverkehrsfreiheit in Betracht.

---

191 *EuGH* EuZW 2003, 592 (597) – *Schmidberger*.

Durch eine derart isolierte Aktion wird keine allgemeine Atmosphäre der Unsicherheit geschaffen, die sich auf die gesamten Handelsströme innerhalb der EU nachteilig auswirken könnte. Hinzu kommt, dass B mit Hilfe der Medien auf die versammlungsbedingte Sperrung des Grenzübergangs in den (über-)örtlichen Medien rechtzeitig aufmerksam gemacht hat, so dass die betroffenen Wirtschaftsteilnehmer wie die Transport S.R.O. über die Verkehrsbeschränkungen am vorgesehenen Versammlungsort und -termin angemessen informiert sind und rechtzeitig disponieren können, um diesen Beschränkungen zu begegnen.

Schließlich ist angesichts des weiten Ermessens, über das die Mitgliedstaaten im vorliegenden Zusammenhang verfügen, davon auszugehen, dass B im konkreten Fall annehmen durfte, dass ein schlichtes Verbot der Versammlung einen nicht hinnehmbaren Eingriff in das betreffende Unionsgrundrecht der Milchbauern darstellen würde. Insbesondere Auflagen hinsichtlich des Ortes der fraglichen Versammlung – z.B. neben der B 14 – sowie ihrer Dauer – (noch) weniger Stunden – könnten als übermäßige Beschränkung wahrgenommen werden, die der Aktion einen wesentlichen Teil ihrer Wirkung nehmen würde. Zwar muss B bestrebt sein, die mit einer Demonstration auf öffentlichen Straßen verbundenen unausbleiblichen Auswirkungen auf die Freiheit des Warenverkehrs möglichst gering zu halten. Doch hat B dieses Interesse gegenüber demjenigen der Demonstranten, die öffentliche Meinung auf die Ziele ihrer Aktion aufmerksam zu machen, abzuwägen. Zwar bringt eine derartige Aktion gewöhnlich für unbeteiligte Personen wie die Transport S.R.O. bestimmte Nachteile mit sich, insbesondere was die Warenverkehrsfreiheit angeht. Doch können diese grundsätzlich hingenommen werden, wenn – wie hier der Fall – damit im Wesentlichen der Zweck verfolgt wird, auf rechtmäßige Weise eine Meinung öffentlich zu äußern.[192]

Nach alledem wird die Transport S.R.O. durch die Untätigkeit von B hinsichtlich der Durchführung der Milchbauern-Demonstration nicht in ihrer Grundfreiheit aus Art. 34 AEUV verletzt. Damit besteht kein Anordnungsanspruch i.S.v. § 123 Abs. 1 S. 2 VwGO, so dass der diesbezügliche Antrag der Transport S.R.O. schon aus diesem Grund unbegründet ist. Er hat daher keinen Erfolg.

---

192 **A.A.** bei entsprechender Argumentation wohl **vertretbar**.

Online-Wissens-Check

Schüler S wurde nicht in die nächsthöhere Klasse 10 versetzt. In den Sommerferien beantragt er beim VG, den Schulträger zu verpflichten, ihn (S) im kommenden Schuljahr am Unterricht der Klasse 10 vorläufig teilnehmen zu lassen. Wäre das Gericht bei Vorliegen der Voraussetzungen des § 123 Abs. 1 VwGO zu einem solchen Ausspruch überhaupt befugt?

Überprüfen Sie jetzt online Ihr Wissen zu den in diesem Abschnitt erarbeiteten Themen. Unter **www.juracademy.de/skripte/login** steht Ihnen ein Online-Wissens-Check speziell zu diesem Skript zur Verfügung, den Sie kostenlos nutzen können. Den Zugangscode hierzu finden Sie auf der Codeseite.

Sachverzeichnis

Die Zahlen verweisen auf die Randnummern.

Fälle mustergültig lösen

Die Reihe „Schwerpunkte Klausurenkurs"

- Einführung in die Technik des Klausurenschreibens
- Musterklausuren exemplarisch gelöst
- realistische Prüfungsanforderungen als Maßstab

Prof. Dr. Dr. h.c. Franz-Joseph Peine
Klausurenkurs im Verwaltungsrecht
Ein Fall- und Repetitionsbuch zum Allgemeinen und Besonderen Verwaltungsrecht mit Verwaltungsprozessrecht
5. Auflage 2013. € 25,95

Prof. Dr. Christoph Degenhart
Klausurenkurs im Staatsrecht II
Mit Bezügen zum Europarecht. Ein Fall- und Repetitionsbuch für Examenskandidaten
7. Auflage 2014. Ca. € 20,99

Prof. Dr. Andreas Musil/Daniel Burchard
Klausurenkurs im Europarecht
Ein Fall- und Repetitionsbuch für Pflichtfach und Schwerpunktbereich
3. Auflage 2013. € 24,99

Prof. Dr. Elke Gurlit/Prof. Dr. Josef Ruthig/
Prof. Dr. Stefan Storr
Klausurenkurs im Öffentlichen Wirtschaftsrecht
Ein Fall- und Repetitionsbuch für den Schwerpunktbereich
2012. € 26,99

Alle Bände der Reihe und weitere Infos unter: **www.cfmueller-campus.de/klausurenkurs**

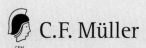

C.F. Müller   Jura auf den ⬤ gebracht

Blitzschnell nachschlagen

im Hörsaal und Zuhause

Die Reihe „Textbuch Deutsches Recht"

- handliche Sammlungen der wichtigsten Gesetze für das Studium
- ausgewählt und zusammengestellt nach Ausbildungsrelevanz
- optimale Orientierung und problemloses Zitieren durch Satznummerierung

Kirchhof/Kreuter-Kirchhof (Hrsg.)
Staats- und Verwaltungsrecht
Bundesrepublik Deutschland
Mit Europarecht
53. Auflage 2014. € 16,99

Kirchhof/Kreuter-Kirchhof (Hrsg.)
Staats- und Verwaltungsrecht
Baden-Württemberg
36. Auflage 2014. € 19,99

Bauer/Huber/Schmidt (Hrsg.)
Staats- und Verwaltungsrecht
Freistaat Bayern
21. Auflage 2014. € 20,99

Ipsen/Kühne (Hrsg.)
Staats- und Verwaltungsrecht
Niedersachsen
9. Auflage 2014. € 19,99

Erichsen/Wißmann (Hrsg.)
Staats- und Verwaltungsrecht
Nordrhein-Westfalen
26. Auflage 2014. € 19,99

Degenhart/Reich (Hrsg.)
Staats- und Verwaltungsrecht
Freistaat Sachsen
9. Auflage 2013. € 20,99

Alle Bände der Reihe und weitere Infos unter: **www.cfmueller-campus.de/textbuecher**

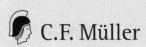 C.F. Müller   Jura auf den ⬤ gebracht